Theologie der Stadt

Kirche in der Stadt

Herausgegeben von
Friedrich Brandi-Hinnrichs
Wolfgang Grünberg
Annegret Reitz-Dinse

Band 17

Christian Bingel, Hans-Martin Gutmann,
Alexander Höner, Sabine Sharma, Tobias Woydack (Hg.)

Theologie der Stadt

Zusammenleben als Fluch und Geschenk Gottes

Küchenfestschrift für Wolfgang Grünberg zum 70. Geburtstag

Kirche in der Stadt

Band 17

Bibliografische Information
der Deutschen Nationalbibliothek

Die Deutsche Nationalbibliothek
verzeichnet diese Publikation in der
Deutschen Nationalbibliografie;
detaillierte bibliografische
Daten sind im Internet über
http://dnb.d-nb.de abrufbar.

Alle Rechte vorbehalten.

Dieses Buch, einschließlich aller seiner
Teile, ist urheberrechtlich geschützt.
Vervielfältigungen, Übersetzungen,
Mikroverfilmungen sowie die
Einspeicherung und Verarbeitung in
elektronischen Systemen bedürfen der
schriftlichen Genehmigung des Verlags.

Umschlagmotiv: *Karte:* Ausschnitt aus der RV Stadtkartografie
„Hamburg" © Falk Verlag, D-73751 Ostfildern

Zeichnung: © Sabine Sharma, Hamburg 07/2010

Gesamtgestaltung: Rainer Kuhl

Copyright ©: EB-Verlag Dr. Brandt
Berlin, 2010

ISBN: 978-3-86893-036-8

E-Mail: post@ebverlag.de
Internet: www.ebverlag.de

Druck und Bindung: Stückle Druck, Ettenheim

Printed in Germany

Madita und Anton Holm-Grünberg

Bodenhaftung – Himmelshaftung

Ein erster Blick und eine erste Frage

„Porträt des Großvaters. Gezeichnet von Wolfgang Grünbergs Enkelin Madita mit knapp 4 Jahren im April 2009."

„Gott hat die Welt erschaffen. Aber wer hat Gott erschaffen? Das ist echt schwer, das muss ich noch mal Opa fragen!" (Gesagt von Wolfgang Grünbergs Enkel Anton mit 6 Jahren im Sommer 2009).

99 für
Wolfgang Grünberg

Inhaltsverzeichnis

5 *Holm-Grünberg, Madita und Anton*
Bodenhaftung – Himmelshaftung
Ein erster Blick und eine erste Frage

13 Vorwort

15 *Adolphsen, Helge*
Verschwenderisch – Geizig
Plädoyer gegen Krämerseelen

18 *Ahrens, Theodor*
Stadt – Land
Das Versprechen eisgekühlter Cola und die Rekontextualisierung moralischer Codes bei den Migranten in Papua-Neuguinea

21 *Ahuis, Ferdinand*
Zornig – Friedfertig
Von der Entharmlosung des Friedens

24 *Benedict, Hans-Jürgen*
Tresen – Tafel
Fremde Heimat Babylon oder die Stadt der Verschiedenen. Predigt über Apk 18

28 *Berndt, Lennart*
Groß – Klein
Große Stadtkirche – kleine Stadtteilkirche: Erfahrungen aus meiner Vikariatsgemeinde St. Gertrud in Flensburg

30 *Bingel, Christian*
Heile – Kaputt
Überlegungen beim Gottesdienstbesuch einer Pfingstgemeinde in Hamburg

33 *Bollmann, Jürgen*
Elbufer rechts – Elbufer links
Hamborg, du uns Nachborstadt, de mookt wi mit Melk, Fisch un Appeln satt.

35 *Borck, Sebastian*
Unabhängig – Dienstbar
Zur öffentlichen Relevanz der Kirche in der Stadt

38 *Brandi-Hinnrichs, Friedrich*
Innen – Außen
Gedanken im Quartier

40 *Breckner, Ingrid*
Mein Kiez – Moloch Stadt
Urbaner Alltag im 21. Jahrhundert

42 *Bruns, Katja und Willems, Joachim*
Arm – Reich
Initiation und Befreiung: Taufe im Problemkiez und im Villenviertel

46 *Burr, Anselm*
Turm – Schacht
Von den vielen Wegen des Himmels

49 *Christ, Franz*
Erinnern – Vergessen
„Und witer obe seig e schöni Stadt, Me sieht sie nit vo do…"

51 *Cornehl, Peter*
Opa – Enkel
„Fritz, willst du getauft werden?" Ein Opa-Enkel-Projekt

55 *Dannowski, Hans-Werner*
Türme – Schächte
Glockengeläut aus dem Herzen der Erde

59 *Dehn, Ulrich*
Orient – Okzident
Kulturelle Klischees, ihr Wert, ihre Auflösung,
ihre Ambivalenz

62 *Doelling, Peter und Galitz, Robert*
Hin – Weg
Ein Mailwechsel

66 *Eulenberger, Klaus*
Heilig – Profan
Von Kirchtürmen, Kränen und mystagogischen
Hafenfähren

68 *Fehrs, Kirsten und Murmann, Ulrike
und Claussen, Johann Hinrich*
Türme – Schächte
Von der Abgründigkeit der Türme

70 *Flothow, Matthias*
Diesseits – Jenseits
Mit und ohne Amen – zur Trauerfeier für Max
Frisch

73 *Geyer, Hermann*
Heiß – Kalt
altes gottes haus

74 *Gilmanov, Wladimir*
Katastrophe – Hoffnung
Eine andere Struktur für die Seele –
zum Schicksal Königsbergs/Kaliningrads

77 *Göpfert, Michael*
Erinnern – Vergessen
Das Erbe von Mukatschewo

79 *Görrig, Detlef*
Fremd – Vertraut
Nichts Neues unter der Sonne?
Wie die „Lange Nacht der Weltreligionen" den
interreligiösen Dialog beleuchtet

85 *Goßmann, Hans-Christoph*
Gleichgültig sein – Sich wundern
„Glauben Sie an Wunder, Herr Pastor?" –
Gedanken zu einem scheinbar unzeitgemäßen
Thema

87 *Gräb, Wilhelm*
Symbolisch – Eindeutig
Von Scheinfreiheit und Scheinzwang

89 *Graßmann, Antjekathrin*
Grusel – Trost
Ein Mord in der Marienkirche.
Zu einer mittelalterlichen Sensationsnachricht

92 *Green, Friedemann*
Allein – Miteinander
Von der heimlichen Lust der Städter auf
Katastrophe

93 *Groß, Gisela*
Gierig – Maßvoll
Das rechte Maß oder: „Dropje voor dropje…
kwaliteit" – Eine niederländische Perspektive zur
Zukunft von Kirche

96 *Grünberg, Beate*
Boden – Frucht
Geburtstagskuchenrezept
für Wolfgang Grünberg

97 *Grünberg, Heidi*
Gedichte – Gedanken
Lyrische Sammlung für W.

98 *Gutmann, Hans-Martin*
Stadt – Land
Das Dorf in mir und die Stadt draußen

100 *Hansen, Inge*
Gebaut – Gefühlt
Der kirchenpädagogische Blick

103 *Heinke, Claus-Ulrich*
Kyrie – Gloria
Weiter Raum und vergebende Gnade:
Citykirche St. Jakobi Hildesheim

105 *Herrmann, Jörg*
Erinnern – Vergessen
„Nichts als ein einziges Trümmerfeld":
St. Trinitatis Altona – Arbeit am Gedächtnis
eines Ortes

108 *Höner, Alexander*
Event – Gottesdienst
Das Evangelium braucht in der Stadt den
Gottesdienst als großes religiöses Erlebnis

110 *Hohberg, Gregor*
Babylon – Jerusalem
Eine neue Kirche für Berlin – Gedanken zu einer
Theologie der Stadtkirche

113 *Jepsen, Maria*
Ninive – New York
Biblische Visionen von der Stadt

115 *Joswig, Benita*
Öffentlich – Privat
LeseZeichen – ein Kunstprojekt dem Lesen zu
Liebe

116 *Kelber, Rudolf*
Laut – Leise
Blues für Wolfgang Grünberg

119 *Kirsch, Josef*
Auto – Öffi
Über das Geheimnis Gottes im ÖPNV

121 *Kirsner, Inge*
Real – Virtuell
Zwischen Berlin, Sin City und Jerusalem.
Menschen- und Gottesgeschichten im Film

125 *Klinke, Annette*
Daheim – Unterwegs
Zwei Lebensarten

127 *Kock, Manfred*
Tempel – Markt
Zum Ort der Kirche

130 *Kortzfleisch, Siegfried von*
Genau – Konkret
Sieben auch politisch interessante homiletische
Gebote

133 *Lemme, Matthias*
Mittag – Mitternacht
Wenn sich die Seelen öffnen: Warum der Mittag
fade und die Mitternacht voller Geheimnisse ist

135 *Lindner, Wulf-Volker*
Trunken – Nüchtern
Trunken ins Paradies oder nüchtern in die
Freiheit?

138 *Matthiae, Gisela*
Ernst – aber nicht zu ernst
Regeln der Großstadt

140 *Meir, Ephraim*
I – You
Constructing Religious Identity

144 *Meister, Ralf*
Reiz – Gefahr
Ambivalenzen der Großstadt

147 *Moxter, Michael*
Innen – Außen
Unten und Oben: Innen unten

149 *Müller, Barbara*
Gierig – Maßvoll
Von der geziemenden Tischsituation einer „Küchenfestschrift"

151 *Myers, Jeffrey*
Heilig – Profan
Was braucht eine Stadtkirche?

153 *Nord, Ilona und Wegner, Lennart C.*
Real – Virtuell
Von der Orientierung in einer Stadt, von iPhones und realer Virtualität

156 *Oesselmann, Dirk*
Pünktlich – zu spät
19:15 Uhr – das getaktete Leben

158 *Pesch, Otto Hermann*
Hand – Kopf
Was Tier und Mensch wirklich unterscheidet

159 *Petersen, Nils*
Hübsch – Hässlich
Utopische Körper in der gespaltenen Stadt

162 *Pohl-Patalong, Uta*
Sakralisiert – Profanisiert
Zwei Hamburger Kirchen in neuem Gewand

164 *Reichel, Peter*
Gefangenschaft – Freiheit
Wie ein Professor ins Zuchthaus Spandau kam – und wieder heraus

166 *Reimers, Stephan*
Unten – Oben
Jakobs Traum von der Himmelsleiter – Genesis 28,10-22

168 *Reitz-Dinse, Annegret*
Wolfgang – Wolfgang
Streiflichter zu einem Vornamen in Geschichte und Gegenwart

170 *Rosenthal-Beyerlein, Angela*
Hochkultur – Tiefkultur
Zusammenleben als Fluch und Geschenk Gottes

171 *Scheliha, Arnulf von*
Individuell – Anonym
Eine symbolkulturelle Umakzentuierung im christlichen Selbstverständnis

174 *Schlaberg, Wilma*
Gebraucht – Ungebraucht
Vom Sterben der Pfarrhäuser

176 *Schramm, Peter*
Pünktlich – Zu spät
Eine Ode auf Hamburg und die Nachbarschaft

178 *Schramm, Tim*
Symbolisch – Eindeutig
Das Voscherau-Syndrom

180 *Schubert, Dirk*
Babel – Jerusalem
(Groß-)Städte als Orte der Sünde oder Orte der Hoffnung?

183 *Schult, Maike*
Schattenreich – Lichtgestalten
Der Mythos St. Petersburgs in der russischen Literatur

185 *Schwantes, Milton*
Schlange – Stab
Exodus 7, 8–13 – Eine Bibelbetrachtung aus der Großstadt São Paulo

188 *Schwarze, Bernd*
Visionen haben – Zum Arzt gehen
Ohne Befund?
Zur Hagiopsychiatrie stadtkirchlicher Visionen

190 *Schweda, Torsten*
Innen – Außen
„Hauben und Kragen wie Koller und Helm" – Die Veränderung des Diakonissen-Mutterhauses

193 *Schümann, Bodo*
Anstalt – Kirche
„Eine Gemeinde ohne Behinderte ist eine behinderte Gemeinde" – Behinderte Menschen als Herausforderung an die Stadt-Theologie

196 *Sellin, Gerhard*
A – Ω
Drei Gedichte

197 *Severin-Kaiser, Martina*
Peripherie – Zentrum
Beobachtungen zur christlichen Landschaft einer norddeutschen Metropolregion

200 *Sharma, Sabine*
Insel – Festland
Ekklesiologische Überlegungen zur theologischen Ausbildung in P.D. James' Kriminalroman Death in Holy Orders

202 *Sigrist, Christoph*
Ohnekreuz – Kreuzverkehr
Kirchenglocken beim Fußballfest und das fehlende Kreuz im Kirchenraum

205 *Soosten, Joachim von*
WEHWEWEH – DAWODA
Kirchen in der Stadt sind WO ORTE

207 *Splinter, Dieter*
Konsumenten – Kinder
Stadtkirchenarbeit mit und für Kinder in Karlsruhe

210 *Steffensky, Fulbert*
Klar – Betrunken
Stadtidentitäten

212 *Steiger, Johann Anselm*
Große Stadt – Kleine Stadt
Bußpredigt und Sozialkritik in der Metropole – Bemerkungen zu Johann Balthasar Schupp, Hauptpastor in Hamburg

214 *Sterz, Ulfert*
Verlieben – Verlassen
Ein treu verbundenes Paar bis heute

216 *Stolt, Peter*
Knausern – Klotzen
Französische Gotik – Verschwendung ja, aber ...

218 *Szczepański, Jakub*
Familiar – Strange
Domestication of Churches of Wrzeszcz/Langfuhr

221 *Tiede, Christian*
Gebraucht – Ungebraucht
Nachmittags mit dem Rad

223 *Ustorf, Werner*
Wildnis – Zivilisation
Carl und Ted Strehlows Vertrag mit Gott

225 *Wagner-Rau, Ulrike*
Ankunft – Abfahrt
Halt im Bahnhof

227 *Wartenberg-Potter, Bärbel*
Größenphantasien – Lebendige Hoffnungen
Ethos des menschlichen Zusammenlebens – Stadterfahrungen in der Bibel

229 *Weiße, Wolfram*
Kirche – Theater
Religion im öffentlichen Raum der Großstadt: Grundtexte der Religionen im Theater?

232 *Wendt, Vivian*
Frau – Mann
Frau und Mann, oder haarige Zeiten

233 *Wening, Jens*
Daheim – Unterwegs
Schöpfen aus der Fülle des Lebens

235 *Werner, Dietrich*
Global – Lokal
Globale Perspektiven des Stadtchristentums und Prioritäten der ökumenisch-theologischen Ausbildung im 21. Jahrhundert

239 *Wiefel-Jenner, Katharina*
Licht – Dunkelheit
Das Verschwinden des Sternenhimmels unter der Straßenlaterne

241 *Will, Michaela*
Jüdisch – Christlich
Auf den Spuren von Rabbi Akiba

243 *Willi-Plein, Ina*
Opa – Enkel
Ungezügelte Stilübungen einer Alttestamentlerin zu Stadt und Land, Opa und Enkel.

245 *Winde, Hartmut*
Heilig – Profan
Gemeinde und Kunst

247 *Wollmann-Braun, Reingard*
Erinnern – Vergessen
Kirchen als Hoffnungsräume für Erinnerung in China

250 *Woydack, Tobias*
Protz – Kotz
Persönliche Wahrnehmungen zur Hamburger Stadtplanung

252 *Wünsche, Matthias*
Normal – Besonders
Citykirchen als Normalfall der Volkskirche

Vorwort

Festschriften haben keinen guten Ruf. Sie gelten als langweilig. Das ist schade, weil diese Bücher manchmal nicht nur gewichtig, sondern auch wichtig sind. Ihr Schicksal, nach der feierlichen Übergabe, bei der sie gewürdigt und von allen Seiten bestaunt werden, für den Rest ihrer Jahre in Bücherschränken zu verstauben, ist beklagenswert. Die Liebe zum Geehrten ebenso wie die Mühe, sie zu schreiben und zu gestalten, hätten ein anderes Ende verdient.

Unsere Liebe und Verbundenheit zu unserem Lehrer, Kollegen und Freund Wolfgang Grünberg hat uns verleitet, einen neuen Versuch mit einem hoffentlich besseren Ausgang zu wagen. Ein Buch, das gelesen werden will. Das man in der Küche oder in der U-Bahn oder in den Werbepausen des 20.15-Uhr-Glücksfilm-Fernsehformats lesen kann.

Wir haben Freunde und Freundinnen, Familienangehörige, ehemalige Studentinnen und Studenten, Weggenossen von Wolfgang Grünberg um Beiträge gebeten. Um kurze Beiträge wohlgemerkt. Fünf-Minuten-Lektüren: Sie sind gedacht als Entsprechung zur Geschwindigkeit des Stadtlebens. So dass man sie zwischendurch lesen kann, als wenn man die Zeitung durchblättert, zwischen zwei Seminarsitzungen einen Kaffee trinkt[1] oder zwischen den Verrichtungen des Tages ein Gebet spricht. Impulse zum kurz Reingucken, Blättern, Staunen, für einen hellen Moment, zum Streiten und Träumen.

Das Echo auf unsere Bitte war überwältigend. Menschen aus verschiedenen geisteswissenschaftlichen Disziplinen, aus Hochschule, Kirche und mitten aus dem Leben sind dem Aufruf gefolgt, mit Texten, Gedichten, Rezepten, Bildern und sogar einer Partitur. Dabei galt es, drei Koordinaten im Blick zu haben: Gott, die Stadt und Wolfgang Grünberg.

„What a beautiful noise!" Wolfgang Grünberg hat die Stadt, ihre Geräusche und ihre Dynamik, im Blut, Herzen und Kopf und hat sie in die Theologie eingebracht. Ihre Vitalität und ihre Symbolkraft bewegen ihn. Wolfgang Grünberg hat uns einmal gesagt, dass er gern noch eine Theologie der Stadt schreiben möchte. Solche im Vorbeigehen geäußerten heimlichen Wünsche rächen sich irgendwann. Voilá – zu seinem 70. Geburtstag animieren wir ihn, den Stadttheologen, durch den ersten Teil einer „Theologie der Stadt", den zweiten Teil dann selbst zu verfassen. Wie schreibt Tim Schramm so schön: Es muss kein dicker Wälzer werden, vielleicht ein kleines Taschenbuch, das man stets in der Manteltasche hat, wenn man durch die Städte zieht. Diese Festschrift ist also gleichzeitig Geschenk und Nötigung, nein: Geschenk und Verlockung.

In der Stadt potenzieren sich alle Lebensmöglichkeiten – Faszination und Langeweile, Verbundenheit und Fremdheit, Größenphantasien und Ohnmachtsgefühle. Nicht zuletzt Gott und Teufel. Ohne Ambivalenzen ist die Lebendigkeit des Lebens nicht zu haben, allemal nicht in der Stadt. Stadttheologie deutet solche Ambivalenzen im großstädtischen Kontext – und bringt in ihnen Gott zur Sprache. Wir nennen es: Zusammenleben als Fluch und Geschenk Gottes.

Vorgeschlagen hatten wir eine Liste von Spannungsfeldern, in denen diese Ambivalenzen Gestalt finden. Daran haben sich die Autorinnen und Autoren orientiert – und, wo ihnen etwas fehlte, eigene Themenpaare hinzugestellt. Was uns dabei überrascht hat: Nur selten ist ein Spannungspaar mehrfach ausgewählt worden. So sind 99 kurzweilige Beiträge entstanden, nicht immer wissenschaftlich, aber mutig und kreativ, auch in der Form. Es sind impulsive, frische Gedanken, die den Diskurs über Kirche in der Stadt ordentlich anfeuern werden.

Herzlich danken wir der Evangelischen Kirche in Deutschland, den Kirchenkreisen Hamburg-Ost und Hamburg-West/Südholstein, dem Freundes- und Förderkreis des Fachbereichs Evangelische Theologie der Universität Hamburg e.V. „Theologie am Tor zur Welt", Bischöfin Maria

---

[1] Wenn Wolfgang Grünberg dabei ist, geht das selten ohne Eis oder etwas Kuchen.

Jepsen, Bischof Gerhard Ulrich und Frau Renate Krausz für ihre großzügigen Unterstützungen zum Druck dieser Festschrift. Ohne ihr Vertrauen in und ihre Begeisterung für dieses Projekt wäre das Buch nicht erschienen.

Es ist ein Glücksfall, dass wir Herrn Dr. Hans-Jürgen Brandt und Herrn Rainer Kuhl vom EB-Verlag in Berlin von unserer Idee einer Theologie der Stadt überzeugen konnten. Sie haben nicht eine Sekunde gezögert und waren von Anfang an mit Enthusiasmus dabei. Ihre gestalterischen Ideen, inhaltlichen Impulse, ihre unendliche Geduld mit uns und unseren Sonderwünschen und die hervorragende Zusammenarbeit seien hier mit großem Dank genannt!

Möge das Buch zu einer Festschrift für den Küchentisch werden, eine Küchenfestschrift, neben der Tageszeitung, dem Apfel und einem großen Stück Kuchen – so sieht nämlich der Grünbergsche Küchentisch aus. *Gelesen – Besudelt*: noch so ein Spannungsfeld.

Im Sommer 2010

Christian Bingel
Hans-Martin Gutmann
Alexander Höner
Sabine Sharma
Tobias Woydack

Helge Adolphsen

Verschwenderisch – Geizig

Plädoyer gegen Krämerseelen

Ja, ja, wir 68-er! Als Vorsitzender des Kirchengemeindeverbandes Kiel habe ich durchgesetzt: Keine Kirchen mehr, keine Orgeln, keine Glocken! Nur noch Gemeindezentren mit Sakralzelle (und Altar auf Rollen!). Kirche für andere, Verantwortung für Gerechtigkeit hier und weltweit – das trieb uns.

1987 kam ich an den Michel. Hatte zuerst Mühe mit dem prächtigen Raum, wahrlich ein barocker Bau: Ein überaus sinnlicher Raum, eine Wohlfühlkirche. Ich hatte Mühe mit ihm, obwohl ich wusste, dass die Armen der Neustadt sich ihren Michel viel haben kosten lassen. Aber bald entdeckte ich, was dieser Kirchenraum mit den Menschen macht. Die unruhigen Blicke der 10-Minuten-Touristen wechselten zu konzentriertem Schauen. Danach meditieren sie mit geschlossenen Augen. Oder beten sie?

Nach und nach hörte ich die vielen Geschichten, die der Michel in die Herzen der Hamburger geschrieben hat: „Michel, mein Michel!" Und verstand: Kirchen wurden nie nach ökonomischen Gesichtspunkten gebaut. Und nie auf die Größe der Gemeinde zugeschnitten. Nicht in Lübeck mit den sieben Innenstadtkirchen. Nicht in Bad Doberan, wo die gewaltige Klosterkirche für 60 Mönche erbaut wurde. Große Kirchen, erbaut in jener eigenwilligen Mischung aus Stolz, Machtdenken, Eitelkeit und Verbundenheit, Gottesverehrung, Dankbarkeit und Verschwendung. Kirchen als Ausdruck der Gottesliebe.

Das ist heute weitgehend anders. Da gibt es zu viele, die meinen, die Kirchen seien nur dann nützlich, wenn man eine 100-prozentige Auslastung erreichen kann. Sind das nicht Kleingeister, Krämerseelen mit der Mentalität von Unternehmensberatern, Controllern und Nützlichkeitsfetischisten? Ohne Sinn und Geschmack für das Schöne und die Schönheiten des Lebens, für das Erhabene? Die nicht verstehen, dass Schönheit nicht unter Nützlichkeitsgesichtspunkten und Kriterien von Gebrauchen und Verbrauchen zu verrechnen ist. Musik nicht, Gedichte nicht, Freundschaft nicht, Liebe nicht. Das Schöne und Verschwenderische ist theologisch etwas anderes als das, was das Lexikon zu „Verschwendung" sagt: „Der Hang zu übermäßigen sinn- und zwecklosen Ausgaben." Um die Verschwendung theologisch zu begreifen, muss man nur das Loben Gottes in den Psalmen meditieren. Und man muss die Lieder des Gesangbuches nachsingen. Oder dem Geheimnis der Inkarnation nachsinnen. So wie es im Weihnachtslied (EG 27) geschieht:

> „Er äußert sich all seiner G'walt,
> wird niedrig und gering.
> Und nimmt an sich ein's Knechtsgestalt,
> der Schöpfer aller Ding.
>
> Er wechselt mit uns wunderlich:
> Fleisch und Blut nimmt er an
> und gibt uns in seins Vaters Reich
> die klare Gottheit dran."

Es sind geistliche Krämerseelen, die dieses nicht verstehen. So einer war unter den vielen Pastoren beim Sprengelkonvent am Mittwoch nach dem Erntedankfest. Dieser störte sich an der üppigen Brotschau, der Fülle von Obst, Gemüse und Blumen, mit der die Hamburger Bäckerinnung und die Jungfloristen alljährlich den Michel festlich schmücken. Bei der Aussprache zum Thema des Konvents meldete sich die empörte Pastorenseele zu Wort (gar nicht zum Thema): „Diese Brotschau ist Verschwendung. Das Geld dazu sollte man für die Entwicklungshilfe geben." Seine kleinliche Sicht verhinderte die Freude am Dankfest und nahm ihm das Gespür für Sinnlichkeit und Großzügigkeit: „Herr, wie sind deine Werke so groß und viel… und die Erde ist voll deiner Güter" (Psalm 104, 24).

Krämerseelen – das hat nichts mit Seligkeit zu tun. Diese Krämerseele hätte sich besser an die Einweihung des großen salomonischen Tempels erinnert. Da erfüllte die Herrlichkeit des Herrn das leere Haus des Herrn. Die Priester konnten darob nicht nützlich sein und ihres Amtes walten. So setzt die Fülle der Herrlichkeit Gottes die Normalität und Nützlichkeit außer Kraft. Und die Einweihung dauerte nicht zwei Stunden, wie die großen Gottesdienste des Herrn im Michel, sondern sieben Tage und noch mal sieben Tage!

Der Kollege hätte sich auch gut an der neutestamentlichen Geschichte von der Salbung Jesu durch die Frau in Bethanien orientieren können. Allerdings hätte ihn Jesu Kritik an den Jüngern damals genauso hart getroffen wie diese. Denn die wollten das kostbare Salböl lieber zu Geld machen und das den Armen geben. Scheinbar löblich. Vielleicht hatte der Bruder im Herrn aber auch ein Kurzzeitgedächtnis und konnte sich deshalb nicht daran erinnern, dass Jesus das verschwenderische Tun der Frau in das Langzeitgedächtnis des Evangeliums für die ganze Welt eingepflanzt hat. Wäre ihm das bewusst gewesen, dann hätte er sich nicht der Instrumentalisierung der Liebe hingegeben, sondern das Liebeswerk als vorauseilendes liebevolles Bekenntnis zur Heilsbedeutung des Todes Jesu und zu seiner Auferstehung verstanden.

Offensichtlich hat die Angst vor Verschwendung und die Vorliebe für Kargheit bei Protestanten Tradition. Was man nicht nur an dem Unterschied zwischen farbenfrohen und sinnlichen katholischen Messen und schlichteren evangelischen Gottesdiensten erkennt. Der Kalauer, dass der Unterschied zwischen evangelischen und katholischen Geistlichen darin besteht, dass Erstere Bier und Letztere Wein trinken, macht das deutlich. Die sparsameren Biertrinker beherzigen den wunderbaren Schöpfungspsalm 104 nicht, dieses großartige Lob der Schönheit des Schöpfers. Da heißt es verblüffend: „Der Wein erfreue des Menschen Herz…". Also nicht nur Gaumen, Kehle und Sinne. Verabsolutierte Sparsamkeit verhindert die Freude an Gottes reicher Schöpfung.

Ich habe das von dem Sohn des Landesbischofs und Hauptpastors Dr. Simon Schöffel gelernt, er war ein langjähriger Gemeindeältester. Kurz vor Ende der üblicherweise 4-Stunden-Beede-Sitzung ging er regelmäßig nebenan ans Telefon: „Ingrid, stell schon mal den Rotwein zurecht. Hier ist gleich Schluss."

Darauf angesprochen sagte er mit seinem feinen Humor: „Am Rotwein darf man nicht sparen. Wer den nicht genießt, betreibt Schöpfungsannahmeverweigerung." Und setzte als kundiger Jurist hinzu: „Der Begriff ‚Schöpfungsannahmeverweigerung' ist natürlich nicht justitiabel, aber gut biblisch."

Was man ja auch gut an der Geschichte von der Hochzeit zu Kana ablesen kann. Darin geht es nicht um die Behebung eines Mangels. Sie soll auch nicht Jesus als Fresser und Weinsäufer zeigen. Das Wunder der Weinvermehrung ist Manifestation der Doxa Jesu und Zeichen der Festfreude.

Vom Geiz frömmelnder Seelen handelt eine bekannte Anekdote: Aus der Hochzeit wurde eine Mitbringparty. Die Hochzeitsgäste hatten die sechs großen steinernen Tonkrüge mit dem Inhalt der mitgebrachten Flaschen gefüllt. Als es dann aber ans Kosten ging, waren alle erschrocken. Denn sie tranken alle Wasser pur! Und schämten sich ob ihres Geizes. Geiz ganz in der ursprünglichen Bedeutung: Hab-gierig sein, Gieren nach Haben, nicht nach Freude, Fülle und Festen.

Diese biblisch begründete Freude am Reichtum der Schöpfung zeigt auch die große Musik in der Tradition evangelischer Kirchenmusik. Aufschlussreich für das Miteinander von Wort und Musik ist die Weihnachtsgeschichte in Lukas 2. Der eine Engel verkündet verbal die große Freude über die Geburt Gottes. Diese Botschaft hätte an sich genügt. Aber daraufhin fällt die Menge der himmlischen Heerscharen mit einem strahlenden und kräftigen Gotteslob ein. Musik und Lieder sind nach Augustin Vorspiele des ewigen Lobes.

Die Besucher der Hamburger Rituale im Michel, des Weihnachtsoratoriums und der Matthäuspassion scheinen das irgendwie verstanden zu haben. Die teuersten Karten sind Null-Komma-Nichts weg. Oft habe ich Proteste vernommen: Zu teuer! Teuer sind sie, weil die erste Garde der Solisten auftritt. Aber beschäftigt hat mich die Kritik schon. Ich will ja sozial sein. Und das soll die Kirche auch sein. Aber mein protestantisch ständiges und unruhiges Gewissen ließ sich durch Argumente beruhigen. Karten für günstige Hörplätze blieben liegen wie Blei. Zum anderen gibt es diese Rituale in der Welthauptstadt der Kirchenmusik auch in anderen Kirchen. Und da billiger. Und außerdem sind die vielen Kantaten und Motetten in den Gottesdiensten des Michels gratis – wie die Gnade.

Überhaupt hat mich die Spannung zwischen dem „Kulturbetrieb Michel" und dem diakonischen Engagement stark beschäftigt. Immer wieder habe ich gehört: „Du mit deinem Spendensammeln für die Sanierung des Michels nimmst den sozialen Projekten das Geld weg." Bis mir Fachleute des Fundraising erklärten, dass sich Spender für Kirchengebäude, Orgeln und Glocken von denen unterscheiden, die sich für die Armen engagieren. In Hamburg gibt es gottlob genügend von beiden. Und das vielfältig und in mäzenatischer Tradition. Die hanseatischen Kaufleute waren und sind immer noch Mäzene. Ihre Spendenbereitschaft kann man durchaus als Dankbarkeit für die große Güte Gottes verstehen. Und die äußert sich auf unterschiedliche Art.

Wie Sparsamkeit und Geiz sich positiv mit Großzügigkeit und Freigiebigkeit verbinden, ist mir an einem Reeder, Mitglied des Kirchenvorstands, deutlich geworden. In den Kirchenvorstandssitzungen brachte er immer die Briefumschläge, in denen er die Tagesordnung erhalten hatte, zur nochmaligen Verwendung mit. Das kam mir immer vor wie das lächerliche Sparen an Streichhölzern. Als der bekannte Bildhauer Hans Kock den Entwurf für einen großen Kerzenbaum vorstellte, flüsterte mir derselbe Kirchenvorsteher ins Ohr: „Den bezahl ich natürlich!" Er kannte das Gleichnis Jesu von den anvertrauten Zentnern sehr wohl. Und damit auch das Lob Jesu, das dem tüchtigen und treuen Knecht gilt, der den fünf anvertrauten Zentnern weitere fünf hinzufügt: „Geh hinein zu deines Herrn Freude!" Er kannte ebenso den anderen Knecht, der den ihm gegebenen einen Zentner in der Erde vergrub. Und infolgedessen kannte er auch Jesu Warnung vor solch angstvollem und wenig risikobereitem Wirtschaften: „Ab in die kalte Finsternis, da wird sein Heulen und Zähneklappern." Das Gleichnis vom reichen Jüngling mit dem Satz darin, dass es leichter ist, dass ein Kamel durch ein Nadelöhr geht als dass ein Reicher in das Himmelreich kommt, passte nicht auf ihn. Er hatte sich an die Anweisung gehalten: „Macht euch Freunde mit dem ungerechten Mammon."

So bunt ist die Seele der hanseatischen Kaufleute gemischt. So bunt wie das Leben, die Kirche und ich selbst. Die Freude an der verschwenderischen Fülle der Gaben Gottes und der Verzicht um des Nächsten willen schließen sich nicht aus. Jedes Ding hat seine Zeit.

Theodor Ahrens

Stadt – Land

Das Versprechen eisgekühlter Coca-Cola und die Rekontextualisierung moralischer Codes bei Migranten in Papua-Neuguinea

1. Eisgekühlte Coca-Cola

Das große Plakat mit einer perlenden, eisgekühlten Coca-Cola wirkte wie ein Versprechen! Ich erinnere noch gut die Faszination dieses großen Plakates am Straßenrand, als ich nach einer 14-tägigen Visitationsreise durch die Regenwälder des Finisterregebirges in Nordost-Neuguinea die Provinzhauptstadt Madang ansteuerte – nicht mehr als eine Kleinstadt, die aus einem Verwaltungszentrum der Kolonialbehörden gewachsen war. Zuerst die schmalen und steilen Pfade im Regenwald, dann ein Feldweg an der Küste entlang. Er mündete in eine Schotterstraße. Die erste Brücke. Hinter der begann die geteerte Straße, die nach Madang führt. Am Stadtrand grüßte das Plakat. Städtisches Leben war ich ja gewohnt, doch jetzt empfand ich die Faszination der Stadt ganz neu und frisch. Die großen Fenster der Geschäfte, der lebhafte Autoverkehr, der Marktplatz mit all den Menschen aus unterschiedlichen Gegenden der Provinz, die Warenauslagen, das Krankenhaus, der Hafen, der Flugplatz – und natürlich die Coca-Cola. Eine aufregende Welt phantastischen Glanzes, ein Ort so anders als die Dörfer mit ihren abendlichen Feuern, in deren Schein ich mit den Gemeindeältesten über ihre Angelegenheiten gesprochen hatte … Auf einmal konnte ich gut nachempfinden, warum die Stadt für viele junge Menschen, insbesondere für Männer dieser entlegenen Dörfer eine so große Anziehungskraft hatte als ein Ort der Sehnsucht, der Überraschungen, des Versprechens auf ein besseres Leben, ein Ort des Unvorhersehbaren. Der sog. *pull-effect* urbanen Lebens war leicht nachvollziehbar. In 44 Dörfern und Weilern des Kirchenkreises Bongu, in dem ich damals mit meiner Familie lebte, waren durchschnittlich mehr als 20 % der männlichen Bevölkerung zwischen 20 und 40 Jahren dauerhaft ortsabwesend. Viele waren in Städte abgewandert oder arbeiteten auf Plantagen.

Doch es war nicht nur der *pull-effect* der Stadt, die Aussicht auf ein besseres Leben, einen Arbeitsplatz vielleicht, sondern auch ein *push-effect*, der diese Menschen in die Stadt gebracht hatte. Natürlich zog diese jungen Männer die Hoffnung, in der Stadt zu Geld zu kommen an, und junge Frauen u.a. die Aussicht, in der Partnerwahl eigene Präferenzen leben zu können; Männer und Frauen die Hoffnung, der Gleichförmigkeit und Öde, dem Druck und der Enge der dörflichen Verhältnisse und dem autoritären Gehabe der Dorfältesten zu entkommen. Die Stadt bot Jungverheirateten Aussicht auf mehr Privatheit. Die eigene Kleinfamilie ohne ständige Einmischung der Verwandten war attraktiv – in Papua-Neuguinea eine kulturelle Innovation. Nicht zuletzt hofften manche, den Aggressionen, die im dörflichen Nahbereich gerne als Zauberei Gestalt gewinnen, zu entkommen.

Die Aufbruchsbereiten lassen das dörfliche Leben hinter sich und finden sich meist wieder in sog. *squatter settlements*, auch *compounds* genannt, Quartiere, die knapp außerhalb der Grenzen der städtischen Kommunen auf fremden Land illegal entstanden – nicht Dorf, nicht Stadt.

Außenstehenden, die in den festen Häusern der Städte lebten, erschienen diese *squatter settlements* wie ‚slums‘, Stätten der Verelendung, ‚wilde‘ Siedlungen, manchmal gar Nester des Bandenwesens. Damals jedenfalls waren solche Wahrnehmungen irreführend.

Wenige Jahre später, als Studienleiter an einem ökumenischen Institut in der Kleinstadt Goroka im Hochland von Papua-Neuguinea, lernte ich die Bewohner eines solchen *compounds* kennen. Mein ehemaliger Bischof Stahl Mileng hatte mich beim Wechsel auf die neue Stelle gebeten, Kontakt zu den Migranten aus der Madang Provinz, die nach Goroka abgewandert waren, zu halten. Das habe ich für einige Monate getan. Etwa 200 Menschen hatten sich in einem eigenen *compound* zusammengefunden – eine kulturelle Exklave in der Fremde.

Einmal wöchentlich, jeweils am Mittwochabend, kamen viele Bewohner des *compounds* zusammen. Wir saßen, wie im Dorf, um ein Feuer. Nach einer kurzen Andacht wurden die Dinge besprochen, die das Gemeinwesen betrafen, Fragen des Zusammenlebens und des Überlebens. Ich lernte an diesen Mittwochabenden, dass man den Unterschied von Stadt und Dorf nicht nur als den von zwei unterschiedlichen Orten sehen kann, sondern auch als den von zwei unterschiedlichen Lebensstilen, die sich gegenseitig überlagern und durchdringen. Im Folgenden versuche ich, dies aus der Perspektive der Migranten nachzuzeichnen. Das Verfahren ließe sich spiegelbildlich aus der Sicht der zu Hause Gebliebenen wiederholen.

Die Bewohner des *compounds* waren aus unterschiedlichen Gegenden der Madang Provinz zugewandert und repräsentierten unterschiedliche Sprachgruppen. Alle verständigten sich in der Lingua franca, dem neo-melanesischen Pidgin, einer der drei Nationalsprachen und wichtiges Vehikel kultureller Innovation. Sie nannten einander *wantok* (= eine gemeinsame Sprache sprechend) und bezogen sich aufeinander wie in einer dörflichen Gemeinschaft. Die gemeinsame Herkunft aus einer Provinz ergab eine gewisse kulturelle und religiöse Homogenität. Den Nukleus des *compounds* bildeten Kleinfamilien von der Insel Karkar. Zu diesen hatten sich bald Zuwanderer gesellt, solche, die aus der gleichen Provinz stammten und einer anderen Sprachgruppe angehörten, aber auch Lutheraner waren.

Besonders auffällig hatte sich die Rolle der Frauen im *compound* verändert. In der dörflichen Bedarfdeckungswirtschaft hatten sie die Gärten bearbeitet und die weitaus größte Arbeitslast getragen. Hier gab es keine oder nur kleine Gärten. Das brachte einen Gewinn an Zeit, aber auch einen Verlust an wirtschaftlichem Einfluss mit sich.

Im *compound* waren die Frauen meist von den Einkünften der Männer abhängig, und das ließen die Männer sie und die Kinder manchmal bitter spüren.

Junge, unverheiratete Männer, die in der Stadt Fuß zu fassen versuchten, hatten sich an diese oder jene Kleinfamilie gehängt, hofften einen Arbeitsplatz zu finden. Doch die Arbeitslosigkeit war und ist in diesen *squatter settlements* hoch, gelegentlich bis zu 50 %.

In der dörflichen Bedarfsdeckungswirtschaft gibt es theoretisch keine Arbeitslosigkeit. Denn es ist in der Regel genug Land vorhanden, um alle zu ernähren, und alle verfügen über die Fertigkeiten, den Lebensunterhalt vom eigenen Land zu bestreiten. Allerdings kann auch auf dem Dorf heute niemand ohne Bargeldeinkommen überleben. In vielen entlegenen Dörfern ist es kaum möglich, die erforderlichen Geldmittel z.B. für die hohen Schulgebühren zu erwirtschaften.

Heute gibt es in den *compounds* eine neue Schicht von Armen. Oft fehlen die Bildungsvoraussetzungen, um im Konkurrenzkampf der Vielen um wenige Arbeitsplätze bestehen zu können. Der Überlebenskampf in der Stadt ist hart. Manche, die unter diesen Umständen vielleicht gern ins Dorf zurückkehren würden, können das nicht, weil die Reisekosten unerschwinglich oder weil die Verbindungen abgerissen sind. Andere, die in die Armutsfalle geraten sind, wollen gleichwohl nicht zurück ins Dorf. Der Marktplatz, die vielen Menschen, das Gewühl in den Geschäften und auf der Straße, kurz der Duft der großen weiten Welt, Unterhaltung und neue Formen der Gemeinschaftsbildung unter Jugendlichen – all das würde ihnen im Dorf fehlen. Dort „gibt es kein *development*", sagte mir jemand – ein Reflex der Benachteiligung ländlicher Regionen durch die staatliche Entwicklungspolitik. Dazu kommt, dass denen, die in der zweiten oder dritten Generation in der Stadt leben, auch die Kompetenzen fehlen, die erforderlich wären, um in der Bedarfsdeckungswirtschaft des Dorfes überleben zu können. Sie sind das dörfliche Leben nicht mehr gewöhnt, insbesondere die schwere Gartenarbeit nicht. Auch die erforderliche Einpassung in dörfliche Autoritätsverhältnisse ist für viele, die die Freiheitsräume der Stadt erlebt haben, unattraktiv.

2. Loyalitäten und Abhängigkeiten

Im *compound* verändern sich die Bindungen ans heimatliche Dorf. Gegenseitige Abhängigkeiten werden gepflegt und verschieben sich. Die moralischen Codes, die das Miteinander zu Hause gesteuert hatten, werden aufgenommen und rekontextualisiert. Nachzügler aus der Heimat, insbesondere Verwandte, werden aufgenommen, Schlafplatz und Essen angeboten. Aber anders als zu Hause, wo das Gastrecht unbegrenzt galt, wird im *compound* von Besuchern aus dem Dorf, wenn sie länger bleiben, erwartet, dass sie zu den Lebenshaltungskosten beitragen. Die Regeln der Gastfreundschaft werden den ökonomischen Möglichkeiten angepasst.

Besonders für die erste Generation der Migranten bleibt die Verbindung zum Dorf wichtig. Viele haben ein nachhaltiges Interesse, Verbindungen zum Dorf zu halten und anerkennen nach wie vor traditionelle Verpflichtungsverhältnisse, nicht zuletzt, wenn sie Rechte im Dorf, z.B. am Landbesitz ihres Klans, aufrechterhalten wollen. Die Migranten bleiben in die dörflichen Verpflichtungsverhältnisse einbezogen und eingespannt, beteiligen sich an Brautpreisen, den Kosten für Feste, Trauerfeiern und Kirchbauten. Ein Todesfall in der Großfamilie erfordert in der Regel die Rückkehr ins heimatliche Dorf und die Beteiligung an den Trauerriten – nicht zuletzt, um sich vor eventuellen Beschuldigungen, den Tod durch Zauberei verursacht zu haben, zu schützen.

Bei den Migranten bleibt gleichzeitig das Interesse, Distanz zum Dorf zu halten, virulent. Wenn Dörfler ihre Verwandten in der Stadt aufsuchen, kommen sie oft mit der Erwartung, dass diese zu familiären und dörflichen Gemeinschaftsaufgaben finanziell beitragen. Im Dorf waren derartige Verpflichtungen obligatorisch. Das Individuum konnte kaum entkommen. Im städtischen *compound* vollzieht sich eine Differenzierung der Verpflichtungsverhältnisse. Ein Teil der städtischen Verwandten nimmt sich größere Freiheiten, individuell zu entscheiden, wann, wem und wie sie geben. Gelegentlich wird für Besucher aus der Heimat, die ihre städtischen *wantoks* mit unwillkommenen Bitten oder gar Forderungen um finanzielle Hilfe konfrontieren, ein ‚Zweitsparbuch' mit dem Nachweis minimaler Einlagen angelegt, um die Mittellosigkeit des städtischen Verwandten glaubhaft zu machen. Nur ein Teil des Erwirtschafteten wird in den Zyklus der Loyalitätsverpflichtungen eingebracht. Verpflichtungsverhältnisse werden teils eingeengt, teils werden sie im sozialen Miteinander, das sich im *compound* ergeben hat, auch ausgedehnt – etwa bei Jugendlichen, die zwar aus unterschiedlichen Sprachgruppen stammen, aber der gleichen Alterskohorte angehören. In diesen Gruppen beziehen sie sich aufeinander, als ob sie Verwandte wären. Ähnliches lässt sich bei Vernetzungen kirchlicher Frauengruppen beobachten.

In Goroka waren es damals besonders Frauen, die sich in Selbsthilfegruppen zu einem lockeren, mehrere *compounds* übergreifenden Netzwerk zusammengefunden hatten. Sie trafen sich zu gemeinsamem Gebet, Singen, Bibelstudium. Sie unterstützten einander in familiären Krisen, auch finanziell. Sie organisierten einen Besuchsdienst für das Krankenhaus und das Frauengefängnis – und sie taten etwas für die eigene Fortbildung. Diese kirchlich fundierten Netzwerke verknüpften ethnisch unterschiedlich geprägte Milieus und waren damals ein wichtiger Faktor im Miteinander der Kleinstadt.

Für Familien mit höherem Einkommen ist es leichter, Beziehungen zur Verwandtschaft im Dorf zu pflegen und umzugestalten. Für solche, die in die städtische Armutsfalle geraten sind, ist das schwierig bis unmöglich. Sie sind ausgeschlossen von der Praxis des gegenseitigen Beistands.

Die Verschärfung sozialer Gegensätze in der Stadt trägt bei zur Entstehung von kriminellen Banden Jugendlicher. Beim Austrag von Konflikten innerhalb des *compounds* selbst werden die Bewohner manchmal vom Zauberwesen wieder eingeholt, von dem sie meinten, es hinter sich – im Dorf eben – lassen zu können.

Die Adaption dörflicher Verwandtschaftsethik auf urbane Bereiche hat ihre kreativen und versöhnlichen, aber auch ihre harten Seiten. Diese Spannungen werden allerdings nur von der urbanen Lebenswelt produziert. Die Vorstellung, im Dorf wären die verwandtschaftlichen Verpflichtungen immer fraglos eingelöst worden, erst in der Urbanität würden die moralischen Codes verfallen, ist m.E. irreführend. In der Praxis wurden Verpflichtungsverhältnisse auch im Dorf flexibel gehandhabt. Immer wieder kam es vor, dass Loyalitätspflichten gemieden wurden.

Fazit: In der Hierarchie der Kriterien, die die Praxis des Gebens, Nehmens und Erwiderns steuern, werden die Interessen der Kleinfamilie zuerst berücksichtigt. Nachgeordnet bleiben die Verpflichtungen, die aus gemeinsamer Klanzugehörigkeit oder Herkunft aus derselben Sprachgruppe erwachsen, lebendig. Schließlich gewinnt kirchliche Verbundenheit einen hohen Stellenwert im Bemühen um tragfähige Formen des Miteinanders. Im *compound* wurden Loyalitäten, wenn ich recht sehe, in dieser Rangfolge geordnet. In der oben genannten, ethnisch unterschiedlich geprägte *compounds* übergreifenden Gemeinwesenarbeit der Frauen war eine andere Prioritätenfolge zu erkennen: Auch bei den Frauen stand die Sorge um die Kleinfamilie an erster Stelle. An zweiter Stelle stand kirchliche Verbundenheit bzw. Geschwisterlichkeit und eine Aufmerksamkeit für das ‚Kleine' und die ‚Kleinen', wie sie in Besuchen von Gefangenen und Kranken, zu denen es von der Tradition her überhaupt kein Verpflichtungsverhältnis gab, Gestalt gewann.

Ferdinand Ahuis

Zornig – Friedfertig

Von der Entharmlosung des Friedens

1.

> „Ist's möglich, soviel an euch liegt, so habt mit allen Menschen Frieden. Rächt euch nicht selbst, meine Lieben, sondern gebt Raum dem Zorn Gottes; denn es steht geschrieben (5. Mose 32,35): „Die Rache ist mein; ich will vergelten, spricht der Herr." Vielmehr, „wenn deinen Feind hungert, gib ihm zu essen; dürstet ihn, gib ihm zu trinken. Wenn du das tust, so wirst du feurige Kohlen auf sein Haupt sammeln" (Sprüche 25,21–22).
> *Paulus (Römer 12,18–20, Lutherübersetzung 1984).*

Dieses Wort stellt eine Herausforderung dar. Der Zorn des Menschen wird in zweierlei Richtung gezügelt. Wenn einer zornig sein darf, dann ist es Gott; und wenn es eine Haltung gegenüber anderen Menschen gibt, dann ist es die Friedfertigkeit. Ausnahmslos gegenüber allen Menschen wird diese Haltung empfohlen, wohl wissend, dass einem von den Mitmenschen nicht nur Friede entgegenschlägt. Der Zorn wiederum wird zu der Rache Gottes in Beziehung gesetzt. Wenn auch die Christen nicht Rache üben sollen: Gott bleibt sie vorbehalten.

Paulus gibt mit diesen drei Versen genügend Angriffsflächen für eine neue Geschichtsphilosophie des Zorns, wie Peter Sloterdijk sie vertritt, wenn man die christliche Friedfertigkeit mit Quietismus verwechselt und den Zorn, das Alte Testament zitierend, mit dem Rachegedanken in Verbindung bringt. Paulus aber zitiert das Alte Testament und basiert auf der Bergpredigt Jesu.

Die Friedfertigkeit besteht in einem aktiven Zugehen auch auf den Feind. Jesus preist nicht nur die Friedfertigen selig, sondern die Friedensmacher (Mt 5,9). Hier entdecken wir, um Sloterdijks Begrifflichkeit aufzunehmen, den thymotischen Jesus,[1] der sogar zornig werden kann, wenn es um die Kinder als Inbegriff des Reichs Gottes geht (Mk 10,14).

2.

Vielerorts lässt sich eine Zurückhaltung gegenüber dem Reden vom Zorn Gottes feststellen. In Aufführungen des Requiem wird das „Dies irae" (Zeph 1,15!) weggelassen mit der Folge, dass das Requiem musikalisch verflacht und das „Requiescat in pace" überflüssig wird. Fast entlastend wirkt es für manche Zeitgenossen, wenn nach dem Paradigmenwechsel in der Pentateuch-Forschung die Rede vom Zorn Gottes sich schwerpunktmäßig in einem späten Textbereich findet, in Ex 32–34:[2]

> Mose aber flehte vor dem HERRN, seinem Gott, und sprach: „Ach HERR, warum will dein Zorn entbrennen über dein Volk, das du mit großer Kraft und starker Hand aus Ägyptenland geführt hast? ... Kehre dich ab von deinem grimmigen Zorn und laß dich des Unheils gereuen, das du über dein Volk bringen willst. Gedenke an deine Knechte Abraham, Isaak und Israel, denen du bei dir selbst geschworen und verheißen hast: Ich will eure Nachkommen mehren wie die Sterne am Himmel, und dies ganze Land, das ich verheißen habe, will ich euren Nachkommen geben, und sie sollen es besitzen für ewig." Da gereute den HERRN das Unheil, das er seinem Volk zugedacht hatte.
> *Exodus 32,11–14 (Lutherübersetzung 1984).*

Hinter diesem Reden vom Zorn Gottes aber steht die Gerichtsprophetie, die Ankündigung des Gerichts Gottes.[3] Jenseits der Diskussion um ein Vergeltungsdogma im Alten Testament und die „schicksalwirkende Tatsfäre"[4] ist festzuhalten, dass die Gerichtspropheten Boten Gottes in seiner königlichen Souveränität sind. Daher gehört die Reue Gottes als Gegenbegriff zum Zorn Gottes unbedingt mit dazu:[5] Die Rede von der Reue, von der leidenschaftlichen Liebe, ja, auch vom Frieden wird harmlos, wenn nicht gleichzeitig auch vom Zorn die Rede ist, so bei Hosea:

> Wie kann ich dich preisgeben, Ephraim, und dich ausliefern, Israel?
> Wie kann ich dich preisgeben gleich Adma und dich zurichten wie Zebojim?
> Mein Herz ist andern Sinnes, alle meine Barmherzigkeit ist entbrannt.
> Ich will nicht tun nach meinem grimmigen Zorn noch Ephraim wieder verderben.
> Denn ich bin Gott und nicht ein Mensch und bin der Heilige unter dir und will nicht kommen, zu verheeren.
> *Hosea 11,8+9 (Lutherübersetzung 1984).*

Das Alte Testament gibt sogar dem Zorn des Menschen Raum, wenn Gott, wie im Falle Ninives, nicht in seinem Zorn straft, sondern gnädig ist:

> Das aber verdross Jona sehr, und er ward zornig und betete zum HERRN und sprach: Ach, HERR, das ist's ja, was ich dachte, als ich noch in meinem Lande war, weshalb ich auch eilends nach Tarsis fliehen woll-

---

[1] Peter Sloterdijk, Zorn und Zeit, Frankfurt / Main 2008, passim.
[2] Claus Westermann, Boten des Zorns. Der Begriff des Zornes in der Prophetie, in: Rainer Albertz (Hg.), Claus Westermann, Erträge der Forschung am Alten Testament, Gesammelte Studien III, TB 73, München 1984, 96–106 (kritisch).
[3] Wenn Peter Sloterdijk, Zorn (s. Anm. 1), 9, mit Homer, Ilias I., einsetzt, sollte daran erinnert werden, dass die alttestamentlichen Gerichtspropheten, besonders Amos, Hosea, Micha und Jesaja Zeitgenossen Homers waren!
[4] Klaus Koch, Gab es ein Vergeltungsdogma im Alten Testament? in: ZThK 52 (1955) 1–42.
[5] Jörg Jeremias, Der Zorn Gottes im Alten Testament, BThSt 104, Neukirchen-Vluyn 2009, 138–156.

te; denn ich wußte, daß du gnädig, barmherzig, langmütig und von großer Güte bist und läßt dich des Übels gereuen. So nimm nun, HERR, meine Seele von mir; denn ich möchte lieber tot sein als leben. Aber der HERR sprach: Meinst du, daß du mit Recht zürnst?
Jona 4,1–4 (Lutherübersetzung 1984).

3.

Nicht nur Gott kann zornig sein, sondern auch Menschen können es. Wie Kain erzürnt (Gen 4,5), so auch die Brüder Josefs, als sie sehen, wie der Vater ihren Bruder vorzieht. Dieses Zürnen drückt das Zerbrechen des Friedens aus:

> Israel aber hatte Josef lieber als alle seine andern Söhne, weil er ihm erst im Alter geboren war, und er ließ ihm einen Ärmelrock machen. Als nun seine Brüder sahen, daß ihr Vater ihn lieber hatte als seine andern Söhne, wurden sie ihm feind und vermochten ihn nicht mehr so anzureden, daß es dem Frieden diente.
> *Josef (Genesis 37,3+4, Jahwistisches Geschichtswerk, Übersetzung Ferdinand Ahuis)*

Gen 37 stellt auf der Ebene des Jahwistischen Geschichtswerks die Exposition für eine Erzählung her, die vom Zerbrechen und der Wiederherstellung des Friedens handelt.[6] Sie hat in Gen 45,1 ihren Höhepunkt, kommt aber erst mit Gen 50,20 zu ihrem Ende:

> „Ihr zwar gedachtet mir Böses zu tun, aber Gott hat es zum Guten gewendet."
> *Josef (Genesis 50,20, Lutherübersetzung 1984).*

Zur Wiederherstellung des Friedens unter der veränderten Bedingung, dass der Vater nicht mehr lebt und Josef fast zu königlichen Würden aufgestiegen ist, gehört das aufwändig dargestellte Begräbnis Israels (=Jakobs) als rite de passage (Gen 50,7-9) mit hinzu, ja, die Verweigerung der Teilnahme an einem Übergangsritus kann Zeichen für die Wegnahme des Friedens durch JHWH sein:

> So spricht der HERR: „Du sollst in kein Trauerhaus gehen, weder um zu klagen noch um zu trösten; denn ich habe meinen Frieden von diesem Volk weggenommen."
> *Jeremia 16,5 (Lutherübersetzung 1984).*

Friede bringt daher den Zorn zur Ruhe (Gen 44,18!). Die Brüder machen den Frieden, und gleichzeitig ist es doch JHWH, der hinter allem steht und in seiner leidenschaftlichen Liebe zu den Menschen den Frieden schenkt. Umgekehrt ‚entharmlost' der Zorn den Frieden.

4.

Die gerade auch dem Jubilar eigene Leidenschaftlichkeit in der Liebe zur Stadt lässt vertieft nach dem Frieden für die Stadt fragen. Luthers Übersetzung der im Nachdenken über die Zukunft der Stadt einschlägigen Stelle aus dem Sendbrief Jeremias an die Exulanten, vertreten durch den „Rest der Ältesten" in Babylon, lässt nicht erkennen, dass in diesen beiden Versen nicht nur einmal vom Frieden die Rede ist,[7] sondern viermal:

> Befragt (JHWH) nach dem Frieden der Stadt, dahin ich euch habe wegführen lassen, und betet für sie zu JHWH; denn durch ihren Frieden widerfährt euch Frieden. Ich weiß wohl, was ich für Gedanken

---

6   Claus Westermann/Ferdinand Ahuis/Jürgen Wehnert, Calwer Bibelkunde, Stuttgart [15]2008, 59f.

7   Jer 29,1–11, hier 7+11: Suchet der Stadt Bestes, dahin ich euch habe wegführen lassen, und betet für sie zum HERRN; denn wenn's ihr wohl geht, so geht's auch euch wohl. ... Denn ich weiß wohl, was ich für Gedanken über euch habe, spricht der HERR: Gedanken des Friedens und nicht des Leides, dass ich euch gebe das Ende, des ihr wartet.

über euch habe, spricht JHWH: Gedanken des Friedens und nicht des Bösen, dass ich euch gebe Zukunft und Hoffnung.
Jeremia 29,7+11 (Übersetzung Ferdinand Ahuis).

Den Ältesten, die mit ihrer Exulierung durch die Babylonier 597 v. Chr. den Zorn JHWHs erfahren haben, wird empfohlen, sich in der Fürbitte für die Babylonier an JHWH zu wenden und damit eine Jahrhunderte alte, Sehern, Gottesmännern und Propheten vorbehaltene Institution (Num 22,7; 1. Kön 17,20f.; 2. Kön 1,2; 8,8; Am 5,4; Jer 37,3; 42,2; Ez 14,1; 20,1) zu rezipieren: die JHWH-Befragung. Ziel dieser Befragung ist die Zusage des Friedens. Indem JHWH den Frieden unterschiedslos für die Stadt schenkt, werden auch die Exulanten den Frieden haben, den JHWH ihnen zudenkt. Der Zorn JHWHs hat ein Ende. Seine Leidenschaft für die Menschen bleibt.

Hans Jürgen Benedict

Tresen – Tafel

Fremde Heimat Babylon oder die Stadt der Verschiedenen. Predigt über Apk 18[1]

Willkommen in Babylon, liebe Gemeinde! Klingt der Text nicht, als wäre von Hamburg die Rede und nicht von Rom-Babylon – mit Babylon ist nach jüdisch-apokalyptischer und urchristlicher Tradition stets Rom gemeint, die Hauptstadt der antiken Welt. Sie ist die zum Untergang verdammte Stadt. In einem gewaltigen Drama der Endzeit wird sich Christus als der Sieger erweisen. Doch hier im 18. Kapitel erinnert die Beschreibung Rom-Babylons eher an eine orientalische Hafenstadt, an Tyros, an Sidon. Von Kaufleuten, Schiffsherren, Seefahrern, Steuerleuten ist die Rede. Deswegen scheint die Freie und Hansestadt Hamburg hier beschrieben, die durch Handel und Wandel reich und groß geworden ist. Einstmals eine evangelisch-lutherische Stadt mit einem ehrbaren Senat, einer erfolgreichen Kaufmannschaft und strengem Hauptpastorenregiment, heute eine multireligiöse, attraktiv touristische und moderne Metropole, mit kreativ-umtriebigen Hauptpastoren, einem rigiden Sparsenat und Unternehmens-Millionären, die schon mal einen Bibliotheksflügel oder eine Professur für Friedenstheologie stiften. Von Saitenspielern, Sängern, Flötenspielern und Trompetern Babylon-Hamburgs ist die Rede. Und sofort entsteht vor meinem Auge besser Ohr die lebendige Musik-, Oper- und Musical-Stadt Hamburg, die Hauptstadt der Kirchenmusik. All das wird untergehen und nicht mehr zu hören sein. Das Ende von Handel und Wandel wird an-

---

[1] Gehalten in der Hauptkirche St. Katharinen, Hamburg, am 23.1.2005.

gesagt; von Geschäftemacherei, Handwerk, Künsten, ja ein Ende des sinnenfrohen Lebens überhaupt wird prophezeit. In einer Stunde wird sie vernichtet wie es damals mit Pompeji und Herculaneum geschah. Alle fangen an zu klagen. „Weh, weh du große Stadt, von deren Überfluss alle reich geworden sind, die Schiffe auf dem Meer hatten usw.". Die grausame Vernichtungsphantasie des frühchristlichen Visionärs speist sich aus dem Schrecken der Christenverfolgung zur Zeit des Kaisers Domitian (um 95 nach Christus). Einer verfolgten Gemeinde soll Hoffnung gemacht werden. Immer wieder ist diese Prophezeiung einer verfolgten Gemeinde auch eingetreten.

Denn es ist keine große Kunst, den Untergang von Städten prophezeien. Stadtzerstörung gehört in der Antike zur Stadterfahrung und auch in der Neuzeit. Wenn ganze Städte zerstört wurden, durch Kriege, Technik- und Naturkatastrophen, schien Apk 18 erfüllt. Jerusalem im Jahr 70, Rom im Jahre 410, Lissabon im Jahr 1755, ja unsere schöne Freie und Hansestadt im Jahr 1842 beim großen Brand und im Feuersturm der Massenbombardements 1943. Hamburg ist nicht mehr, zerstört für alle Zeit, so schien es denen, die dabei und entronnen waren. Und jetzt sitzen wir hier in unserer lebendigen und kreativen Stadt Hamburg und freuen uns an ihrer Vielfalt

Deswegen möchte ich Sie darum bitten, von dem Zerstörungsaspekt für die nächste Viertelstunde abzusehen und mit mir einmal darauf zu achten, was an positiver Stadtbeschreibung in diesem Text erhalten ist. Nachzudenken über die für uns Christen fremde Heimat Babylon und über den Tisch Gottes in dieser Stadt. (Es folgt eine Darstellung von Jesu stadtkritischer Haltung; Paulus, der die Städte geschickt für die Mission nutzt und in christlichen Häusern mit dem gemeinsamen Mahl der Verschiedenen eine Alternative aufbaut, wird erwähnt, von Augustins Trennung der zwei Städte, der irdischen Stadt und der Stadt Gottes, wird erzählt).

Stadt ist kulturelle Vielfalt, ist Kultur des Unterschieds. Im Unterschied liegt eine ethische Kraft, die Menschen in Beziehung bringt. Rom-Babylon ist unsere Stadt, Babylon ist unsere Heimat, auch wenn wir uns manchmal fremd fühlen. Wir alle leben in Babylon, es gibt keine anderen Städte und es wird keine anderen Städte geben. Diese Städte sind unsere fremde Heimat. Die ideale Gottesstadt bleibt jenseits, eben ein himmlisches Jerusalem, nach dem wir uns gelegentlich auch sehnen. Aber leben müssen und wollen wir hier in der fremden Heimat Babylon. In der Stadt der Unterschiede und der Vielfalt. Es wird endlich Zeit, dass wir als Christen zugeben, dass wir ganz gerne in Babylon leben. Eine ideale christliche Stadt wäre uns doch viel zu langweilig, einmal abgesehen davon, dass viele christliche Stadt-Experimente nur mit Disziplin und Gewalt durchgeführt wurden und auch scheiterten. Es wird endlich Zeit, dass wir die verhängnisvolle Spaltung zwischen Innen und Außen aufgeben. Dies ist unsere Welt – eine andere haben wir nicht. Die Städte sind unsere Heimat, und wenn wir ehrlich sind, dann lieben wir sie auch.

Was sind das für Städte? Das können wir aus der Bibel fast nur aus dem Gegensatz herauslesen. Was als verdammungswürdig beschrieben wird, das ist das, mit dem wir leben müssen. Zum Beispiel ostentativer Reichtum. Ich will jetzt nicht die Edelgeschäfte in den feinen Hamburger Einkaufspassagen schelten. Ich sehe in Apk 18 Babylon vielmehr als orientalischen Bazar. Ist so ein Markt, auf dem so viele Gewürze, Spezereien, Obst, Gemüse, Süßigkeiten, Blumen, Schmuck und was sonst noch alles angeboten werden, nicht wie ein Pfingstfest aller Sinne? Sind es nicht auch unsere Wochenmärkte? Was ist verglichen damit der mit allen Waren versehene Supermarkt? Werden wir nicht angeregt und belebt von dem bunten Treiben, den Rufen, Schreien, Geräuschen, Gerüchen, Musiken? Ist das Menschengewirr aus aller Herren Länder nicht auch ein Pfingstereignis, selbst die eher armseligen Wochenmärkte in den Stadtteilen, in denen meine Studenten ihr Praktikum machen, zum Beispiel Billstedt?

Machen wir doch einmal einen Spaziergang durch Hamburg oder durch unser Viertel, natürlich lieber im Sommer, wenn die Menschen auf der Straße sind. Nehmen wir eine Straße wie die Lange Reihe und die umliegenden Straßen in

St. Georg. Vorbei am Schauspielhaus biegen wir auf den Platz am Beginn der Langen Reihe ein. Die Stundenhotels, früher die Drogenberatung. Die St. Georger Dreifaltigkeitskirche, jetzt mit der Replik einer Kreuzigungsgruppe aus dem 16. Jahrhundert, die letztes Jahr wieder aufgestellt wurde. Vor der Kirche die Namen der Aids-Toten im Straßenpflaster. Zurück vorbei an Max & Konsorten in die Lange Reihe. Ein Geschäft neben dem andern. Der thailändische Supermarkt, das indische Restaurant, das deutsche Café, der türkische Imbiss, das portugiesische Restaurant, das polnische Reisebüro, der Laden mit Schmuck und Klamotten aus Indien, die Apotheke St. Georg, der holländische Käseladen, das Zentrum für Weiterbildung, der schwule Bücherladen, das Cafe Gnosa und andere Läden der Schwulenszene, und auf der anderen Seite das Haus, in dem Hans Albers geboren wurde, die Geschichtswerkstatt St. Georg, die Schule am Carl von Ossietzky-Platz, der Italiener, der deutsche Buchladen, das Feinschmeckerrestaurant, der DroMarkt, der englische Musikalienhändler, noch ein Italiener, an der Ecke Danziger Straße die Deutsche Bank, dann die Caritas, dahinter der Mariendom, die katholische Schule, der große Spielplatz und etwas weiter die Lindenstraße mit dem großen türkischen Supermarkt und der Moschee. Und dann sind wir schon am Steindamm, türkisch besetzt, ein Geschäft neben dem anderen, bald kommen auch die Sexläden, die Straße, wo die käufliche Liebe beginnt, viele kleine Kneipen und die Nebenstraßen zwischen Steindamm und Schauspielhaus, wo die ganz jungen Prostituierten stehen und von männlicher Gewalt ausgebeutet werden. Der große Hansa-Platz mit seinen Kneipen und Läden, den Junkies und Wohnungslosen und der Hammonia in der Mitte, das Cafe Sperrgebiet der Diakonie, wo junge Frauen aufatmen können. Ja, ein vielfältiges, chaotisches Viertel. Und wenn der Apostel Paulus da durchgegangen wäre, er hätte wohl wie damals in Korinth sagen müssen: „Ich sage euch, weder Unzüchtige noch Götzendiener, Ehebrecher, Lustknaben, Knabenschänder, Diebe, Geizige, Trunkenbolde Lästermäuler oder Räuber werden das Reich Gottes erwerben"

(1 Kor 6,9). Und 1800 Jahre später der Kandidat Johann Hinrich Wichern bei der Erkundung von Hamburgs „heimlichem Volksleben" sah in St. Georg auch nur Unzucht, Armut, Hunger, Trunkenheit, Sittenlosigkeit, Gottlosigkeit und holte die verlorensten Jungen ins raue Rettungshaus nach Horn. Aber das wurde ein Tisch des Reiches Gottes mitten in der bösen Stadt, er steht sogar noch im Alten Rauhen Haus, der lange Holztisch mit den Stühlen für die ersten Jungens, an dem sie die Mahlzeiten einnahmen.

Und jetzt: Die Stadt der Verschiedenen, wo man ohne Angst anders sein kann. Gut und böse wild durcheinander, Gerechte und Ungerechte gemischt, über die Gott seine Sonne scheinen, in HH aber meistens aber regnen lässt. Abweichung ist die Freiheit, die erst in einer Großstadt möglich wird, und die ist hart erkämpft worden. Zöge man alle abweichenden Gruppen in St. Georg zusammen, da wäre das fast die Mehrheit. Im Unterschied liegt eine ethische Kraft, die Menschen in Beziehung bringt. Heimat Babylon.

Ja, und dann die Frage, wo ist hier in St. Georg der Tisch im Reich Gottes, an dem die Unterschiedlichen sitzen können? Ich sehe Menschen an vielen Tischen, die Männer, die sich an den Tischen der Straßencafés ungeniert streicheln und küssen, ich sehe die muslimischen Patriarchen, die in ihrem Kulturladen beim Würfelspiel am Resopaltisch sitzen, die lässigen Machos, die in einer Ecke einen Stehkonvent abhalten, die jungen Frauen mit freiem Bauchnabel, die sich zum Kaffee im Balzac treffen, die Frauen mit den Kopftüchern, die für das Familientreffen einkaufen gehen, die illegalen Migrantinnen, Asiaten, Schwarze, die keinen sicheren Tisch zum Ausruhen haben, die Angestellten in den feinen Anzügen, die an die gedeckten Tische zum Mittagessen in die Alte Turnhalle oder ins Cox eilen, die Touristen, die in der lebendigen Straße ein Stück Hamburg erleben wollen und am Stehtisch ein Bier trinken, die Alteingesessenen, die sich nicht vertreiben lassen, weil das ihr Quartier ist und sie in ihrer guten Stube gerade auf den alten Familientisch die gehäkelte Decke zum Nachmittagskaffeetrinken legen.

Wo unter den vielen Tischen ist der Tisch im Reich Gottes? Ist er im Dom, wo der Bischof in der Frühmesse die Eucharistie mit vielen älteren Frauen feiert? Ist es der Versammlungs-Tisch der Stadtteilkonferenz oder der runde Tisch der verschiedenen Religionen, der sich angesichts der Spannungen nach dem 11.9.2001 trifft? Manchmal bin ich versucht zu sagen – vielleicht am ehesten noch bei der Küchengruppe, die am Freitag in der Kirche St. Georg im hinteren Teil des Kirchenschiffs an vier Tischen Essen für 150 bis 200 Bedürftige austeilt, die um 11 in einer langen Schlange vor der Kirche stehen? Hier treffen sich die Verschiedenen, hier findet soziale Berührung statt. Ich brauche diese Erfahrung, sagt mir eine ältere Frau an dem Freitag, an dem ich einmal mit die Suppe ausgeteilt und das dreckige Geschirr in die Küche im Keller gebracht habe. Ich lerne so viele interessante Menschen kennen. Ihre Schicksale machen mich demütig. Den Tisch im Reich Gottes sehe ich auch immer dort, wo Hinz&Kunzt-Verkäufer ihr Straßenmagazin, die interessanteste Monatszeitschrift Hamburgs den Passanten anbieten. Gespräche und Kontakte, Wahrnehmung und Aufmerksamkeit entstehen so.

Denn es gibt eine Gefahr in der Stadt der Verschiedenen. Die Stadt sollte kein Ort sein, in dem die Angst vor Berührung zur Bildung von Parallelgesellschaften führt, die nichts miteinander zu tun haben wollen. Parallelgesellschaften sind kein Monopol der Türken und Muslime. Parallelgesellschaften sind auch die feinen Viertel, die sich durch Mietpreise und Vertreibung separiert haben. Ist in der Stadt wirkliches Interesse am andern und seinem Schicksal vorhanden? Oder ist es bloß eine Liberalität, die alles gelten lässt, solange es keine Probleme gibt? Nicht Hingabe ist in der Stadt gefordert, aber Anteilnahme. Nicht Aufhebung der Unterschiede, aber Kontakt. Der Unterschied ist eine ethische Kraft, wenn er in Beziehung bringt. Manchmal brauchen wir anstiftende Geschichten und Erfahrungen, um wieder Beziehungen aufzunehmen. Geschichten von einem Jesus, der Tisch hält mit ganz Verschiedenen, der sie aber verschieden sein lässt. Kein Einheitstyp in Christus, sondern Zugang für die Verschiedenen.

Auch wo Begegnung stattfindet, bleibt Fremdheit. Das schützt gegen die Vereinnahmung des Fremden. Vielleicht wäre heutiges Christsein und Menschsein die Einübung der Kunst mit Fremden zu leben, sich selbst und anderen dabei behilflich zu sein. Sprachkurse müsste es für beide Seiten geben, für die junge Türkin aus Anatolien und für Angela Merkel aus den neuen Bundesländern, Kurse in Begegnung, Befremdung, Neugier, Anteilnahme und Anerkennung der Unterschiede. Merhaba heißt willkommen.

„Und an der Begegnung erkennst du, dass du hier ein wenig mehr als in anderen Städten zu Hause bist", sagt Hilde Domin. Und der Tisch im Reich Gottes mitten unter uns, nicht erst der im Himmelreich, wo steht er – nun ja, da wo die Verschiedenen sich begegnen, anschauen, verstehen und auch nicht verstehen, so einfach ist das, gleich beim Abendmahl, aber auch in den Momenten schöner, manchmal schmerzlicher Begegnung beim Stadtteilfest, in der U-Bahn, auf der Langen Reihe, in der Suppenküche, in der Stadt Babylon und der Stadt Hamburg, die dann keine „Abschiebestadt" mehr ist, sondern eine Stadt, die „einen Engel an der Pforte hat" – einen einladenden, der eine Amnestie für alle Illegalen ausspricht, von mir aus in blauer Uniform. Amen!

Für Wolfgang, den Freund, dem diese
Predigt beim ersten Hören sehr gefallen hat.

Lennart Berndt

Groß – Klein

Große Stadtkirche, kleine Stadtteilkirche: Erfahrungen aus meiner Vikariatsgemeinde St. Gertrud in Flensburg

Wolfgang Grünberg schreibt in der „Sprache der Stadt": Wir brauchen „im Laufe unserer Lebensgeschichte beide, die Kapelle und die Kathedrale, die Ortsgemeinde als Dorfkirche und die Citykirche."[1]

Als gebürtiger Harburger (dort, wo man sagt, man fahre nach „Hamburg", wenn man die S-Bahn besteigt) leuchtet einem das Neben- und Ineinander von Dörflichkeit und Städtischem sofort ein. Und so trage ich bis heute beide Pole stark in mir und denke wie Wolfgang Grünberg, dass beide Ebenen ein menschliches Grundbedürfnis sind.

Meine Vikariatszeit verbrachte ich in Flensburg, mit ihren 87 000 Einwohnern gewiss keine Großstadt; jedoch hat sie durch ihre dichte Bebauung, die wachsende Universität und ihre regionale Ausstrahlung auf die ländliche Umgebung einen durchaus urbanen Charakter.

Die Kirchengemeinde St. Gertrud, in einem bürgerlichen Stadtteil im Westen der Stadt gelegen, steht als typische Stadtteilkirche für die Bezogenheit von Urbanität und Dörflichem, für das Ineinander von Zentralität und Überschaubarkeit. An ihr lässt sich der aufgegriffene Gedanke veranschaulichen.

Die Stadtsilhouette Flensburgs ist geprägt von zwei großen Stadtkirchen: St. Marien und St. Nikolai, denen jeweils ein Markt zugeordnet ist, so dass sich bis heute das Innenstadtleben um diese beiden Kirchen gruppiert. St. Gertrud, benannt nach der Schutzheiligen der Wanderer und Reisenden, war im Mittelalter noch eigenständiges Kirchspiel, kam aber nach der Reformation für mehrere Jahrhunderte als Gertrudenbezirk zur St. Marienkirche hinzu.

Entwicklungen im 20. Jahrhundert: Vom Lehrlingswohnheim zur Kirchengemeinde

Dieser unbebaute Pfarrbezirk entwickelte sich im 20. Jahrhundert – vor allem durch beide Weltkriege – zum neuen Stadtteil Westliche Höhe.

Beeinflusst durch die zahlreichen dänischen Bildungseinrichtungen für Kinder und Jugendliche nach dem Zweiten Weltkrieg, die in Flensburg errichtet wurden, wollte die Marienkirche darauf reagieren und beschloss den Bau eines Evangelischen Jugendheimes auf dem Gebiet der ehemaligen St. Gertrudkapelle.

Das Jugendheim wurde 1954 eingeweiht und bestand aus einem Wohnheim für 18 männliche Lehrlinge aus dem Umland, einem Kirchsaal zur Mehrzwecknutzung und einem Kindergarten. Es trug den Namen „Evangelisches Jugendhaus St. Gertrud" und wurde vom Inhaber der fünften Pfarrstelle der Marienkirche pastoral versorgt. Dem Auftrag ihrer Schutzheiligen, für Elende (d.h. in der Fremde Weilende) da zu sein, fühlte sich das Gemeindehaus in der Sorge für die vielen Flüchtlinge verpflichtet. Sie sollten hier einen Ort der Integration und Beheimatung finden. Ihre Kinder wurden bevorzugt im Kindergarten aufgenommen, und die Jugendlichen aus den Notwohnungen des Umlands, die in den Dörfern oft keine Lehrstelle fanden, sollten hier im Wohnheim während ihrer Lehrzeit in der Stadt ein Zuhause finden.[2]

Beheimatung wurde in den 1950er Jahren hier ganz konkret verstanden: Menschen kom-

---

[1] Wolfgang Grünberg, Die Sprache der Stadt. Skizzen zur Großstadtkirche, Leipzig 2004, 176.

[2] Vgl. Christian Landbeck, Überraschende Hintergründe – Die Entstehung St. Gertruds in acht Teilen, in: Neues aus St. Gertrud. Gemeindebrief der Kirchengemeinde St. Gertrud Dezember 2009 – Februar 2010, Flensburg 2009, 10.

men, von nah und fern, sei es als Kriegerwitwe oder als junger Auszubildender, in eine neue, fremde Stadt und finden ein Zuhause, im Fall des Wohnheimes sogar im wörtlichen Sinne.

Von Beginn an wurde im Kirchsaal sonntäglich Gottesdienst gefeiert, zunächst in der gemeinsamen Verantwortung mit den anderen vier Pastoren von St. Marien. Doch schon bald wuchs ein reges Gemeindeleben im jungen Stadtteil heran, so dass sich das Jugendheim schnell über seine ursprüngliche Bestimmung hinaus zu einer Kirche mit Gemeindezentrum für den wachsenden Stadtteil entwickelte. Bereits 1965 wurde St. Gertrud eigenständige Gemeinde und löste sich von der Mutterkirche St. Marien ab. Die Wohnheimzimmer wurden nun nicht mehr belegt und dafür zwei Jugendräume eingerichtet. Bis heute gestaltet die Gemeinde ihr kirchliches Angebot unter einem Dach, obgleich es Versuche gab, einen alleinstehenden Kirchbau zu errichten, was aber nie umgesetzt worden ist. In den folgenden Jahrzehnten des 20. Jahrhunderts wächst St. Gertrud weiter, wird personell ausgebaut und fungiert als vollständig eigenständige Kirchengemeinde.

Entwicklungen im 21. Jahrhundert: Der „Normalfall" – Ortsgemeinde bleibt unverzichtbarer Ort der Beheimatung im Angesicht der Stadtkirche

Durch den massiven Rückgang der kirchlichen Finanzen zu Beginn des 21. Jahrhunderts gerieten vor allem kleine Ortsgemeinden wie St. Gertrud unter existentiellen Druck. Durch Stichworte wie Fusionierung und Regionalisierung stand die Frage im Raum, ob St. Gertrud nicht wieder zu einem Gemeindehaus der Marienkirche werden solle.

Peter Cornehl und Wolfgang Grünberg haben in diesem Zusammenhang auf die „Chancen der Ortsgemeinde"[3] aufmerksam gemacht und benennen ihre Chance vor allem in der „unverzichtbaren Relevanz des örtlichen Nahbereichs für das menschliche Leben"[4] trotz oder gerade wegen der Ausdifferenzierung und Funktionsverschiebung desselben.

St. Gertrud konnte sich im zurückliegenden Reformprozess als eigenständige Kirchengemeinde erhalten und gehört seit 2004 zu einer Region mit der Stadtkirche St. Marien. Im Vergleich zu den finanziell bequemeren Zeiten rücken nun Ortsgemeinde und Stadtkirche wieder näher zusammen. Der amtierende Pastor von St. Gertrud arbeitet mit einem Stellenumfang von 25% auch an der Marienkirche, der Jugenddiakon ist für die Region eingestellt. Dies führt bisweilen zu Problemen und ist besonders für die Stelleninhaber keine einfache Aufgabe. In dieser Entwicklung kann aber auch eine Chance liegen, wenn Verbindungen zwischen der Quartiersgemeinde und der Stadtidentität stiftenden Kirche entstehen, ohne dass die Stadtteilgemeinde dafür aufgelöst werden muss. Diese Verbindungslinien entstehen zum Beispiel, wenn die Kindertagesstätte einen kirchenraumpädagogischen Tag in St. Marien verbringt oder wenn eine Kirchenvorsteherin in ihrer Andacht davon berichtet, wie heilsam es für sie ist, in ihrer Mittagspause eine Kerze in der offenen Stadtkirche anzuzünden. Umgekehrt kommen Konfirmanden aus der Marienkirche zum Jugendgottesdienst nach St. Gertrud, zu dem der Jugenddiakon der Region einlädt. Dass Kirche aus dörflicher Kirche und der Citykirche besteht, kann so in den alltäglichen kirchlichen Angeboten einer Stadt verwirklicht werden.

In einer Stadt von der Größe Flensburgs leben Stadtteile nicht autark; alle Einwohner partizipieren an der Innenstadt. Das ist auch kirchlich so. In den beiden großen Stadtkirchen haben alle größeren kirchlichen und auch städtischen Veranstaltungen (z.B. Schulkonzerte) ihren Ort. Das heißt aber im Umkehrschluss nicht, dass die Menschen in ihrem Quartier keine Ortsgemeinde mehr bräuchten.

---

[3] Peter Cornehl, Wolfgang Grünberg, Chancen der Ortsgemeinde, in: Wolfgang Grünberg, Die Sprache der Stadt, Leipzig 2004, 279–297.

[4] Ebd.

Denn für den Stadtteil Westliche Höhe beispielsweise bietet die Kirchengemeinde St. Gertrud den einzigen Treffpunkt, der für jeden zugänglich ist, der also nicht, wie beim Sportverein auf ein Aktivitätsspektrum oder eine biographische Station (KITA, Schule) begrenzt ist. Als Vikar einer Stadtteilkirche konnte ich genau das erleben: Menschen nutzen die Ortsgemeinde in ihrer „Lebenswelt des Wohnens"[5]: Die Senior/innen für geistig-seelischen Austausch und körperliche Bewegung, die Kinder für elementarpädagogische Erziehung, die Gruppen der anonymen Alkoholiker zur Selbsthilfe. Und – nicht zuletzt – stehen der Gottesdienst und das sich anschließende Essen in Gemeinschaft jedem und jeder offen, auch so manchem überraschten Zaungast, wie ich erleben konnte.

Das alles ist nichts Neues und schon gar nichts Spektakuläres. Aber gerade darin – im Normalfall des Nahbereiches, der im Stadtteil meiner Vikariatsgemeinde etwas Einzigartiges ist – liegt der hohe Wert dieser kleinen Ortsgemeinde und steht exemplarisch für viele ihrer Art.

Vielleicht liegt darin die Begründung dafür, dass sich St. Gertrud auch unter den finanziell schwierigen Bedingungen nicht nur erhalten kann, sondern in diesem Jahr 2010 eine umfassende bauliche Erneuerung vornimmt. Die klaren und einfachen Linien der Architektur der 1950er Jahre bleiben erhalten und werden unterstrichen, während der Kirchsaal ein stärker liturgisches Gepräge erhalten wird. In der Umgestaltung des liturgischen Raumes wird der wachsenden Zahl an Gottesdienstbesuchern und dem größeren Interesse an Gottesdienstgestaltung in der Gemeinde auch baulich entsprochen. Bemerkenswert ist, dass die Gemeinde bei der Farbgebung der Altarwand vor der Wahl zwischen einem warmen Gelb (Beheimatung) oder einem Ultramarineblau (Transzendenz) stand. Der Kirchenvorstand hat sich deutlich für eine gelbe Altarwand entschieden. Menschen brauchen „die Kapelle und die Kathedrale".

---

[5] Reiner Kunzes Gedicht „Fast ein Gebet". Die Ortsgemeinde als Lebenswelt des Wohnens, in: Wolfgang Grünberg, Die Sprache der Stadt, Leipzig 2004, 319.

Christian Bingel

Heile – Kaputt

Überlegungen beim Gottesdienstbesuch einer Pfingstgemeinde in Hamburg

Hingehen

Es ist öd, am Sonntagvormittag an der Kreuzung Mundsburg im Osten Hamburgs. Breite Straßen, ein verwirrendes Geflecht von Überführungen und Verkehrsinseln liegen verlassen im milden Frühlingslicht. Die Hochhaustürme und das Einkaufszentrum Hamburger Straße, jener Ort, an dem einst die Brüder Heilbuth Hamburgs erstes Kaufhaus eröffneten, mahnen trotz Renovierung an die Bausünden der Sechziger Jahre. Brutalismus brutal. Auf den Straßen – keine Menschen. Schlimmer als das Straßenbild von vorn sind aber die Narben im Viertel hinter dem Kaufhaus, in der Richardstraße und der Bostelreihe. Die Straße ist eng, und die hohen Parkdecks des EKZ nehmen ihr die Sonne. Ein städtebauliches Totenfeld.

Kann in diesen toten Straßen Leben sein? Plötzlich andere Menschen. In Scharen strömen sie von der Haltestelle die Straße hinauf, in Jeans, in Anzügen, Strickjacken. In afrikanischen Gewändern oder hautengen H&M-Klamotten. Die Mischung der Altersgruppen, Ethnien und Typen entspricht der einer S-Bahnfahrt zwischen Altona und Barmbek. All diese Menschen gehen zur Kirche, einem schmucklosen Neubau aus den 80er Jahren. Durch ein helles Foyer betrete ich den etwa turnhallengroßen Gottesdienstraum. Wie in vielen Pfingstgemeinden gibt es anstelle eines Altars eine erhöhte Bühne, auf der eine Band mit Lobpreis-Team schon Aufstellung genommen hat, seitlich versetzt ein Rednerpult für die Predigt.

Der Raum lässt mich an einen Kino- oder Hörsaal denken, allerdings ist er mit einem großen Taufbild an der Stirnseite und Buntglasfenstern an der Seite überraschend sakral gestaltet. Es ist kurz vor elf Uhr, doch ist der Raum bereits gut gefüllt. Viele Gottesdienstbesucher stehen, andere sitzen, immer wieder kommen neue dazu und bringen die Reihen durcheinander. Die Band spielt Sakro-Pop, zu dem die Texte über der Bühne eingeblendet werden. Manche der Gemeindeglieder um mich herum haben die Augen geschlossen, andere den Kopf leicht gesenkt und die Rechte lose gen Himmel gehoben.

„Alles ist schon da", fährt es mir durch den Kopf. Ohne Votum, ohne Begrüßung ist schon Gottesdienst, unabhängig von mir. Die Musik spielt. Ich kann singen, aber die Band singt auch ohne mich. Ich kann dasitzen und mich besingen lassen, oder aufstehen, wippen, klatschen. Ich kann schweigen. Keine Einstimmung mit einem fein beobachteten Frühlingsbild, kein Abgeholtwerden aus meinen Problemen daheim. Die Schwelle zum Kirchraum ist Schwelle zum Gottesdienst. Radikal. Gesang und Gebet lenken meinen Blick von mir selbst ab und richten ihn hinauf zu den Bergen, von denen Hilfe kommt. In dieser Einstimmung – sitzend, stehend, wippend, singend – geschieht etwas, das größer ist. Ein Vollzug, dessen Inhalt mir vertraut, dessen Zeitpunkt und Performativität aber ungewohnt ist: „Es ist recht, Dir zu danken, es ist gut, Dich zu preisen. Gott, Du bist heilig, Du gibst Leben" – Lobpreis als Präfationsgebet.[1]

Hinsehen

Gar nicht vertraut ist mir dagegen die Haltung vieler Gemeindeglieder um mich herum. Stehend oder sitzend haben sie die rechte Hand lose erhoben. Die Geste ist locker, der Ellenbogen gebeugt, der Unterarm nach oben gerichtet, die Hand leicht nach hinten gekippt. In unseren Gemeinden ist diese Geste unbekannt, sicher ungebräuchlich. Warum? Ungewohnt ist sie. Merkwürdig unausgewogen. Nicht ruhig und geschlossen wie andächtig gefaltete Hände. Nicht feierlich-kraftvoll wie die priesterlich emporgestreckten Arme einer *Elevatio Sacrificii*. Nicht harmonisch wie die üblichen Segensgesten, und zu asymmetrisch für die ausgestreckten Arme des Kleinkindes, das auf den elterlichen Arm will. Obwohl an der erhobenen Hand eine gewisse Intentionalität aufscheint, ist die Gestalt locker, nicht zu verwechseln mit den gereckten Händen einer Gruppe von Teenagern, die ihrem Lieblingsstar entgegen fiebern oder den fanatisch salutierenden Armen der Nazis.

Diese Haltung, die durch Lobpreis und Gebet beibehalten wird, verweist in ihrer Sanftheit auf etwas Größeres. Wie das vorsichtige Streicheln eines Elefanten. Sie erinnert an eine zögerliche Meldung, sei sie schamhaft – *wer hat das letzte Stück Kuchen gegessen?* – oder dienstbar – *wer von Euch könnte heute den Kompost umgraben?*

Spontan fährt es mir durch den Kopf: *Hineni*. Die Geste der lose erhobenen Hand ist eine symbolische Geste der Beteiligung. Feier, Bekenntnis, Verkündigung und tätige Nächstenliebe gründen in der ersten, gestischen Antwort: Hier bin ich. „Du hast uns, HERR, gerufen" (EG 168) habe ich schon oft gesungen. Doch eine körperliche Gestalt dafür hatte ich nie.[2]

Hinhören

Die Predigt. Weitere Entdeckungen. Die Textgrundlage ist aus Psalm 68,6: „Ein Vater der Waisen und ein Helfer der Witwen ist Gott in seiner heiligen Wohnung, ein Gott, der die Einsamen nach Hause bringt, der die Gefangenen herausführt, dass es ihnen wohl gehe."

Der Prediger spricht frei – kein Ringbuch trübt seine Präsenz. Er ist es gewohnt, frei zu sprechen. Sein Vortrag ist klar und moduliert, spannungsreich, mitreißend. Religiöse Kunst-

---

[1] Vgl. Karl-Heinz Bieritz, Liturgik, Berlin 2004, sowie Arno Schilson und Joachim Hake, Drama Gottesdienst, Stuttgart/Berlin/Köln 1998.

[2] Zu liturgischen Haltungen ausführlich: Thomas Kabel, Handbuch Liturgische Präsenz, Bd. 1, Gütersloh 2002.

rede. Inhaltlich greift der Prediger ein aktuelles Thema auf, indem er über die Herausforderungen einer ‚vaterlosen Gesellschaft' spricht – die seelischen und gesellschaftlichen Schwierigkeiten, die auftreten (können), wenn Kinder ihren Vater nicht kennen lernen oder ohne (funktionale) Vaterfigur aufwachsen. Zum Einstieg bringt er den eindrücklichen und drastischen Bericht über die Kinder junger Frauen auf den Philippinen, die jeden weißen Mann als ‚Papa' ansprechen. Mehr wissen sie nicht über ihn. Doch die Predigt verharrt nicht im wohligen Grusel der Unmoral. Sachlich und einfühlsam schildert der Prediger auch die weniger dramatischen Probleme von Familien mit nur einem Elternteil. Zwar schwingt in der Predigt ein konservatives Familienbild mit, doch werden die Verhältnisse nicht moralistisch-einseitig verurteilt. Sie bereiten die Situation seiner Verkündigung: Gott heilt, Gott erzieht. Mit Gott wird es möglich, Verletzungen zwischen Menschen, zwischen Familienmitgliedern zu überwinden und Heilung zu erreichen. Gott hilft. In kräftigen Farben zeichnet der Prediger das Gelingensbild einer solchen Gottesbeziehung: Durchatmen, Freisein. Geborgensein. Frieden mit der Vergangenheit machen. Von Gott befähigt, Leben zu gestalten.

Auch hier: Vertraute Inhalte. Aber die Kraft und Deutlichkeit sind ungewohnt. Die Zusage wirkt performativ: Gott bringt Dich nach Hause, Gott macht Dich frei.

Begegnen

„Wo ist denn das Schöne am Gegenüber, das, wo man gerne hinschaut?"

Das ist der Schlüssel. Wolfgang Grünberg hat ihn mir mitgegeben. Im Rahmen einer Einführungsveranstaltung in das Fach Theologie, lange bevor ich ‚dichte Beschreibungen' oder ‚teilnehmende Beobachtungen' kennen lernte – von Diskursanalysen ganz zu schweigen – erschloss er mir die Begegnung mit Angehörigen anderer Glaubensgemeinschaften als Thema einer phänomenologisch arbeitenden Praktischen Theologie.[3] Wertschätzend und kritisch in der Wahrnehmung, selbstbewusst und spielerisch in der Reflektion. Nicht Kulturwissenschaft, sondern Theologie. Die hier geschilderten Eindrücke aus einem Gottesdienst der ELIM-Gemeinde verstehen sich daher – neben allen ästhetischen und theologischen Anfragen, die sich für mich aus dieser Begegnung auch ergeben – vor allem als Impuls, *das Schöne am Anderen zu erkennen.*

Weiterdenken

Es sind meines Erachtens vor allem die jeweilig vertretenen Gelingensbilder des Glaubens, die in der Begegnung von Pfingst- und Landeskirchen Irritation und Unverständnis verursachen. Die akademisch-landeskirchlich freche Achtung für das Kleine und Vorläufige (H. Luther) steht in Gefahr, in ein einseitiges Lob des Fragmentarischen umzuschlagen. Das kritische Potenzial der Kirche gegenüber politischen, ökonomischen und technischen Heilsversprechen führt mitunter zur Dekonstruktion jeglicher Vorstellung von wirklichem Heil. Und doch werden auch in den Einrichtungen und Gemeinden und Gruppen der Landeskirche Menschen von Gott bewegt und setzen Menschen etwas in Bewegung.

Einer Theologie der Stadt könnte vor diesem Hintergrund die Aufgabe zukommen, solchen Spuren der Heilswirklichkeit nachzugehen und diese anschaulich zu machen – gegenüber der Öffentlichkeit ebenso wie im ökumenischen und interreligiösen Gespräch.

---

[3] Vgl. hierzu: Astrid Dinter et al, Empirische Theologie, Göttingen 2007.

Jürgen F. Bollmann

Elbufer rechts – Elbufer links

Hamborg, du uns Nachborstadt,
de mookt wi mit Melk, Fisch un
Appeln satt.[1]

Welchen Gewinn hatten sie, die Bauern und Fischer des kleinen Dorfes Altenwerder am linken Elbufer oder genauer: Ehedem auf der Insel zwischen Norder- und Süderelbe gelegen? Bis 1930 boten sie ihre Ware auf den Straßen der großen Stadt an. Dann durfte sie nur in angemeldeten Geschäften gehandelt werden. Inzwischen sind die Menschen aus Altenwerder weggezogen; die letzten 1998. Die St. Gertrud-Kirche ist stehen geblieben, und die Gräber auf dem Friedhof werden weiterhin gepflegt. Brautpaare lassen sich hier trauen, pflanzen „Bäume der Hoffnung" auf dem Platz vor der Kirche. Jedes Jahr wird die Kirche von mehr als 10.000 Menschen besucht. Ihr 62 m hoher Turm wirkt winzig im Vergleich mit den beiden 198 m hohen Windrädern in seiner Nachbarschaft. Die Kirche bewahrt die Erinnerung an eine vergangene Zeit. Dort, wo früher die Fischer ihre Boote festmachten, werden heute riesige Frachtschiffe entladen. Der Hafen ist das wirtschaftliche Herz der Metropolregion. Jede Regierung wird darauf achten, dass es ohne Aussetzer schlägt.

Die Regierung sitzt im Hamburger Rathaus, am Elbufer rechts. Die Geschichtsbücher geben Auskunft über eine nun schon über 1200-jährige, sehr wechselvolle Geschichte der Besiedlung und Organisation des Zusammenlebens der Menschen dort. Das Elbufer rechts hat sich sehr eigenständig entwickelt. Nur von Zeit zu Zeit gestattete man sich, vom Süllberg (85 m) oder Bauersberg (92 m) hinüber auf die andere Seite der Elbe zu sehen, wo die Harburger Berge mit ihrer höchsten Erhebung, dem Kiekeberg (126 m), den Blick begrenzen. Die Berge verdanken sich den Gesteinsverschiebungen während der Eiszeiten. Zeitweilig haben sie den Elbstrom begrenzt, sie bilden also das eigentliche „Tor zur Welt", das zu sein Hamburg sich bis zum heutigen Tag rühmt. Damit dürfte sich bereits die These dieses Beitrages erschlossen haben, dass zumindest die Stadt Hamburg dem rechten wie dem linken Elbufer die gleiche Bedeutung beimessen muss. Im Blick auf die Entwicklung Altenwerders ist dies vielleicht noch nicht so gelungen, dass alle Beteiligten auch während des Prozesses der Umwandlung des Dorfes, das die Stadt ernährt, in ein Gebiet des Güterumschlags dies dankbar erfahren konnten.

Das Wasser der Elbe hat, wenn es Hamburg erreicht, schon mehr als neun Zehntel seines Weges von der Quelle im Riesengebirge bis zur Mündung in die Nordsee zurückgelegt. Es hat auf dem Weg vieles aufgenommen und sich dabei verändert. Nicht mehr für alle Fische ist es Heimat. Die Elbfischer hat es längst hinaus gezogen auf die See. Eigentlich gibt es sie heute nicht mehr. Sie waren zu Hause an beiden Ufern, in Blankenese wie in Altenwerder und Finkenwerder.

Die Elbe hat in der Geschichte oft mehr getrennt als verbunden: Die DDR von der BRD, Hamburg von Preußen, Schleswig-Holstein von Niedersachsen. So haben sich die Menschen an den beiden Ufern unterschiedlich entwickelt, verschiedene Traditionen gelebt. In Hamburg fanden sie aber auch unterschiedliche Gegebenheiten vor: Am rechten Ufer der Strand, der lange zum Baden einlud; am linken Moor und Sumpf, Naturschutzgebiete und Kaianlagen. Das Elbufer links bot den notwendigen Raum für den Hafen, der immer weiter entwickelt wurde. Das Herz Hamburgs durfte nicht aufhören zu schlagen. Schon 1375 trafen die klugen Hamburger Kaufleute die Entscheidung, das Glindesmoor zu kaufen. Sie deichten es ein, bauten die „Moorburg", von wo aus sie den Schiffsverkehr auch auf der Süderel-

---

[1] Von einer Postkarte aus Altenwerder, 1922.

be überwachen konnten. Sie sollte ihnen helfen, das von ihnen beanspruchte „Stapelrecht" durchzusetzen, nämlich, dass alle Waren, die Hamburg passierten, auch in Hamburg gehandelt werden mussten. Die Fürsten im Süden hatten das Nachsehen.

Inzwischen hat Moorburg diese politische Rolle längst verloren. Die Fürsten vom linken Elbufer mussten demokratischen Entwicklungen auch hier weichen. Dennoch ist dieser kleine Ort, der im letzten Jahr ein rauschendes Fest „700 Jahre Moorburg" gefeiert hat, immer wieder in den Schlagzeilen: Hier entsteht das gigantische größte Kohlekraftwerk der Republik, hier schließen sich alle Verbände und Vereine zusammen, um am Karfreitag gegen Veranstaltungen von Neonazis in ihrem Ort zu demonstrieren, gemeinsam wollen die Menschen überleben trotz immer neuer Pläne, den Hafen auch hier zu erweitern oder neue Straßen insbesondere für den Güterverkehr durch den Ort zu legen.

Dieses Beispiel mag zeigen, wie es der Regierung vom rechten Elbufer immer wieder möglich war, auf die Entwicklungen am linken Elbufer Einfluss zu nehmen. So wurde schon vor dem Groß-Hamburg-Gesetz, das zum 1.4.1937 beschlossen und mit dem 1.4.1938 umgesetzt wurde, die „Führerstadt Hamburg" geplant. Ihre wesentlichen Elemente waren: Eine neue große Elbhochbrücke, Repräsentations- und Staatsbauten im Norden der Stadt, Hafenerweiterung und Neuerschließung von Siedlungsgebieten im Süden. Die Elbhochbrücke ist nicht gebaut worden, weil die damit beauftragte Bautruppe um Dr. Todt im Krieg anderes zu tun hatte. Die Hafenerweiterung ist gekommen, und es ist zu erwarten, dass sie fortgesetzt wird. Der Bau von Siedlungen besonders im Süderelberaum ist erfolgt und wird ebenfalls fortgesetzt (mit der Bebauung der „Neugrabener Wiesen"). Die Veränderungen in der Industrie waren damals noch nicht absehbar. Der Schiffbau in Finkenwerder wurde eingestellt, dafür wurde die Luftwerft weiter ausgebaut. Die erst kürzlich bis nach Neuenfelde auf über drei Kilometer verlängerte Start- und Landebahn und die weiteren Maßnahmen zur Erweiterung des Airbus-Standortes wie die Zuschüttung des Mühlenberger Loches haben zu einem starken Widerstand geführt, in den sich so ungleiche Partner wie die Obstbauern aus Neuenfelde (Elbufer links) und die wohlhabenden Bürger aus Othmarschen bis Blankenese (Elbufer rechts) gefunden hatten. Wo die Interessen der Bürgerinnen und Bürger von der Regierung so wenig beachtet werden, kann es zu Allianzen kommen, die sogar die Spannung von „hanseatisch" und „preußisch" überbrücken.

Sind wir – Elbufer links und Elbufer rechts – auf dem Weg zu größerer Gemeinsamkeit? Ist die Auseinandersetzung um den gerechten Ausgleich der Interessen eines Industrieunternehmens und denen einer Interessengemeinschaft von betroffenen Bürgerinnen und Bürgern ein Hinweis darauf, dass gegenseitige Wertschätzung auch im öffentlichen Leben eingeübt und praktiziert wird?

Ohne größere öffentliche Beachtung blieben vor 66 Jahren „Menschentransporte" vom Dessauer Ufer (Elbufer rechts) zum Falkenbergsweg in Neugraben (Elbufer links) und von dort wieder zurück nach Tiefstack (Elbufer rechts), um schließlich im niedersächsischen Bergen-Belsen (Elbufer links) zu landen. Im gleichen Zeitraum fielen Bomben zunächst auf das rechte Elbufer, die den verheerenden Feuersturm auslösten; und dann ein Jahr später auf das linke Elbufer – die Nivellierung der Unterschiede, die mich sprachlos macht.

Es gibt sie noch, die Verschiedenheiten von linkem und rechtem Elbufer:

Sandstrand und Kaianlagen,
Harburger Vogelschießen (seit 1528) und Hamburger Dom,
Reeperbahn (Hausbruch) und Reeperbahn (St. Pauli).

An ihnen darf festgehalten werden. Denn Sandstrand und Kaianlagen nutzen beide Seiten; die Taue der Reeperbahn wie auch die kulturellen Angebote der Reeperbahn vom anderen Ufer tragen den Namen Hamburgs in alle Welt. Und Vogelschießen und Dom sind vergnügliche gesellschaftliche Ereignisse, die mit ihrer Tradition aufmerksam machen, dass sich niemand ohne Not von der eigenen Geschichte verabschieden soll.

Zur Tradition auf beiden Elbseiten gehört die plattdeutsche Sprache. Heinrich Hellwege (1955–59 Ministerpräsident in Niedersachsen) wird der Ausspruch bei einem Besuch des Kiekebergs zugeschrieben: Stoh fast, kiek wiet un röög di. Könnte das nicht ein unverfängliches Motto für Elbufer links und Elbufer rechts sein?

Sebastian Borck

Unabhängig – Dienstbar

Zur öffentlichen Relevanz der Kirche in der Stadt

„Jesus Christus … ist … Gottes kräftiger Anspruch auf unser ganzes Leben … Wir verwerfen die falsche Lehre, als gebe es Bereiche unseres Lebens, in denen wir nicht Jesus Christus, sondern anderen Herren zu Eigen wären…[Barmen II]" – der Öffentlichkeitsanspruch des Evangeliums ist klar.

Nirgendwo jedoch ist es für die Kirche schwieriger, öffentliche Relevanz zu erreichen als dort, wo die Öffentlichkeit besonders groß erscheint: In der großstädtischen Metropole. Unübersichtlichkeit und Vielfalt in der Stadt werden als Grund genannt, die Ballung dynamischer Mächte, städtische Modernisierung und Säkularisierung, eine dies alles repräsentierende Presse… All das ist es auch, aber entscheidend ist doch wohl der ungeheure Konkurrenzdruck. Selbst herausragende, qualitativ hochwertige Veranstaltungen gehen unter oder bleiben im Winkel und gewinnen nicht die erhoffte Öffentlichkeit der Stadt.

Das hat Folgen. Der Kampf mit dem, was die Kirche tut, überhaupt einen Stellenwert in der Stadt zu haben, wird zur täglichen Aufgabe. Dem fortwährenden Sog zur Marginalisierung entgegenzutreten, zehrt an den Kräften. Soll man sich nicht unabhängig davon machen und auf öffentliche Reputation verzichten?

Am besten will es noch mit guten Diensten gelingen. Jeder weiß, dass sie nötig sind. Vielfach haben Kirche und Diakonie praktiziert, was heute zu einem Recht geworden ist. Zwar stehen sie mit ihren Leistungen nicht mehr allein – auch hier gibt es Konkurrenz – aber die gesellschaftliche Anerkennung ist doch einigermaßen gewiss. Freilich – der staatliche Umgang damit, die Verschiebung der Risiken auf die Träger, das immer wieder neue Ausschreiben, die Finanzvergabe nach bestimmten Leistungsvorgaben: all das lässt zur eigenen, christlichen Gestaltung immer weniger Freiheit. So sind z.B. ambulante und stationäre Pflege in Schemata gepresst, die zur Kultivierung einer die Pflege tragenden inneren Haltung kaum noch Raum lassen, von der Finanzierung entsprechender Veranstaltungen ganz zu schweigen.

Unter solcher Zwangsjacke wächst der Wunsch nach Unabhängigkeit. Wo alles immer kleinräumiger reguliert wird: Muss nicht wenigstens die Kirche widerständig und eigenständig sein? Ja, kann nicht wenigstens sie Freiräume bieten? So wird von Zeit zu Zeit einem „Ausstieg aus dem System" das Wort geredet. Die Kirche müsse sich auf ihre Erkennbarkeit, auf ihr unverwechselbar Eigenes besinnen und, zumal in Zeiten finanziellen Drucks, alles andere abstreifen. Statt sich andern anzudienen und in Abhängigkeit zu geraten, solle sie sich freimachen und ihre Unabhängigkeit wiedergewinnen. Aber ob sie dann noch verstanden wird?

Grundsätzlich befindet sich die Kirche stets in zwei Bewegungsrichtungen: Einwandern in Lebensbereiche und Herausforderungen, in gesellschaftliche Bewegungen und kirchenkritische Fragestellungen hinein – auf sie eingehend, manchmal beinah in ihnen aufgehend, sich mit ihnen vermischend, bis hin zur Verwechselbarkeit: das ist die eine Richtung. Die andere Bewegungsrichtung gilt der selbstkritischen Prüfung, „was Christum treibet" und was nicht – alle religiösen Anknüpfungspunkte und eigenen Erfahrungen hintanstellend und ganz die Fremdheit der Offenbarung Gottes selbst in Jesus Christus hervorhebend, das christologische „punctum mathematicum", auf dem allein freilich niemand wohnen kann. Beide Bewegungsrichtungen sind notwendig. Beide haben ihre Zeit.

In Teilbereichen, etwa dem Handeln der Kirche in öffentlichen Institutionen, verdichten sich diese Linien: So hat sich z.B. die Krankenhausseelsorge zwar sehr bewusst nicht nur auf die Kranken, sondern auch auf das Krankenhaus ausgerichtet verstanden, aber lange Jahre in einem „Zwischen" definiert, also als etwas „anderes" und „eigenes", zuweilen auch nicht recht „gesehen" empfunden und also in einer „Nische" existierend. Als dann kirchlicherseits Ressourcenkürzungen drohten, haben manche radikal umgeschwenkt und Zuflucht in der Berücksichtigung bei Qualitätszertifizierungen des Krankenhauses gesucht, also mehr oder weniger erfolgreich die zu geringe Beachtung in der Kirche durch das Ansehen des Krankenhauses einzutauschen gesucht.

Doch wer hat zu bestimmen, was Ziel und Inhalt der Krankenhausseelsorge ist? Kriterien des Krankenhauses? Individuelle Bedürfnisse? Gesellschaftliche Erwartungen? Als Handeln der Kirche, noch dazu nicht „im eignen Haus", sondern „am andern Ort", also inmitten eines fremden Systems, muss es genauer bestimmt werden, und zwar von der Kirche her und doch so, dass es dort allgemein verständlich wird. Denn im Rahmen moderner Krankenhaus-Abläufe müssen die anderen Professionen besser verstehen, wozu Krankenhausseelsorge gut sein kann.

Bei der näheren Beschreibung, was für die Menschen relevante Krankenhausseelsorge ausmacht, kehren die beiden genannten Bewegungsrichtungen wieder: Es geht um Zusammenarbeit mit den anderen Professionen, und es geht um das Besondere, aber – noch dazu in säkularer Umgebung – übersetzt und allgemein verständlich gemacht. Es gilt, für Menschen hilfreich zu sein, doch nicht irgendwie, sondern spezifisch als Kirche. Es geht um Begleitung, Berührung mit Leid, Aushalten von Brüchen im Leben und Fragen nach Sinn – und es geht um den Mehrwert des spezifisch so nur vom Evangelium her Möglichen.

Wie also sind Kirche und Krankenhaus[1] oder auch allgemein kirchlicher Auftrag und öffentliche Handlungsfelder der Stadt[2] systemisch zueinander ins Verhältnis zu setzen und im Blick auf die beteiligten Menschen genauer zu bestimmen?

In diesem Zusammenhang ist ein Diktum von Friedrich Schleiermacher bemerkenswert. Denn es verdichtet viele der hier angedeuteten

---

[1] Vgl. Seelsorge – Muttersprache der Kirche, in: epd-Dokumentation 10/2010, 43–56.
[2] Vgl. Beschluss der Nordelbischen Synode zur Zukunft der ev. Kindertagesstättenarbeit 2005.

Beobachtungen – und stammt doch schon von 1811/1830. Bei der Entwicklung einer eigenständigen Kirchenlehre formuliert er für die Verhältnisbestimmung der Kirche zum Staat in der Theorie des Kirchenregiments die Aufgabe, näher „zu bestimmen, auf welche Weise die kirchliche Autorität unter den verschiedenen gegebenen Verhältnissen dahin zu wirken habe, dass die Kirche weder in eine kraftlose Unabhängigkeit vom Staat, noch in eine wie immer angesehene Dienstbarkeit unter ihm gerate."[3]

Schleiermachers Diktum trifft die Verhältnisse bis heute. Hat er doch nicht nur Unabhängigkeit und Dienstbarkeit einander gegenüber gestellt, sondern jeweils auch noch den Nachteil bzw. die Gefahr des vermeintlichen Vorteils, also das Verführerische benannt. Im Blick auf die geforderte Theorie hat Schleiermacher denn auch mehr Fragen als Antworten gesehen. So hat er an anderer Stelle der kraftlosen Unhängigkeit mit dürftigem eigenen Apparat eine „wohlhabende Dienstbarkeit" gegenüber gestellt, die es wagt, „auch aus mit nicht-evangelischen Elementen versetzten Quellen zu schöpfen" – eine Situation der Diakonie vorwegnehmend, die zu damaliger Zeit noch nicht einmal gegründet war!

Schien mit der Theologischen Erklärung der Bekenntnissynode von Barmen das diastatische Theologie-Modell der Dialektischen Theologie ein für allemal ins Recht gesetzt zu sein, so hat das für die Verhältnisbestimmung von Kirche und Staat in Deutschland nach 1945 nicht im gleichen Maße gegolten. Zu wenig bekannt ist, dass im Zuge einer Neubestimmung des Verhältnisses von Theologie und Humanwissenschaften Ernst Lange nicht nur für die Homiletik, sondern – übrigens in direkter Analyse von Barmen – auch für die Kirchenlehre zu Formulierungen vorgedrungen ist, die die von Schleiermacher benannte Spannung zwar nicht auflösen, aber doch in Aufgaben übersetzen kann.

Gegenüber dem Vorwurf, alle genauere Frage nach der Situation sei nicht theologisch, sondern bloß humanwissenschaftlich, nicht der Offenbarung in Jesus Christus, sondern „anderen Herren zu eigen", hat er herausgearbeitet, dass jenseits der bloßen Alternative von Distanz oder Anpassung um des kirchlichen Auftrags willen (!) die „Einpassung in eine spezifische Auftragssituation" wichtig ist.[4] Ohne konkrete Frage nach den Bedingungen der Kommunikation bliebe trotz aller Treue zum Auftrag seine Ausrichtung ungenau und unwirksam. Und ohne Einpassung in die jetzt gegebenen Bedingungen ließe die Ausrichtung des Auftrags auch jedes Wagnis und jede Angewiesenheit auf den Heiligen Geist vermissen.

Ja, es gibt sie, eine ihres Auftrags gewisse, gesellschaftlich kraftvolle Kirche, die mit wichtigen Diensten für die Menschen relevant ist, indem sie dies ebenso zugewandt wie in kritischer Solidarität tut – und nicht auf sich selbst bedacht. Auftragsfestigkeit – die Herausarbeitung dessen, was aus christlicher Freiheit, Unabhängigkeit und Begründung zu tun ist – und Einpassung in die spezifische Auftragssituation – aktives Hineingehen in und Teilnehmen an der Situation – das sind die Voraussetzungen öffentlicher Relevanz der Kirche.

Kraftlose Unabhängigkeit? Angesehene Dienstbarkeit? – Ob Schleiermachers Diktum Wolfgang Grünberg weiter zu seiner Theologie der Stadt herausfordert und verlockt? Jedenfalls: Durch seine persönliche Art, als Professor Pastor zu bleiben, im Einstehen für Gott ganz bei den Menschen zu sein, kritisch und nicht auf sich selbst bedacht, hat er vielen sehr viel beigebracht, mehr als oft bewusst ist.

---

[3] Friedrich Schleiermacher, Kurze Darstellung des theologischen Studiums zum Behuf einleitender Vorlesungen, hg.v. Heinrich Scholz, Darmstadt 1977, 125f.

[4] Ernst Lange, Von der „Anpassung" der Kirche, in: ders., Kirche für die Welt, hg. v. Rüdiger Schloz, München 1981, 161–176.

Friedrich Brandi-Hinnrichs

Innen – Außen

Gedanken im Quartier

Außen

Beim morgendlichen Gang mit meinem Hund spreche ich kurz mit den Baumbesetzern, die mit ihrer Aktion verhindern wollen, dass der Schwedische Energisierkonzern Vattenfall mit städtischer Genehmigung eine Fernwärmetrasse durch ein grünes Altonaer Kleinod verlegen und 200 Bäume fällen möchte. Die Besetzer harren in klirrender Kälte aus, sind gut gelaunt, freuen sich über das Leben und die große Solidarität, die sie von der Nachbarschaft erfahren. Und über die Bio-Müsliriegel, die ich mitbringe. Sie sind alarmiert von den großen Umweltsünden der Moderne.

Beim Edeka-Markt ist meine Stammkassiererin kaum wieder zu erkennen. Sie redet und lacht wie immer, sie ist zuvorkommend zu jedem Kunden, und doch ist sie irgendwie ein anderer Mensch geworden. Sie hat sich die Haare gefärbt. Das muss einen Grund haben, denke ich mir.

Beim Gemüsehändler gegenüber herrscht immer gute Laune, obwohl die Kunden oft bis auf die Straße stehen. Charmant und höflich, ja sogar sehr persönlich werde ich bedient. Die Reife und damit die Essbarkeit der Avocado wird auf die Stunde genau bestimmt: Die von mir gewählte ist erst für morgen 19 Uhr geeignet. Wir tauschen uns aus über die neuesten Entwicklungen im Stadtteil, diskutieren zusammen mit den anderen Kundinnen das aktuelles politische Geschehen und gehen auseinander, indem wir uns alles Gute wünschen und die Frau grüßen lassen.

Der stille Hinz & Kunzt-Verkäufer steht bescheiden wie immer im Eingang des Supermarkts, und ihm ist es offensichtlich überhaupt nicht Recht, wenn ich, anstatt eine Zeitung zu kaufen, nur eine Spende gebe, weil ich die neueste Ausgabe ja schon habe. Dennoch nickt er mir freundlich zu und bedankt sich.

Im Crazy Horst, meiner Stammkneipe, ist um 23 Uhr noch wenig los. Der Barkeeper Werner, der für einige Jahre Vera war, und ich führen Smallst-Talk bis zum dritten Bier, nach dem so und so jedes Gespräch tiefsinniger wird. Außerdem füllt sich die Kneipe jetzt, auch Klaus kommt, mit dem ich schon manchen Abend verbracht habe. Gerade als ich mich zum Gehen anschicke – es ist schon 2 Uhr – kommt eine große Dame mit High-Heels und im Pelzmantel herein. Nach der Küsschen-Begrüßung mit Werner legt sie den Mantel ab und setzt sich völlig selbstverständlich auf den Barhocker neben mich, nun aber ausschließlich mit einem Stringtanga bekleidet. Die Selbstverständlichkeit, mit der ich eben noch da gesessen habe, weicht, aber ich bleibe natürlich noch eine Weile. Sie telefoniert mit ihrem Derzeitigen und beginnt, die SM-Inszenierung für die heutige Nacht vorzubereiten.

Junge Menschen sitzen auf den Bänken vor der Kirche, saufen und grölen durch die Nacht. Ich höre nur Fetzen des Gesprächs, es geht wohl um Liebe und die doofen Anderen. Irgendwann, es ist wohl fünf Uhr, ziehen sie weiter. Und ich schlafe ein.

Innen

Menschen der Stadt treffen sich und gehen wieder auseinander. Nicht immer können und sollen flüchtige Alltagsbegegnungen ernsthaft oder tiefsinnig werden, Flüchtigkeit kann auch eine Gnade sein, die uns vor dem Versinken im Strudel der Intimität schützt. Man stelle sich nur einmal vor, jeder Mensch, der mir im Laufe des Tages zu Gesicht kommt, würde mir seinen Seelenzustand ausbreiten. Das würde mich überfordern, das würde jeden Menschen überfordern. Und doch weiß ich, dass es bei all diesen Menschen auch eine Innenseite gibt, die es lohnt gesehen zu werden. Die Kassiererin zum Beispiel. Hat sie mit ihrem Alter zu kämpfen oder mit ihrem Alten? Hat er eine

Andere oder sie einen Anderen? Ist diese äußere Veränderung eine Befreiung oder ein Rückzug? Es wäre schön, es gäbe jemanden, der sie auch in dieser Hinsicht wahrnimmt.

Oder der Hinz & Kunzt-Verkäufer. Wie viel Demütigung muss dieser Mann tagtäglich erleben oder erleiden, wenn Menschen hochnäsig oder wohlwollend seine Zeitung kaufen? Sehnt er sich nach einem Leben in befriedigendem Wohlstand, oder ist er einfach nur dankbar für jeden Euro, den er irgendwie bekommt? Oder woher nimmt mein Gemüsehändler die seelische Stärke, seine Kunden in nahezu gleichmäßiger Zugewandtheit Tag für Tag zu bedienen? Wo bleibt dieser Mann mit seinen Aggressionen, oder hat er überhaupt welche? Ist er vielleicht schon so abgestumpft vom täglichen Kampf ums Überleben, dass diese Fragen gar nicht mehr auftauchen?

Tina, die Frau ohne Pelzmantel an der Bar, scheint nichts zu verbergen. Sie inszeniert ihr Sexualleben in aller Öffentlichkeit und scheint damit im Reinen. Aber der Pastor, angesichts von so viel Blöße auf dem Barhocker neben sich, gerät doch etwas ins Trudeln und fragt sich: Warum macht sie das? Wonach sehnt sie sich? Welche Liebe bekommt sie und welche braucht sie? Wochen später sehe ich sie dann mit einer Freundin in einer Pizzeria und frage mich, ob diese von den exhibitionistischen Neigungen ihrer Freundin weiß? Oder ist es überhaupt wichtig ist, dass Freunde davon wissen? Muss man überhaupt alles erzählen, was man erlebt, fühlt oder denkt?

Manchmal, wenn ich die Menschen der Stadt betrachte und die Innenseite des Gesehenen bedenke, phantasiere ich, dass Gott die Tiefendimension jedes Lebens kennt und als Allwissender mich und alle Anderen davon entlastet, ständig dem Grund und Abgrund des Lebens ins Angesicht zu schauen. Die Stadt ist voll von Menschen, die am Abgrund taumeln und manchmal auch hinunter stürzen. Gleichzeitig ist sie aber ebenso voller Musik und Tanz, voller glücklicher und zufriedener Menschen. Menschen mit Sehnsucht nach Liebe, die auch gestillt wird. Immer aber auch voller Menschen, die ständig auf der Suche sind nach etwas, das sie nie finden werden.

„Herr, wie sind deine Werke so groß und viel! Du hast sie alle weise geordnet, und die Erde ist voll deiner Güter." (Ps. 104,24) Betrachtet man jeden einzelnen Tag und die Stadt allein von außen, dann klingt dieser Psalmvers fast wie Hohn und Spott. Denn außer dem Wachsen und Gedeihen, außer dem Treiben der weitgehend verdrängten Natur ist nichts weise geordnet, und Gottes Güter sind in der Stadt schwer erkennbar. Der Mensch hat diese Gaben häufig ziemlich verhunzt oder respektlos behandelt. Der Dickicht der Großstadt, die Autos, der Flugverkehr, der steigende Energiebedarf, die Wegwerfgesellschaft – mit Gottes Schöpfung hat das wenig zu tun. Und so erwächst die Aufgabe, ja sogar Verpflichtung, dafür zu sorgen, dass der weisen Ordnung der Güter Gottes auf die Sprünge geholfen wird. Aber ständig und überall in Alarmbereitschaft zu sein, wenn diese Ordnung in Gefahr ist, macht nicht glücklich. Denn „vollständige Entwarnung wird nicht gegeben, vollständige Entwarnung kann auch gar nicht gegeben werden. Das ist eben die Situation, mit der man leben muss."[1] Die Stadtansichten – um nur bei der Stadt zu bleiben – können mich ständig und überall in Alarmbereitschaft versetzen, einzuschreiten und zu verändern, Abhilfe zu schaffen und nach Lösungen zu suchen, für Gerechtigkeit zu sorgen und Frieden zu stiften. Es gibt so viel zu tun.

Doch aus der Innensicht, die, wenn überhaupt, allein Gott vorbehalten ist, ergibt sich vielleicht ein Gefüge, das höher ist als unsere Vernunft begreifen kann. Was mir verborgen ist, muss nicht verloren sein. Was mir sinnlos erscheint, muss nicht ohne Sinn sein. Ich kann und möchte nur kleine Ausschnitte dieser großen Ordnung Gottes wahrnehmen – jeden Tag ein Stück. Mehr wäre ungesund. Und schließlich muss man hin und wieder einfach Cello üben und Streichquartett spielen.

---

[1] Kathrin Röggla, Die Alarmbereiten. Frankfurt/Main, 2010.

Ingrid Breckner

Mein Kiez – Moloch Stadt

Urbaner Alltag im 21. Jahrhundert

In München lebt man in seinem ‚Viertel', in Hamburg und Berlin im ‚Kiez', in Wien in einem bestimmten ‚Bezirk', in London ist es das ‚village', in Paris und anderen romanischen Städten das ‚Quartier' und in den USA die ‚neighbourhood'. Diese unterschiedlichen Begriffe bezeichnen ein und dasselbe, die jeweilige lokale Lebenswelt von Großstädtern, die mit unterschiedlichen administrativen, sozialen und maßstäblichen Referenten charakterisiert wird. Benötigt werden solche kleinräumigen Verortungen offenbar vor allem in Metropolen. Sie verweisen darauf, dass viele Großstädter nicht ausschließlich im Sinne von Heidegger wandernd „zu Hause (sind – IB) auf der Erde und unter dem Himmel", im „Haus der Welt".[1] Sie qualifizieren ihr unmittelbares und ferneres räumliches Lebensumfeld für sich und andere und eignen sich dabei den ‚Moloch' Großstadt in seiner Vielfalt und Komplexität an. Reiseführer eröffnen dem Fremden einen Zugang zu Städten ebenfalls über eine Qualifizierung ihrer interessanten wie „öden Orte".[2]

Auch wenn Tucholskys „Ideal" zwischen Ostsee und Friedrichstraße oder Zugspitzblick und Kinowelt[3] sich weltweit als seltener Wunschtraum erweist, hören Menschen in der Stadt offenbar nicht auf, danach zu suchen. Sie pendeln innerhalb oder zwischen räumlich entstandenen Milieus, Regionen, Staaten und Kontinenten. In Hamburg sind dies Spannungsfelder dies- und jenseits oder entlang der Elbufer zwischen Ottensen und Osdorf, Winterhude und Wilhelmsburg, Harvestehude und Harburg, Blankenese und Bergedorf oder Volksdorf und Veddel. Mehr denn je präsentiert sich diese wie andere Großstädte in Deutschland, Europa und weltweit als ein polarisiertes und fragmentiertes Mosaik. Dessen jeweilige Bausteine bieten dort lebenden Menschen unterschiedliche Chancen wie Risiken und sind allesamt von unterschiedlichen Menschen gemacht – in langjährigen Prozessen unter jeweils besonderen nationalen, regionalen und lokalen gesellschaftlichen Rahmenbedingungen.

Vielfalt und Dichte lokaler Lebenswelten sozialisieren den Moloch Stadt. Sie zwingen zu Aushandlung und Toleranz unter Fremden, locken BesucherInnen und BewohnerInnen an, bieten Arbeit, Behausung und Freiraum. Gleichermaßen erzeugen sie Konflikte und verscheuchen sie Menschen in suburbanes Grün, verbliebene dörfliche Idyllen oder gleich ganz weit weg, in lukrative, klimatisch angenehmere oder schlicht Neugierde auslösende fremde Welten. Dadurch kommt das Wandern von Menschen und Gütern ‚in Gang oder Fahrt' und ermöglicht urbane Dynamik. Kiez-Welten bleiben davon nicht verschont. In St. Pauli hatten Matrosen früher noch eine Chance zu Ausflügen ins Rotlicht-Milieu oder andere städtische Orte. Heute bestimmt der Takt der elektronisch gesteuerten Schiffsent- und Beladung auch deren Lust- und Freizeitoptionen: Bei verringertem Schiffsaufenthalt im Hafen und veränderten Dienstpflichten bleibt keine Zeit für einen Besuch auf dem Kiez. Die Damen fahren eher mit dem Wohnmobil zu den Schiffen und St. Pauli arbeitet an einer Metamorphose seiner Identität in einer Verbindung von Reeperbahn,

---

[1] Ute Guzzoni, Wohnen und Wandern, Düsseldorf 1999, 14. Vgl. auch Martin Heidegger, Bauen Wohnen Denken. In: Ders., Vorträge und Aufsätze, Pfullingen 1954 und Ingrid Breckner, Wohnen und Wandern in nachindustriellen Gesellschaften, in: Peter Döllmann/Robert Temel (Hg.), Lebenslandschaften. Zukünftiges Wohnen im Schnittpunkt zwischen privat und öffentlich, Frankfurt/Main 2002, 145–153.

[2] Jürgen Roth/Rayk Wieland (Hg.), Öde Orte 1 + 2, Leipzig 1998/1999.

[3] Kurt Tucholsky, Das Ideal, in: Ders., Gedichte, Reinbek 1983, 550f.

Rotlicht, Event, Unterhaltung und Wohnen für alle. Unstrittig ist, dass auch Großstädte des 21. Jahrhunderts auf eine Vielfalt besonderer Orte angewiesen sind. Das macht sie nach Innen und Außen interessant und schult ihre NutzerInnen im Ertragen vorhandener Unannehmlichkeiten wie in der Kompetenz zur Entwicklung neuer städtischer Lebensperspektiven.

Der postindustrielle Moloch Stadt hat seine großflächigen Orte der Warenproduktion und -distribution weitgehend verloren. Industrielle Konversionsflächen bieten Chancen für die Entwicklung neuer Kiezstrukturen. Ihre Verwirklichung gelingt leichter an attraktiven Orten wie im innerstädtischen Bereich des Hamburger Hafens. In unattraktiven Randzonen wie Veddel, Wilhelmsburg oder Harburg fällt das deutlich schwerer. Denn diese Orte sind ideologisch und durch Unkenntnis vielfach stigmatisiert. Ihre BewohnerInnen verfügen mehrheitlich über geringere wirtschaftliche, kulturelle und politische Kapitalien zu einer Erneuerung ‚von unten'. Interventionen ‚von oben' fürchten sie gleichzeitig aufgrund einer möglichen Verschlechterung ihrer Lebensgrundlagen (Verteuerung von Wohnraum und Lebensmitteln, Milieukonflikte mit der Folge von Ausgrenzung und Diskriminierung). Städtischen Eliten mit industriellen Produktionsstätten im Ausland, internationalen Handelsverflechtungen und Kindern in regionalen, nationalen oder globalen Internaten fehlt vielfach das Verständnis für strukturelle Metamorphosen der Stadt. Sie orientieren sich an ihren gewohnten Privilegien, erkennen vielfach nicht die lokale und regionale Notwendigkeit kleinteiliger Produktion und Dienstleistung und vernachlässigen die Förderung innovativen Wissens für morgen. Infolge postindustrieller Polarisierung und Individualisierung geraten demokratische politische Strukturen in eine Krise, die die Bewältigung zukünftiger demographischer, wirtschaftlicher und soziokultureller Herausforderungen erschwert. Die gewachsene Komplexität des Molochs Stadt erschwert im 21. Jahrhundert dessen Verständnis und der erodierende bzw. immer egoistischer werdende Austausch zwischen unterschiedlichen lokalen, regionalen, nationalen und globalen Welten dient eher einer kurzfristigen Beruhigung als der Verwirklichung intelligenter langfristiger Lösungsstrategien.

Der urbane Alltag im 21. Jahrhundert zeugt vielerorts von einer Re-Politisierung des Molochs Stadt. ‚Recht auf Stadt', ‚Stadt für alle', ‚urban gardening' oder Wohnprojekte aller Art künden als neue soziale Bewegungen von vehementem Interesse an der Entwicklung städtischer Lebensräume. Die Zivilgesellschaft formiert sich unter Mitwirkung ihrer traditionalen Akteure in Kirchen, Sozialverbänden und Vereinen neu. Proteste prangern nicht mehr allein Probleme an, sondern suchen gezielt nach Ressourcen zur Bewältigung zeitgenössischer urbaner Herausforderungen. Deren Spektrum beschränkt sich nicht auf Geld und Muskelkraft. Gefragt sind auch (Fach-)Wissen und alltägliche Ideen, soziale Netzwerke, Zeit und Verantwortung für die Entwicklung wie für die Umsetzung neuer urbaner Gestaltungsperspektiven. Die Zeiten weltweit verallgemeinerbarer Rezepte für ein besseres Leben scheinen dabei in Stadt und Land vorbei. Vielmehr gilt es für jeden Handlungskontext unter Berücksichtigung seiner jeweils besonderen lokalen, regionalen, nationalen und globalen Verflechtungen und Herausforderungen geeignete ‚Maßanzüge' zu entwickeln. Sie unterscheiden sich nach wirtschaftlichen und sozialen Wachstums- und Schrumpfungsbedingungen, innerhalb und außerhalb Europas in Armuts- und Reichtums-Ghettos. Impulse und Potenziale für eine intelligente Stadtentwicklung im 21. Jahrhundert finden sich auf klein- und großräumigen Ebenen bei näherer Betrachtung und Analyse überall. Es kommt in Zukunft darauf an, eigensinnige raumzeitliche Entwicklungsoptionen in Verbindung mit geschichtlichen Entwicklungspfaden und vor Ort nutzbaren Ressourcen von Innen und Außen im „Denken, Handeln und Herstellen"[4] zu entdecken und so neu zu verknüpfen, dass die Perspektive eines besseren Lebens nicht weiterhin mehr oder weniger

---

[4] Vgl. Hannah Arendt, Vita activa oder Vom tätigen Leben, München ²1981.

egoistischen Zwecksetzungen von Teilen der Gesellschaft zum Opfer fällt. Der Moloch Stadt und seine Kieze stellen dabei die zentralen Laboratorien dar, in denen die Aufgaben der Zukunft in zugespitzter Weise offenkundig und gleichzeitig bewältigbar werden.

Katja Bruns und Joachim Willems

Arm – Reich

Initiation und Befreiung: Taufe im Problemkiez und im Villenviertel

Berlin-Wedding. Nicht nur in der Hauptstadt denken die meisten Menschen dabei an Armut, Kriminalität, einen hohen Ausländeranteil. Mit einem Wort: Problemkiez. Viele Christen wohnen nicht in einer solchen Gegend: die serbische orthodoxe Gemeinde trifft sich in einer ehemals evangelischen Kirche, die Kroaten und Polen gehen in die römisch-katholische Kirche, syrische Orthodoxe finden Unterschlupf bei einer evangelischen Gemeinde. Wenn hier eine evangelische Kirchengemeinde im Rahmen von ‚Laib und Seele' Lebensmittel verteilt, sind es meist Menschen mit muslimischen Hintergrund, die kommen. Jeden Samstag bildet sich eine lange Schlange auf dem Gehweg vor der Kirche, in der die Austeilung stattfindet.

Die evangelischen Kirchengemeinden schrumpfen seit Jahrzehnten, die verbliebenen Gemeindeglieder sind überdurchschnittlich alt. Konfirmationen und Taufen gibt es nur noch vereinzelt. Deshalb ist es erfreulich, dass an diesem Sonntag eine Taufe stattfindet.

So sind die vorderen Reihen des Kirchraumes zumindest auf der einen Seite gut gefüllt. Der Täufling ist höchstens ein halbes Jahr alt. Alle Mitglieder der Taufgesellschaft – ca. fünfzehn Personen – sind festlich gekleidet. Sie unterhalten sich angeregt und in Plauderlautstärke. Fotos werden gemacht, Kleidung zurechtgerückt. Das ändert sich nicht, als die Orgel zum Vorspiel anhebt, und auch nicht, als sie danach wieder schweigt. Der Pfarrer steht auf und wartet, bis es so ruhig ist, dass er die Anwesenden begrüßen kann. Dann hebt er die Besonderheit des Gottesdienstes als eines Taufgottesdienstes hervor. Seine Äußerungen werden aus den ersten beiden Reihen lebhaft kommentiert. Das erste Lied wird gesungen. Der Gesang ist schwach und leise, keiner der Mitglieder der Taufgesellschaft nimmt das Gesangbuch zur Hand. Der Liturg arbeitet sich bis zur Taufe vor und bittet die Familie nach vorne. Der Pfarrer tauft das Kind, sagt ein paar Worte zum Taufspruch. Die Eltern haben sich Sprüche 23, 22 ausgewählt: „Gehorche deinem Vater, der dich gezeugt hat, und verachte deine Mutter nicht, wenn sie alt wird." Der Pfarrer interpretiert die Wahl des Taufspruches so, dass den Eltern der Familienzusammenhalt wichtig ist, wofür er ihnen Gottes Segen wünscht. Den an die Adresse des Kindes formulierten moralischen Anspruch versucht er zu umschiffen. Allerdings wird das Ausmalen einer schwierigen Familiensituation, die der Pfarrer kurz einfließen lässt, engagiert von den Anwesenden kommentiert. Pfarrer: „Manchmal ist es ja auch schwierig, wenn die Kinder nicht so wollen, wie man es sich gerade wünscht, und dann ist es gut, wenn man sich eines gemeinsamen Fundaments vergewissern kann." Stimmen aus der Taufgesellschaft: „Oh, ja. Mh. Ganz wichtig."

Nach Beendigung der Taufe setzt die Gesellschaft sich wieder und unterhält sich weiter angeregt. Der Pfarrer sagt das nächste Lied an, dem Hinweis auf die angeschlagene Nummer setzt er mit Blick auf die Taufgesellschaft hinzu: „Das Gesangbuch, das ist das Buch, das da in den Bänken liegt, die großen schwarzen Nummern, die singen wir jetzt." Antwort aus der Bank: „Klar, wissen wir doch. Wir sind voll dabei." Auch die weiteren Versuche des Pfarrers, die offensichtlich mit den Abläufen eines Gottesdienstes nicht Vertrauten zu integrieren, werden lebhaft, laut und immer wieder kommentiert. Rhetorische Fragen werden konsequent beantwortet. Inzwischen setzt sich der Gottesdienst fort. Nach dem Fürbittengebet mit anschließendem Vater-Unser fragt eines der älteren Kinder seine Mutter: „Mama, was heißt eigentlich Amen?" „Amen, das ist sowas wie Ende."

Ein Villenviertel im gediegenen Berliner Südwesten. Hier dominieren kleine, mit Kopfstein gepflasterte Straßen das Bild. Imposanter Altbau, vorwiegend in Privatbesitz, gepflegte Vorgärten, viele Steuerberater und akademische Titel an den Klingelschildern. Wer hier eine Immobilie erwirbt oder bewohnt, hat viel zu tun mit Gartenpflege und Denkmalschutz. Viele Familien mit Kindern und Rentnerinnen mit Hunden wohnen hier.

Wenn man hier ein Taufgespräch führt, dann trifft man auf vorbereitete, erwartungsvolle Menschen. Wie Familie P.: Bibel und Gesangbuch liegen neben Stift und Papier bereit, viele kleine Zettelchen zeugen von der Vorbereitung auf das Gespräch. Auf einem gelben Post-it sind eine Reihe von Fragen notiert. Familie P. ist neu hierher gezogen. Herr P. arbeitet als Werbefachmann in einer großen Agentur in Berlin-Mitte, Frau P. ist Pharmazeutin und Betriebswirtin und im mittleren Management eines großen Pharmaunternehmens tätig. Momentan ist sie in Elternzeit, denn der gemeinsame Sohn, dessen Taufe ansteht, ist gerade sechs Monate alt. Das Gespräch beginnt mit dem Bericht des Umzugs, wobei Frau P. darauf zu sprechen kommt, wie wichtig es ihr ist, dass der Sohn in der neuen Gemeinde getauft wird. Natürlich haben sie in ihrem alten Kiez noch mehr soziale Kontakte, aber sie sehen das Ganze als in die Zukunft gerichtetes Projekt: zum Ankommen in der neuen Umgebung gehört die Kirchengemeinde dazu und sie haben ohnehin vor, sich da langfristig zu engagieren. Was den Taufspruch angeht, so haben sie sich viele Gedanken gemacht. Zwei Bibelverse sind in der engeren Auswahl. Nun erbitten sie theologischen Rat bei der Entscheidung. Lieder hat die Familie auch schon ausgewählt. Aus dem Internet haben sie sich über den Ablauf des Gottesdienstes informiert und fragen, wie viele Lieder sie auswählen dürfen. Omas Lieblingslied muss natürlich dabei sein. Etwas Moderneres wünschen sie sich auch, vielleicht ‚Ich möcht, dass einer mit mir geht'. Psalm 23 wäre schön, weil das so ein Text ist, der in der Familiengeschichte immer wieder eine wichtige Rolle gespielt habe. Der Kleine soll doch schließlich jetzt ganz dazu gehören, in die Familie und in die Tradition der Kirche, oder?

Uns erscheinen diese beiden Schlaglichter als typisch für die Unterschiede zwischen dem Umgang mit Religion und Kirche im Problemkiez einerseits, im Villenviertel andererseits. Hier zwei mögliche Deutungen.

Im Problemkiez: Das Setting ‚Kirche' ist der Taufgesellschaft offensichtlich fremd. Deshalb orientieren sich die Gottesdienst-Besucher an Handlungsmustern, die sie aus anderen, (vermeintlich) ähnlichen Zusammenhängen kennen. Gottesdienst scheint sie an Schule zu erinnern: lange Bankreihen, in denen mehr oder weniger passive Menschen sitzen, ausgerichtet auf die eine aktive Person vorne. Eigentlich müsste man hier leise sein, aber das gelegentliche Beantworten von (rhetorischen) Fragen und das Befolgen von Anweisungen (Gesangbuch zur Hand nehmen) geht damit einher, dass man mit den Banknachbarn plaudert. Sollten Schule und Kirche einmal Institutionen mit großer Autorität gewesen sein, so ist diese Zeit vergangen. Vermutlich liegt dies vor allem daran, dass beide Institutionen nicht in der Lage waren, ihre Versprechen zu erfüllen: Verlangt die Schule eine gewisse Disziplin, so bietet sie im Gegenzug, zumindest theoretisch, Bildung, Integration ins Berufs- und Erwerbsleben und damit gesellschaftliche Teilhabe. Kirche bietet ein Repertoire an Mustern zur Welt- und Lebensdeutung, die aber nur dann ‚funktionieren', wenn man sie einübt, und das kirchliche Heilsversprechen lässt sich ebenfalls lebensweltlich schwerlich verifizieren. Die übliche Erfahrung im Problemkiez dürfte sein, dass beide, Schule und Kirche, als (zu) wenig hilfreich fürs eigene Leben erlebt wurden. Dennoch bleibt die assoziative Verknüpfung von Kirche und Autorität bestehen, vermutlich deshalb, weil die Menschen erwarten, dass Kirche (wie Schule) den Anspruch erheben, Autorität zu sein und zu bleiben. Diese Autorität versuchen sich die Eltern des Täuflings zunutze zu machen, und zwar gegenüber ihrem Kind: Kirche soll Ordnung und Gehorsam legitimieren und stützen. Der Pfarrer, der diese Sichtweise gar nicht teilt, wird in die Rolle der Autoritätsperson geradezu gedrängt. Eigentlich nur auf diese Weise gestaltet die Taufgesellschaft den Gottesdienst mit. Ansonsten dürfte sie ihn so wenig als ihre eigene Veranstaltung empfinden, wie in der eigenen Kindheit und Jugend den Schulunterricht.

Anders im Villenviertel: Hier steht es geradezu im Zentrum, dass der Taufgottesdienst des Sohnes als *eigener* Gottesdienst erlebt wird, für den die Eltern in hohem Maße Verantwortung übernehmen. Der Gottesdienst ist weniger das Pendant zum Schulunterricht, vielmehr aktivieren die Eltern des Täuflings Handlungsmuster aus ihrem Berufsleben: Sie zeigen, dass sie bereit, willens und fähig sind, den Gottesdienst in Eigenregie aktiv mit zu gestalten. Dabei wird die Vikarin als theologische Expertin in Anspruch genommen, die den Rahmen der Veranstaltung vorgibt und für Spezialfragen zu Rate gezogen werden kann. Der Gottesdienst wird als ein Bestandteil eines Konzepts kultureller Teilhabe wahrgenommen: Wie man weiß, welche Stücke von welchen Regisseuren gerade auf den Bühnen der Stadt gespielt werden, weiß man auch, nach welchen Mustern die gottesdienstlichen Inszenierungen des Sonntagmorgens ablaufen.

Letztlich bestehen zwischen beiden Szenen zwei bemerkenswerte Parallelen: Zum einen wird deutlich, dass der Gottesdienst als Setting von Interaktionen verstanden wird vor dem Hintergrund der eigenen lebensweltlichen Erfahrungen. Zum anderen ähneln sich die Erwartungen an das Taufritual: Hinter der Wahl des Taufspruchs im Problemkiez stand der Wunsch, Kirche als Moral und Ordnung stiftende und aufrechterhaltende Anstalt in den Dienst zu nehmen. Im Villenviertel geschieht letztlich Ähnliches: Im Gottesdienst geht es darum, sich der eigenen Identität und Kultur zu vergewissern und diese zu tradieren. Dazu gehören auch Kultur und Tradition der Familie: Die Taufe ist nicht nur ein Initiationsritus, mit dem die Aufnahme in die kirchliche Gemeinschaft begangen wird, sondern ebenso – und im Blick auf das Beispiel aus dem Problemkiez vermutlich vorrangig – die Initiation in die Familientradition.

Theologisch kann dabei eines aus dem Blick geraten: Die Gemeinschaft, in die eine Person mit dem Ritual der Taufe aufgenommen wird, ist die Gemeinschaft mit Christus; die Eingliederung in die Kirche ist nicht zuerst eine Aufnahme in eine Institution, sondern Aufnahme in den Leib Christi. Paulus führt in Röm. 6 aus, dass die Getauften mit Jesus gestorben und begraben sind. Das Motiv der Sündenvergebung, das mit der Taufe verbunden wird (z.B. Apg. 2, 38), ist nach Paulus weniger moralisch zu verstehen, sondern als Akt der Befreiung: Wer in den Heilsraum Christi aufgenommen ist, muss der Sünde keinen Sklavendienst mehr leisten (Röm. 6, 6f.+14) und ist der Herrschaft des Todes entrissen (Röm. 6, 8f.). Erst aus und nach diesem Zuspruch kann ein Anspruch an den Menschen ergehen. Taufe ist damit Befreiung aus alten Bindungen hinein in die Gemeinschaft derer, die, auch wenn sie Sünder bleiben, doch gerechtfertigt sind und aus der Gnade leben dürfen. In dieser Gemeinschaft werden die sozialen, religiösen, ethnischen, geschlechtsbezogenen Gegensätze und Unterschiede überwunden (Gal. 3, 28).

Vor diesem Hintergrund erscheint es nur dann als gerechtfertigt, die Taufe als ein Ritual zu gestalten, das den Täufling in Strukturen und Traditionen eingliedert, wenn dies als Beheimatung in *befreiende* Beziehungen geschieht. Das bedeutet, dass der Pfarrer oder die Pfarrerin durchaus an die Erwartung anknüpfen kann, die die Angehörigen mit der Taufe als Initiationsritual verbinden. Eine ausschließliche Affirmation bestehender Ordnungen und eine Legitimation von Gehorsam gegenüber den Eltern sind damit freilich ausgeschlossen.

Zugleich ergeben sich aus der Einsicht, dass Gottesdienst und Taufe vor dem Hintergrund von Alltagserfahrungen gedeutet werden, Anfragen an die kirchliche Taufpraxis: Wenn die Erfahrungen, die das Bild von Kirche prägen, vor allem von Erfahrungen der Fremdheit des Einzelnen gegenüber Institutionen abgeleitet sind, die ihm mit Autoritätsansprüchen begegnen, wie können dann die Erwartungen an die Institution Kirche so aufgenommen werden, dass das befreiende Moment zur Geltung kommt? Wie kann Gemeinde, wie müsste Gemeinschaft in der Kirche gestaltet werden, dass dieses befreiende Moment nicht nur verkündet, sondern erlebbar wird? Und: Wenn die Erwartungen an Kirche und Gottesdienst, wenn die Haltungen gegenüber Religion geprägt sind von lebensweltlichen Erfahrungen mit staatlichen Institutionen, wie kann es dann im Problemkiez eigentlich möglich sein, Befreiung zu verkünden und im Ritual zu symbolisieren?

Anselm Burr

Turm – Schacht

Von den vielen Wegen des Himmels

Turm

Kurz vor Baubeginn musste der Berliner Architekt Heinrich Jassoy die Pläne für den Turm der Kirche St. Jakob (eröffnet 1901) nochmals ändern. Der sollte 20 Meter höher werden als der Turm der Röm.-Katholischen Kirche in unmittelbarer Nähe. Das hatte zur Folge, dass auch der Grundriss breiter und mächtiger wurde. Bis heute ist diese Entscheidung an den durcheinander geratenen Proportionen des Gebäudes erkennbar. Die Gründe dafür wurden nie offen gelegt. Sie sind jedoch in den Protokollen jener Zeit nachzulesen. Eindeutig wurde Kirchturm damals als Machtsymbol verstanden.

Mit der Annahme der Minarett-Initiative am 29. Nov. 2009 hat sich das Schweizer Stimmvolk, der Souverän, gegen öffentliche religiöse Machtsymbole ausgesprochen. Betroffen über den unerwarteten Volksentscheid rieben sich auch die anerkannten Kirchen die Augen. Aufgrund der eigenen Turm-Geschichte brachte die Kirche St. Jakob den Fakt der damit sanktionierten gesellschaftlichen Disproportionalität (die Bevölkerung Zürich gliedert sich in etwa drei gleich starke Konfessionsblöcke: 1/3 Katholiken, 1/3 Reformierte, 1/3 ‚Andere') zum Ausdruck. Die auf einem grossen Banner am Kirchturm gestellte Frage ‚Bin ich auch ein Minarett?' hatte trotz der ernsthaften Stossrichtung durchaus eine humorvolle Komponente, die im Stadtraum Zürich auch sofort verstanden wurde. Mehrere Jahre warben die Verkehrsbetriebe der Stadt für die Zusammengehörigkeit von Tram, Bus und Schiff, die wahlweise mit ein und demselben Fahrschein benützt werden können. So war auf Schiffen zu lesen: „Ich bin auch ein Tram" und auf Bussen: „Ich bin auch ein Schiff". Manchem muffig gelaunten Bewohner der Stadt haben die Werbespots der Verkehrsbetriebe selbst an grauen Arbeitstagen ein Schmunzeln ins Gesicht gezeichnet. Das Banner an der Kirche St. Jakob wollte in derselben Leichtigkeit werben für Toleranz und das richtige Augenmass im Umgang mit gesellschaftlichen Veränderungen, die ja nicht durch Verbote aus der Welt zu schaffen sind. Bis heute kommt denn auch von vielen Menschen ein freundliches Augenzwinkern zu uns zurück. Man hat die Frage verstanden. Es ist zu hoffen, dass trotz des anachronistisch anmutenden Verbots, das nun in der Verfassung der Schweiz festgeschrieben ist, ein Weg gefunden werden kann, wie die 450.000 Muslime hier in Freiheit und unter Einhaltung der Menschenrechte ihre Kultur und Religion leben können.

Schacht

Seit einigen Monaten weckt ein Schacht, flankiert von leuchtend roten Glasplatten, das Interesse und die Neugier der Passanten, deren Weg an der Kirche St. Jakob vorbeiführt. Aus diesem Schacht erhebt sich eine Treppe. Sie endet ca. 1 Meter über dem Erdboden, führt ins Nichts – solange man sie nach oben beschreiten will. Der Schacht aber lädt ein, den Weg nach unten zu wählen.

‚Himmelstreppe' nennt die Künstlerin Corina Rüegg den Abgang zum Raum der Stille. Das Projekt ist aus einem Wettbewerb hervorgegangen, den die Kirchgemeinde im Jahr 2003 ausgeschrieben hatte.

> ‚Halt an, wo läufst du hin?
> Der Himmel ist in dir:
> Suchst du Gott anderswo,
> du fehlst ihn für und für.'
> Angelus Silesius (1624–1677)

Dem mächtigen Turm, dem üblichen Wahrzeichen christlicher Kirchen, steht nun ein anderes, ebenso markantes Zeichen gegenüber und verweist – im Vergleich zum Turm – in die Gegenrichtung, nach unten. Zum Turm, dem Zeichen der Macht, dem unterwerfenden erigierten Penis, tritt ein Schacht, eine ‚Wunde', eine Öffnung. Darin die Einladung herunterzukommen, bescheiden und verletzlich zu sein, die Erlösung, den ‚Himmel' auf Erden, ja, in der Erde zu suchen.

Der Weg nach unten führt den Besucher, die Besucherin in einen kleinen, sorgfältig gestalteten ‚Raum der Stille'. In den mit ockerfarbenem Ton ausgekleideten Wänden blinken helle Glimmerpartikel ins eher düstere Halbdunkel. Keine religiösen Symbole, keine Kerzen, keine Blumen, keine Bücher oder sonstige Anleitungen, was hier zu tun sei. Vier schlichte Hocker laden ein, Abstand zu nehmen vom Tun. Ein riesiger Bergkristall ruht wie seit Jahrtausenden in seiner Höhle. Auch er tut nichts. Will nichts. Ist einfach da.

Noch völlig offen ist die Frage, wie dieser Raum der Stille von der Bevölkerung angenommen werden wird. Geplant ist, ihn schrittweise zu öffnen. In einer ersten Phase müssen Besucher beim Präsenzdienst der Kirche den Schlüssel verlangen. Sollte sich zeigen, dass sich um diesen Raum eine Art ‚Gemeinde' bildet, die ihn regelmässig aufsucht, könnte er mit der Zeit offen bleiben während der Öffnungszeiten der Kirche. Das einzige Gebot, das für diesen Raum gilt: hier wird es keine ‚Veranstaltungen' geben. Er ist dem stillen Besuch einzelner Menschen vorbehalten.

Leuchtendes Rot im Rotlicht-Viertel der Stadt, direkt an der Stauffacherstrasse. Das könnte auf den ersten Blick zu Missverständnissen führen. In einer Zeit scheinheiliger Empörung über die Auswüchse der Strassenprostitution – wobei die Empörung allein diese Frauen und ihre Zuhälter trifft, die männlichen Kunden aber schweigend auslässt – setzt die Kirche St. Jakob gut sichtbar ein neues Zeichen in die Stadt-Öffentlichkeit.

Schacht und Himmelstreppe bilden künftig zusammen mit dem Turm der City-Kirche ‚Offener St. Jakob' eine Achse. Es bleibt noch abzuwarten, ob damit ein neuer Typus von Stadtkirche kreiert wurde.

Vereinigung von Turm und Schacht an einem Gebäude, männlich-phallisches und weiblich-vaginales Symbol weisen auf alle Fälle darauf hin, dass auch in Zukunft die Fragen nach der Macht und die Fragen nach der Empfänglichkeit und Solidarität an diesem Ort wach gehalten und öffentlich gemacht werden sollen und müssen.

Lieber Wolfgang

Mehr als 25 Jahre lang hast du uns City-Kirchen-Leuten beigebracht, dass die Türme unserer Stadtkirchen nicht nur an die historische Vorherrschaft christlicher Wirklichkeitsdeutung erinnern, sondern permanent die Frage offen halten nach der Transparenz von Hier und Heute. Einer ganzen Generation von Pfarrerinnen und Pfarrern hast du die Augen geöffnet für das permanente Geschäft der Deutung der Gegenwart auf dem Hintergrund der christlich-jüdischen Tradition und im unerschrockenen Dialog mit allen, die sich an der Suche nach der menschlichen Stadt beteiligen.

Dafür danke ich dir.
Dein Anselm

Franz Christ

Erinnern – Vergessen

„Und witer obe seig e schöni Stadt,
Me sieht sie nit vo do ..."

Wie viele alte Kathedralen ist auch das Basler Münster mit Engeln geschmückt. Im Bogenlauf des Hauptportals tanzen sie unter Königen und Propheten. Und hoch von den Türmen speien dämonische Ungetüme das Wasser in die Tiefe. Diese Dialektik findet sich auch anderswo. Aber im Kreuzgang des Münsters steht ein sonderbares, in seiner Weise einzigartiges Denkmal. Es sind zwei in Bronze gegossene Markttische der Künstlerin Bettina Eichin.[1] Sie entwarf die Doppelplastik für einen Marktplatzbrunnen im Auftrag von Sandoz AG, einem Chemie- und Pharmakonzern, der sie zu seinem 100-Jahr-Jubiläum der Stadt für den Marktplatz schenken wollte. Doch dann geschah es, daß am 1. November 1986 in einer großen Lagerhalle von Sandoz-Schweizerhalle etwas rheinaufwärts von Basel ein Großbrand ausbrach. Die Zusammensetzung der Verbrennungsgase war nicht genau bekannt. Man fürchtete aber, dort gelagerte Dioxinfässer könnten mitverbrannt worden sein. In der Morgenfrühe schreckte der Sirenenalarm die ganze Stadt auf. Eine Ausgangssperre wurde verhängt. Manche ergriffen im Lauf des Tages die Flucht. Zwar erlitten keine Menschen akute Schäden. Doch das verseuchte Löschwasser, das in den Rhein floß, löste ein großes Fischsterben aus. Auf einer Länge von 400 Kilometern wurde die ganze Population der Aale ausgelöscht. Der zynische Basler Witz bemerkte, jetzt sei der Rhein chemisch gereinigt. Aber auch mitten in der offensichtlichen Bewahrung vor einer Katastrophe war das Erschrecken groß. Der rot verfärbte Rhein erinnerte natürlich an die ägyptische Plage des blutigen Nil. Das ganze Szenario hatte etwas Apokalyptisches.

Nach diesem Unglück änderte die Künstlerin ihr Projekt. Den einen Tisch, auf dem in ihrem Entwurf die Papiere der Politiker aus dem Rathaus lagen, säuberte sie komplett. Die jetzt leere Fläche beschrieb sie mit Johann Peter Hebels Gedicht „Die Vergänglichkeit". Ans Ende des vollständigen Textes setzte sie die Worte: „z.B. 1. Nov. 1986, 00.19 h". Diese kurze Bemerkung bewirkte, daß Sandoz AG den Auftrag stoppte und die Künstlerin auszahlte. Eine heftige Reaktion! Statt des Brunnens mit Eichins Tischen bekam die Stadt für ihr Museum das Bild einer schönen Frau von Félix Valloton. Schweizerhalle 86 sollte nicht erinnert, sondern vergessen werden.

Doch es kam anders. Es fanden sich Freunde der Künstlerin, die halfen, dass das Werk gegossen werden konnte. Aber nun hatte es keinen Standort. So trat die Künstlerin an die Verantwortlichen des Münsters heran und fragte, ob die Tische vorübergehend im Kreuzgang aufgestellt werden könnten. Wir machten uns die Antwort nicht leicht. Der Kreuzgang sollte nicht durch einen Präzedenzfall zum zeitgenössischen Skulpturengarten werden. Doch die Anfrage hatte eine andere Dimension. Es ging dabei um das Stadtgedächtnis. Zudem ergab sich durch das Hebelgedicht, in dem der Kreuzgang mit seinen Grabmälern vorkommt, ein genauer Zusammenhang zum Ort: Keinem Klosterkreuzgang, sondern von Anfang an einem Begräbnisort. Wir fanden für Eichins Tische einen Platz in unmittelbarer Nähe zweier Nischengräber. Die Skulptur entsprach in einer Weise auch den Tischgräbern im Innern des Münsters. Der eine mit Gemüse und Früchten bedeckte Markttisch erinnerte in seiner schwarzen Bronzefärbung an überreife, ja bereits anfaulende und angefrorene Gewächse. Die Worte der Vision des Propheten Amos lebten auf: „Was siehst du, Amos? Ich antwortete: Einen Korb mit reifem Obst. Da sprach der HERR zu mir: Reif zum Ende ist mein Volk Israel; ich will ihm nicht länger vergeben" (8, 2). So wurde dem Kunstwerk „Kirchenasyl" gewährt. Anfängliche Kritik an der

---

[1] vgl.: Urs Breitenstein, Gerhard Hiesel, Peter Gartmann, (Hg.), Bettina Eichin, Basel 2007.

Entscheidung verstummte nach und nach. Heute stehen die Tische immer noch im Kreuzgang als Denkmal im strengen Sinn des Wortes. Sie bilden einen Ort städtischer Erinnerung. Wolfgang Grünberg hat immer wieder angemahnt, daß die Kirchen in der Stadt auch Gedächtnisorte sind. Die beiden Tische sind es nicht allein im Blick auf jenen 1. November, den Allerheiligen-Tag, der die Römisch-katholischen Christen an die Toten erinnert und die Protestanten an Luthers Thesenanschlag am Vorabend der Reformation. Heute wirkt das Wort des Dichters viel stärker.

Das alemannische Gedicht „Die Vergänglichkeit" ist ein Gespräch zwischen „dem Ätti" und „dem Bueb" „auf der Straße nach Basel zwischen Steinen und Brombach, in der Nacht".[2] Ätti steht für den Vater, wird aber auch für den Großvater gebraucht. Mir ist das nächtliche Gespräch immer mehr als eines vorgekommen, wie es zwischen einem Enkel und seinem Großvater geführt wird. Zu reich ist die Lebenserfahrung des Ätti. Zu sehr ist er sich des eignen Alters bewusst. Es muss eine Generation dazwischen liegen.

Der Bub sieht im Vorbeifahren die Ruine des Röttler Schlosses, die über dem Tal der Wiese in den Himmel ragt, und fragt, ob es ihrem eigenen Haus wohl auch einmal so ergehen werde. Daran knüpft der Dialog an:

> Du guete Burscht, s'cha frili si, was meinsch?
> 's chunnt alles jung und neu, und alles
> schliicht sim Alter zue, und alles nimmt en
> End, und nüt stoht still. ...
> ... Und wemme nootno gar zweitusig zehlt,
> isch alles z'semmegkeit.

Der Enkel erschrickt. Doch der Ätti fährt fort:

> 's isch eitue, Chind, es schlacht emol e Stund,
> goht Basel au ins Grab ... Je, 's isch nit an-
> derst, lueg mi a, wie d' witt, und mit der Zit
> verbrennt die ganzi Welt. ...

Und weiter steigert sich die nächtliche Vision zum Bild des jüngsten Tages. Ein Wächter geht um Mitternacht um und ruft „Wacht auf! Wacht auf, es kommt der Tag!" Der Himmel rötet sich, es donnert, der Boden schwankt, die Glocken schlagen an und läuten von selbst die Betzeit. Alles betet. Darüber kommt der Tag. Behüte uns Gott! Der Himmel steht im Blitz, die Welt im Glast. Doch jetzt vollzieht der Dichter die unvergleichliche Metabasis, die ihm eigen ist: „Druf gschieht no viel, i ha jetz nit der Zit;" Alles brennt und brennt. Aber jetzt ist nicht die Zeit, ins Detail zu gehen. Wo bleiben die Menschen? fragt der Bub.

> He, d'Lüt sin nümme do, wenn's brennt,
> sie sin – wo sin sie? Seig du frumm, und
> halt di wohl, geb, wo de bisch, und bhalt
> di Gwisse rein! Siehsch nit, wie d'Luft mit
> schöne Sterne prangt!
> 's isch jede Stern verglichlige ne Dorf, und
> witer obe seig e schöni Stadt, me sieht si nit
> vo do, und haltsch di guet, so chunnsch in
> so ne Stern, und 's isch dr wohl, und findsch
> der Ätti dört, wenn's Gottswill isch ...

Er fahre dann die Milchstraße hinauf in die verborgene Stadt und schaue von oben herab auf die verkohlten Berge. Eine schaurige Endzeitvision, die aber ganz tröstlich geworden ist, weil der Ätti so mühelos den Blick aus der Düsternis der Vergänglichkeit hinauf zu den Sternen richtet und weil ja Enkel und Großvater auf jener funkelnden Straße unterwegs sind in die schöne Stadt. Von ihr fällt ein Glanz zurück aufs Irdische. Auf der Fahrt von Steinen nach Brombach tritt an die Stelle des irdischen Ziels des nahen Basel die Stadt Gottes. Die verborgene Stadt ist vom biblischen Bild des himmlischen Jerusalems gelöst. Die Vorstellung ist kindlicher geworden. Der Dichter spricht in einer anderen Sprache als der Seher Johannes von einem neuen Himmel und einer neuen Erde:

> Lueg, dört isch d'Erde gsi, und selle Berg
> het Belche gheiße! ...

---

[2] Wilhelm Altwegg (Hg.) Johann Peter Hebels Werke, Freiburg[2] i. B. 1958, 106–110.

... dört hani au scho glebt, ... und gvätterlet, bis an my selig End, und möcht jetz nümme hi. ...

Der Großvater hat einen halsbrecherischen Perspektivewechsel vollzogen. Er fährt auf holpriger Straße und blickt zugleich von oben herab in wunderbarer Gelassenheit aus der Weite einer Galaxie. So hat sich die städtische Erinnerung an ein Unglück verwandelt in eine tröstliche Bewegung auf einem Weg, der in den Himmel führt. Der Erinnerung ist auch eine Grenze gesetzt. So sagt der Ätti zum Bueb: „Loß die Tote go, sie tüen der nüt meh!" Die Strecke des erinnernden Gesprächs ist begrenzt. „I ha jetz nit dr Zit". Jetzt sind wir noch unterwegs in die Stadt in ihrer irdischen Gestalt.

Peter Cornehl

Opa – Enkel

„Fritz, willst du getauft werden?" – ein Opa-Enkel-Projekt

1. Der Kasus

Fritz, mein Enkel, soll getauft werden. Und „Opapa", also ich, soll ihn taufen. Mach ich gern. Der Termin steht noch nicht fest. Sie überlegen, wann es in den Familienkalender passt. Auch wo die Taufe stattfinden soll, ist offen. In der Lutherkirche, der Gemeinde um die Ecke, oder doch, wie es Mutter Carolines geheimer Wunsch ist, in St. Katharinen? Es besteht reichlich Gesprächsbedarf.

Fritz wird im Juli vier. Damit ist klar: Er muss selbst beteiligt und gefragt werden. „Fritz, willst du getauft werden?" Die Frage kann sich nicht nur an Eltern und Paten richten, die dann stellvertretend antworten, sondern auch an ihn. Fritz hat durchaus seinen eigenen Willen. Vor allem weiß er, was er nicht will. Was ist, wenn er „Nein" sagt? Dann gibt es keine Taufe. Wie kann man einem Vierjährigen verständlich machen, worum es in der Taufe geht und was das bedeutet? Es kommt darauf an, ihn davon zu überzeugen (und nicht zu überlisten oder zu bestechen), dass die Taufe etwas Gutes und Großes und Schönes ist. Eine katechetische Bewährungsprobe für jemanden wie mich, der sich zwar theoretisch immer wieder mit der Taufe beschäftigt, aber wenig eigene Taufpraxis hat, schon gar nicht mit Kindern im Kindergarten- bzw. Vorschulalter. Dabei vertrete ich seit langem die These, dass die teilweise Entkoppelung von Kindertaufe und Lebensbeginn, die sich seit einiger Zeit abzeichnet, nicht in erster Linie ein Problem ist (Taufaufschub als Verweigerung bzw. als Distanzierungsphänomen), sondern eine Chance, die uns helfen kann, bestimmte biblische Aspekte der Taufe neu zu entdecken und zur Erfahrung zu bringen. „Die eine Taufe in der Vielzahl der Lebensalter und Lebenssituationen" ist die Formel dafür.

Was tut man in solcher Lage? Man sucht sich einen Experten. Ich beschließe, Wolfgang Grünberg zu konsultieren, den begeisterten mehrfachen Opa, erfahrenen Kindertheologen und phantasievollen Religionspädagogen, Homiletiker und Liturgiker.

2. Ein Beratungsgespräch

Wir treffen uns nachmittags im Café Backwahn. Es ist ein konspiratives Treffen, weil W. ja von der Zweitverwertung seiner Ideen vorerst nichts wissen darf. Ich schildere ihm den Fall und bitte um Rat. „Was würdest du machen an meiner Stelle?"

W. zögert nicht lange. Er sprüht vor Einfällen. „Mach aus der Taufe ein gemeinsames Projekt für Opa und Enkel! Führt keine tauftheologischen Lehrgespräche, sondern beginnt damit, dass ihr euch zusammen die Kirche anschaut, in der Fritz getauft werden soll. Entdeckt den Raum. Was ist schön? Wo ist das Taufbecken? Gibt es dort Abbildungen von der Taufe, und was sagen die?

Nächster Schritt: Besucht zusammen einen Taufgottesdienst und tauscht euch hinterher aus: Was habt ihr gesehen und gehört? Was hat Fritz gefallen, was weniger? Was soll bei seiner Taufe auch so sein und was eher nicht?"

Ich berichte, dass die Geschwister zu Hause schon öfter über die Taufe reden. Johanna, die ältere Schwester, die bald sechs wird und im Herbst in die Schule kommt, ist schon getauft, hat davon aber nichts in Erinnerung, weil sie damals zu klein war. Doch inzwischen hat sie bei Freunden einen Taufgottesdienst erlebt und weiß, was da passiert. So kann sie den Bruder beruhigen: „Fritz, das ist nicht schlimm! Nur ein bisschen Wasser über den Kopf!" Johanna weiß auch, was die Taufe bedeutet: „Dann gehörst du zu Gott!"

W. verstärkt: „Da hast du doch einen sehr guten Anknüpfungspunkt! Und eine Hilfskatechetin hast du auch schon! Allerdings sieh zu, dass Johanna nicht zu sehr dominiert! Es ist ja Fritzis Taufe, sein Fest. Wenn er sich darauf freut, sagt er bestimmt ‚Ja'. Vielleicht sogar ‚Ja, mit Gottes Hilfe!' wie die Großen."

Taufe: Ein gemeinsames Projekt für Opa und Enkel! Klingt gut. Am besten wäre es, wenn wir Zeit hätten, um zur Vorbereitung verschiedene Kirchen zu besuchen. Mit verschiedenen Taufsteinen, alten und neuen, mit unterschiedlichen Bildern und Symbolen. Dann können wir vergleichen und Besonderheiten entdecken. Wir könnten auch Bilderbücher mit Abbildungen von der Taufe anschauen. Ich habe ja eine Menge Bücher mit interessanten Details. „Aber achte darauf", sagt W., der erfahrene Praktiker, „dass du ihn nicht überfütterst mit deiner Taufbilderbegeisterung, also nicht den ganzen Magdeburger Ausstellungskatalog durchackern!" Gut, ich werde mich dran halten. Und Fritz wird deutlich zu verstehen geben, wann es ihm zu viel wird.

Sehr wichtig ist die Taufgesellschaft. Wer wird bei der Taufe dabei sein und mit feiern? Eltern und Paten, Familie und Freunde. Schön ist, wenn viele Vertraute mitmachen. „Bitte die Gemeinde bei der Taufe nach vorn. Lass sie dicht neben euch um das Taufbecken herum stehen, dann können sie alles genau beobachten! Und beteiligt möglichst viele an der Handlung!"

Was mich besonders beschäftigt: Was bedeutet die Taufe für einen Jungen in diesem Alter? Wie kann man einem Vierjährigen Sinn und Wert der Taufe verständlich machen? W. rät, wiederum von dem auszugehen, was man bei der Taufe sehen und hören kann. „Fang, wie Luther im Kleinen Katechismus, an mit den einfachen Fragen: „Was ist das? Wie geschieht das?" Was ist das Elementare, was zur Taufe unbedingt dazu gehört?" *Wasser und Wort.* „Also redet übers Wasser und seine verschiedenen Seiten. Klar ist: Ohne Wasser vertrocknen Pflanzen und Blumen (und Menschen). Wasser belebt, erfrischt. Im Wasser kann man spielen und plantschen. Das macht Spaß. Mit der Kita-Gruppe lernen sie schwimmen. Fritz hat Schwimmflügel. Wenn er die anlegt, geht er nicht unter. Tiefes Wasser ist gefährlich. Deshalb lernen wir ja schwimmen. Man wird immer sicherer und traut sich auch ins Tiefe, weil man merkt: Das Wasser trägt. Zum Wasser kommen gute Worte, zum Beispiel: „Fürchte dich nicht, denn ich habe dich erlöst" – sagt Gott – „Ich habe dich bei deinem Namen gerufen. Du bist mein!" Das Wort aus Jesaja 43,1 ist für viele ein gern gewählter Taufspruch.

Weiter rät W.: „Sprecht über die Taufe, übers Wasser und die anderen Taufsymbole: Kerze, Licht, Hand, Name, Kreuzeszeichen, Engel – zusammen mit Johanna, den Eltern und Paten und der Großmutter." Die Großmutter ist wichtig, sie kennt viele Geschichten und Worte aus der Bibel und wird dafür sorgen, dass auch Jesus und die Kinder Israels dabei nicht zu kurz kommen.

„Danke, Wolfgang, für die Anregungen!"

3. Themen und Perspektiven „kontextueller Tauftheologie"

Es arbeitet weiter in mir. Ein Gespräch mit der Familie ergibt: Die Taufe soll erst im Herbst stattfinden. So gewinne ich Zeit. Wir verschieben die gemeinsamen Erkundungen, und ich fange an, zu lesen und mir Gedanken zu machen.

Die neueste praktisch-theologische Untersuchung zur Taufe stammt von Regina Sommer: „Kindertaufe – Elternverständnis und theologische Deutung" (Stuttgart 2009, Praktische Theologie heute, Bd. 102), eine von Ulrike Wagner-Rau betreute Marburger Habilitationsschrift. Sehr lesenswert! Die Basis der Interpretation sind Interviews mit Taufeltern, die die Autorin einfühlsam geführt und sorgfältig ausgewertet hat. Was an dieser Arbeit besonders überzeugt: Regina Sommer nimmt die Eltern ernst, ihre Wahrnehmungen, Gefühle und theologischen Gedanken. Es gelingt ihr eindrucksvoll, das, was die Eltern erleben, in ihren tieferen Bedeutungsgehalten zu entschlüsseln, methodisch z.B. dadurch, dass sie sich auf „Schlüsselszenen" konzentriert, auf dichte Momente im Taufgeschehen. Zentrales Anliegen Regina Sommers ist es, eine „kontextuelle Tauftheologie" zu entwickeln und den Zusammenhang zwischen den Wahrnehmungen und Überzeugungen der Eltern und den überlieferten Gehalten der biblisch-kirchlichen Tauftheologie theologisch genauer zu fassen.

Ich habe viel aus dem Buch gelernt – allerdings dann auch gemerkt, dass ich für mein konkretes „Projekt" doch nicht so viel Hilfe bekomme, wie erhofft. Die Untersuchung beschränkt sich auf Kinder im Säuglingsalter und bis zu drei Jahren. Fritz wird vier. D.h.: Der existenzielle Lebenskontext der Taufe ist ein anderer. Er ist nicht mehr geprägt durch die Erfahrung der Eltern, durch die Nähe zu Schwangerschaft und Geburt, zum Erleben der Ambivalenz von Gefahr, Freude und Dankbarkeit und der Aufgabe, den Alltag mit Kind ganz neu zu gestalten. Den Fokus bilden stärker bereits Themen und Erlebnisse des Täuflings in seiner neuen Lebensphase.

Was beschäftigt Vierjährige, genauer: Einen vierjährigen Jungen im Kindergarten- bzw. Vorschulalter? Wie ist die Situation der Familie? Was bewegt die Eltern? Und dann die entscheidende Frage: Gibt es von dort aus eine Verbindung zu Themen und Motiven der kirchlichen Tauftradition? An dieser Stelle hilft die Lektüre nicht viel weiter. Also: Selber nachdenken und dann mit den anderen gemeinsam nach Antworten suchen!

Wenn ich recht sehe, sind es einige elementare Themen, die Fritz (und seine Eltern) momentan beschäftigen. Sie bilden ein Spannungsfeld. Es geht um Selbständigkeit und Abhängigkeit, um Weltentdeckung, Mut und Abenteuer, um die Lust, mit anderen zu kooperieren. Wer Fritz beobachtet, merkt rasch, was ihn umtreibt und antreibt: Das ist einmal das Ausprobieren eigener Kraft und Stärke: Sich behaupten gegen andere, die zum Teil älter sind. Es geht um das Vergnügen, mit anderen zusammen zu spielen, sich zu verständigen, sich zu streiten und zu vertragen, die Lebensräume zu erweitern und dabei geborgen fühlen zu können. Dazu passt die äußere Situation der Familie. Sie sind vor einigen Jahren umgezogen, raus aus der Innenstadtwohnung in eine Reihenhaussiedlung mit Garten. Fritz ist inzwischen im Kindergarten, er ist gern dort, hat eine gute Gruppe, vor allem: Er hat neue Freunde gewonnen, mit denen er durch die Gärten stromert und die Umgebung erobert. Seine Welt wird größer, vielfältiger, das Leben spannender. Fritz sucht das Abenteuer – und er braucht seine Kuschelecke. Eine seiner Lieblingsrollen ist der Feuerwehrmann, im roten Feuerwehrdress rückt er mit Tatütata zum Einsatz, wenn's irgendwo brennt. Er hat im letzten Jahr sehr an Selbstbewusstsein gewonnen, ist hilfsbereit und kann teilen. Die Geschwister sind ein Herz und eine Seele. Ein anderes Vorbild ist der Pirat: Kühn, schnell, frech und unbesiegbar. Die Kehrseite: eine gewisse Schüchternheit und Empfindsamkeit. Wenn ihm was nicht passt, zieht er sich zurück in den Schmollwinkel, macht ein Gesicht, schiebt die Lippe vor und ist einige Zeit unansprechbar. Die Welt erobern, stark sein wollen und dann wieder ganz klein sein dürfen, sich beschützt und behütet wissen. Wir singen abends gern mit den Kindern: „Weißt du, wieviel Sternlein stehen" und da besonders die dritte Strophe: „Gott im Himmel hat an allen / seine Lust, sein Wohlgefallen. / Kennt auch dich und hat dich lieb!"

Selbstermahnung des Opas und Täufers: Ich muss aufpassen, dass ich nicht nur enkelverliebt ein fritzzentriertes Stillleben male. Außerdem sind meine Wahrnehmung, meine Gefühle und Deutungen subjektiv gefärbt und beschränkt. Jeder Versuch, das, was Fritz, Johanna und ihre Eltern zur Zeit beschäftigt, zu erfassen, ist nur eine Momentaufnahme. Bevor sich ein bestimmtes Bild verfestigt, ist es nötig, sich darüber auszutauschen und auf die anderen zu hören. Das führt dann zu der Frage, die wir ebenfalls gemeinsam bedenken wollen: Wie finden wir von der Beschreibung der Lebenssituation und ihrer Herausforderungen die Brücke zu den besonderen Horizonten, Verheißungen und Herausforderungen, in die die Taufe uns einweist? Wie finden wir ein biblisches Wort, das beides verbindet und das die Taufhandlung und ihre Bedeutung für unsere Zeit aufschließt?

4. Taufe, Stadt, Gemeinde

Gibt es eigentlich Zusammenhänge zwischen Taufe und Stadt? Grundsätzlich und im konkreten Fall? Ich sehe zwei. Es ist einmal ein symbolischer Zusammenhang und zum andern ein Beziehungsproblem. Der positive Symbolzusammenhang erschließt sich über die Erfahrung des Kirchenraumes. In den großen alten Stadtkathedralen ist die Kirche ein Abbild des Weges der einzelnen Gläubigen und der Welt im Ganzen. Der Taufstein steht im Westen, der „Weg in das Leben" (Josuttis) beginnt mit der Taufe und führt zum eschatologischen Mahl am Altar, vom Dunkel des Todes ins Licht der Auferstehung. Die Kirche – das hat Wolfgang Grünberg uns gelehrt – repräsentiert die Stadt, das himmlische Jerusalem. Das riesenhafte Taufbecken im Magdeburger Dom signalisiert sinnenfällig den Anfang des Lebensweges und verweist auf das Ziel.

Mein Vater hat uns seinerzeit zur Hochzeit ein Fotoalbum geschenkt, in dem eine Seite von meiner Taufe handelt: „Taufe im Hohen Chor des Magdeburger Domes". Ein Foto zeigt den kleinen Peter, ein anderes die mächtigen Türme der gotischen Kathedrale. Dieses Bild hat unsere Tochter vor Augen, wenn sie sich vorstellt, dass es schön wäre, wenn Fritz im „Hohen Chor" der Hamburger Hauptkirche St.Katharinen getauft werden könnte. Ich glaube, das ist ein Sehnsuchtsbild. Es vermittelt Anschauung und Gefühl von Weite, Höhe, Helligkeit und die Utopie der Geborgenheit in einem großen Raum, der Festlichkeit ausstrahlt und ein Ganzes von Heimat und Zukunft verspricht, woran – so möglicherweise der Wunsch – die Familie ebenfalls teilhaben möchte. St.Katharinen ist die Hamburger City-Kirche, die unsere Kinder von früher kennen, wo wir über zwanzig Jahre Universitätsgottesdienste gefeiert, Weihnachts- und Ostergottesdienste erlebt haben. Das ist allerdings Vergangenheit.

Das Beziehungsproblem besteht darin, dass Katharinen für die eigene Familie unserer Tochter (wenigstens bislang) kein realer Raum kirchlich-gemeindlicher Beheimatung ist. Ob sich das ändern wird? Könnte Fritzens Taufe der Beginn einer neuen Beziehung werden? Das ist nicht auszuschließen, aber auch nicht sehr wahrscheinlich.

Und wie steht es mit dem anderen denkbaren Taufort, der Kirche im Wohnbereich, um die Ecke? Der Bezug zur Ortsgemeinde ist (bislang) ähnlich locker. Könnte sich das ändern? Das ist möglich. Dann wäre Fritzens Taufe eine Art Initiationshandlung, der Beginn einer intensiveren Beziehung zur Gemeinde, verbunden mit dem Hineinwachsen in den Stadtteil, verbunden mit Kindergarten, Hort und Schule. Das ist eine denkbare Perspektive. Wie weit ist es vor allem der Wunsch von uns Großeltern? Die Entscheidung fällt nicht leicht und ist nicht ohne Zwiespälte.

Vielleicht spiegelt sich darin etwas von der Spannung zwischen Kirche, Stadt und Gemeinde, die Christsein und Kirchlichkeit hierzulande durchzieht. Es gibt einerseits durchaus starke symbolische Bezüge zu Kirche in der Stadt, die sich vermitteln über Bindungen an repräsentative Räume und selektive Inanspruchnahme, vor allem bei Amtshandlungen und an den großen Jahresfesten. „Fremde Heimat Kirche" und „die treuen Kirchenfernen" sind Bezeichnungen für diese fragile, distanziert-engagierte Verbundenheit. Sie kennzeichnet bekanntlich das Verhalten der Mehrheit der Evangelischen in der späten Volkskirche. Daneben gibt es die Kirchenbeziehung, die sich auf das Leben in und mit der Ortsgemeinde im Wohnbereich einlässt und die durch mehr oder weniger regelmäßige Teilnahme an Gottesdiensten, Gemeindeveranstaltungen, Kreisen, (Kinder) Chören, Kinder- und Jugendgruppen vermittelt ist. Schlüssel dafür ist die Partizipation der Familien in der Zeit der Kindheit und Adoleszenz. „Kinder sind die Produzenten von Nähe", hat der frühere Hamburger Bischof Hans-Otto Wölber gesagt. Könnte Fritzis Taufe der Beginn einer solchen Annäherung sein? Wir werden es sehen.

Hans Werner Dannowski

Türme – Schächte

Glockengeläut aus dem Herzen der Erde

1.

„Da er nun aber die Stadt mit ihren grünbepflanzten Wällen im Rücken hatte und die Häuser, wie er zurückblickte, sich immer dichter zusammendrängten, so wurde ihm leicht und immer leichter, bis endlich die vier Türme, welche den bisherigen Schauplatz aller seiner Kränkungen und Bekümmernisse bezeichneten, ihm aus dem Gesichte schwanden."

So beschreibt Karl Philipp Moritz in seiner verkappten Autobiographie „Anton Reiser" von 1785 seinen Abschied von Hannover[1]. Ein unvergleichliches Psychogramm einer Stadt des 18. Jahrhunderts hat Moritz mit diesem „psychologischen Roman" geschrieben. Die Erfahrungen dieser Jahre als Ort seiner Kindheit und Jugend fassen sich für ihn zusammen in dem Bild der vier Kirchtürme dieser Stadt. Im Schatten der Türme der Marktkirche, der Kreuzkirche, der Ägidienkirche und der Neustädter Hof- und Stadtkirche wächst ein Mensch in ein Leben hinein, das für diesen Jungen aus der Unterschicht mit seiner Sehnsucht nach Höherem und Bildung eine einzige Kette von Demütigungen ist. Das eine Kompensation – fast nur – im Theater findet. Eine Stadt wird da beschrieben, in der die Kirche noch das Öffentlichkeitsmonopol innehat, in der gerade auch die Erziehung der Jugend vollständig in den Händen der Kirche ist. Die Lateinschule, in die Anton Reiser schließlich doch gehen darf, liegt

---

[1] Karl Philipp Moritz, Anton Reiser, Frankfurt/Main 1980, 327.

nicht nur räumlich direkt neben der Marktkirche, in der alltags und sonntags die Knaben der Schule in der Schola singen. Die Kirchtürme sind für Moritz das äußere Zeichen einer nur noch schwer erträglichen kirchlichen Dominanz in einem städtischen Gemeinwesen und in einem Jahrhundert, das nach Aufklärung schreit.

Seltsamerweise sucht man das Thema der Kirchtürme, die in der Literatur wie in der Bildenden Kunst (siehe nur Monet und Rohlfs) eine so beherrschende Rolle spielen, in der theologischen Fachliteratur nahezu vergebens. Eine zusammenhängende und tiefer greifende Darstellung zum Einstellungswandel der Menschen im Blick auf die Türme eines Ortes habe ich in den Biographien der europäischen Städte als Körper aus Geist und Stein nicht gefunden. Ausführliche Erörterungen über die Veränderungen des Kirchenbaus, auch in ihrer Abhängigkeit von der jeweiligen Stadtplanung und Architektur, sind die Regel. Dabei spielt in der Praxis wie bei jedem Kirchenbau die Diskussion darüber, ob diese Kirche einen Turm haben solle, wie er aussehen solle und welche Funktion er habe, eine wichtige Rolle. Solche Leerstellen der stadtsoziologischen und theologischen Forschung können nicht im Vorübergehen ausgeglichen werden. Nur einzelne Gesichtspunkte können gesammelt werden, die ausgebaut, durchdacht, verändert und vertieft werden müssten.

2.

Die himmelstürmenden Türme der Gotik, die uns heute wie eine Verkörperung des mittelalterlichen Weltbildes erscheinen und wie ein ausgestreckter Finger auf die Welt Gottes dort oben verweisen, scheinen eine späte Erscheinung zu sein. Der romanische Kirchenbau ist, auch mit seinen Türmen, eher ein in sich ruhendes, stabiles Raumgebilde, das sich primär auf die innere Dramatik des Heilsgeschehens bezieht, das sich in der Feier der Heilig Messe wiederholt. Aber auch die frühen Bauten der französischen Gotik, die für den ganzen europäischen Raum bestimmend wurden, wie Laon, Chartres und Reims, definieren die Türme eher als Unterstreichung der Fassaden (insbesondere der Westfassade), die die Architektur mit dem Leben figuraler Skulptur aus den Gestaltungen der Heilsgeschichte durchsetzt.[2] Erst, als das wachsende Selbstbewusstsein des Bürgertums in den Städten die Kathedralen als mögliche Verkörperungen ihres Repräsentationsbewusstseins entdeckt, werden die hohen Türme gebaut. Und es ist wohl kein Zufall, dass die beiden höchsten Türme deutscher Kathedralen, das Ulmer Münster mit seinen 161 Metern und die beiden Türme des Kölner Doms mit ihren 157 Metern, erst im Zuge einer idealisierenden Rückbesinnung auf das Mittelalter im Laufe des 19. Jahrhunderts vollendet wurden. Eine genauere Analyse der Gotik entdeckt heute eher ihre Dynamik, ihre Begeisterung für die Offenheit der Form und für das Unvollendete, Fragmentarische.[3]

Das langsame Zerbrechen des mittelalterlichen Einheitsbewusstseins zwischen Welt und Überwelt, zwischen Kirchengemeinde und Bürgergemeinde führte offenbar zu einem rapiden Bedeutungswandel auch der Türme einer Stadt. Dieser mag von einer bedrohlichen Dominanz einer moralisierend engen Kirche reichen (siehe Beispiel Moritz) bis zu einer verklärenden Erinnerung an die gute alte Zeit mit Glockengruß und Kirchturmssehnsucht in der Zeit des Biedermeier. Die Moderne bringt dann noch einmal einen erheblichen Bedeutungsverlust der Türme eines Ortes oder einer Stadt. Im Zuge eines wachsenden Behauptungswillens wird die Faszination der Höhe mit den Wolkenkratzern, den Großbanken und einem Turm wie dem Burj-Chalifa in Dubai mit seinen 828 Metern wieder spürbar. Kirchtürme geraten, zumindest in den Städten, immer stärker in den Bedeutungsbereich von Devianz, die der Mannigfaltigkeit von Abweichungen in einem großstädtischen Erfahrungsbereich einen

---

[2] Hans Jantzen, Die Gotik des Abendlandes, Köln 1997, 27ff.
[3] Arnold Hauser, Sozialgeschichte der mittelalterlichen Kunst, München 1957, 111ff.

eigenen Ort zuweist.⁴ Möglicherweise werden sie zu Signalen der Heterotypie, die Gegenräume anzeigen, ohne die der Mensch nicht leben kann.⁵

Wie stark der Bedeutungsverlust von Kirchtürmen im Lärm moderner Großstädte ist, ist mir gerade in einem einwöchigen Besuch im palästinensischen Bethlehem mit seinen heute fast 60 000 Einwohnern bewusst geworden. Die „Lufthoheit" im Lärm des Autoverkehrs lässt sich nur unter Einsatz technischer Apparaturen zurückgewinnen und die Muezzin benutzen die Lautsprecher mit einer derartigen Penetranz und Ausdauer, dass ein Gespräch vor der Geburtskirche in Jerusalem praktisch unmöglich war. Dass das weitgehende Verstummen der Glocken mit der Reduktion der Bedeutung der Kirchtürme auf das Visuelle und damit massiv auf eine Veränderung ihrer Rolle in einem städtischen Gemeinwesen hinweist, ist mir erst in muslimischen Kontexten deutlich geworden.

Nun wird in der gegenwärtigen Diskussion über Stadtprobleme die Rolle der Kirchtürme zumeist in einem Kontext der Identität einer Stadt verhandelt. Man schaue sich die Stadtsilhouetten von Lübeck, Hamburg, Halberstadt, Rothenburg ob der Tauber an: Was wären diese Städte ohne ihre Türme? Wiedererkennbarkeit liegt in ihnen begründet und ein ganz besonderes Profil. Aber man macht es sich mit der Identitätszuweisung oft auch zu leicht. Denn die Identität einer Stadt ist kein starres und unveränderbares Bild. Identität erwächst aus geteilter, auch emotional geteilter, Erfahrung. Sie kommt aus einem sozialen Raum, der sich durch Erzählungen und Wahrnehmungen konstituiert. Identität ist also ein Prozess, der immer neu vollzogen wird, und die Türme einer Stadt spielen nur insoweit eine Rolle, als sie in diesen Prozess einbezogen sind. Eine Ebene des Symbols wird so über die Alltäglichkeit gelegt, die Artikulation ermöglicht, die sprachfähig macht und die Erinnerungskultur an ein Material bindet, das neue Formen der Lebensbewältigung aus sich herauszusetzen vermag.

Sehr schön hat diesen Prozess der Identitätsbildung der Journalist Christoph Dieckmann in seiner eigenen Erfahrung mit der Frauenkirche in Dresden beschrieben.⁶ Er war leidenschaftlich – wie viele andere – gegen den Wiederaufbau dieser Kirche. Die Wunde, „Wunde schmerzender Erinnerung", sollte offen bleiben. „Mahnfinger des Gedenkens" sollten die Trümmer sein. Aber dann wurde die Kirche wieder aufgebaut. Und Dieckmann begriff, dass Geschichte auch verarbeitet werden kann. Dass man auch Zeichen der Versöhnung braucht, ohne die die Geschichte keine Zukunft hat. Und dass die Frauenkirche mit ihrer „erhabenen Kuppel himmelwärts" ein solches Zeichen der Versöhnung geworden ist. Bei ihrer Wiedereinweihung war er sieben Stunden lang dabei. „Körperlich ist die Frauenkirche Kopie, seelisch Original."⁷

3.

Entspricht der Faszination der Höhe einer Faszination der Tiefe, und in welchem Verhältnis stehen die Höhen und Tiefen, die Türme und die Schächte zueinander? Die Höhen sind das optisch Greifbare, die Tiefen das visuell Verborgene, das Geahnte. Die eigene Kenntnis beschränkt sich sicher bei jedem einzelnen auf einige wenige aufregende Exkursionen in die Tiefen der Erde. Bei mir sind es: Das Kohlebergwerk des „Klosterstollens" im Deister bei Barsinghausen, das Erzbergwerk in Rammelsberg / Goslar und der „Schacht Konrad" des Eisenerzlagers Salzgitter.

Was die Menschen dort unten in den Schächten der Erde gesucht haben, liegt auf der Hand. Die kostbaren Schätze der Erde wollten sie ans Licht bringen und den Menschen zur Verfügung stellen, die damit ihren Reichtum (Kupfer, Blei, Zink) oder ihren zivilisatorischen Fortschritt (Kohle, Eisen) gestalten. Mühevoll war diese Arbeit, auch wenn sie gut bezahlt wurde. In Barsinghausen: Im Liegen wurde gearbeitet, mit Schlägel

---

4 Erving Goffman, Stigma. Über Techniken der Bewältigung beschädigter Identität, Frankfurt / Main 1972, 172ff.
5 Michel Foucault, Die Heterotypien, Frankfurt / Main 2005.

6 Christoph Dieckmann, Mich wundert, dass ich fröhlich bin. Eine Deutschlandreise, Berlin 2009, 50ff.
7 A.a.O., 54.

und Eisen, „ein Mann, ein Hammer und ran!" Dass man Raubbau getrieben hatte mit seiner Gesundheit, merkten die Bergleute meist erst hinterher: Verschlissene Rücken, Geschwüre, Staublungen. Dass das Leben und der Wohlstand einer Gesellschaft auf den Fundamenten des Lebens so vieler ungenannter und unbekannter Menschen ruht: Das kann man da unten in den Schächten lernen. Ein verwirrendes Labyrinth von Gängen haben die Bergleute mit Hammer und Eisen in 100 Jahren ausgebaut. Eine Länge von 1000 Kilometern, so haben die Geologen ausgerechnet, haben die Gänge eines einzigen Stollens, des Klosterstollens von Barsinghausen. Oder die verschiedenen Etagen in die Tiefen des Berges hinein in Rammelsberg sind wie in Hochhaus, in Treppen geht es hinauf und hinunter. „A masterpiece of the creative genius of man", wie die UNESCO diesen Wolkenkratzer in die Tiefe des Berges hinein bezeichnete, als sie das Erzbergwerk in die Liste des Weltkulturerbes aufnahm. Den genialen Bauwerken in die Höhe entsprechen die ganz anderen, aber nicht weniger bewundernswerten Bauwerke in die Tiefe.

Aber dann ist da offenbar noch eine Ebene, die über das Interesse an unserer industriellen Vergangenheit und an der sozialen Lebenswelt unserer Vorfahren hinausgeht. Es gibt eine Unter-Tage-Faszination, die zum Teil auch eine Lust am Abenteuer ist, aber doch diese übersteigt. Es ist dies die Sehnsucht des Menschen nach dem Dunklen und nach der Tiefe, und die Romantik hat diese außerordentlich gefördert. So, wie es Novalis dichtete: „Der ist der Herr der Erde / Wer ihre Tiefe misst / Und jeglicher Beschwerde / in ihrem Schoß vergisst / ... / Er ist mit ihr verbündet / Und inniglich vertraut / Und wird an ihr entzündet / Als wär sie seine Braut."[8] Das Dunkel der Bergwelt ist für Romantiker die Welt des Ursprungs. Aus dem Dunkel sind wir bei unserer Geburt gekommen, in das Dunkel des Ursprungs kehren wir einst zurück. Irgendwie ist das offenbar nahezu bei allen im Unterbewusstsein beheimatet. Es macht die Aufregung erklärbar, die die Einen bei einer Einfahrt in die Schächte überfällt, und die Anderen davor zurückschrecken lässt, es je zu tun.

Und dann geht es im „Schacht Konrad" von Salzgitter wirklich in die Tiefe. Auf 1300 Meter rauscht das klapprige Gefährt des Förderkorbs hinunter. Über sechs Ebenen erstreckt sich der Schacht, 40 km befahrbare Flächen sind das, 57 dieselgetriebene Fahrzeuge sind unterwegs. Da ist, in der Helle der Gänge, nichts mehr von der Sehnsucht nach dem Dunklen und nach den Tiefen spürbar. Nur die Enden der Gänge, an denen Teilschnittmaschinen weiter bohren, erinnern an die industrielle Vergangenheit. Eine einzige Frage aber bewegt alle Teilnehmer der Exkursion, die zugleich eine energiepolitische wie eine ethische Fragestellung ist: Ist es verantwortbar, den „Schacht Konrad" als Endlager für radioaktives Material in enger Nachbarschaft zu einer dicht besiedelten Industrieregion und zu einer großen Stadt (Braunschweig) zu nutzen? Es handele sich um die Endlagerung von nur schwach radioaktivem Material, erklären die Vertreter des „Bundesamtes für Strahlenschutz". Das, etwa als Abfall aus Forschungseinrichtungen, aus der Medizin, aus Kernkraftwerken, schon länger da ist und das hier – in absoluter Trockenlage, erheblicher Tiefenlage, in einem Erdbebengebiet der Zone 0 – sicher aufgehoben sei. Die juristischen Auseinandersetzungen waren damals noch in vollem Gange. Aber man spürt bei der Einfahrt in einen solchen Schacht, wie eng die Probleme der Höhe und der Tiefe zusammengehören. Und wie unausweichlich es erscheint, die ungelösten Probleme der Menschen dort oben auf Millionen von Jahren in der Tiefe – abzulegen. Wie wichtig wäre es, die Türme und Schächte, die Symbolzeichen der Höhe und der Tiefe, viel enger miteinander zu verbinden und zu verknüpfen.

4.

Ein kleines Verbindungselement, in dem Höhe und Tiefe, für alle hörbar, gut zusammenklingen, habe ich am Ende dann doch noch entdeckt. Erst

---

[8] Novalis, Heinrich von Ofterdingen, Fünftes Kapitel.

beim wiederholten Anschauen eines meiner Lieblingsfilme über den Ikonenmaler „Andrej Rubljow" von Andrej Tarkowskij ist mir bewusst geworden, dass im Ursprung die Glocken, die dort oben in den Türmen hängen und die die Menschen zum Lobe Gottes rufen, mit Materialien aus der Tiefe der Schächte, aus Erz und Lehm gemacht sind. Das Geheimnis des Glockengießens hatte der junge Borischka von seinem Vater gelernt. Wie er mit der richtigen Mischung des Lehmes als Form und mit der richtigen Mischung des Erzes die Glocke goss, das war große Kunst! Dieses geradezu eschatologische Zusammenspiel von Höhe und Tiefe wird mitspielen bei jedem Klang einer Glocke, den man mit vollem Bewusstsein hört. So wie es der spanische Dichter Federico García Lorca in den Erinnerungen an seine Kindheit einmal ausgedrückt hat: Der Kirchturm sei in seinem Dorf so niedrig gewesen, dass er die anderen Häuser kaum überragte, „und das Glockengeläut schien aus dem Herzen der Erde zu kommen."[9]

---

[9] Federico Garcia Lorca: Meine ganze Kindheit spielte sich in einem Dorf ab. In: Jan Gibson, Federico García Lorca – Biographie, Frankfurt/Main 1991.

Ulrich Dehn

Orient – Okzident

Kulturelle Klischees, ihr Wert, ihre Auflösung, ihre Ambivalenz

Am frühen Morgen eines sonnigen Spätfrühlingstages, die Sonne ist gerade aufgegangen, stürmt die Stationsschwester eines Hamburger Krankenhauses in den Raum, rüttelt am Bett des marokkanischen Patienten und ruft: „Zeit für das Morgengebet, Sie sind doch Muslim." Der junge Mann reibt sich die Augen, weiß nicht, ob das nun Teil der Therapie ist, schlägt die Decke zurück, sucht nach den Schlappen und dem Bademantel und wird schon von der Schwester am Arm gepackt und in Richtung Gebetsraum geführt. Dass dem Gebet eine rituelle Waschung vorausgehen soll, ist dem Mann nicht bekannt – es ist das erste rituelle Gebet seines Lebens.

Das Unternehmen, Krankenhauspersonal mit interkulturellem und interreligiösen Wissen auszustatten, damit die Mitarbeitenden in ärztlicher Behandlung und Pflege den kulturell und religiös vielfältigen Patienten und ihren Hintergründen gewachsen sind, ist in den 1990er Jahren in Großbritannien angestoßen worden. Es wird in Deutschland in Seelsorge- und Religionswissenschaftskreisen rezipiert[1], ist jedoch auch Gegenstand von zahlreichen Zweifeln, Diskussionen und Ambivalenzen, wie die (in diesem Wortlaut fiktive, jedoch vergleichbar oft stattgefunden habende) Eingangsepisode veranschaulichen soll. Welches Recht haben kulturelle Festlegungen? Wie ist mit religiösen, kulturellen und anderen

---

[1] Vgl. hierzu u.a. Gertrud Wagemann, Verständnis fördert Heilung. Der religiöse Hintergrund von Patienten aus unterschiedlichen Kulturen. Ein Leitfaden für Ärzte, Pflegekräfte, Berater und Betreuer, Berlin 2005; Johann-Christoph Student (Hg.), Sterben, Tod und Trauer. Handbuch für Begleitende, Freiburg i. Br. 2004.

Koordinaten umzugehen und welchen bzw. einen wie großen Anteil an der Identitätskonstuktion eines Menschen machen sie aus? Ist ein Christ, Muslim, Buddhist in jedem Lebenszusammenhang in erster Linie ein Christ, Muslim, Buddhist und in seinem Verhalten davon bestimmt, oder spielen zunächst andere Aspekte seiner Persönlichkeit eine Rolle: Steuersachbearbeiter, Hobbyfotograph, Vater? Die gegen Ende der 1970er Jahre angestoßene Debatte um orientalistische Konstruktionen und die Fluidität des Kulturbegriffs hat gelehrt, dass zahlreiche Perspektiven, mit denen die Welt eingeteilt zu werden pflegte, auf geistesgeschichtlichen Machtkonstellationen beruhen und nun einer neuen und vielfältigeren „Ordnung der Blicke"[2] weichen müssten. Da mutet die neue Sensibilität um kulturelle und religiöse Hintergründe, jedenfalls wenn sie sich in der o.g. substantialistischen Militanz niederschlägt, wie ein Rückschritt hinter die kulturanthropologischen Erkenntnisse der letzten drei Jahrzehnte an.[3]

Allerdings ist nicht jede kulturelle/religiöse Wahrnehmung und Rücksichtnahme unangebracht und substanzialistisch, und nicht jede kulturelle Konnotation ist fluide. Die japanische Touristengruppe, die handyfotografierend durch eine Andacht im Michel läuft, die chinesische Patientin im Krankenhaus, die jede Nahrungsaufnahme außer Reis verweigert, die Brasilianer in der U-Bahn, die vor Kommunikativität überschäumen, das alles können auch Zufallsbeobachtungen sein, sind aber keine Konstruktionen unverbesserlicher Klischeetransporteure, sondern real existierende Erfahrungen, die zeigen, dass Theorien über Interkulturalität und kulturelle Fluidität jeweils eines ausfransenden Randes bedürfen, der die Vielfalt der Perspektiven einfangen und beherbergen kann.

Die Heterogenität der Migrationsbevölkerung[4], die höchst unterschiedlichen Biographien und die individuell unterschiedlichen kulturellen Verarbeitungsmechanismen von Widerstand oder Akkommodation führen dazu, dass fast jedes Kulturstereotyp bestätigt und zugleich widerlegt werden kann. Die Forschung zum interkulturellen Lernen bzw. zur interkulturellen Kompetenz changiert in Theorien und Trainingskonzepten zwischen kulturspezifischen und kulturübergreifenden Angeboten, wobei letztere den Vorteil haben, weitgehend auf kulturelle Stigmatisierungen (wer ist in welcher Weise als kulturell alterität zu betrachten?) zu verzichten und mit der Kompetenzentwicklung auf eine allgemeine Sensibilisierung hin zu arbeiten.[5]

Warum in die Ferne schweifen

Seit etwas über zwanzig Jahren lebe ich in einer japanisch-deutschen Familie, zu zweit, zu dritt, zu viert (jetzt wieder überwiegend zu dritt). Was ist bei uns anders? (als…?) Überhaupt etwas? Sind hier duale kulturelle Eindeutigkeiten vorhanden, die von uns „überbrückt" werden, ohne dass dies noch in reflektierten Akten geschähe? Unsere Kinder lieben Reis und bevorzugen o-*nigiri* und *sushi* als Schul- oder Reiseproviant. Brot ist keine Mahlzeit. Sie ergehen sich gerne in einem sprachlichen Kauderwelsch mit deutschem Gerüst und japanischen Füllseln, ihre Mutter umgekehrt, aber dies vielleicht auch nur zu Hause. Die Ambivalenz des Kulturstereotyps tritt hier, in Hamburg (oder

---

[2] Vgl. Kersten Reich, Die Ordnung der Blicke. Perspektiven des interaktionistischen Konstruktivismus, 2 Bde, Neuwied 1998, 2. völlig überarbeitete Auflage 2009 unter: http://www.uni-koeln.de/hf/konstrukt/reich_works/buecher/ordnung/index.html.
[3] Vgl. u.a. Tobias Ringeisen/Petra Buchwald/Christine Schwarzer (Hg.), Interkulturelle Kompetenz in Schule und Weiterbildung, Berlin u.a. 2008.

[4] Vgl. den letzten veröffentlichten Migrationsbericht 2007 des Bundesamtes für Migration und Flüchtlinge: http://www.bmi.bund.de/cae/servlet/contentblob/297624/publicationFile/14809/migrationsbericht_2007.pdf.
[5] Zu nennen sind im Bereich eines kulturspezifisch-informatorischen Trainings der Culture-Assimilation-Ansatz, für den insbesondere Alexander Thomas (Universität Regensburg) steht, im Bereich eines kulturspezifisch-interaktionsorientierten Ansatzes das Contrast-Culture-Training, und im Sinne eines kulturübergreifend-interaktionsorientierten Ansatzes das Culture-Awareness-Traning bzw. „kultursensibilisierende Maßnahmen". Hinzu kommt das Reintegrationstraining, das sich gezielt an Rückkehrer aus anderen kulturellen Kontexten richtet.

vorher in Berlin), deutlicher vor Augen als während unserer Existenz in Tokyo. Ich behelfe mir jetzt mit ein paar Stereotypen, um einige (ohnehin bald wieder falsche) Dinge zu sagen: In einer überdurchschnittlich homogenen und von einer Reihe von ungeschriebenen Regeln und Verhaltenskodizes geprägten Gesellschaft stellte ich als *gaijin* (wie auch unsere japanisch-deutschen Kinder) einen Kontrast dar, der durch keine noch so viel Fluidität verströmende Theorie beseitigt werden konnte. Ich war anders, wurde angeschaut, war größer, angeblich weiß (eher schmutzigrosa), wurde zum West-Paradigma stilisiert, wie umgekehrt die anderen sich (und auch mir) oft darin gefielen, sich als „die Japaner" zu konstruieren. Es ist ja keineswegs so, dass Stereotypen immer Fremdzuweisungen sind: Der japanische Bücherwald (einschließlich der in Deutschland erscheinenden Bücher von Japanern) ist voll mit Literatur über den typischen Japaner und das, was ihn ein- und für alle Male vom „westlichen Menschen" unterscheidet.[6] Eine sympathische Krimi-Serie im deutschen Fernsehen vor wenigen Jahren, mit einem deutschen und einem japanischen Kommissar als Hauptrollen, ließ den japanischen Part das japanische Stereotyp telegen inszenieren mit der jeweiligen Einleitungsfloskel „Bei uns in Japan…". In Japan war ich immer wieder in der entsprechenden Rolle, den deutschen/westlichen Stereotyp unterhaltsam aufzubereiten, eine Dekonstruktion, ein Abwägen, ein Aufzeigen von Ambivalenzen, eine Relativierung wurden nicht von mir erwartet. Ich habe es gerne getan, vielleicht war ich so und die Ambivalenzen nur meine Konstruktion und die Welt tatsächlich kontrastreich schwarz-weiß, was ich kurzsichtiger Weise nur nicht wahrnahm. Jedoch: Was hätte ich getan, wenn mir nach acht Jahren Japan um jeden Preis beim Essen Messer und Gabel zur Verfügung gestellt worden wären, meinem nunmehr einigermaßen verständlichen Japanisch hartnäckig mit gebrochenem Englisch begegnet worden wäre, ich bei einem lustigen Sake-Abend in einem Tatami-Restaurant um das Absingen von „Edelweiß" (das ich immerhin aus dem Film „The Sound of Music" kenne) gebeten worden wäre – nun, ich hätte mich höflich verbeugt und der Situation entsprechend verhalten (wie mein Stereotyp „des Japaners" es mir suggeriert hätte). Aber Folterungen dieser Art war ich nicht ausgesetzt. Die Welt der interkulturellen Begegnungen ist doch eigentlich sehr menschlich.

---

[6] Vgl. Tatsuo Oguro, Die rätselhafte Nation. Mentalität und Denkweise der Japaner, Stuttgart 1982; Yamashita Hideo, Nihon no kotoba to kokoro ((Sprache und Seele Japans), Tokyo 1986; Kamishima Jiro, Nihonjin no hasso (Das Denken der Japaner), Tokyo 1989.

Peter Doelling und Robert Galitz

Hin – Weg

Ein Mailwechsel

Von: Peter Doelling
Datum: 29. März 2010
An: Robert Galitz
Betreff: Festschrift Grünberg

Lieber Robert,
ich fange an, weil ich schon wieder mal weg bin. Ich bin vom 6.–13. April auf der Weinmesse in Verona. Inzwischen habe ich auch eine kleine Beteiligung an einem Weingut. Und weil ich auch nur ein kleiner Gärtner in Gottes Weinberg bin, spiele ich in meiner geliebten Sommerschule in Wust www.sommerschule-wust.de den Papst, obwohl das ja jetzt eine schwierige Rolle wird. Als Mafioso kannst Du mich schon auf der Internetseite bewundern. Ist ja nur ein kleiner Sprung. Ich bin mal eben weg, ist im Übrigen sehr schlecht geschrieben und wenn ich das Manuskript in den Händen gehabt hätte, wäre uns ein Bestseller entgangen. Da haben wir ja Erfahrung.
Eilige Grüsse
Peter

Von: Robert Galitz
Datum: 08. April 2010
An: Peter Doelling
Betreff: Re: Festschrift Grünberg

Lieber Peter,
ich antworte erst jetzt, da ich die letzten zwei Wochen zwischen München, St. Moritz, Hamburg, Berlin und München gekreuzt bin. Jetzt schreibe ich aus Wien. Neben mir plappert Salomon, der Siebenjährige aus seiner selbst gezeichneten Seeteufelgeschichte, der eine kleine doppelköpfige Wasserschildkröte fressen möchte, aber von dem 9-köpfigen Keulendrachen gerettet wird, während Simeon an der 25ten Fortsetzung seiner 126-teiligen Drachenenzyklopädie arbeitet. Lore poliert ihre Feng-Shui-Kenntnisse. Jeder hat sein Stückchen Heimat immer dabei. Kommen wir nie wirklich weg? Ich erinnere mich noch sehr gut an den seltsamen Eindruck aus meiner Saharadurchquerung – jetzt schon mehr als dreißig Jahre her – bei der ich das Blech des Autos, mit dem ich unterwegs war, als „Heimat" empfand, und das um so stärker, je mehr ich mich von Zuhause entfernt hatte. Empfindest Du Verona mehr als „Heimat" als Hamburg, oder Holzminden, Deinen Geburtsort? Ist Rom (oder gar der Vatikan) Deine wahre Heimat? Oder bist Du so gerne in Italien, weil Du als Hamburger dorthin gehst und die Symbiose von Sehnsucht und Vertrautheit so wunderbar ist?

Ich habe übrigens in St. Moritz nicht den Papst gespielt, sondern eher das Gegenprogramm: Mit Wolfgang Schömel und einem Rowohltlektoren veranstaltete ich eine Menülesung mit dem Titel „Die schlechtesten Sexszenen der Weltliteratur – ein literarischer Spaß mit einem Sechs-Gänge-Menü". Als literarische Chippendales gegen freie Kost und Logie.
Nun muss ich schließen, denn die Kinder wollen in den Zoo.
Herzlich,
Robert

Von: Peter Doelling
Datum: 13. April 2010
An: Robert Galitz
Betreff: Re:Re:Festschrift Grünberg

Lieber Robert,
frisch zurück aus Verona – gerade von der Autobahn – werden erstmal e-mails und Post gelesen. Ein Versuch Miriam Gillis Carlebach und die üblichen soliti ignoti in der Talmud Tora Schule zu treffen, scheitert am russischen Hausmeister: „Nix da, alle weg." Na dann bin ich auch weg, um erstmal den Wein auszuladen. Heimat im eigentlichen

Sinn gibt es für mich schon lange nicht mehr. Heimat ist vielleicht inzwischen immer dort, wo ich gerne mit lieben und geliebten Menschen zusammen bin. Das kann Hamburg, Holzminden, Rom, Barcelona, Atlanta, Berlin, Tel Aviv, usw. sein. Ich bin übrigens in Göttingen geboren, das nur zur Klarstellung. Zum langen Wegsein gehört auch, dass man die Länder von innen kennen lernt. Irgendjemand hat mal gesagt „man lebt in dem Land, dessen Innenpolitik man versteht." Wir waren von Oktober bis März mit einer kleinen Visabedingten Unterbrechung in den USA. Da muss man sich plötzlich in den amerikanischen Südstaaten mit dem Hass auf Obama, Schwule, Intellektuelle, Waffengegner auseinandersetzen und erfährt, dass Deutschland sowieso das kommunistischste Land der Welt ist, weil unser Außenminister ein Gay Liberal ist oder lernt Universitätsprofessoren kennen, die noch nie von Che gehört haben.

Es ist auch sehr schwer Italien zu lieben, wenn die Bevölkerung immer wieder diesen größenwahnsinnigen Emporkömmling wählt und auf bohrende Fragen immer nur antwortet: Was sollen wir machen, es lebt sich leichter, dagegen zu sein, und dafür zu wählen. Roms Bürgermeister ist ein Faschist, die jetzige Regionalpräsidentin ist es auch und wurde von Berlusconi auf der Piazza mit römischem Gruß gefeiert. Dafür kommt man in Deutschland ins Gefängnis. Mit unseren spanischen Freunden erleben wir eine echte Wirtschaftskrise mit 20% Arbeitslosigkeit usw., usw.

Hier oder Weg zu sein ist keine Gewinn-und-Verlust Rechnung – da war ich noch nie gut, wie Du weißt – es ist eher wie eine fein abgestimmte Bilanz mit dem berühmten ausgeglichenen Ergebnis.

Gratulation zu den Drachensöhnen, uns halten die 5 Enkel auf Trab. Weitere sind in Planung und hoffentlich werden die Töchter nicht gleichzeitig schwanger, dann könnte nur eine lange vorausgeplante Weltumrundung mit einem Kreuzfahrtschiff die passende Ausrede sein.

Heute werde ich noch eine Flasche Cesanese di Olevano Romano aus unseren Weinbergen leeren und dann bin ich weg.
schläfrige Grüsse
Peter

Von: Robert Galitz
Datum: 19. April 2010
An: Peter Doelling
Betreff: Re:Re:Re:Festschrift Grünberg

Lieber Peter,
heute schreibe ich schläfrig. Die Drachenkinder schlafen in ihren Höhlen. Lore weilt in Berlin. Jetzt ist Ruhe. Zuhause. Der Rechner säuselt. Das „berühmte ausgeglichene Ergebnis" klingt auch nicht sehr euphorisch im Verhältnis zu all dem Aufwand. Das Naschen vom Baum der Kenntnis der Innenpolitik vertreibt die Freude des Reisens? Das gilt allerdings umso mehr für mich. Bewege ich mich doch wie eine Blattschneiderameise auf den immer selben Wegen rituellen Wirkens hin- und her. Das spontane Erleben von Lagos in Nigeria als Heimat vor jetzt 33 Jahren scheint mir unwiederholbar. Wie bewunderte ich meine stolze Freundin, die in ihrem vor Farbenpracht überbordenen Kleid in hohen Schuhen durch den mit schwarzen Plastiktüten übersäten Slumboden schritt. Heute telefonierte ich wieder mit ihr. Das Land ist ruiniert. Die von den Industrieländern verordnete Zwangsdemokratisierung hat das Land vollends zum Kriegsschauplatz verschiedener Interessengruppen gemacht. „Bald sind wieder Wahlen" ist der Angstruf vor den Massakern, mit denen das Wahlvolk zu den „richtigen" Urnen getrieben werden soll.

Jetzt noch ein Gläschen Noname-Wein und Gute Nacht.
Robert

Von: Peter Doelling
Datum: 20. April 2010
An: Robert Galitz
Betreff: Re:Re:Re:Re:Festschrift Grünberg

Lieber Robert,
eine schnelle frühe Antwort. Das Naschen vom Baum der Kenntnis der Innenpolitik hast Du schön formuliert. Unser nächstes Ziel im Mai ist

Istanbul. Wir fliegen gemeinsam mit dem ehemaligen Generalkonsul und seiner Frau. Da fliegen Innen- und Außenpolitik gleich mit. Ich bin sehr gespannt und die Spannung hat sich vergangenes Wochenende bei ihrem Besuch in Hamburg – Fischmarkt, Liebermann-Terrasse, Jenisch-Park usw. das volle Programm – schon mitgeteilt: Türkei in Europa als Ehezwist, die Wahl in Zypern machte das auch nicht einfacher.

Trotzdem freuen wir uns sehr auf diese Reise, weil sie uns mit dem muslimischen, orthodoxen und jüdischen Istanbul vertraut machen wollen und die Stadt wirklich sehr gut kennen und noch viele Freunde dort haben. An Deine türkische Episode erinnere ich mich dabei mit leichtem Schmunzeln und der Erkenntnis, wirklich in ein anderes Lebensalter eingetreten zu sein. So schön die blauen Farben des Nils auch waren. Deshalb einen besonders herzlichen Gruss an Lore von Peter

```
Von: Robert Galitz
Datum: 26. April 2010
An: Peter Doelling
Betreff: Re:Re:Re:Re:Re: Festschrift
Grünberg
```

Lieber Peter,
das Zeitfenster für die Küchenfestschrift schliesst sich jetzt. Du scheinst die perfekte Synthese des „Hier und Weg" gefunden zu haben. Vielleicht komme ich da auch noch hin und verbleibe für diesen Beitrag mit dem Brecht vereinnahmenden Reich-Ranitzky: „... alle Fragen offen".
Liebe Grüße,
Robert

```
Von: Peter Doelling
Datum: 26. April 2010
An: Robert Galitz
Betreff: Re:Re:Re:Re:Re:Festschrift
Grünberg
```

Lieber Robert,
was eine Küchenfestschrift ist, habe ich so richtig nicht verstanden. Umso mehr möchte ich meinen neuen Küchenheld Carl Friederich von Rumohr preisen.

1. hat er eines der besten Kochbücher der Weltgeschichte geschrieben und das vor Artusi und Brillat Savarin und

2. hat er in dem kleinen Dorf Olevano Romano, wo ich an den Weinbergen beteiligt bin, gewohnt und seine Malerfreunde durchgefüttert. Er war reich, kultiviert und homosexuell. Noch heute gibt es Stipendiaten der Villa Massimo in Rom, die zur Villa Baldi in Olevano geschickt werden. Es gibt vielleicht kein Museum der Welt, in dem sich nicht eine oder mehrere Landschaftsbilder und Frauenporträts dieses Arkadiens finden. Und so hänge ich Dir meinen kleinen Text über meine neue Wunschheimat an, über die ich Hin und Futsch bin wie der Hamburger sagt:

Gäbe es eine Sehnsuchtskarte der Deutschen, dann wäre Olevano Romano ganz sicher darin verzeichnet. Für viele deutsche Maler und Dichter war dieses kleine malerische Bergdorf der Inbegriff ihrer Italiensehnsucht. Es ist kaum zu glauben wie viele weltberühmte Künstler sich diesem Landstrich verbunden fühlten. Oskar Kokoschka, Pablo Picasso, Rafael Alberti, Camille Corot und so viele andere. Ganz praktisch entfloh man sicher auch dem nur 45 km entfernten, aber in den Sommermonaten unerträglich heißen Rom. „Das ist ein wahres Zauberland, gewiss einer der schönsten und bedeutendsten Punkte Italiens", schrieb der Males Franz Horny 1817 in einem Brief an seine Mutter. Auch Goethe schwärmte in höchsten Tönen: „Die blauen, klaren Schatten stechen so reizend von allem erleuchtenden Grünen, Gelblichen, Rötlichen, Bräunlichen ab, und verbinden sich mit der bläulichen duftigen Ferne. Es ist ein Glanz und zu gleich eine Harmonie, eine Abstufung im ganzen, wovon man nordwärts gar keinen Begriff hat." Aber nicht nur die Landschaft zog die deutschen Künstler zu diesem magischen Ort. Es waren auch ganz weltliche Genüsse. „Und was für ein schöner, kräftiger Schlag Menschen hier ist, besonders die Weiber, das muss nun einmal wahr sein", schrieb Horny, der hier auch sehr jung starb und begraben wurde, in einem späteren Brief. Horny wurde im Übrigen hier auch von Briganten entführt und freundete sich mit ihnen an, in dem er sie seelenruhig porträtierte. Er wurde dann freigelassen, weil man sich für einen Maler kein Lösegeld versprach. Und nicht zuletzt das Essen und Trinken hinterließ einen bleibenden Eindruck bei den Deutschen Schöngeistern: Wilhelm Friedrich Waiblinger – auch er ein Olevano Begeisterter – brachte es auf den Punkt: „Was ein Römer isst und ein Deutscher trinket, das dünkt mir, wär' am End sogar Gullivers Riesen genug" Auch Karl Friedrich von Rumohr, ein weit gereister Kunsthistoriker, Mäzen, Liebhaber junger malerischer Talente und Gastrosoph ließ sich hier nieder. Er veröffentlichte 1822 das Buch „Geist der Kochkunst" von Joseph König, eine gastrosophische Schrift, unter dem Namen seines Leibkochs, das einige Kritiker sogar dem berühmten Werk „Die Physiologie des Geschmacks von Brillat-Savarin" für überlegen halten. Die Gastronomische Akademie Deutschlands vergibt seit 1963 als höchste Auszeichnung den Carl-Friedrich-von-Rumohr-Ring an Persönlichkeiten, die sich um die Kochkunst und Tafelkultur in besonderem Maße verdient gemacht haben. Preisträger waren u.a. Johann Lafer und Hugh Johnson.

Berühmte Schriftsteller wie der Literaturnobelpreisträger Paul Heyse, Ludwig Tieck, und der Bestsellerautor Felix Dahn, der Maler Ludwig Richter preisen Olevano als das wahre Arkadien, das der Maler Joseph Anton Koch als heitere Landschaft mit tanzenden Nymphen, friedlichen Schäfern und „Köchen, welche in großen Kesseln Speisen herrichten, umgeben von Wildbret und Geflügel, Früchten und Weinschläuchen". Kein Wunder, dass der Trompeter von Säckingen Josef Victor von Scheffel Trübsal bläst beim Abschied von Olevano.

Wannen werd' ich bei den alten
Eichen in der Serpentara
Wieder Mittagmahlzeit halten,
Wo gelockt vom Duft der Schüsseln
Züngelnd uns die Schlange naht?
Wannen endlich – denn dem Schönen
Eng verbunden ist das Gute –
Werd' ich wieder hier am Tische
Solche Makkaroni kosten?
Solche Hühner – solche Tauben?
Solche Fritti – solche Trauben?
Und dazu auf Diskretion das
Indiskrete Quantum tilgen
Dieses rot samnitischen Landweins?

Zentrum dieses bukolischen Treibens war die Casa Baldi, ein Gasthaus, das noch heute deutsche Künstlerstipendiaten beherbergt und zur berühmten Villa Massimo gehört. In deutschen Besitz kam diese Villa durch die Rettung des Eichenwäldchens La Serpentara, das von seinem Besitzer zur Abholzung freigegeben und als Eisenbahnschwellen verkauft werden sollte. Der begüterte Maler Edmund Kanoldt erwarb dank einer Spendensammlung unter deutschen Künstlern diesen Wald und die Villa und schenkte sie dem deutschen Kaiser. Der Wald mit der 1906 von Heinrich Gerhardt, Bildhauer, errichteten kleinen Villa sowie die alte Künstlerherberge Casa Baldi sind seit damals im Besitz Berlins bzw. der Bundesrepublik Deutschland; in der Serpentara und in der Casa Baldi logieren heute deutsche Stipendiaten. Sie stehen in der Nachfolge berühmter Namen wie Gregorovius, Mommsen und der schon erwähnte Viktor von Scheffel, die neben vielen anderen in der Casa Baldi wohnten, wo seit dem frühen 19. Jahrhundert Künstler Unterkunft fanden.

Aber auch in der Moderne findet die Ursprünglichkeit und natürliche Robustheit Olevanos seine Bewunderer: Der Filmemacher und Dichter Pier Paolo Pasolini schreibt: „Gerade gestern bin ich herumgefahren um die geeigneten Drehorte für die letzten Szenen für „Accatone" zu finden, außerhalb Roms, südöstlich in den Hügeln und Tälern des Latiums, genauer in der Gegend zwischen Subiaco und Olevano. Aber es war vor allem Olevano, das mich anzog, dieser Ort der schon von Corot gemalt wurde. Ich erinnerte mich an seine leichten, duftigen Hügel, der Hintergrund so vieler hervorragender Zeichnungen, die Luft wie Gaze und der Himmel von derselben Farbe. Ich suchte ein Tal – die in einem Traum „Accatones" – zum Ende des Filmes hin, kurz vor seinem Tod, ihm ein Bild eines kraftvollen und unverfeinerten Paradieses vor Augen führt."

Selbst der ewige Nörgler und Poppoet Rolf Dieter Brinkmann findet in der Casa Baldi Ruhe vor dem von ihm gehassten Rom und verfasste sein Gedicht „Canneloni in Olevano".

Der Cesanese ist mit Sicherheit eine historische Rebsorte, der Legende nach soll ihn ein Benediktinermönch aus Cesena hier zum ersten Mal gepflanzt haben, deshalb der Name Cesanese, aber wahrscheinlich sind seine Ursprünge noch viel älter. Viele Wissenschaftler sind sich darüber einig, dass der Cesanese eine Rebsorte ist, die von den „Alveole" herkommt, die schon von Plinius dem Jüngeren im XIV. Buch der Naturalis Historia beschrieben wird. Dafür spricht auch, die noch heute übliche sehr ursprüngliche Reberziehung „a conocchia", die in bestimmten Gegenden der Pfalz heute noch römische Reberziehung heißt und schon bei Vergil und Columella erwähnt wird. Dabei handelt es sich um eine 360° um die Pflanze herum durch Rohrstöcke gestützte Reberziehung, die natürlich nur Handarbeit zulässt, aber den Pflanzen die optimale Ausrichtung zur Sonne ermöglicht.

Klaus Eulenberger

Heilig – Profan

Von Kirchtürmen, Kränen und mystagogischen Hafenfähren

Die Hafenfähre 62 verbindet die Seite der Türme mit der Seite der Kräne. Wie viele Türme! Den der norwegischen Seefahrerkirche hat man gerade erst passiert, wenn man an den Landungsbrücken St. Pauli auf die Ankunft des in 15-Minuten-Abständen fahrenden Schiffes wartet. An der Steuerbordseite erscheinen während der Überfahrt – manchmal nur für Augenblicke – die Türme der Kirchen in Elbnähe: St. Pauli, Christianskirche Ottensen. Die der Hauptkirchen in der Hamburger City bleiben fast während der ganzen Fahrt sichtbar. St. Michaelis, St. Petri, St. Jacobi. Und der schlanke Riese, der fast alles ist, was von St. Nikolai übrig geblieben ist. Ja, und der Rathausturm, kaum einen Steinwurf von St. Petri entfernt.

Nach 25 Minuten steigt man an den Landungsbrücken in Finkenwerder aus. Und hat die reizvollste Fahrt mit einem öffentlichen Verkehrsmittel hinter sich, die sich in Hamburg unternehmen lässt, vorbei an Hafenarmen, Riesenkränen und Entladeanlagen für Containerschiffe. Eine andere Welt tut sich auf, wenn die Hafenfähre den Turm mit dem Wasserstandsanzeiger passiert hat: Die des ehemaligen Fischerdorfes *Finkwarder*, von dem es nicht weit ist bis ins Alte Land. Dazwischen aber liegt rechts, weit in die Elbe hineingebaut, das Gelände der Airbus-Werft mit dem Flughafen Finkenwerder.

Heilig – Profan? Nur auf den ersten Blick stimmt das so. Auch in Finkenwerder stehen Kirchen, in den Dörfern des Alten Landes ebenso, nur dass sie die Silhouetten der Orte nicht so dominieren, wie es die großen Türme auf der anderen Elbseite tun. Und natürlich stehen die bei weitem nicht nur für die religiöse Gesinnung der Großstadtbewohner in früherer oder gegenwärtiger Zeit, sondern mindestens ebenso für ihren stolzen Bürgersinn, der sich auch in Kirchen Gestalt zu geben wusste. Handelt es sich also bei näherem Zusehen gar nicht um Manifestationen des Heiligen? Ist alles das, was man beim Abfahren und Ankommen zu sehen bekommt, bei aller Verschiedenheit nur Abbild und Erscheinung des Profanen?

Zwischen der Seite der Türme und der Seite der Kräne ist viel Wasser. Wasser, von dem geschrieben steht, im Anfang habe der Geist Gottes über ihm geschwebt. Sollte er sich von dort zurückgezogen haben? Muss man es sich nicht eher so denken: Der Geist hat Häuser, Türme, Städte gebaut, Menschen geprägt und in ihnen gewohnt durch die Zeiten? Und tut es bis heute? Menschen, die ihrem Ursprung aus dem Wasser und ihrem Ursprung aus dem Geist Gottes besonders nahe kommen, wenn sie sich auf das Wasser begeben. Zum Beispiel mit der Hafenfähre 62. Früh fahren viele zur Arbeit, grau und müde, meist nicht gesprächig. Später kehren sie von ihr zurück, erleichtert, dass es für heute vorbei, wieder ein Tag vorüber ist. Tagsüber gehört das Schiff, jedenfalls im Frühling und im Sommer, denen, die die Stadt vom Wasser aus sehen wollen, den Touristen oder den Ausflüglern aus der Großstadt, die am anderen Ufer vielleicht aufs mitgenommene Fahrrad steigen und dorthin fahren, wo im Mai die Obstbäume blühen. Die Fähre ist aber auch schwimmendes Refugium derer, die in St. Pauli, Altona oder im Karolinenviertel mit ihren Kindern leben und sich nicht viel leisten können. Die Elbpassage mit der 62 ist ein preisgünstiges Ferienvergnügen, und zugleich ist sie eines der für Kinder und Erwachsene attraktivsten. Die Betuchten finden sich eher selten dort ein. Aber auch an den Kreuzfahrtschiffen kommt die Fähre vorbei, die manchmal im Hafen anlegen oder bei Blohm + Voss („Wir reparieren alles, was schwimmt") überholt werden.

Wenn das Profane gedacht wird als das, was „vor dem heiligen Bezirk" liegt, könnte man es sich so vorstellen, dass einige von denen, die über das Wasser fahren, von hier aus später oder dann und wann, hier und dort in heilige Räume einkehren und in sie eintragen, was sie aus dem profanen Bereich mitbringen. Dann würde das Heilige aufgeladen mit Welt, das Weltliche seinerseits geheiligt. Wenn man aber glaubt, dass auf der Wasserfläche zwischen den Türmen und den Kränen selbst schon der Geist Gottes schwebt, werden die Grenzen zwischen heilig und profan unscharf, und man weiß nicht, wo das eine aufhört und das andere anfängt. Dann ist die Welt „voll von Liturgie" (Peter Cornehl) und das Hafenschiff eine Arche, die alles, was sich in ihr regt, von einem Ort der Gegenwart Gottes zu einem anderen trägt und dabei selbst ein schwimmendes Domizil Gottes ist. Ist das zu großzügig gedacht, trägt es in der Unschärfe der Nicht-Unterscheidung nichts mehr aus? Vielleicht. Aber man könnte ja auch fragen: Wer sind eigentlich die, die sich in den heiligen Räumen versammeln? Worin unterscheiden sie sich von denen, die zwischen den Landungsbrücken im Hafen Hamburg und denen in Finkenwerder über das Wasser fahren? Grundsätzlich, denke ich, wohl wenig. Die einen mögen sich in den Chorälen auskennen (was nicht wenig ist!), während die anderen, genervt durch das Kindergeschrei, doch ahnen, dass Gott sich auch aus dem Munde der Kinder und Säuglinge ein Lob bereiten kann. Die einen kriegen ihr Leben auch nicht wesentlich besser auf die Reihe als die anderen. Die einen bekennen ihre Schuld ausdrücklich und sind dankbar für die Zusage der Vergebung, die anderen, unkundig der gottesdienstlich-liturgischen Sprache, wissen nicht weniger genau oder ahnen zumindest, dass sie auf Nachsicht und Güte angewiesen sind. Diese wie jene erschöpfen sich in den täglich anstehenden Wiederholungen – und atmen auf, wenn sich das Leben an besonderen Tagen, in kostbaren Augenblicken zu erneuern scheint. Diese wie jene sind ihrem Schmerz ausgeliefert und haben ein nicht zu verdrängendes Gespür dafür, dass das Leben sich nicht „meistern" lässt, dass es zerbrechlich und gefährdet ist. Sie unterscheiden sich auch nicht darin, dass sie strahlen im Licht des geschenkten Glücks, der Momente gelingenden Lebens.

Die heiligen Räume sind dadurch signiert, dass in ihnen die Grunderfahrungen des menschlichen Lebens ausgesprochen, abgebildet, dargestellt und vertieft, in alldem begangen werden. Das unterscheidet sie – im besten Fall – von den profanen Bereichen, wo dieselben Erfahrungen gemacht, aber nicht *ausdrücklich gemacht* werden, nicht einkehren in das Gehäuse von Chorälen und Psalmversen, nicht aufgehoben sind in Gebeten und Versprechen von Güte und Verwandlung, nicht synchron werden mit segnenden, gewährenden Gesten. Manchmal aber wird das Heilige in profanen Zusammenhängen besser gehütet als in den geweihten Bereichen. Erlösung findet auch im Central Park statt, wenn der illegal in New York lebende Syrer Tarek den unglücklichen amerikanischen Professor Walter zum Trommeln begeistert, und der Gang im Waggon eines Fernzuges ist schon manchmal durch ein zwischen zwei Fremden geteiltes Brötchen zum Schauplatz sakramentaler Kommunion geworden. Insofern ist die strikte Trennung zwischen *heilig* und *profan* nicht ungefährlich, weil sie blind machen kann für das religiös Besondere, das an nicht besonders ausgezeichneten Orten sich ereignen kann.

Auch die Hafenfähre 62 zwischen den Landungsbrücken im Hamburger Hafen und denen in Finkenwerder kann ein Vehikel des Heiligen sein.

Kirsten Fehrs, Ulrike Murmann und Johann Hinrich Claussen[1]

Türme – Schächte

Von der Abgründigkeit der Türme

Bei Eisbergen weiß man es, bei Türmen aber ist es den meisten nicht bewusst: Es geht nie nur um das, was man sieht; mindestens ebenso so wichtig ist das, was unter der Oberfläche verborgen ist. Von Eisbergen liegt lediglich ein Zehntel über dem Wasser und ist damit sichtbar, bei Türmen ist das Verhältnis nicht ganz so extrem, aber immer noch erstaunlich genug. Das vergisst derjenige, der nur nach oben zur Spitze schaut. Der Turm ist seiner Definition nach nicht nur ein Bauwerk, dessen Höhe ein Mehrfaches seines Durchmessers beträgt, sondern auch eine architektonische Konstruktion, die ein außergewöhnlich tief ausgeschachtetes Fundament benötigt. Diese Ausschachtung hat eine nahezu der Turmhöhe entsprechende Tiefe. Türme und Schächte sind also keine Gegensätze, sondern verweisen aufeinander. Zum Glück ist der unterirdische Schacht eines Turms nicht so bedrohlich wie die Masse eines unter der Wasserlinie liegenden Eisbergs. Doch wer sich bewusst macht, dass ein Turm nur in den Himmel aufzusteigen vermag, wenn er tief in der Erde gegründet ist, den kann eine doppelte Irritation erfassen. Zum Höhenschwindel gesellt sich schnell ein Tiefenrausch – besonders bei Kirchtürmen. Denn wenn die statische Verhältnisbestimmung auch für profane Wehr-, Wasser-, Aussichts-, Leucht-, Funk- und Fernsehtürme gilt, hat sie doch für Kirchtürme einen tieferen Hintersinn. Man versuche nur einmal, sich gedanklich in die Menschen des Mittelalters zu versetzen, welche die ersten und immer noch schönsten Exemplare dieser Gattung geschaffen haben. Für sie

---

[1] Martin Rössler sei herzlich für seine Mitarbeit gedankt.

muss es eine ebenso beglückende wie beängstigende Erfahrung gewesen sein, Türme zu bauen, die in den Himmel reichten und zugleich an die Unterwelt rührten: Himmelskratzer – Höllenkratzer.

Ein Turm braucht ein tief ausgeschachtetes Fundament nicht nur, weil er ein solch großes Gewicht besitzt, sondern auch, weil er beweglich ist, ja beweglich sein muss. Der Schwung der eigenen Glocken würde ihn langfristig zum Einsturz bringen, wenn er nicht mitschwingen könnte. Aber diese Beweglichkeit ist auch bedrohlich. Ein Turm besitzt die Neigung zur Neigung, jedenfalls zur Bewegung. Eine Hauptursache für die tageszeitliche Bewegung hoher Bauwerke ist die durch einseitige Erwärmung hervorgerufene Temperaturdifferenz zwischen den unterschiedlichen Turmseiten. Hierdurch erfährt die der Sonne zugewandten Seite infolge des mittäglichen Temperaturanstiegs eine Ausdehnung, welche eine Neigung des Turmes der der Sonne abgewandten Seite zur Folge hat. Deshalb braucht ein Turm einen festen Grund, in dem er gegründet ist. Er darf nicht auf Sand gebaut, sondern sollte tief in einen Felsen gebohrt sein. Doch so einfach ist dies nicht. Denn der Grund ist selbst in Bewegung. Er arbeitet unablässig. Das Fundament des aufgefüllten Schachtes ist nicht tot und starr, sondern lebt und regt sich. Man sieht dies manchmal an Rissbildungen am Turm. Die Gefahren, die von einem arbeitenden und sich bewegenden Fundament ausgehen, sind um ein Vielfaches bedrohlicher als die Angriffe, die den Turm von außen und oben – Fraß und Erosion durch Luftverschmutzung etwa – treffen. Denn das Fundament ist unsichtbar und unzugänglich. Man weiß nicht, was es als nächstes vorhat.

Darin zeigt sich übrigens, wie verfehlt die gängige – vermeintlich fromme – Rede vom Fundament ist, legt sie doch die Vorstellung nahe, als wäre ein Fundament ein felsenfester Grund, eine unwandelbare Bastion. Schon ein Blick auf die eigenen Kirchtürme müsste einen zur Vorsicht mahnen. Denn hier zeigt sich, dass eben auch das Fundament beweglich ist. Es lebt und arbeitet. Es lässt sich nicht ausmessen und berechnen. Es ist unverfügbar und im letzten unergründlich. So ist es auch mit Gott und einem Wort. Sie sind weniger ein Fundament, auf das man seine Sicherheitsbedürfnisse gründen kann, als vielmehr eine Quelle, aus der man schöpft, ohne sie je auszuschöpfen. Wer also Kirchtürme nicht bloß als Prunkstücke sakraler Imponierarchitektur betrachtet, sondern auch ihre verborgene Seite, ihre letzten Gründe und Schächte mit bedenkt, den wird ein doppeltes – und darin erst angemessenes – Gefühl von Ehrfurcht erfassen. Ehrfurcht ist zum einen ein beseligender Schwindel im Angesicht des Erhabenen, zum anderen aber auch das Grauen vor dem Abgründigen. Beides ergibt erst gemeinsam eine volle, tiefe und ernste Glaubenserfahrung, die das Ganze in den Blick nimmt: die Schönheit Gottes und den Rausch der Erlösung, aber auch den Gottesschrecken und die Tiefe der Lebensverlorenheit. Turm und Schacht, Grund und Abgrund, Himmel und Hölle, Kreuz und Auferstehung verweisen aufeinander.

Dies gibt dem geläufigen Hinweis auf die traditionsstiftende und traditionsbewahrende Funktion von Kirchtürmen eine andere gedankliche Tiefe. Sicherlich, die durch ihre Kirchtürme geprägte Silhouette der Stadt bildet diejenigen Traditionsbestände und Wertvorstellungen ab, von denen die Gesellschaft lebt, ohne sie selbst hervorbringen zu können. Darum ist es eine zentrale kirchliche Aufgabe, diese Türme zu erhalten. Das ist eine doppelte Herausforderung. Zum einen geht es darum, sie in ihrem Bestand zu sichern und ihre schöne Gestalt am Leben zu erhalten. Das ist eine große Mühe, eine dauerhafte Verantwortung und kostet viel schönes Geld. Unsere Kirchtürme sind unser ganzer Stolz und zugleich unsere größten Sorgenkinder. Wie gern würden wir uns an den biblischen Rat halten, der da lautet: „Wer ist aber unter euch, der einen Turm bauen will, und sitzt nicht zuvor und überschlägt die Kosten, ob er's habe, hinauszuführen?" (Lk 14,28). Doch leider müssen wir das ökonomische Kalkül allzu oft außer Kraft setzen, weil wir einen unersetzlichen Schatz zu erhalten haben. Zum anderen sind wir gezwungen, unsere Kirchtürme politisch zu verteidigen. Die Stadt, in der sie stehen, ist in Veränderung begriffen. Das ist gut so, nur müssen wir darauf achten, dass dabei wertvolle Erbstücke nicht verloren oder zumindest aus dem Blick geraten. Die Sichtbarkeit unserer Kirchtürme muss erhalten bleiben. So selbstverständlich sich dies – aus einer kirchlichen Feder geflossen – liest, so hart und verwirrend sind die politischen Auseinandersetzungen darum. Da ist es notwendig darauf hinzuweisen, dass dies keine bloße Routineübung eines klerikalen Turm-Lobbyismus darstellt, sondern ein kirchlicher Dienst an der ganzen – längst nicht mehr kirchlich beherrschten – Stadt ist. Die Sichtbarkeit der Kirchtürme dient nicht allein der Sichtbarkeit des christlichen Glaubens im öffentlichen Raum, sondern hält eben auch das Gedächtnis und Gewissen der ganzen Stadt wach. Aber auch in dieser Hinsicht ist es sinnvoll, sich den Zusammenhang von Turm und Schacht, also die kreuzestheologische Wendung des Symbols „Kirchturm" gegenwärtig zu halten. Es gibt keine Zukunft ohne Erinnerung, kein Erbe ohne Unheil, keinen Grund ohne Abgrund. Dafür steht in Hamburg besonders der Turm von Alt-Nikolai. Gebaut wurde er als Prestigeobjekt einer konservativen Bürgerschaft, als Kriegsruine aber – geschwärzt und versehrt – ist er zum Mahnmal der ganzen Stadt geworden, ein Zeichen des Friedens weit über Hamburg hinaus.

Es gibt also keinen Kirchturm ohne Schacht, keine Höhe ohne Tiefe, keine Erlösung ohne Scheitern. Dies unterscheidet Kirchtürme vom biblischen Negativ-Urbild, denn anders als der Turm zu Babel liegt die besondere Würde eines Kirchturms darin, dass auch sein unsicherer Grund, sein Abgrund mit bedacht wird, weshalb er kein Sinnbild vermeintlicher menschlichen Größen- und Höhenwahns ist, sondern dem Glauben an den Gekreuzigten und Auferstandenen Ausdruck verleiht. Darin ist er auch für die säkulare Stadt von Bedeutung, dass er eben nicht ein in Stein gehauener klerikaler Zeigefinger ist, sondern der Hinweis auf den Gott, der sich in der Gestalt seines Gegenteils offenbart und dessen Kraft sich in den Schwachen erweist.

Matthias Flothow

Diesseits – Jenseits

Mit und ohne Amen – zur Trauerfeier für Max Frisch

„Mit dem Tod ist unsere Person eben zu Ende. Max betont wiederholt, wie froh es ihn macht, zu dem Entschluss gekommen zu sein, dass seine Urne nun doch nicht in seinem Studio in Berzona eingemauert werden soll, sondern seine Asche verstreut werden soll. Es sei nicht richtig, da er nicht an die Erhaltung der Person nach dem Tode glaube." So berichtet Michel Seigner.

Max Frisch hatte schon einmal anders geredet. Als er seinem Freund Peter Noll 1982 die Trauerrede im Großmünster hielt, fing er groß und feierlich an: „Unser Freundeskreis unter den Toten wird größer."[1] Meinte er es so, also über die Grenze Tod ausgreifend? Er kommt am Schluss seiner Trauerrede auf diesen Satz zurück: „Der Verstorbene überlässt mich der Erinnerung an meine Erlebnisse mit ihm. … Er hingegen, der Verstorbene, hat inzwischen eine Erfahrung, die mir erst noch bevorsteht und die sich nicht vermitteln lässt – es geschehe denn durch eine Offenbarung im Glauben." In der Trauerrede berührt Frisch dieses Thema von Diesseits und Jenseits mehrfach. Er zitiert Ernst Bloch, er könne sich nicht vorstellen, dass nach unserem Tod einfach nichts sei. Er erzählt, Peter Noll konnte nicht viel abgewinnen „modischen Bestseller-Thesen: Licht-Effekten beim Sterben usw. als Garantie für ein Leben nach dem Tod – lieber spricht er zu Sokrates. Und wieder zu Jesus …" Und dann: „Peter ist bestattet. Wir sind zum Gedenken versammelt. Sein Leib ist bestattet."

---

[1] Peter Noll, Diktate über Sterben und Tod, München ⁵1993, 279ff.

Die Verstreuung der Asche von Max Frisch fand so statt:² Es war am 22. Juni 1991. In Berzona versammelte sich eine Schar mit Frisch befreundeter Frauen und Männer, auf Einladung von Karin Pilliod, der letzten Partnerin. Eine Begegnung sollte es sein, noch einmal, in der imaginären Gegenwart des Toten. Man saß in der einbrechenden Nacht auf langen Bänken, es wurde getrunken, kräftig getrunken, mit der Zeit wurde es lauter. Nebenan wurde ein großes Feuer entfacht. Es loderte auf einmal mächtig auf, die Trinker verstummten, der eine und andere erhob sich, und irgendwann standen alle im Kreis um die riesigen Flammen herum und wussten nicht, was jetzt zu tun sei. … Aus der Finsternis tauchte der Bühnenbildner auf. Unter dem Arm trug er eine große Urne. Er trat nah ans Feuer heran, fuhr mit dem nackten Arm in den roten Krug und warf eine breite Aschenfahne in die Flammen, und noch eine, und noch eine. Andere rückten zu ihm hinüber, griffen ebenfalls in die Urne, und Wurf um Wurf, langsam, feierlich und fröhlich, wehte die Asche des Dichters³ erneut in das prasselnde Element und tanzte in den Flammen und schoss mit ihnen hinauf zum lautlosen, schwarzen Himmel.

So weit der Bericht. Die Asche des areligiösen Dichters soll angemessen in einer areligiösen Form versorgt werden. Dabei gerät die Distanzierung von gesellschaftlich Üblichem und zeremoniell Angebotenem zu einer vielfältig eindrucksvollen Zusammenkunft, die vermutlich zuerst Einmaligkeit und Individualität der Person Max Frisch repräsentieren soll. Die Entstehung eines Erinnerungsorts wäre eine Verharmlosung im Frischschen Duktus der radikalen Spontaneität der Person. Dass er jetzt als Staub in die Luft fliegt, ist die Handlung, in der „in der imaginären Gegenwart des Toten" Abschied genommen wird. Am Ende des Berichts – sicherlich nicht am Ende dieser Nacht – steht das Hinaufschießen von Dichterasche und Flammen zum lautlosen, schwarzen Himmel.⁴

Wenn in der Schweiz den Dichtern nach ihrem Tod entweder das Vergessen oder das Vergemütlichen droht (so Peter von Matt), dann ist hier ein dritter Weg beschritten. Es ist der Weg für einen Dichters, der zu Lebenszeit geprägt war von der Entschlossenheit zur Klarheit. Diese Klarheit jedoch wandelt sich eher um in eine Rigorosität des Vorgehens, als dass eine Erhellung dessen, was hier ansteht, zu vernehmen ist, nämlich was es denn nun mit dieser Person auf sich hat, die gestorben ist.⁵ Und gerade bei einem Dichter, der die Würde der Person als Individualität und Unverfügbarkeit vor vielerlei Zugriffen retten wollte – will – fragt man um so aufmerksamer, wie nun mit diesem Ereignis Tod umgegangen wird bei seinem „natürlichen Tod, dem eigenen", wie die Doppeltheit von höchster Individualität und allgemein menschlichem Geschick, von Rettung der Person und Vergehen der Welt zu einem Ausdruck kommt, der dem entspricht, was diese Person Max Frisch in ihrem Dasein und Werk vertreten hat.

„Wenn es in der Kirche zu einem Trauerdienst kommt" fing Karin Pilliod ihre Erklärung am 9. April 1991 in der Zürcher Kirche St. Peter an. Als Lebensgefährtin verlas sie eine Erklärung des „5 Tage und 13 Stunden" vorher gestorbenen Max Frisch. „Wenn es in der Kirche zu einem Trauerdienst kommt: Honoratioren der Macht als Vertreter der Wirklichkeit sowie Behördespitzen als Vertreter der Wirklichkeit … sollen hier nicht das Wort führen. Das Wort lassen wir den Nächsten und ohne Amen."⁶ Es folgt der Dank an den Pfarrherrn, der genehmigt hatte, dass –

---

2   Die Verstreuung wird zitiert nach Peter von Matt, Vom Umgang mit toten Dichtern, in: Die tintenblauen Eidgenossen, München/Wien 2001, 235–240.
3   Jedem ist – wenn er deutsch spricht – klar, dass es die Asche des Dichters ist und nicht der Dichter selbst.

4   „Der Tod ist aber etwas anderes, nicht einfach der Schluss unseres Schwundes." Max Frisch, Entwürfe zu einem dritten Tagebuch, Berlin 2010, 99.
5   Ebd.: „Ohne Transzendenz gibt es nur die Gegenwart, richtiger gesagt: die Augenblicklichkeit unserer Existenz als Leere vor dem Tod." 73.
6   Ich zitiere die Worte bei der Totenfeier nach dem Heft: Max Frisch 15. Mai 1911 – 4. April 1991, (Hg.) Max Frisch Stiftung, Zürich 1991. Ob der Anklang an „Das Wort sie sollen lassen stan und kein Dank dazu haben" beabsichtigt ist, weiß ich nicht.

entgegen reformierten Regeln – der Sarg in der Kirche aufgestellt werden durfte. Frisch hatte für die Aufstellung des Sargs, die Redner und die Musiker eigenhändig nach Fotografien vom Inneren der St. Peters-Kirche einen Lageplan erstellt, wie er auch die Menüfolge des anschließenden Essens bestimmt hatte.

Frisch wünschte sich für die Feier, dass zwei Menschen sprechen: Der Freund Michel Seigner und der Berufskollege Peter Bichsel. Lange vor seiner Krankheit hat er formuliert: „Das Bewusstsein, dass der natürliche Tod, der eigene, fällig ist, steigert nicht unbedingt die Todesangst, aber es mindert meine Gewissheit im bisher Begriffenen und das Vertrauen in die Sprache, die ich lebenslänglich geübt habe." Man kann sich aus dieser Erkenntnis verschiedene Folgerungen vorstellen. Die Folge für Frisch ist, dass er die Genauigkeit steigern will. „Es bleibt keine Zeit mehr für Ungenaues". Die Details sollen sich öffnen auf möglicherweise drei wahre Sätze.

Ein für Frisch wichtiger Gedanke, der ihn die ganze letzte Zeit anlässlich eines Traumes sehr beschäftigt hat, dreht sich um die Spannung zwischen der Zeit als gegebener und ablaufender Wirklichkeitsstrukturierung und der Zeit, aus der man austritt. Die Zeit, die einen Anfang (und ein Ende) hat und die Zeit, die einfach da ist und die nur entstehen kann „wenn es sehr kalt ist", stehen nebeneinander. Sie (die mich im Traum gefragt haben, ob ich dabei sein wolle bei der Entstehung der Zeit) „sagen, nächste Woche kann ich da austreten".

Peter Bichsel erinnert an die Freundschaft, die verloren ist, obwohl man sie vorher als ewiges Versprechen verstanden hat, an das Engagement und das Interesse an Details, die Abneigung vor einer Vereinnahmung, die Radikalität und die Wut. „Max, wir brauchen Dich. Wir haben Dich verloren an die Schöpfung, an den Olymp wollen wir Dich nicht verlieren. Sage es noch einmal, Dein Wort, ruf es uns nach: radikal ... Komm, bleib bei uns. Wir werden dich lesen. Aber Max ist tot. Jetzt nur nicht die Wut verlieren."

Frischs Impetus war es, „an der Klarheit zu arbeiten." Von der Entschlossenheit zur Klarheit ist er zeitlebens nie mehr abgerückt. Ihr verdankt sein Werk das Luzide, das Transparente, aber auch die harten Schnitte und die schmerzhaften Kanten.[7]

Wohin gehen die Gedanken jetzt weiter?

Wolfgang Grünberg bekommt ein weiteres Detail für seine These, dass Kirchen unverzichtbare Gedenk- und Sammelorte sind. Für sich verlangt Frisch dabei: „Ohne Amen!". Im Großmünster stellt er sich vor „als Person ohne Amt" und schließt an: „Was hat in der Kirche ein Agnostiker zu sagen?" Diese Spannung erscheint in den Reden in St. Peter und im Großmünster aphoristisch und melancholisch. Sie wird nicht als Herausforderung durch den gefüllten Ort Großmünster angenommen. Sie wird im Fall von St. Peter durch das vermeintlich zweckdienliche Arrangement kleinräumig fortarrangiert. Aber sie lässt sich nicht wegräumen. Ob es deshalb doch eine Kirche sein musste?[8]

Nicht gelungen ist die Umsetzung von semantischen Gehalten der christlichen Religion in eine nichtreligiöse Form und Sprache. Diese Dissonanz nimmt ihren Anfang beim Aufsuchen einer ehrwürdigen Kirche und der gleichzeitigen Suspendierung des Pfarrers.[9] Es gibt eine geradezu obsessive Abstinenz gegenüber der religiösen Sprache und davor, ihr sinnvolle Gehalte zuzutrauen.[10] Die Folge ist eine Aneinanderreihung von Assoziationen aus Erinnerungen und verschiedenen Zeremonien und Deutungskontexten.[11] Nicht dass die ritus-gemäße Beerdigungsfeier eines höchst individuellen Menschen (und wer ist das im Selbstverständnis nicht?) alle Fragen lösen und schon

---

[7] So Peter von Matt a.a.O., 234.

[8] Damit fängt dann Jürgen Habermas etliche Jahre später an. Er war bei der Totenfeier in St. Peter anwesend und ihn beschlich nachträglich das Gefühl, dass hier etwas nicht gelungen ist. Jürgen Habermas, Ein Bewusstsein von dem, was fehlt, in: Michael Reder et al. (Hg.), Ein Bewusstsein von dem, was fehlt, Frankfurt/Main 2008, 26ff.

[9] Dass die Kirche zu den repräsentativen Kirchen Zürichs zählt, mag dabei verständlich sein. Dass es auch die Kirche Lavaters ist, der dem Kult der ganzheitlichen Erkenntnis im ekstatischen Augenblick huldigt, sei als Fußnote hier angemerkt.

[10] „Meine Angst vor Religiosität" – vgl. Max Frisch, Entwürfe zu einem dritten Tagebuch, Berlin 2010, 114.

[11] Dass diese Assoziationen dann gedruckt erscheinen, ist bemerkenswert.

retten würde. Wer könnte das durch den Ritus leisten wollen im Angesicht des Todes. Auch der Ritus wird, und sei er noch so authentisch gefüllt, das Sterben nicht ungeschehen machen.

Aber der Ritus wirft nicht eine solche Menge neuer Fragen auf und signalisiert damit nicht, dass alles angesichts des Sterbens eines Menschen assoziativ, disparat, allenfalls pathetisch werden muss. Redet man richtiger mit oder zu dem Verstorbenen? Kann man nur noch über ihn reden? Welche Sprechweise gilt hier? Wie ist das mit der Freundschaft, mit der gewährten und empfangenen, mit dem Freundeskreis der Verstorbenen? Wie ist das mit der Konstituierung einer Person? Bleibt der lautlose schwarze Himmel? Wie ist das mit der gefüllten und der linearen Zeit? Wie ist das mit dem Allgemeinen des Sterbens und dem Bezug zur Schöpfung?

Es gibt dazu eine breite Reflexionsspur der christlichen Kirche und der jüdisch-christlichen Tradition, die genutzt werden könnte, ohne damit in hohle Formeln zu verfallen. Vielleicht lassen sich nicht alle semantischen Gehalte der Liturgie in eine Sprache übertragen, die einen Agnostiker in seinem Widerstand abholt. Aber vielleicht kann auch ein Agnostiker aus der religiösen Sprache und Handlung mehr heraushören als eine ihm verschlossene Fremdheit. Peter Noll hat in seinen Überlegungen zum eigenen Beerdigungsgottesdienst im Großmünster die konstruktive Seite aufgeschrieben, was bei Frisch sich verkürzt zu: „Lieber spricht er zu Sokrates. Und wieder zu Jesus …". Die Punkte sind im Originaltext enthalten. Dann folgt bei Frisch die Erzählung eines Erlebnisses der Rettung aus Schwierigkeiten in Ägypten.[12]

---

[12] Charles Taylor hat die große Geschichte des ausgrenzenden Humanismus erzählt (Ch. Taylor, Ein säkulares Zeitalter, Frankfurt/Main 2009) und dabei auf die Rahmenlosigkeit und Bodenlosigkeit von wahren Aussagen als Folge des Verzichts auf Glauben hingewiesen. Man muss nicht ihm folgen. Nolls Spur wäre Anstoß (und Vermächtnis?) genug weiterzudenken. Peter von Matt hat darauf hingewiesen, dass im Tagebuch 1982/83 der Tod Frisch als „krudes und schwieriges Ereignis in den Raum des Nachdenkens" rückt. Max Frisch, Entwürfe zu einem dritten Tagebuch, Berlin 2010.

Hermann Geyer

Heiß – Kalt

altes gottes haus

> früher
> durchglühtest du
> den raum
> gott
> wohntest
> in den mauern
> die sie dir bauten
> licht und kühn
>
> entwichen
> bist du ihnen
> aus ihren händen
> aus den gestirnen
> aus den alten mauern
>
> aber die schalen
> sind noch warm
> von dir

Wladimir Gilmanov

Katastrophe – Hoffnung

Eine andere Struktur für die Seele – zum Schicksal Königsbergs/ Kaliningrads

Zu der Zeit der großen Versuchungen und Irreführungen in der Geschichte Russlands schrieb Pavel Florenskij (1882–1937), einer der bedeutendsten Denker der russischen Geistesgeschichte (1937 erschossen im Gulag), an seinem ideenreichen, zu seiner Lebzeit nicht veröffentlichten Werk „Vor der Grenzlinie des Denkens", in dem sich deutlich seine Sorge nicht nur um das Schicksal Russlands, sondern zugleich um die sich verschlimmernden Krankheiten der Neuzeitlichen Kultur erkennen lassen. Florenskij, der wie Goethe sein ganzes Leben lang auf der Suche nach der Hermeneutik der Ganzheit war, nahm viele krisenhafte Entwicklungen der modernen Zivilisation vorweg, vor allem die sich zuspitzenden Entfremdungsdynamiken, die sich unter dem Integral „Entfremdung vom wahren Sinn des Daseins" zusammenfassen lassen. Im Kapitel *Schlüsse* schreibt Florenskij:

„Kultur heißt Sprache, die die Menschheit verbindet. Sind wir aber nicht von der Babylonischen Sprachverwirrung erfasst, da keiner einen anderen versteht und die Sprache eines jeden Einzelnen nur dazu dient, die gegenseitige Entfremdung endgültig zu bestätigen und festzulegen? Mehr als dies, diese Entfremdung schleicht sich in die eigentliche Einheit des einzelnen Menschen ein; mit sich selbst hat er die Kommunikationsfähigkeit verloren, indem er durch die einander ausschließenden Gesichtspunkte zerrissen wird".[1]

Diese Desintegration des Menschen erscheint als die Hauptursache für die großen Katastrophen des Weltgeschehens und wird nach wie vor als eine Folge der Versklavung durch Idole (F. Bacon), falsche Ideen oder simulative Hyperrealitäten (Derrida) bedingt. Florenskij schreibt:

„Der Mensch kann aber nicht endgültig versklavt werden. Es wird ein Tag kommen, und der Mensch wird das Joch dieser Zivilisation abschütteln, sogar mit all den Vorteilen, die die Zivilisation ihm bietet […] Die unterirdischen Erdbebenstöße waren schon einmal zu hören: Goethe, Reskin, Tolstoj, Nietzsche, Spengler und viele andere warnten vor dem Schlamm der Katastrophen".[2]

Vor einigen Jahren wurde daran bei einer Expeditionsfahrt unter Leitung von Wolfgang Grünberg erinnert, die eine internationale Forschungsgruppe im Rahmen des Projekts „Symbolkirchen im Ostseeraum" in die Stadt brachte, die eine ganz besondere Stellung im Diskurs des modernen Katastrophismus eingenommen hat – Königsberg/ Kaliningrad. Es ist der Ort, der eine besondere eschatologische Prägung hat und zwar: Er ist durch eine apokalyptische Endlichkeit geprägt, ist zu einem vielsagenden „Emblem der Apokalypse", so Klaus Garber[3], zu einem Emblem der anhaltenden Welttragik geworden, in der sich ein selbstdestruktives Unvermögen, sei es hermeneutisch oder praxiologisch, erahnen lässt, denn es gibt wohl wenige Städte, die so ein grausames Ende genommen haben und wo sich die anthropologische Problematik auf so eine zugespitzte Weise zeigen ließ…

---

[1] Павел Флоренский, Сочинения в 2 томах, Москва 1990, Т.2, 346. (Pavel Florenskij, Werke in 2 Bde., Moskwa 1990, Bd. 2, 346).
[2] Ebd.
[3] Klaus Garber, Apokalypse durch menschliche Hand/ Kulturgeschichte Ostpreußens in der Frühen Neuzeit. Hrsg. von K. Garber, M. Komorowski u. A. Walter. Tübingen 2001, 16.

Jeder Ort hat seinen Ruf, seine Stimme, in Kaliningrad besonders hörbar am Dom. Vom ihm wird der Mensch hier angerufen, angeschrieen, als ob die Wahrheit des alten Gotteshauses beinahe in Verzweiflung geraten wäre in ihrem tausendjährigen Bemühen um die wirksame Dialogik zwischen ihr und dem Menschen. Dieses Angeschrieensein, das den Menschen zum Vokativ der Wahrheit macht, ist zu einem Alltag der bewussten oder unbewussten Identitätssuche in Kaliningrad geworden. Die Grundstimmung der heutigen Kunst in der Region lässt sich wohl durch die Metapher eines nach dem Nest suchenden Vogels veranschaulichen. Diese Vogel-Metapher ist auf prophetische Weise schon in einem Gedicht über „K." – so verkürzt für Königsberg/Kaliningrad[4] – von 1964 enthalten, verfasst von Joseph Brodskij unter dem Namen „Einem alten Architekten in Rom":[5]

Tschick-tschick-tscherik, tschick-tschik ...
Du blickst nach oben und siehst Kraft Trauer
eher Kraft Gewohnheit in dünnen Gittern
Königsberg.
Wieso sollt das Vögelein nicht heißen Kaukasus?
Nicht Rom? Nicht Königsberg?
Vielleicht? Wenn doch ...

In diesem Gedicht von Brodskij wird „K." dank des dichterischen Willens zu einem singenden Vogel metaphorisiert. Sein sinnloses, aber lebendiges Zwitschern ist eigentlich die einzig mögliche Antwort auf die Katastrophe, denn die Sprache im Sinn sowohl von Humboldt, als auch von Wittgenstein, ist tot. Geblieben sind phonetische Bruchstücke: Alles Sichtbare wird Klang, die Bruchstücke der Architektur zu Fetzen von Phrasen. Der Star spricht im Gedicht „Ich liebe dich, ich sterbe":[6]

und du verzeihst die Wirrheit meiner Worte.
Jetzt hat von ihnen- nur der Star den Schaden.
Doch er beharrlich: Tschik „Ich liebe Dich"
Mag aber sein, er meint damit „Ich sterbe"

Der Dichter sucht aber nach einer anderen Struktur für die Seele, wo sich der Knoten lösen muss:[7]

Doch bist Du kein Gespenst, viel mehr von Fleisch und Blut!
Geh' zur Natur in die Lehre, wenn Du diese Landschaft fertig bringst.
Dann such Dir für Deine Seele ein' andere Struktur.

Diese Suche nach einer anderen Struktur für die Seele in dem Ort Königsberg/Kaliningrad kann erfolgen, streng hermeneutisch gesehen, nur in der „großen Zeit der Kultur", die eine offene Struktur des Dialogs beinhaltet, denn ohne Dialog ist „K." zu einer sinnentleerten Anonymität verurteilt...

Gerade vor diesem Hintergrund wirkt das Schicksal Königsbergs besonders prophetisch, gleichfalls aber initiierend für die Suche nach der „Grammatik des Lebens" wider die angekündigte Endlichkeit. Gerade vor diesem Hintergrund verfügt Königsberg/Kaliningrad über eine ganz besondere Theologie, die sich sowohl kulturell-historisch, als auch architektonisch zeigt. In seiner historischen Dramaturgie wäre Königsberg ein schmerzvoller Anlass zum Ende des „Konflikts der Interpretationen" und zu einem objektiven Verständnismodell über die zwei zueinander entgegengesetzten eschatologischen Perspektiven der Weltgeschichte, die im historisch-politischen, religionsphilosophischen und im dichterischen Schicksal dieser Stadt ihre Widerspiegelung gefunden haben: Diese sind: Einerseits die apokalyptische Perspektive „des Willens zum Tode", sei die durch den Verlust der theozentrischen Subjektivität in der Ontodynamik (im Sinne J. G. Hamanns, des Königsberger „Magus im Norden") oder durch den Verrat des „moralischen Gesetzes"

---

[4] So Brodskij in einem seiner dreier Gedichte über Königsberg/Kaliningrad unter dem Namen „Ansichtskarte aus der Stadt K.", wo die Namen „Königsberg" und „Kaliningrad" denselben Anfangsbuchstaben haben.
[5] Joseph Brodskij, Ausgewählte Werke, München/Zürich 1986, 61.
[6] Ebd.

[7] Brodskij I. Op.zit, 60.

(im Sinne I. Kants); anderseits die soteriologische Perspektive des „Willens zum Leben", d.h. zu einer neuen Qualität des Daseins, der „synergetischen Ontodynamik", sei es die des ontologischen Dialogs zwischen Gott und Mensch (im Sinne J. G. Hamanns) oder die der Praxis des Willens des „moralischen Gesetzes" (im Sinne I. Kants).

Dieses Spannungsverhältnis des Königsberger Schicksals bedingt die emblematische „Grenzsituation" dieser Stadt, sei es die Grenze zwischen Ost und West, zwischen gestern und morgen, zwischen Gefühl und Verstand, zwischen Gewissen und Verrat am Gewissen, letztlich zwischen Gott und Mensch. Das Geheimnis dieser grundlegenden „Grenzsituation" wirkt provokativ für alle gesellschaftlichen Bewusstseinsformen – von der religiösen bis zur politischen – und lässt die Tatsache erkennen, dass dieses Phänomen Königsberg/Kaliningrad sich kaum zurechtfindet in der Vielfalt der Denkmodelle und Wahrheiten, die dem modernen Zeitgeist dienstbar sind. „Königsbergisch" geprägt ist aber meiner Überzeugung nach die ganze Post-Geschichte der heutigen Menschheit, die auf ihre zivilisatorischen Grenzen gestoßen ist...

Es ist aber so, dass trotz der dämonischen Versuchungen des Daseins unter den Urworten „elpis" = Hoffnung immerwährend bleibt: „Sie stehe nur mit alter Felsendauer", so der orphische Goethe.[8] Die Hoffnung für die Stadt „K." ist schon von Brodskij angedeutet in der notwendigen Suche „nach einer anderen Struktur der Seele", was unvermeidlich zu einem Dialog verpflichtet, denn, wie Geschichte zeigt, ist jede Art Monolog – religiös, ideologisch, national – gefährlich. In „K." begann der Dialog praktisch zu den Tagen des Sturms auf Königsberg, als am 9. April 1945 über dem Grabmal Kants an der nördlichen Seite des alten Königsberger Domes eine Inschrift erschien, geschrieben von einem unbekannten Sowjetsoldaten – eine Anrede, eine Botschaft an den Philosophen von einem siegreichen Krieger, der dank den Politstunden in der Roten Armee mit den Grundsätzen des materialistischen Marxismus-Leninismus bekannt war:

Nun siehst Du, dass die Welt materiell ist.

Einen Tag später erschien ein anderes wahres Wunderzeichen des neu entfalteten „Gesprächs": Inmitten der blutigen Aprilschlacht, im Sturm und Feuer, blieb das Friedrich-Schiller-Denkmal am Leben, verschont nicht nur vom Bomben- und Kugelhagel, sondern auch von der Zerstörungsgier der Eroberer, dank einem von ihnen: Auf einer Seite des Sockels war in deutsch geschrieben „Nicht schießen!" Auf der anderen Seite auf russisch: „Nicht schießen, er ist unser!", als ob ein unbekannter Russe dem Wort Goethes über Schiller widersprechen wollte... Und der Dialog geht weiter in der Stadt, die einmal von Kant in seiner Anmerkung in der „Anthropologie in pragmatischer Hinsicht" als „ein schicklicher Platz zur Erweiterung der Welt- und Menschenkenntnis" bezeichnet wurde. Kaliningrad ist von der Vorsehung berufen zu dem Brückenbauen in die Zukunft, in die der Vergebung, des Vertrauens und der gegenseitigen Verantwortung. Eine dieser Brücken ist schon gebaut, die zwischen Kaliningrad und Hamburg, auch dank des großen Freunds und Geistes – Wolfgang Grünberg, der im dynamischen Diskurs der „Theologie dieser Stadt" sowie auch der anderen Städte im Ostseeraum eine lebende Hoffnung verkörpert, was sich in seinem bekannten Projekt ganz deutlich gezeigt hat. Danke, lieber Freund für die Hoffnung!

Ein Wesen regt sich leicht und ungezügelt:
Aus Wolkendecke, Nebel, Regenschauer
Erhebt sich uns, mit ihr, durch sie beflügelt;
Ihr kennt sie wohl, sie schwärmt durch alle Zonen;
Ein Flügelschlag – und hinter uns Äonen[9].

---

[8] Johann Wolfgang Goethe, Werke. 14 Bde, Hamburger Ausgabe 1988. B. 1, 360.

[9] Ebd.

Michael Göpfert

Erinnern – Vergessen

Das Erbe von Mukatschewo

Mukatschewo oder Mukachevo, eine Kleinstadt im äußersten Südwesten der heutigen Ukraine, im Grenzgebiet zu Rumänien, Ungarn, der Slowakei und Polen, im oberen Theißgebiet, auch Karpato-Ukraine oder Transkarpatien genannt. Mukatschewo, auf der Landkarte nicht leicht zu finden, aber ein leuchtender Ort auf der Landkarte des kulturellen und religiösen Gedächtnisses.

Roman Vishniac, der legendäre jüdische Fotograf, hat 1938 mit seiner Leica und Rolleiflex den jüdischen Kosmos dieser Stadt sowie vieler anderer Schtetlach und Ghettos festgehalten, meist mit versteckter Kamera, wenige Jahre vor der Vernichtung. Seine Reisen nach Mittel – und Osteuropa von 1935–1939 im Auftrag des Berliner Büros des American Jewish Joint Distribution Committee waren gefährliche Expeditionen, mehrmals wurde er wegen Spionageverdachts verhaftet und entging nur knapp dem Konzentrationslager. Von rund 16 000 Aufnahmen konnte er nur etwa 2 000 Negative retten.

Seine fotografische Zeugenschaft wurde in Deutschland erst 1983 bekannt, als der Hanser Verlag eine Auswahl seiner Fotos unter dem Titel „Verschwundene Welt" mit einem Vorwort von Elie Wiesel herausbrachte, gefolgt von einem Fotoband im Kindler Verlag 1993 „Wo Menschen und Bücher lebten. Bilder aus der ostjüdischen Vergangenheit". In beiden Büchern finden sich Fotos aus Mukatschewo. Nach Vishniacs eigenen Worten „zeigen seine Aufnahmen aus Mukachevo all das, was mit der Zerstörung des Schtetl untergegangen ist."[1]

Auf einem Bild[2] sehen wir, mit seiner Tochter auf dem Arm, den Kantor von Mukatschewo Henryk Schwartz, den Vishniac im Zug nach Mukatschewo kennengelernt hatte und ohne dessen Hilfe und Begleitung, schreibt Vishniac[3], die beiden so wichtigen Aufnahmen vom Hof des Rabbi Baruch Rabinowitz nicht möglich gewesen wären.

Diese beiden Aufnahmen[4] gehören für mich zu den eindrucksvollsten und sie begleiten und verfolgen mich seit 25 Jahren. Sie sind eine einzige Illustration des schon im genannten Buchtitel auftauchenden Satzes von Paul Celan bei der Entgegennahme des Bremer Literaturpreises 1958: „Die Landschaft, aus der ich zu Ihnen komme, dürfte den meisten von Ihnen unbekannt sein … es war eine Gegend, in der Menschen und Bücher lebten."[5]

Auf dem ersten Bild blicke ich in einen hohen halbdunklen Raum und sehe von hinten in den Halbkreis eng zusammengedrängt sitzender Männer, alle gespannt und konzentriert ausgerichtet auf den Mann in der Mitte, manche mit vorgerecktem Kopf ihm gleichsam die Worte aus dem Mund saugend. Dieser, der Rabbi, sitzt hinter dem Tisch, drei aufgeschlagene Folianten übereinander vor sich auf dem Tisch liegend, die Bücher eingerahmt und erhellt von dem Licht zweier Kerzenleuchter. Eine unheimliche Spannung liegt über dem Männerkreis, etwas Verschwörerisches, eine mystische Aura. Über der Versammlung, die ganze obere Bildhälfte ausfüllend, eine majestätisch thronende Bücherwand mit einem Gebirge von Folianten und Büchern, stehenden, liegenden, zur Seite fallenden. Die Lese- und Lerngemeinschaft buchstäblich unter dem Gewicht und der Wucht der Bücher, in Bann geschlagen von der Doxa der Schriften. Eine Landschaft aus Menschen und Büchern, die Bücher so wie die Menschen „lebende Wesen", mit diesem Ausdruck

---

1 Roman Vishniac, Wo Menschen und Bücher lebten. Bilder aus der ostjüdischen Vergangenheit, München 1993, 52.
2 ebd. 65, vgl. 52.
3 Roman Vishniac, Verschwundene Welt, München 1983, XXV.
4 Verschwundene Welt, 78 und 79.
5 Israel Chalfen, Paul Celan. Eine Biografie seiner Jugend, Frankfurt / Main 1983, 10.

beschreibt Vishniac einmal die Bücher des Rabbi Chaim Eleazar Schapira.[6]

Auf dem zweiten Bild wieder die Bücherwände, aber den größten Teil der Aufnahme ausfüllend eine Gruppe von etwa 30 zu Tische sitzenden und zwischen den Tischen stehenden Studenten der Jeschiwe, wieder schwarz gewandet, mit Hüten, die einen lesend, andere diskutierend, einer schlafend oder nachdenkend den Kopf auf den Tisch gelegt, am vorderen Tisch einige aus weißen Suppenschüsseln löffelnd. Gesichter des Lernens, der Aufmerksamkeit, des Eifers, des Lachens auch, zwei ganz junge Köpfe dabei, mit Schläfenlocken und neugierigen Augen. Und ganz rechts vor einer Bücherwand ein langer alter roher Holztisch, zerfurcht, mit Rissen und Spalten, auf ihm verstreut zerfledderte Schriften, Manuskripte. Die Bücher gezeichnet vom ständigen Gebrauch der Menschen, die Menschen gezeichnet vom Lernen aus den Büchern, die Tische gezeichnet vom Gewicht der Bücher und Menschen.

Roman Vishniac geht in seinen Aufnahmen den Spuren einer Welt nach, in der Orte, Räume, Menschen, Bücher und Gegenstände eine symbiotische Beziehung miteinander eingegangen sind. Die beiden Fotos aus Mukatschewo sind zwei herausgegriffene Beispiele aus der Welt der unzähligen großen und kleinen Lernorte des Judentums Mittel- und Osteuropas bis vor 70 Jahren. Chejder, Bejss-Medresch, Talmud-toire, Jeschiwe, das sind die jiddischen Namen für Orte, die Bethäuser, Lernhäuser, Lehrhäuser, Versammlungshäuser, Essräume und oft auch Schlafräume in einem waren. Synagogen gab es viele, aber noch viel mehr gab es diese Tausende von Orten des Lernens der Überlieferung, der Weitergabe des religiösen Gedächtnisses an die nächste Generation. In seinem berühmten schmalen Buch „Juden auf Wanderschaft" von 1927 schreibt Joseph Roth einmal, dass die Stadt – gemeint ist Brody, die Heimatstadt Roths – zwei Kirchen hat, eine Synagoge, aber vierzig Bethäuser.[7]

Zwischen den alten Aufnahmen und uns Heutigen steht die Shoa. 1938 waren etwa die Hälfte der 27 000 Einwohner von Mukatschewo Juden. Im April 1944 begannen die Deutschen mit der Massendeportation. Im Mai 1944 ist die Stadt „judenrein".[8] Wie die Botschaft einer Flaschenpost erreichen uns diese Bilder und es dämmert uns die Erkenntnis, wie sehr auch wir Christen von diesem jüdischen Erbe, dieser Hinterlassenschaft zehren.

In einer schrumpfenden Volkskirche brauchen wir in Zukunft wahrscheinlich immer weniger Kirchen, aber immer mehr Stützpunkte, Lese-, Lern- und Versammlungsräume, die von jenem Geist geprägt sind, der uns aus den Aufnahmen Vishniacs entgegenweht. Stützpunkte der Einübung in den Geist des Christentums aus dem Geist des Judentums. Gerade dann, wenn die Kirchen in Deutschland ärmer werden, könnten sie umso reicher werden an armen Bibelläden um die Ecke in den Quartieren und Nachbarschaften, wo der Reichtum der biblischen Tradition entdeckt und angeeignet wird.

Ich stelle mir solche Orte vor, Bücherwände, Holztische, Suppenküche, Gesichter des Lernens ... Grüße vom Schtetl in unsere Städte, Segensgrüße von der „Schul" in unsere Stadtkirchen.

---

[6] Verschwundene Welt, 2 und XV.
[7] Joseph Roth, Orte. Ausgewählte Texte, Leipzig 1990, 223.

[8] Wo Menschen und Bücher lebten, 52.

Detlef Görrig

Fremd – Vertraut

Nichts Neues unter der Sonne?
Wie die „Lange Nacht der Weltreligionen" den interreligiösen Dialog beleuchtet

Es ist dunkel im Saal. Die Blicke der Zuschauer sind auf den Mann gerichtet, der dort im Lichtkegel des Scheinwerfers auf der Bühne steht. Arieh Gelber. Er ist Kantor der jüdischen Gemeinde in Hamburg. Seine kräftige Stimme füllt den Raum. Konzentriert und unbeirrbar trägt er seine Texte vor. Während er singt, tauchen am Bühnenhintergrund ins Dunkel gehüllte Gestalten auf. Nach und nach reihen sich die Personen vor der Bühnenwand auf. Es sind diejenigen, die an der langen Nacht der Weltreligionen mitgewirkt haben. Juden, Christen und Muslime, Männer und Frauen, Professoren und Bischöfe, Schauspielerinnen und Schauspieler des Thalia Ensembles. Sie versammeln sich um den singenden Kantor – so, als wollten sie zum Ende der langen Nacht dem Judentum, dem Ursprung der abrahamitischen Religionstradition, ihre Anerkennung zollen. Und kaum, dass der letzte Ton des Kantors verklungen ist, honoriert es das Publikum mit minutenlangem Applaus.

Ein Schauspiel ganz besonderer Art, das hier vom Thalia Theater zu Beginn des Jahres 2010 inszeniert wird.[1] Eine Lesung und Rezitation aus den Schriften der drei monotheistischen Religionen Judentum, Christentum und Islam. In den Originalsprachen – hebräisch, altgriechisch und arabisch – vorgetragen von Vertreterinnen und Vertretern der jeweiligen Religionsgemeinschaft, die deutschen Übersetzungen werden von den Ensemblemitgliedern des Thalia Theaters gelesen. Heilige Texte aus verschiedenen Jahrtausenden in einer fünfstündigen Rezitation auf die Bühne gehoben. Eine Uraufführung, ein Experiment, Neuland für die Hamburger Theaterszene und für die interreligiöse Begegnung in der Stadt.

Die Veranstaltung lässt den weiten Weg erahnen, der in der Geschichte der Begegnung zwischen den Religionen zurückgelegt werden musste, damit ein solches Ereignis denkbar und realisierbar würde. Eine Entwicklung, die der Jubilar in seinen inzwischen 70 Sonnenumläufen nicht nur miterlebt, sondern auch mit beeinflusst hat. So etwa in seinem Engagement im Beirat der Gesellschaft für Christlich-Jüdische Zusammenarbeit in Hamburg e.V. oder im erstmaligen Erfassen der religiösen Pluralität der Stadt Hamburg, in der über 100 verschiedene Religionsgemeinschaften koexistieren[2].

Dabei ist der Gedanke eines friedlichen Miteinanders der drei monotheistischen Religionen keineswegs neu, er findet seinen Niederschlag schon in dem 1779 veröffentlichten Klassiker Nathan der Weise von Gotthold Ephraim Lessing. Am 6. September 1778, kurz vor der Veröffentlichung, schrieb er dazu an Elise Reimarus: „Ich muss versuchen, ob man mich auf meiner alten Kanzel, auf dem Theater, wenigstens noch ungestört wird predigen lassen." Goethe drückte seine Bewunderung für dieses Stück mit den Worten aus: „Möge das darin ausgesprochene göttliche Duldungs- und Schonungsgefühl der Nation heilig und wert bleiben."[3] Ein Wunsch, der nicht in Erfüllung ging, wie sich spätestens in den Jahren nach 1933 zeigen sollte.

Ein jüdischer Kantor auf einer der bekannten Bühnen der Stadt, umgeben von Vertreterinnen und Vertretern der anderen beiden großen

---

[1] Die Lange Nacht der Weltreligionen. Judentum – Christentum – Islam, Texte und Rezitationen fand am 30. Januar 2010 im Hamburger Thalia Theater im Rahmen der Lessingtage 2010 statt.

[2] Wolfgang Grünberg et al., Lexikon der Hamburger Religionsgemeinschaften. Religionsvielfalt in der Stadt von A–Z, Hamburg 1994.

[3] Zit. n. Gotthold Ephraim Lessing, Nathan der Weise. Ein dramatisches Gedicht in fünf Auszügen, Stuttgart 1985, 141f.

monotheistischen Religionen, und das zahlreich erschienene Hamburger Publikum spendet lang anhaltenden Applaus. Das ist doch wohl etwas Neues unter der Sonne, erst recht, wenn man das menschengemachte Dunkel bedenkt, das vor 70 Jahren, nur ein Menschenleben zuvor also, hier geherrscht hat. Der Schatten dieser Ereignisse erfasst auch heute noch unsere Erinnerungen und unsere Gegenwart. Er lässt sich nicht einfach abschütteln. Und doch gibt es Lichtblicke, Silberstreifen am Horizont: Es gibt wieder jüdisches Leben in der Stadt, das jüdische Cafe Leonar, die Synagoge in der Hohen Weide, die jüdische Schule in dem Gebäude der ehemaligen Talmud Tora Schule. Auch Kirche und Theologie haben sich ihrer Vergangenheit und Verantwortung gestellt. Die Nordelbische Ev.-Luth. Kirche tat dies u. a. in einem synodalen Prozess, der zu einer Wanderausstellung und einer Präambeländerung in der Verfassung führte, in der die bleibende Treue Gottes zu seinem Volk Israel bezeugt wird[4]: Ergebnis einer theologischen Neuorientierung im Verhältnis zum Judentum, die schließlich auch zum Missionsverzicht gegenüber jüdischen Nachbarinnen und Nachbarn geführt hat.

Und noch etwas hat sich in den zurückliegenden Jahrzehnten geändert: Der interreligiöse Dialog in der Stadt wird mittlerweile durch einen Gesprächspartner bereichert, der lange Zeit gar nicht im Bewusstsein der Bevölkerung war. Inzwischen leben mehr als 130.000 Menschen muslimischen Glaubens in der Hansestadt. Kirche und Theologie beginnen, sich auch dieser Situation zu stellen. Während die zurückliegenden Jahrzehnte der Frage nach dem Verhältnis zum Judentum besondere Aufmerksamkeit schenkten, steht die theologische Auseinandersetzung mit dem Islam als nachchristlicher Religion in vielen Bereichen noch aus. Welcher Platz dieser dritten monotheistischen Religion in einer noch zu entwerfenden christlichen Theologie der Religionen zukommt, ist eine Aufgabe für kommende Generationen. Eine Richtung aber hat die Nordelbische Kirche in ihrem Synodenbeschluss aus dem Jahr 2006 bereits vorgegeben. In der Erklärung „In guter Nachbarschaft" zum christlich-islamischen Dialog heißt es: „Im Bereich der Nordelbischen Evangelisch-Lutherischen Kirche leben wir mit Menschen islamischen Glaubens zusammen. Wir nehmen wahr, dass sie aus verschiedenen religiösen, kulturellen und nationalen Zusammenhängen kommen und den Islam in vielfältiger Weise leben. Für uns als Nordelbische Kirche ist diese Nachbarschaft eine Situation, die uns immer wieder neu herausfordert und Chancen zur gegenseitigen Bereicherung bietet, zumal wir uns der Verwandtschaft der Religionen von Juden, Christen und Muslimen bewusst sind."[5] Verwandtschaft ist ein wichtiger Anknüpfungspunkt, aber sie ist auch ambivalent. Aus der Geschichte der christlich-jüdischen Begegnung wissen wir leider, dass Verwandtschaft nicht automatisch zu einer friedlichen Koexistenz führt. Umso wichtiger sind solche symbolischen Inszenierungen, wie die der Langen Nacht der Weltreligionen. Auf dieser Bühne haben für einen Moment jahrhundertealter Streit, Misstrauen und Verwerfungen ausgespielt. Hier passen Hebräische Bibel, Neues Testament und Koran nebeneinander, friedlich und in wechselseitigem Respekt. Zwar sieht es in der Wirklichkeit manchmal anders aus, doch was soll uns hindern, dieses Stück auch auf die Bühne unserer Welt zu heben? So könnte die Lange Nacht der Weltreligionen auch den täglichen Dialog in dieser Stadt in ein neues Licht rücken. Und wenn das gelingt, können wir neben Wolfgang Grünberg auch allen anderen gratulieren, die den Weg der interreligiösen Verständigung in Hamburg angestoßen haben.

---

[4] Vgl. zur Wanderausstellung die beiden Publikationen: Annette Göhres, Stephan Linck, Joachim Liß-Walther (Hg.), Als Jesus „arisch" wurde. Kirche, Christen, Juden in Nordelbien 1933–1945. Die Ausstellung in Kiel, Bremen 2003; Hansjörg Buss, Annette Göhres, Stephan Linck, Joachim Liß-Walther (Hg.), „Eine Chronik gemischter Gefühle". Bilanz der Wanderausstellung ‚Kirche, Christen, Juden in Nordelbien 1933–1945', Bremen 2005. Vgl. zur Präambeländerung: Detlef Görrig, Die Wurzel trägt. Israels „bleibende Erwählung" und die „Mission" der Kirche, Frankfurt/Main 2004, 228–232.

[5] Hans-Christoph Goßmann (Hg.), In guter Nachbarschaft. Dokumentation der Synode der Nordelbischen Evangelisch-Lutherischen Kirche zum Thema „Christlich-Islamischer Dialog" Februar 2006, Hamburg 2006, 91.

Abb. 1: Sandkuchen von Wolfgang Grünberg und Enkel Anton, Usedom im Mai 2008, vgl. S. 96.

Abb. 2: „Jakobs Traum von der Himmelsleiter" aus dem Zyklus „Botschaft der Bibel",
Marc Chagall, vgl. S. 166ff. © VG Bild-Kunst, Bonn 2010.

Abb. 3: Wrzeszcz/Langfuhr, Lutherkirche, postcard ca. 1900, vgl. S. 218ff.

Abb. 4: Former Lutherkirche, now St. Peter and Paul's church. Photo by J. Szczepański, 2008, vgl. S. 218ff.

Abb. 5: Unused matroneum of St. Peter and Paul's church. Photo by J. Szczepański, 2008, vgl. S. 218ff.

Abb. 6: Portal with figures of St. Peter and Paul. Photo by J. Szczepański, 2008, vgl. S. 218ff.

Abb. 7: Christuskirche, ca. 1930, vgl. S. 218ff.

Abb. 8: Former Christuskirche, now Andrzej Bobola's church. Photo by J. Daniluk, 2008, vgl. S. 218ff.

Abb. 9: Crematory in Wrzeszcz/Langfuhr, 1929, vgl. S. 218ff.

Abb. 10: Iconostatis of St. Nicholas's Orthodox Church. Photo by J. Szczepański, 2008, vgl. S. 218ff.

Abb. 11: St. Nicholas's Orthodox Church in former crematory. Photo by J. Szczepański, 2008, vgl. S. 218ff.

◂ Abb. 12: „Buch der Lebenden (in der Gemeinde)" von Rolf Laute. Die 5103 Namen der Gemeindemitglieder der Gnadenkirche in Hamburg schrieb er in konzentrischen Kreisen auf ein Nesseltuch (12 x 10 m), vgl. S. 245ff.

Abb. 13: „Altarbild: Steinkreuz, Friede der Passion" von Harald Frackmann. Schwarz/Weiß/Graue Ölmalerei und große Schwarz/weiß-Fotos, teilweise übermalt (8 x 9 m), vgl. S. 245ff. ▸

◂ Abb. 14: Dörte Eißfeldt zum Thema „Antependium – das Kleid des Altars". Drei Schwarz/Weiß-Fotos von glitzerndem Wasser in Form von drei henkellosen Krügen zwischen zwei Glasscheiben in den Maßen der Längsfront des Altars, vgl. S. 245ff.

Hans-Christoph Goßmann

Gleichgültig sein – Sich wundern

"Glauben Sie an Wunder, Herr Pastor?" – Gedanken zu einem scheinbar unzeitgemäßen Thema

Die Frage, ob die Wunder, von denen in der Bibel berichtet wird, wahr sind – in dem Sinne wahr, dass sie sich wie beschrieben ereignet haben, taucht im Leben von Kirchengemeinden immer wieder auf – sei es im Konfirmandinnen- und Konfirmandenunterricht, im Rahmen der Bibelstunde oder bei Predigtnachgesprächen. Immer, wenn in biblischen Geschichten etwas dargestellt wird, was sich nicht oder zumindest nicht ohne weiteres mit den Naturgesetzen in Einklang bringen lässt, wird diese Frage zur Sprache gebracht. Dabei begegnen oft zwei Zugänge zu dieser Frage: Entweder werden Zweifel an der Richtigkeit der Darstellung geäußert („Das kann doch so gar nicht passiert sein!") oder es wird – oft durchaus mit einer gewissen Vehemenz – gesagt, dass man fest davon überzeugt sei, dass das Dargestellte sich so und nicht anders ereignet hat. Ist letzteres der Fall, wird die Substanz des je eigenen Glaubens gleichsam dadurch unter Beweis gestellt, dass Sachverhalte geglaubt werden, die es nach menschlichem Ermessen gar nicht geben kann. Je unwahrscheinlicher die Darstellung, desto stärker der Glaube, der sie fraglos hinnimmt – so die dahinter stehende Auffassung. Damit zieht freilich durch die Hintertür das Moment der Werkgerechtigkeit in den Glauben ein, denn das Für-wahr-Halten von Darstellungen, die sich jeglichen rationalen Erklärungsversuchen entziehen, wird gleichsam als Leistung betrachtet, die es zu erbringen gilt, um als gläubiger Mensch akzeptiert zu werden. Diese Dimension eines bi-blizistischen Wunderverständnisses wird jedoch entweder nicht wahrgenommen oder als nicht problematisch empfunden.

Solche Zugänge zu biblischen Wundergeschichten mögen Theologinnen und Theologen fremd sein, haben sie doch im Allgemeinen gänzlich andere Zugänge zu biblischen Texten und damit auch andere Fragen an sie. Aber die Frage, ob biblische Wunderberichte „wahr" sind, wird in Gemeinden immer wieder zur Sprache gebracht, auch wenn dies für die dort tätigen Theologinnen und Theologen nicht immer nur angenehm ist. So berichtet eine Pastorin, dass sie als Vikarin einmal von einem Kirchenvorsteher gefragt wurde „Was sagen Sie zu den Wundern Jesu?". Bei ihr löste dies sofort die Frage aus, worum es dem Fragenden wohl gehe: Wollte er wissen, ob sie so naiv sei, sich über wissenschaftliche Erkenntnisse hinwegzusetzen und an Wunder zu glauben, die die Naturgesetze durchbrechen, oder wollte er den Glauben der Vikarin testen? Sie hatte also umgehend die viel zitierte Schere im Kopf.

Es bleibt also die Frage: Wie kann ein angemessener Umgang mit biblischen Wundergeschichten in der Gemeindearbeit aussehen – ein Umgang jenseits eines biblizistischen Verstehens, bei dem die Wunder lediglich rezitiert werden, und ebenso jenseits eines rationalistischen Verstehens, bei dem Wunder zur Gänze natürlich erklärt werden und damit ihres Charakters als *Wunder*geschichten beraubt werden. Für ein derartiges rationalistisches Verstehen von biblischen Wundergeschichten bietet die protestantische Theologie des neunzehnten Jahrhunderts bekanntlich eine Vielzahl von Beispielen. Wichtig ist m.E., dass wir uns der Frage stellen, wie wir mit Wundergeschichten in der Bibel angemessen umgehen können, und ihr nicht mit Gleichgültigkeit begegnen. Denn eine solche Gleichgültigkeit würde uns den Zugang zu biblischen Texten verstellen, die von Erlebnissen berichten, die nicht dem entsprachen, was Menschen erwartet hatten, so dass sie sich wunderten und auch Bewunderung empfinden und zum Ausdruck bringen konnten. Verlieren wir diese Wahrnehmungsfähigkeit für Wunder, die Empfänglichkeit für sie, weil wir nur das als real akzeptieren können, was unserem derzeitigen Wissenstand entspricht, dann wird unser Leben ärmer. Dann werden wir gegenüber den Wundern gleichgültig. Eine solche Gleichgültigkeit ist nicht nur ein Phänomen unserer Zeit. Bereits der Baal Schem sagte: „Wir verdunkeln jedes Wunder durch Gleichgültigkeit."[1] Dass es demgegenüber keineswegs von mangelndem Realitätssinn zeugt, an Wunder zu glauben, hat der 1973 verstorbene israelische Politiker David Ben-Gurion durch sein berühmtes Dictum zum Ausdruck gebracht: „Wer nicht an Wunder glaubt, ist kein Realist." Dass dieser Satz nichts von seiner Aktualität eingebüßt hat, wurde nicht zuletzt dadurch deutlich, das er zum Motto für die ‚Woche der Brüderlichkeit' des vorletzten Jahres gewählt wurde.

Somit hat die Frage, wie mit Wundern umgegangen werden kann, in der Gemeindearbeit und deren theologischer Reflexion weiterhin ihren festen Ort. Wie kann ein Umgang mit dieser Frage konkret Gestalt annehmen? Im Folgenden werde ich eine mögliche Antwort auf diese Frage geben und sie entfalten: Ich habe gute Erfahrungen damit gemacht, die Frage in den Mittelpunkt zu stellen, was unter einem Wunder zu verstehen ist. Dies habe ich getan, indem ich von einem Erlebnis berichtete, das ich selbst als Wunder erlebt habe:

Ich arbeitete in den siebziger Jahren als Freiwilliger in einem Qibbuz südlich des Sees Genezareth, auf einer Olivenplantage. Dort arbeitete ein älterer Qibbuznik, der Mendel hieß und Jiddisch sprach, so dass ich mich mit ihm problemlos verständigen konnte, weil er mein Deutsch und ich sein Jiddisch verstand. Und so kam es, dass Mendel und ich jeden Tag frühmorgens gemeinsam zur Plantage fuhren und am Nachmittag nach getaner Arbeit wieder in den Qibbuz zurückkehrten. Wir verstanden uns gut, er, der ältere Jude und ich, der deutlich jüngere Christ aus Deutschland. Als mich Mendel eines Tages nachmittags zu sich nach Hause einlud, habe ich mich gefreut. Seine Frau erwartete uns bereits mit Kaffee, Tee und Kuchen.

Es war ein schöner Nachmittag; die Zeit verging wie im Fluge. Und so ergab es sich, dass auf diesen ersten gemeinsamen Nachmittag andere folgten. Bald war ich fast jeden Nachmittag bei dem älteren Ehepaar zu Besuch. Ich genoss es, viel von den beiden über das Leben in Israel und speziell in diesem Qibbuz zu erfahren. Und die beiden fanden es offensichtlich auch ganz interessant, sich mit einem jungen Deutschen zu unterhalten und dessen Ansichten zu verschiedenen Fragen zu hören. Eines Tages fragte ich die beiden, wo sie sich denn kennen gelernt haben. Völlig arglos hatte ich diese Frage gestellt. Die Antwort lautete: „Wir haben uns im Konzentrationslager in Auschwitz kennen gelernt, wohin wir beide mit unseren Familien deportiert worden sind. Wir beide sind die einzigen von unseren Familien, die Auschwitz überlebt haben." Ich war wie vor den Kopf geschlagen und völlig sprachlos. Was hätte ich auch noch sagen können. Jedes Wort wäre falsch gewesen.

Seit diesem Erlebnis habe ich einen anderen Zugang zu der Frage, was unter einem Wunder zu verstehen ist. Wie war es möglich, dass Menschen, die durch Deutsche so unsägliches Leid erfahren mussten, mich als Deutschen nun als Gast einladen konnten? Das konnte und kann ich nur als Wunder verstehen. Wäre es nicht viel eher zu erwarten gewesen, dass diese beiden alten Eheleute sich gesagt hätten: „Mit Deutschen wollen wir in unserem weiteren Leben nichts mehr zu tun haben!"? Schließlich muss es doch so gewesen sein, dass ich sie – und sei es nur durch meine Sprache – an die Menschen erinnert habe, unter denen sie so sehr gelitten haben. Aber sie haben mich nicht von vornherein abgelehnt, weil ich Deutscher bin, sondern haben sich auf die Begegnung mit mir eingelassen. Dass ihnen dies möglich war, halte ich in der Tat für ein Wunder – auch wenn nichts geschah, was die Naturgesetze außer Kraft setzte. Denn über das, was geschah, kann ich nur zutiefst ver*wunder*t sein und dieses alte Ehepaar be*wunder*n. Den im wahrsten Sinne des Wortes *wunder*baren Charakter dieses Erlebnisses konnten Gemeindeglieder, denen ich davon berichtete, sofort nachvollziehen.

---

[1] Abraham Joshua Heschel, Gott sucht den Menschen. Information Judentum Bd. 2, Neukirchen-Vluyn ³1992, 65.

Wilhelm Gräb

Symbolisch – Eindeutig

Von Scheinfreiheit und Scheinzwang

Endlich scheinfrei! Damit konnte früher das Studium so richtig beginnen, die Kür nach den Pflichtveranstaltungen. Endlich scheinfrei! Das war das große Aufatmen in studentischer Freiheit. Im noch nicht modularisierten Theologiestudium kann man dieses Aufatmen manchmal auch heute noch hören.

Es hatte freilich auch diese Scheinfreiheit ihre zwei Seiten. Für die einen bedeutete sie die Chance, den eigenen Interessen folgen und Schwerpunkte im Studium nach eigener Wahl setzen zu können. Andere kamen mit der Scheinfreiheit gar nicht gut zu Recht. Scheine bestätigen schließlich die erbrachten Studienleistungen. Nur zum Schein? Natürlich steht nie eindeutig fest, dass die bescheinigten Kompetenzen auch tatsächlich erworben wurden. Scheine sind immer interpretationsbedürftig. Zugleich ermöglichen sie aber eine der Selbst- und Fremdbeurteilung dienende symbolische Kommunikation. Sie bescheinigen die erbrachte Leistung und machen deshalb eine Verständigung über dieselbe möglich, auch unabhängig davon, dass sie aktuell erbracht wird.

Endlich scheinfrei – das war und ist ein zweifelhafter Jubelruf. Immer offensichtlich ist die Wirklichkeit so wie sie erscheint. Es gibt keinen Königsweg zur Wirklichkeit unter Umgehung des Scheins, den sie erzeugt. Stimmt der Schein nur scheinbar mit der Wirklichkeit zusammen oder zeigt er sie, wie sie wirklich ist? Das ist immer eine Frage der Interpretation, der Deutung, der symbolischen, mit vieldeutigen Zeichen operierenden Kommunikation.

Die Scheinfreiheit ist eine Illusion oder, was dasselbe meint, die Wirklichkeit ist immer symbolisch verfasst. Sie ist das Insgesamt des Scheins, mit dem sie sich uns zeigt. Dieser aber ist notgedrungen vieldeutig. Die Interpretation und Kommunikation der vieldeutigen Welt des Scheins macht unser bewusstes Leben aus. Von dieser symbolischen Kommunikation ist unser Alltag ebenso bestimmt wie die wissenschaftliche Arbeit.

Schon bei jeder Aussage über schlichte Erfahrungstatbestände kommt es auf die Perspektive an. Wir wissen z.B., dass – wissenschaftlich-astronomisch betrachtet – die Erde sich um die Sonne dreht. Es ist uns insofern klar, dass der Augenschein trügt, wenn am Morgen die Sonne aufgeht und bis zum Sonnenuntergang den Tag erhellt. Aber wenn ich im Urlaub früh morgens aufstehe, um eine Bergtour zu unternehmen, hat der Augenschein doch wieder recht: Leuchtend geht die Sonne über den Gipfeln auf.

Die Wirklichkeit ist immer so wie sie erscheint, im astronomischen Modell oder in der alltäglichen Wahrnehmung. Anders erscheint uns das Leben, wenn wir es als zellbiologischen Organismus im Labor untersuchen oder mit seinen Wünschen und Ängsten, seinen Hoffnungen und Enttäuschungen mitfühlen. Die Wissenschaft freilich erträgt die Vieldeutigkeit der Wirklichkeit nur schwer. Sie will wissen, was der Fall ist. Deshalb muss sie auf Eindeutigkeit drängen. Die Grenzen der Wissenschaft sind aber nicht die Grenzen unserer Welt. An die Grenzen unserer Welt und über sie hinaus gehen die Sprachen der Literatur, der Kunst und der Religion. Sie sprechen bewusst in der Sprache der Symbole. Sie wissen, dass diese deutungsoffen, aber auch deutungsfähig sind. Literatur, Kunst und Religion spannen das Gewebe aus, in dem uns die Welt in allen möglichen Erfahrungen des Sinns und des Sinnverlustes, des Glücks und der Not, der Schuld und des Scheiterns, von Liebe und Hass, schließlich in unserem Glauben an den Sinn des Ganzen und den Sinn des Sinns, in unseren Hoffnungen auf Versöhnung und Erlösung erschlossen sind.

In der Literatur, in der Kunst und in der Religion hat man seit jeher gewusst, dass die Wirklichkeit in den Beziehungen existiert, mit denen sie sich uns auf vieldeutige und deshalb auslegungsbedürftige Weise zeigt. Deshalb verwechselt man dort Wahrheit nicht mit objektiver Richtigkeit. Wahr ist der Sinn, in dem sich uns die Wirklichkeit erschließt. Und das geschieht immer perspektivisch. Deshalb gibt es auch nie nur *eine* Wahrheit. Wo sich mir die Wirklichkeit in ihrer Wahrheit erschließt, geht mir wirklich etwas auf. Nicht absolut, nicht ein für allemal. Eine absolute Wahrheit gibt es nicht, bzw. es gibt auch sie nur zum Schein. Zum Schein derer, die die ihnen erscheinende Wahrheit absolut setzen. Doch dieser Schein, der mit seiner Leugnung einhergeht, trügt.

Die Wahrheit ist immer die sich zeigende Wirklichkeit, gebunden an ein Erschließungsgeschehen, die Offenbarung. Aber für mich! Es gibt keine Offenbarung bloß auf Treu und Glauben. Ich selbst muss dabei gewesen sein. Deshalb hat die Offenbarung der Wahrheit den Charakter einer persönlichen Evidenzerfahrung.

„Das ewig Licht geht herein, gibt der Welt ein' neuen Schein…", so singt die christliche Gemeinde in einem alten Weihnachtslied. Gottes Menschwerdung in Jesus Christus lässt einen neuen Schein auf die Welt fallen, will in diesem Lied unter Aufnahme metaphernreicher religiöser Symbolsprache gesagt sein. Die Symbolsprache sichert vor dem Missverständnis, es sei der neue Schein, der mit dem Christusgeschehen auf die Welt fällt, eine objektive, historische Gegebenheit. Gewiss, es ist etwas geschehen. Ein Mensch ist geboren. Aber, dass dies Gottes Sohn ist, der Erlöser, das zeigt sich nur im Schein vieldeutiger Zeichen, die nach Deutung verlangen. Auch wenn die Botschaft der Engel bei der Deutung der Zeichen behilflich ist. Sie will darüber hinaus im Herzen bewegt sein, verinnerlicht, angeeignet, in die Selbstdeutung des eigenen Lebens transformiert. Von Maria heißt es in Lk 2, dass sie zum richtigen Umgang mit dem vieldeutigen Symbolgeschehen in der Nacht von Bethlehem gefunden habe. Nur wer den neuen Schein, der auf die Welt fällt, richtig zu deuten weiß und die Wahrheit erkennt, die sich durch das Deutungsgeschehen hindurch erschließt, dem eröffnet sich eine neue Daseinsperspektive.

„Das ewig Licht geht da hinein, gibt der Welt ein' neuen Schein…" Das ist selbst die an Metaphern reiche symbolische Rede der Religion. Ob sich in solcher Rede letzlich nicht doch alles in schönen Schein auflöst, darüber haben die Theologen freilich schon in der Alten Kirche gestritten. Ist Gott wirklich oder nur zum Schein Mensch geworden? Uns Heutigen ist die Wirklichkeit Gottes selbst zur Frage geworden. Existiert Gott oder ist er nur ein Wort unserer Sprache, ein Symbol für den Gedanken des Unbedingten – oder ist das gar nicht die Alternative? Die Bibel erzählt bei Gelegenheit davon, dass Menschen die Wirklichkeit Gottes erfahren. Dann erscheint Gott als „brennende Flamme im Dornbusch" (Ex 3, 2), aber genauso auch im „verschwebenden Schweigen" (1. Kön 19, 12 – Übersetzung M. Buber). Es sind immer höchst widersprüchliche Erscheinungen. Sie sind nie eindeutig. Sie verlangen immer die Deutung und mehr als das, die Verinnerlichung, die persönliche Aneignung. „Niemand hat Gott je gesehen." (1. Joh 4, 12) Aber das hätte die Sache nicht einfacher gemacht, denn wie sollten wir endlichen Menschen dem ewig lebendigen Gott direkt begegnen, ihn dann sogar begreifen können.

Es gibt keinen direkten Zugang zur Wahrheit der Wirklichkeit. Gott sei Dank, dass wir „nur" Symbole haben. Wir würden uns sonst an der Wirklichkeit selbst überheben. Darauf, dass die Wirklichkeit für uns endliche Menschen immer eine Frage ihrer Deutung und persönlichen Aneignung ist, beruht unsere Freiheit. Wir dürfen eigene Gottesgedanken entwickeln, uns selbst finden, die Wirklichkeit sinn- und zielbewusst gestalten. Die symbolische Rede stellt keine Eindeutigkeit her, sondern hält Erfahrungsräume für alle die offen, die sich von solch symbolischer Rede ansprechen lassen. Eine symbolische Deutung ist mehr und etwas anderes als eine Metapher. Sie arbeitet nicht nur mit der produktiven Kraft des Vergleichs zwischen unterschiedlichen Wirklichkeitsbereichen, sondern lässt die Bilder einer sinnlichen Erscheinung in ihrer die Wirklichkeit erschließenden Bedeutungsfunktion auf emotional angehende Weise innerlich wirksam werden.

Die christliche Gemeinde, die das in der Dunkelheit aufscheinende Licht als Symbol der Wirklichkeit des Mensch werdenden Gottes zu deuten weiß, singt die angefangene Strophe des Weihnachtsliedes deshalb auch so weiter, dass sie das vieldeutige Lichtsymbol, in eine sie selbst eindeutig verpflichtende religiöse Selbstdeutung überführt: „…es leucht wohl mitten in der Nacht und uns des Lichtes Kinder macht" (EG 23, 4).

Antjekathrin Graßmann

Grusel – Trost

Ein Mord in der Marienkirche. Zu einer mittelalterlichen Sensationsnachricht

Kirchen stehen in ihren Städten oft wie große archaische Skulpturen oder Kunstwerke. Sie repräsentieren Geschichte, Leben von einst. So zeigt es der schöne, von Wolfgang Grünberg und Alexander Höner herausgegebene repräsentative Band über die „Backsteinkirchen von Kiel bis Kaliningrad. Ihre Kraft in Zeiten religiöser und politischer Umbrüche."[1] Hier spielte auch die Lübecker Marienkirche ihre Rolle als Symbol der Hanse, der Bürgerlichkeit und der Verknüpfung von Handel und Menschen in Ost und West. Aber dieses Monument der Frömmigkeit war zugleich die lokale Mitte im Lübecker Alltag mit all seinen Facetten einer uns fernen Gegenwart. Und so wird es Wolfgang Grünberg, als er im Herbst 2008 das genannte Buch beredt in der Marienkirche vorstellte, verwundern, wenn nicht sogar ein wenig grausen, wenn er im folgenden lesen muß, dass fast an derselben Stelle vor mehr als 600 Jahren ein Mord geschah.[2]

Am Donnerstag vor Pfingsten 1367 ist der Ratsherr Bernd Oldenburg im Chor von St. Marien von einem Junker namens Klaus Bruskow erstochen worden. Zwei weitere Ratsmitglieder wurden schwer verletzt. Oldenburg[3], 1352 in den Rat gewählt und durch seine Handelsbezie-

---

[1] Hamburg 2008.
[2] Ernst Deecke, Lübische Geschichten und Sagen. Lübeck 1911, 143, dort auch Quellenangaben 452.
[3] Emil F. Fehling, Lübeckische Ratslinie von den Anfängen der Stadt bis auf die Gegenwart. Lübeck 1925. ND 1978. Nr. 374. – Archiv der Hansestadt Lübeck (=AHL) Sammlung Eduard Hach.

hungen ins Baltikum und besonders nach Flandern zu großem Reichtum gekommen (was allein schon sein umfangreicher Hausbesitz[4] zeigt), ist eine wichtige Persönlichkeit in dieser Zeit der Auseinandersetzung mit dem dänischen König Waldemar IV. und der ersten konkreten Konsolidierung der Hanse in der Kölner Konföderation 1368 gewesen. Überliefert ist u. a. sein geschicktes Verhandeln mit dem Erzbischof von Riga, dem Deutschen Orden, dem Lübecker Domkapitel. Verschwägert war er mit den Plescows, einer der führenden Familien jener Zeit.[5] Gemeinsam mit einem Ratskollegen stand er der Verwaltung der städtischen Münze vor.

Hier mag das Motiv für die Mordtat gelegen haben. Die Chronik spricht von „unfreundlichen Briefen, die dem Junker zuwider waren". Sind es wirklich Briefe gewesen, die eine Rechtfertigung („so sie doch nur die Wahrheit sagten") durch die späteren Chronisten verlangten, oder waren es obrigkeitliche Ratsdekrete, Mandate? Es ist wohl anzunehmen, dass es um die finanzielle Situation Bruskows gegangen sein kann. Als Junker kann er zu den Schuldnern des reichen Kaufmanns gezählt, als Lübecker Bürger, als der er auch bezeichnet wird, kann ihm die Münzpolitik des Rats nicht gepasst haben. Die Quelle spricht von ihm als einem „mistrostichem minschen"[6], einem Verzweifelten also. Allerdings ist die böse Tat in der Marienkirche nicht spontan geschehen, sondern war von langer Hand geplant, hatte Bruskow doch seinen Knecht mit einem gesattelten Pferd vor die Kirchentür bestellt. Ging es ihm, über den die Quellen sonst schweigen, vielleicht sogar um eine ganz bewusste Demonstration gegen den hochmögenden Rat? So würden heutige Gerichtspsychologen fragen. Hat er sich den Ort des Gottesdienstes deshalb ausgesucht? Oder weil er sein Opfer sozusagen wehrlos (in der Zwiesprache mit Gott) treffen wollte, anders als im Gewühl der Stadt oder in seinem Haus Breite Straße 13, wo er immer von aufmerksamen Menschen umgeben gewesen wäre? Handelte es sich gar um einen Amoklauf, da Bruskow auch noch zwei weitere Ratsherren mit Tötungsvorsatz verletzte, oder gab es ein Handgemenge zur Rettung Oldenburgs?

Durch einen Zufall, wie so häufig im Leben, ergriff man den Mörder, denn der besagte Knecht hatte die Kirchentüren verwechselt. Die Reitendiener des Rates, die bei den Gottesdiensten anwesend sein mussten, nahmen Bruskow fest und führten ihn – man kann sich die gaffende Menge vorstellen – in die Fronerei[7] östlich der Marienkirche auf dem Schrangen. Dort befanden sich die Gefängniszellen, im Torturkeller die Foltergeräte, die man heute wieder im Holstentormuseum sehen kann. Mit einer Mischung von Sensationslust und Grauen schildern unsere Gewährsmänner denn auch die Bestrafung des Mörders, dem mit einer Walze die Gedärme aus dem Leib gewunden worden sein sollen. Zur Erinnerung und zur Abschreckung soll der Kirchenstuhl[8] seitdem mit einer eisernen Stange verschlossen und eine hölzerne Walze mit drei kleinen eisernen Stangen und Zacken eingemauert worden sein, so noch 1787 zu sehen.[9] Eine hölzerne Hand wies Neugierige auf das Arrangement hin. Andere Chronisten erwähnen eine geschnitzte hölzerne Tafel, auf der man einem Menschen mit aufgeschnittenem Bauch auf einem Tische liegend sah. Spätere und aufgeklärtere Zeitalter halten diese Darstellungen eher für einen Hinweis auf das Martyrium des Cyrillus, das Julian Apostata an den Christen in Syrien vollziehen ließ.[10] Doch hat die Sensationslust der Zeitgenossen von einst wohl schnell eine Verknüpfung der historischen Tat mit einem

---

4 AHL, Personenkartei.
5 Jürgen Wiegand, Die Plescows. Köln et al. 1988, 75f., 79ff. u. passim.
6 Detmar-Chronik (Chroniken der deutschen Städte) Bd. 19. ND Stuttgart 1967, 538.
7 Sie lag auf der Fläche zwischen den heutigen beiden Karstadt-Gebäuden (Die Bau- und Kunstdenkmäler der Hansestadt Lübeck, überarb. von Lutz Wilde. Bd. 1, Teil 2. Lübeck 1974, 339). Ein Nachfolgebau aus dem 16. Jahrhundert wurde 1840 abgerissen.
8 Zum Ratsgestühl, das sich heute in der sog. Bürgermeisterkapelle der Marienkirche befindet: vgl. Max Hasse, Die Marienkirche zu Lübeck. Berlin 1983, 116f.
9 Jakob v. Melle, Gründliche Nachricht von der kayserl. Freyen und des H. R. Reichs Stadt Lübeck. Lübeck 1787, 177.
10 Ebd. 166.

aufrührenden Bild hergestellt. Ebenso ging es mit der Mordwaffe: Die einen sprechen von einem Schwert, das auf dem Zeughaus noch um 1700 verwahrt worden sein soll („Alte Leute haben beides noch gesehen", schreibt der Chronist zur Bestätigung seines Berichts von der Tat),[11] die anderen – sachlicher – von einem „stekemest", einem Dolch oder Messer.

Zurück zum Wahrheitsgehalt der Geschichte: Mitten im Gottesdienst in der Kirche, einem befriedeten Raum also, wird einer der hervorragenden und reichen Ratsherren erstochen, zwei weitere verletzt. Das Motiv: Persönliche Rache, das Gefühl ungerechter Behandlung, das sich zu einer Psychose ausgewachsen hatte, oder eine Demonstration gegen den Rat, schließlich auch die Irrsinnstat einer psychisch labilen Person? Ein erschütterndes Verbrechen jedenfalls, an herausragender Stelle an „öffentlichen" Personen, das nicht nur die Zeitgenossen bewegte, sondern auch den Weg in die Überlieferung fand und von ihr genüsslich weiter ausgeschmückt und interpretiert wurde. Eine quellenmäßige Klärung ist daher nicht mehr möglich, spätere Ergänzungen können eher als ein Spiegel ihrer jeweiligen Zeitatmosphäre gelten. Eine Tötung mit Vorbedacht unter besonders verwerflicher Gesinnung erforderte, wie die Rechtsüberlieferung aussagt,[12] üblicherweise die Strafe der Vierteilens und Räderns, wie auch spätere Chronisten[13] betonen: An den vier Toren der Stadt seien dann die sterblichen Reste des Mörders ausgestellt worden.

Nur einer der Chronisten[14] bemerkt interessanterweise, dass die beiden anderen Angegriffenen durch Gottes Hilfe vor dem Tod bewahrt worden seien. Sonst bleibt die Moral gegenüber der Erschütterung über die Tat auf der Strecke, eher eine Art Selbstgerechtheit schimmert bei der Ausmalung der grausigen Strafe durch, und auch der Irrtum des wartenden Knechts wird eher mit einer Art Schadenfreude quittiert und nicht als einen Wink Gottes angesehen. Lakonisch bleibt die ganze Sache.

„Kirchengebäude sind heilige Räume, die die biblisch profilierte christliche Hoffnung symbolisieren",[15] und so können wir annehmen, dass für das Seelenheil Oldenburgs gebetet worden ist, der unvorbereitet zu Tode kam. Die weltlichen Dinge hatte er ohnehin durch sein Testament[16] ein Jahr zuvor geordnet: Milde Gaben für die Marienkirche, die Dominikaner in der Burgkirche, wo er begraben sein wollte, für Siechenhäuser und Beginenhäuser. Einen großen Raum nehmen die Vermächtnisse an seine Ehefrau, seine Kinder ein. Sein Sohn sollte übrigens Geistlicher werden. Groß ist der Kreis seiner Verwandten, die Sorge für Neffen und Nichten, den Familienclan der Plescows. Das zeigt sehr nachdrücklich die typische Vernetzung und Einbindung des mittelalterlichen Menschen in die Gemeinschaft.

Grauen und der Kitzel der Sensationslust bleiben, da haben sich die Zeiten nicht geändert. Aber wurde der Schock einer solchen Tat einst nicht vielleicht durch Einbettung in Gottesfurcht und das Bewusstsein von einer tröstlichen göttlichen Ordnung gemildert? Heute bringt die distanzierte Kirchlichkeit keinen Trost, sondern überlässt uns der Fassungslosigkeit.

---

[11] Wie Anm. 2.
[12] HRB 5 (1998), 286–290.
[13] J. R. Becker, Umständliche Geschichte der…Stadt Lübeck. 1. Bd. Lübeck 1787, 281f.
[14] Detmar, wie Anm. 6.
[15] Annegret Reitz-Dinse, wie Anm. 1, 177.
[16] AHL:1366 April 15.

Friedemann Green

Allein – Miteinander

Von der heimlichen Lust der Städter auf Katastrophe

Deutschland hat einen kalten und schneereichen Winter hinter sich und die Hamburger hatten ihre Freude daran. Schwitzende Väter schleppten ihre Kinder in gute Abfahrtspositionen auf den Schlittenbergen, und das Eis der Alster trug seit vielen Jahren endlich wieder Hunderttausende mit und ohne Punschglas und auch ohne behördliche Genehmigung. Damit ermöglichte die zugefrorene Alster an sonnigen Wintertagen die Realisierung einer städteplanerischen Utopie, nämlich „die Stadt für alle". Menschen in teuren Pelzmänteln wagten erste Schritte aufs Eis neben solchen in offensichtlich sehr preisgünstiger Kleidung, Alte neben und mit Jungen und Migranten neben Hiesigen. Und die so unterschiedlich Gekleideten blieben durchaus nicht nur unter sich, sondern man sprach und schlitterte miteinander, half sich nach einem Sturz wieder auf die Beine oder bestaunte gemeinsam die Hamburger Skyline aus der ungewohnten Perspektive von der Mitte der Alster aus. Für einige Stunden schien sie überwunden, die viel zu krasse soziale Segregation dieser Stadt mit ihren unsichtbaren, aber schwer überwindlichen Grenzen zwischen denen aus Harvestehude und Blankenese und denen aus Billstedt und Osdorfer Born. Das winterliche Alstervergnügen hat soziale Trennungen überwunden und die Menschen zusammengebracht – und das auch noch im Zentrum der Stadt, das in der republikanischen Tradition Hamburgs ohnehin nicht als Ort für die Privilegierten, sondern für alle Bürger gedacht ist.

Doch über Alstervergnügen und weiße Weihnacht hinaus verheißt ein kalter, schneereicher Winter den Hamburgern weitere Reize, nach denen sie sich heimlich zu sehnen scheinen, und deren Wurzeln zum Teil in ihrer städtischen Lebensweise liegen – sozusagen als Sehnsucht nach dem Kontrastprogramm zum Alltäglichen. Als ersten Hinweis auf diese heimliche Katastrophen-Sehnsucht der Großstädter war ein Artikel im Hamburger Abendblatt zum Jahresende zu lesen. Er beschrieb bild- und wortreich die Nöte der mittlerweile sagenumwobenen Schneekatastrophe zum Jahreswechsel 1978/79 in Schleswig-Holstein. Damals war die öffentliche Versorgung unter riesigen Schneemassen zusammen gebrochen und viele Dörfer und Gehöfte waren mehrere Tage von der Außenwelt abgeschnitten. Es war die große Zeit der direkten nachbarlichen Hilfe gewesen.

Banaler Anlass für den Hamburger Zeitungsartikel vom 30.12.2009 unter dem bangen Titel „Wird es wieder so schlimm wie 1978?" war der Umstand, dass in Hamburg der erste Schnee gefallen war – mit einer Höhe von maximal 2 cm. Dieser recht schlichte Umstand genügte offenbar, um ein längst vergangenes Naturereignis in die mediale Erinnerung zu rufen und die Möglichkeit anzudeuten, eine erneute sogenannte Katastrophe stünde unmittelbar bevor. Von diesem Zeitungsartikel angeregt wurden unter Nachbarn und am Arbeitsplatz eigene Erinnerungen an das Naturereignis von 1978/79 ausgetauscht. In diesen Gesprächen überwogen jedoch nicht die schlimmen Nöte des damaligen Ausnahmezustandes, sondern thematisiert wurden vor allem die vielen spontanen Hilfen und Unterstützungen von Nachbarn und einander gänzlich unbekannten Menschen. Weil Hilfe so offensichtlich und dringend gebraucht wurde, sie aber von keiner zuständigen Stelle mehr geleistet werden konnte, schritten die Menschen selbst zur Tat, schaufelten Wege frei, luden Frierende an den eigenen, noch funktionierenden warmen Ofen ein oder versorgten Bedürftige mit Essen. Darüber entstanden Beziehungen, die einen wunderbar unstrittigen Zweck erfüllten – nämlich elementare Not zu lindern (Maslowsche Bedürfnispyramide ganz unten). Alle Beteiligten haben diese Beziehungen bis heute in bester Erinnerung behalten. Die einen, weil ihnen geholfen wurde und die anderen, weil sie gebraucht wurden.

Genau davon hätten die Großstädter vermutlich gerne ein bisschen mehr zu ihrem Glück: Mehr direkte, im Wortsinn notwendige Begegnung und mehr Möglichkeit, die eigenen Gaben für Andere einzusetzen – und darüber als willkommener Nebeneffekt an einem tragfähigen sozialen Netz mit zu flechten. Denn so sehr sie auch Wert legen auf funktionierende, rechtlich abgesicherte und öffentlich finanzierte Abhilfe gegen Notlagen und Bedrohungen wie Krankheit, Hunger, Verarmung, Kriminalität usw. – die Städter kennen doch auch die Vereinsamung als den problematischen Nebeneffekt perfekter professionalisierter Versorgung. Denn weil es für die meisten elementaren Lebensrisiken professionelle Zuständigkeiten gibt, fehlen viele Kristallisationspunkte für direkte persönliche Kontakte.

Das Risiko der Vereinsamung ist in der Stadt, erst recht in einer wohlhabenden Stadt wie Hamburg mit gut ausgestatteten öffentlichen Einrichtungen und Dienstleistungen, durchaus gegeben. Aber was in Vereinen, am Arbeitsplatz, in Gruppen oder auf Single-Treffs mit einigem Aufwand angestrebt wird, das kann sich in Freiheit wie von selbst ergeben (oder auch nicht), wenn Menschen sich in offensichtlichen Notlagen beistehen: Direkte Begegnung, Geselligkeit, persönliche Anteilnahme, das Geben und Nehmen von Unterstützung.

Das Gute am Wetter ist bekanntlich, dass es völlig unbeeindruckt bleibt von menschlichen Wünschen und Befürchtungen. Eine Schneekatastrophe wird sich ernsthaft niemand herbeiwünschen, aber sollte sie einmal eintreten, dann wird sie bürgerschaftliche Hilfen mobilisieren – und im Nebeneffekt heimliche Sehnsüchte der Großstädter erfüllen.

Gisela Groß

Gierig – Maßvoll

Das rechte Maß oder: „Dropje voor dropje…kwaliteit" – Eine niederländische Perspektive zur Zukunft von Kirche

„Wenn die demographische Entwicklung so weitergeht, dann hat die Kirche in 30 Jahren keine Mitglieder mehr", so die düstere Prognose für die Protestantische Kirche in den Niederlanden.

Steht das AUS für die verfasste Kirche bevor? Ist die Situation in den als stark säkularisiert geltenden Niederlanden wieder einmal ein Vorbote für das, was auch woanders droht?

Die Protestantische Kirche in den Niederlanden hat angesichts der Situation offensiv reagiert: Mehr einsparen als unbedingt nötig (der institutionelle Überbau wurde konsequent halbiert) und von den frei gewordenen Mitteln u.a. eine missionarische Initiative schaffen. Mit zwei Mitarbeitenden (je 50 %) ist derzeit die „missionarische Runde" auf Tour durch alle niederländischen Kirchenkreise. Neben medial aufwendig unterstützter Motivationsarbeit lautet der Auftrag: Pro Jahr zwei neue Gemeinden gründen!

Lokal vorgestellt wird Hochglanzmaterial für Kirchenvorstände und Gemeinden sowie eine peppige DVD, die bewusst mehr die gegenwärtigen Fragen spiegelt, als dass Antworten geliefert werden. Pastorinnen und Pastoren einerseits und Kirchenvorstandsmitgliedern andererseits wird in gesonderten Veranstaltungen das Anliegen der Institution nahe gebracht. Missionarisch sein heißt: Kirche nach außen sein. Und das – so der erleichternde Teil der Botschaft – heißt in erster Linie: weniger ist mehr! 30 erfolgreiche Gemeindemodelle wurden zusammengestellt (und es werden weiter Beispiele gesammelt, siehe www.pkn.nl/missionair), die auf diesen gemeinsamen Nenner zu bringen sind. Gemeinden besinnen sich auf das, was sie wirklich gut können und wollen und lassen anderes.

Da gibt es zum Beispiel die gastfreie Gemeinde[1], die Gemeinden mit einem Herz für Sport/für Kinder/für Jugendliche, die Gemeinde auf dem Markt, die für Touristen, die krampflos-schrumpfende Gemeinde und die, die bei den Nachbarn über den Zaun guckt. Konzentration auf einen Aspekt, der zu den besonderen Gaben der jeweiligen Gemeinde und vor allem auch zum eigenen Umfeld passt.

Das Festhalten am Parochialprinzip mit der Idealvorstellung einer kirchlichen Rundum-Versorgung scheint endgültig an ein Ende gekommen zu sein. Immer weniger Gemeinden (mit Ausnahme von Gemeinden mit sehr konservativem oder evangelikalem Profil) können noch den Anspruch pflegen, von der Wiege bis zur Bahre allen Altersgruppen spezifische Angebote machen und sich gleichzeitig für ein möglichst breites Themenspektrum engagieren zu wollen. Aufgrund der veränderten gesellschaftlichen Situation setzt sich zudem das Bewusstsein durch, dass es neben der „solid church", der organisierten Gemeinde mit festen Strukturen, auch die „liquid church"[2] geben muss, fließende Formen des Kirche-Seins, die gerade nicht darauf angelegt sind, Menschen in festen Strukturen dauerhaft zu binden. Hilfreich ist dabei die Unterscheidung zwischen „der Kirche" als fester, institutionalisierter Form und dem „Kirche-Sein", eine subjektive Erlebnisqualität, die nicht an bestimmte Orte, Zeiten oder stabile Gemeinschaften gebunden ist. Kirchliche Gruppierungen, temporäre Gemeinden, die sich um Sonderpfarrämter ausbilden (Krankenhausseelsorge, Gefängnisseelsorge, Universitätsgemeinden etc.) und religiöse Events geraten dabei genauso ins Blickfeld wie mediale Formen kirchlicher Präsenz in Fernsehen und Internet oder religiöse Manifestationen im säkularen Bereich. Kirche kann sich überall dort ereignen, wo Christus kommuniziert wird. Neben all dem, was dabei als „fließend" erfahren werden kann, bleiben Konstanten: „Kirche-Sein" geschieht an konkreten Orten (Kontext), es wird inhaltlich gefüllt (Identität), organisiert (Struktur) und geleitet, auch wenn die Akteure divers sein können. Kritisch angemerkt wird gegen die Anerkennung „fließender" Formen als Ausdruck von Kirche, dass man dabei riskiert, sich an den Zeitgeist anzubiedern und keine (notwendige) Gegenbewegung mehr dazu ist. Die Anknüpfung bei den direkten lokalen Lebensumständen von Menschen fehlt, und Kirche droht zu zersplittern in Bewegungen, Initiativen und Ereignisse, die nach individuellem Geschmack gewählt werden und nicht mehr als kritisches Gegenüber konfrontieren.[3] Fließende Formen des Kirche-Seins sind nicht die einzig zeitgemäße Form von Kirche. Sie stehen in Wechselbeziehung zur verfassten Kirche, knüpfen an kirchliche Organisationsformen, finanzielle Ressourcen und Infrastruktur an. Und so legt sich auch hier die Idee von Kirche als Netzwerk nahe, in dem Kirchen und Formen des Kirche-Seins miteinander verbunden sind.[4]

Dass Kirchen in eigenen, deutlich erkennbaren Kirchengebäuden ihren festen Ort haben, wird gleichzeitig immer weniger selbstverständlich. Derzeit entsteht in den Niederlanden ein „Handbuch der Kirchenschließungen"[5], aufgrund der Erfahrung, dass die vielen Schließungen von Kirchengebäuden in den letzten Jahrzehnten kaum dokumentiert und nur schlecht theologisch begleitet wurden. Hier findet ein Umdenken statt. Die Schließung eines Kirchengebäudes ist nicht das Ende einer Gemeinde! Das geht schon allein kirchenrechtlich nicht. Etwas geht weiter: In einer neuen Fusionsgemeinde, im kleinen Kreis als Hausgemeinde. Dies kann eine große Ermutigung sein! Statt die Schließung eines Kirchengebäudes nur als Scheitern zu erfahren (was natürlich einen bewussten Umgang und entsprechende Trauerarbeit voraussetzt), kann der Blick auf die Dynamik einer Gemeindegründung sehr inspirierend sein. Kenn-

---

1 vgl. Jan Hendriks, Gemeinde als Herberge, Gütersloh 2001; ders. Verlangen en vertrouwen, Kampen 2008.
2 Pete Ward, Liquid Church, London 2002.
3 Kees de Groot, Fluïde vormen van kerk-zijn, in: R.Brouwer, K. de Groot, H. de Roest e.a., Levend lichaam. Dynamiek van christelijke geloofsgemeenschappen in Nederland, Kampen 2007, 258.
4 vgl. Uta Pohl-Patalong, Von der Ortskirche zu kirchlichen Orten, Göttingen 2005.
5 Projekt von Henk de Roest, Professor für Praktische Theologie an der Protestantischen Theologischen Universität (www.pthu.nl) , siehe auch: Henk de Roest, Kerksluiting, in: R.Brouwer, K. de Groot, H. de Roest e.a., Levend lichaam. Dynamiek van christelijke geloofsgemeenschappen in Nederland, Kampen 2007.

zeichnend für beide Situationen sind oft die folgenden Merkmale: Die kleine Zahl von Gemeindemitgliedern, der provisorische Ort, die Besinnung auf „das Wesentliche", das von jeder Gruppierung vor Ort selbst definiert werden muss.

„Kontext, Kontext, Kontext", so lautet dann auch der Aufruf der niederländischen „missionarischen Runde". Ich fühle mich an die vielen Kurse zur Stadtteilerkundung und -wahrnehmung erinnert, die von der „Arbeitsstelle Kirche und Stadt" innerhalb der nordelbischen Vikariatsausbildung mitgestaltet wurden. Mögliche Expertinnen und Experten des Stadtteils geraten wieder verstärkt ins Blickfeld. Die Idee: „Laden Sie doch mal den Hausarzt, die Mitarbeiterin vom ambulanten Pflegedienst und den BüNaBe (bürgernahen Polizeibeamten) zum Gemeindeabend ein und lassen Sie sie den Stadtteil Ihrer Gemeinde beschreiben", klingt merkwürdig vertraut in meinen Ohren.

Die Frage nach dem Kontext übersetzt die Gemeinde in: „Wo sind wir hier, was ist hier von uns gefragt, und was können wir getrost anderen überlassen?" Diese Fragen sind m.E. mehr, als eine Rückbesinnung auf die kirchlichen Kernaufgaben. Hier geht es um bewusste Entscheidungen, um eine Fokussierung, den Mut zum Kirche-Sein mit Wenigen, den sorgsamen Umgang mit den eigenen Ressourcen. Nische: JA, aber raus aus der Frustecke! Und obwohl in der niederländischen Situation mit ihrer langen Tradition einer scheinbar sorglosen Umnutzung von Kirchengebäuden die große symbolische Bedeutung der Präsenz von Kirche ihren eigenen Gebäuden stärker bewusst wird, geht es hier an manchen Orten vielleicht gleichzeitig um ein „zurück in die Hinterhöfe" – während vorne zur Straße nun das ein oder andere Minarett sichtbar werden wird. Auch das kann als Chance verstanden werden! Die weniger sichtbaren Kirchen[6] waren in den Niederlanden lange Zeichen für eine tolerierte, d.h. präsente – wenn auch nicht öffentlich sichtbare – kirchliche Pluralität. Kennzeichen also auch für eine Diversifizierung von Kirche, eine Realität, die zum Ende des 20. Jahrhunderts die These von der endgültigen Säkularisierung der Städte[7] gründlich infrage stellte. Das in der „Arbeitsstelle Kirche und Stadt" entstandene „Lexikon der Hamburger Religionsgemeinschaften"[8] dokumentierte eindrücklich statt der zunehmenden Säkularisierung die zunehmende Vielfalt der Religionsgemeinschaften in Hamburg.

So ließe sich ein Zurückdrängen/Zurückweichen von kirchlicher Präsenz (die auch kirchliche Symbole wie Kirchengebäude einschließt) aus dem öffentlichen, d.h. sichtbaren Raum nicht allein als Defizit begreifen, sondern auch als Chance auf einen qualifizierenden Selbstbesinnungsprozess. Dabei muss dieses Zurückdrängen nicht zwangsläufig begrüßt werden! Der Kampf um Symbole (wir sehen es immer wieder an Kopftuch-, Burka- und Kruzifix-Diskussionen) bleibt Spiegel von öffentlicher Meinung und Machtverhältnissen. Aber wir müssen auch mit der Tatsache umgehen, dass gewünschte Umnutzungen für Kirchengebäude begrenzt sind. Nicht jede Kirche wird durch eine andere christliche Konfession übernommen werden können oder Konzertsaal, Museum, Bürgerhaus oder Schulaula werden. „Kontext, Kontext, Kontext" heißt auch, jede Möglichkeit auszuloten für eine Nutzung, die dem Anliegen eines Kirchengebäudes entgegen kommt (Raum für die heilsame Unterbrechung). Aber auch, nicht aus dem Blickfeld zu verlieren, dass Kirche auch außerhalb von Kirchengebäuden weiterleben und neu aufleben kann. Hilfreich dabei bleibt das Bewusstsein, dass nicht wir das eigentliche Fundament von Kirche sind, sondern Christus selbst, und dass unserem Streben nach Machbarkeit heilsame Grenzen gesetzt sind. So lässt sich gläubig-entspannt[9] ein rechtes Maß finden, so wie bei Papst Johannes XXIII., der nach der ersten anstrengenden Arbeitsphase seines Papsttums den Tag mit den Worten beschloss: „Herr, es ist deine Kirche, ich gehe jetzt schlafen."

---

6 In der Zeit der Republik der Vereinigten Niederlande (17. Jhd.) entstanden „schuilkerken", d.h. Hauskirchen, die nicht als Kirchengebäude erkennbar waren, für nicht-calvinistische christliche Konfessionen.

7 Harvey Cox, Stadt ohne Gott, Stuttgart, Berlin 61971.
8 Lexikon der Hamburger Religionsgemeinschaften, Hamburg 21995.
9 Sake Stoppels, Dozent für praktische Theologie an der Vrijen Universiteit von Amsterdam verortet zeitgemäße Gemeindeleitung zwischen „gläubig entspannt und entspannt gläubig sein" und illustriert dies anhand der oben erwähnten Anekdote, vgl. Sake Stoppels, Voor de verandering, Zoetermeer 2009, 203f.

Beate Grünberg

Boden – Frucht

Geburtstagskuchenrezept für
Wolfgang Grünberg

Käsekuchen mit Boden und Frucht

Boden:	250g Mehl	Verkneten, in Springform verteilen 10min. bei 190°C backen
	125g Butter	
	1 Eigelb	
	50g Zucker	

Füllung:	500g Quark	vermischen	Mischen, in Form geben 40 min bei 190°C backen abkühlen
	50g Zucker		
	1 Vanillepuddingpulver		
	Abgeriebene Schale einer Zitrone		
	3 Eier		
	250ml Sahne, steif geschlagen		

Fruchtbelag:	1 Päckchen Tortenguss	auf den Kuchen verteilen
	500g Himbeeren	

Wer meint, Kuchen essen wäre trivial, der täuscht: Bei uns zu Hause hat es viel zum interreligiösen Dialog beigetragen. Zur Fastenzeit wurde uns Kindern immer wieder von meinem Vater erklärt, dass am Shabat nicht gefastet werden sollte. Ebensolches galt für den Sonntag, sodass die 7 Wochen ohne Kuchen erträglich wurden… und mir klar wurde, wie bereichernd es sein kann, sich nicht nur in der eigenen Tradition auszukennen.

Für kuchenfreie Tage („Salzige Tage") empfehle ich das Backen von Sandkuchen mit den Enkeln. Ein besonders schönes Exemplar wurde im Mai 2008 von Anton und Wolfgang Grünberg mit Usedomer Sand gebacken. (Abb. 1, Seite 81)

Heidi Grünberg

Gedichte – Gedanken

Lyrische Sammlung für W.

Erinnern – Vergessen

Stolpersteine

Stolpersteine, Stolpersteine,
stolpere nicht, doch weine!
Wenn du begegnest all den Namen,
derer, die deportiert umkamen!
Lasst uns ihrer stets gedenken
und dabei die Gedanken
auf die Menschenrechte lenken.
Gebt acht, seid auf der Wacht!
Bei Tag und auch bei Nacht!

Sich prügeln – Sich vertragen

Augen und Ohren auf für andere

Nach einer Lesung fuhr ich mit der S3 vom Hauptbahnhof nach Hause. In der Nähe der Haltestelle Hammerbrook hörte ich plötzlich sehr laute zornige Worte. Es gab ein aggressives Geschrei. Ich sah eine Gruppe von Männern, die Alkohol getrunken hatten, und ihnen gegenüber ein paar farbige Jugendliche. Es drohte zu einer Schlägerei zu kommen, deshalb näherte ich mich den Jugendlichen. Es gelang mir, sie in den mittleren Teil des Wagens zu holen und den Gang zu den betrunkenen Männern mit meinen Armen zu versperren. Ich sah den Jugendlichen in die Augen und sprach beruhigend auf sie ein. Die Betrunkenen schimpften weiter, aber die afrikanischen Jugendlichen antworteten ihnen nicht mehr und wurden ruhig.

Als die Jugendlichen in Harburg ausstiegen bedankten sie sich bei mir. Darüber habe ich mich sehr gefreut. Am nächsten Tag hatte ich Pausenaufsicht und schrieb ein paar Reime auf, um mich von der Aufregung zu befreien.

„Was hast du da aufgeschrieben?" fragten die Kinder. „Hört zu!"

In der S 3

Hammerbrook und Afrika,
Alkohol hier und Farbe da.
Erst böse Worte, dann Gewalt,
Dieses Schema ist so alt.
Wenn wir nicht dagegenhalten,
Wird auch bei uns der Terror walten.
Wenn wir friedvoll dazwischen stehen,
Können wir Ängste schwinden sehen.
Ob Schule, Straße oder Bahn,
Es kommt dabei auf jeden an.
Junge, Mädchen, Frau und Mann.
Lasst uns den Reichtum der Vielfalt aufbauen …

„Wie soll ich jetzt weiter schreiben?" Da sagt Katrin – die Mutter kam aus Thailand:

„…Lasst uns den Reichtum der Vielfalt aufbauen
Und uns gegenseitig nicht mehr verhauen."

Da sagt Samantha – sie kam von den Philippinen:

„Lasst uns aus der Welt den Garten Eden machen.
Dann kann jeder wieder lachen."

Die ganze Klasse lernte die Reime auswendig und die beiden Mädchen trugen sie beim Stadtteilfest in Neugraben am Stand der „Süderelbe Gemeinde" nach einer Andacht vor.

Hans-Martin Gutmann

Stadt – Land

Das Dorf in mir und die Stadt draußen

Es war mitten im Winter 2001, ziemlich kalt draußen. Ich gehe mir unsere neue Wohnung angucken, spaziere durch Eimsbüttel. Ich verliebe mich auf den ersten Blick in dieses Viertel. Der „Grieche" *Zeus* Ecke Stellinger Weg/ Schwenckestraße. Eine traditionelle Schusterei, ein Fahrradladen, eine Bäckerei, ein Antiquariat und zugleich Buchladen, mehrere Lebensmittelgeschäfte, Restaurants und mehrere Eckkneipen ganz unterschiedlicher Milieuorientierung: „Brigittes Bier Bar" auf dem Stellinger Weg erinnert vom Lebensgefühl her an Bottrop, „Bavaria Eck" an Paderborn. Die Osterstraße nach rechts hoch dann Schuhgeschäfte, Parfümerien, Klamottenläden, Tchibo, Eis-Laden, noch ein Buchladen. Ein unheimlich lebendiges Quartier. Viele Kinder, viele Jugendliche, junge Familien, einige türkische und afrikanische Gesichter, wenige „dinks" (double income no kids), viele Normalos, Leute mit und ohne Arbeitsplatz, und draußen neben den Eingängen von Edeka und Karstadt die Gesichter, die ich mir besser merken werde als alle anderen in der Stadt: Obdachlose, mal apathisch, mal aus der Spaß-Gang der Punkie-Gemeinde mit Lust an zügiger Anmache, gebrochene Lebensgeschichten trotzdem, oft schon in jungen Jahren.

Mich überrascht, dass beim Gang durch die für mich neuen Straßen, wie in einer Überblendung, innere Bilder von meinem Dorf der Kindheit auftauchen. Schafstall, Pferdetränke im Bach, die Hammerschläge aus der Schmiede über glühendem Feuer, der Weg zum Bäcker und zum Schlachter, wo die Todesangst-Schreie der Schweine mich durch die ganze Kindheit begleitet haben. Das Dorf hatte damals fünf Käsereien („Harzer Roller") und zwei Gasthöfe („Zur deutschen Eiche" und „Zur Post"). Die Modernisierung begann so richtig erst in den Sechzigern. Was ist los mit mir? Ich bin erwachsen, ich finde Hamburg toll, und trotzdem: Diese Bilder aus dem Dorf meiner Kindheit tauchen immer wieder auf. Sie werden mich auch in den kommenden Jahren nicht verlassen.

Wir ziehen als Familie nach Hamburg um. Beide „Erwachsenen" sind freudig gespannt auf den Umzug, unsere damals elfjährige Tochter voller Trauer und Widerstand, zunächst jedenfalls. Sie will nicht vom Land wegziehen. Das „Land" sind nördliche Außenbezirke von Bottrop, wo wir die letzten Jahre als Familie gewohnt haben, dort, wo das Ruhrgebiet ins Münsterland übergeht. Ich kann sie verstehen. Ich habe mein Leben lang in dörflichen Regionen gewohnt, auch später, während des Studiums, in Vikariat und Pfarramt. Na klar, ich habe vor Hamburg noch andere städtische Regionen kennengelernt. Beispielsweise Paderborn, in den neunziger Jahren meine erste Uni-Stelle, am Rande einer stockkonservativen Stadt („schwarz, Münster, Paderborn"). Ich habe Bottrop und das Ruhrgebiet von innen erlebt: Für viele Jahre meine Stadt-Liebe. Mann, war ich immer froh, wenn nach einer Arbeitswoche in Paderborn auf der Autobahn nach Hause zum ersten Mal „Oberhausen" auf den blauen Schildern in Sicht kam. Der durchschnittliche Paderborner fährt mit Hut und auch auf den vierspurigen Straßen des Stadtgebiets knapp unter fünfzig. Zum Verrücktwerden. In den weit verzweigten Autobahn- und Stadtstraßennetzen im Ruhrgebiet dagegen, die jede/r Autofahrer/in als mentale Landkarte im Kopf hat, fahren die Leute mindestens zehn Sachen schneller als erlaubt. Und weniger daddelig.

Jetzt: Hamburg. Nach allem Dörflichen und Kleinstädtischen jetzt die Metropole. Wir waren fasziniert, sind vor der Begegnung mit Eimsbüttel durch verschiedene Viertel gefahren mit leicht euphorischem Blick: Solche Straßenzüge wie in Eppendorf, solche Stadthaus-Ansammlungen wie in Harvestehude gibt es nicht in Bottrop. Wie wär's an der Alster zu wohnen? Oder in Eppendorf? Auf jeden Fall irgendwo mitten in der Stadt, nicht in den Speckgürtel-Vororten im Grünen. – Eppendorf! Den Zahn hat uns glücklicherweise Wolfgang Grünberg gezogen, bei einem Kennenlern-Mittagessen im Arkadasch, schräg gegenüber vom Abaton-Kino. Nein, Eppendorf ist nichts für euch. Gediegen, angestrengter Chic. Nein: Ihr müsst nach Altona oder Ottensen. Oder Eimsbüttel. Und dort sind wir dann auch gelandet.

Ich bin froh, hier zu sein, und trotzdem, vom ersten Tag an und bis heute, auch noch nach bald zehn Jahren, dieses kurzzeitige Versinken in Traumzeit. Das Dorf meiner Kindheit. Der besondere, unaustauschbare Geruch. Die Pferdefuhrwerke und mit Pferdeäpfeln übersäten Wege, die wenigen Trecker und ersten VWs und Mercedes in den Fünfzigern. Das „Härke-Pils"-Schild über dem „Dorfkrug zur Post" als Markierungszeichen des Dorfmittelpunktes, wenn es dunkel wurde. Die Wedde, der Bach mitten im Dorf, wo man Stichlinge in Wassergläsern fangen konnte. Die Kirche mit dem tausendjährigen Turm und dem Kruzifix, für mich bis heute die schönste Darstellung des Gekreuzigten überhaupt. Die Leute: Der Gärtner, der so gerne auf dem Schützenfest feierte und mich mal gerettet hat, als ein Klappstuhl meinen kleinen Finger abgequetscht hat. Onkel August, der hinter dem Hause wie überall im Dorf das Holz hackte und als Faktotum irgendwie dazugehörte. Die Selbstverständlichkeit, sich auf der Straße zu begrüßen, vielleicht auf ein paar Worte stehen zu bleiben. Eine untergegangene Welt, auch an dem Ort, wo das Dorf heute immer noch steht. Die Geschäfte sind weg. Nur noch wenige, heute industrialisierte landwirtschaftliche Betriebe. Der Männergesangverein ist nicht mehr, den Fanfarenzug gibt es noch, auch den Schützenverein, auch die Kirche. Jedenfalls: Die Welt der Traumzeit, das Dorf meiner inneren Bilder, all das existiert nicht mehr in der sozialen Realität. Nur als inneres Bild ist es wirklich.

Warum werden diese Bilder lebendig? Ich gehe einige Möglichkeiten durch: In der Übergangskrise des Umzugs tritt Regression ein. Das könnte sein. Das passt zum „sozialökologischen" Interpretationsansatz zur Entwicklung von Kindheit zu Jugend (Dieter Baacke): Kinder wachsen in einem „ökologischen Nahraum" auf mit ersten Bezugspersonen, vertrauten Gesichtern, Räumen, Gerüchen, erweitern dann Schritt für Schritt ihre Kontakte zu Aktivitäten, Räumen, Personen und können sich gelingendenfalls von den ersten Bezügen emanzipieren – wobei der innere Halt zum lebensgeschichtlich ersten sozialen Raum so oder so bleibt. Oder die „Individualisierungsthese": In der gegenwärtigen Moderne zerfallen erzählbare, weil zusammenhängende Fäden von Lebensgeschichten ebenso wie die Geschlossenheit sozialer Milieus, weil Menschen zunehmend mobil werden, Wohnorte nach beruflichen Karrieren (so sie ihren Arbeitsplatz behalten) wechseln müssen und einmal eingeschlagene Berufswege nicht bruchlos fortsetzen können. Richard Sennett spricht in diesem Zusammenhang von den Gefahren und Zumutungen des neuen Kapitalismus an den „flexiblen Menschen". – Entwicklungstheoretisch wie sozialanalytisch ist die Wiederkehr der frühen „Kindheitsmuster" in inneren Bildern und Phantasien ambivalent: Zwischen Regression in nicht mehr realitätstaugliche Traumwelten auf der einen, als Sehnsucht nach „Heimat" auf der anderen Seite, die als Schutzraum in Übergangskrisen hilfreich sein kann.

Ein Gespräch mit Wolfgang Grünberg hat mich auf eine weitere Spur gesetzt: Stadtviertel, Quartiere, „Kieze" funktionieren auch in einer Metropole wie Hamburg wie Dörfer: Überschaubare räumliche und soziale Einheiten mit charakteristischen symbolischen Orten („symbolisches Kapital", Pierre Bourdieu), die Zugehörigkeit und Beheimatung darstellen; ob kirchliche Räume für die vor Ort lebenden Menschen (neben bestimmten Kneipen, Läden, Hausecken, Pommesbuden usw.) auf diese Weise wirksam werden, ist für die Lebendigkeit der Kirche, aber auch für die Perspektive christlicher Religion in einer urbanen Gesellschaft überhaupt eine zentrale Frage. Anders als in dörflichen Kulturen, wo sich Vertrautheit mit sozialer Kontrolle verbindet, ist dies bei den „Dörfern" in den städtischen Quartieren, weil jede/r sein spezifisches „inneres Dorf" wie eine innere Landkarte auf die Stadt-Räume im Viertel (und auch auf die Stadt als Ganze) überblendet, die sich teilweise überschneiden und begegnen, dies aber nicht tun müssen. Auf diese Weise kann es zu einem tendenziell alle Leute einschließenden System sozialer Kontrolle gar nicht kommen.

In dem Maße, wie ich mit politischen Prozessen in der Universität, aber auch in der Stadt zu tun habe, ist mir ein weiterer Dorf-Aspekt Hamburgs aufgegangen: Politische Entscheidungen werden nicht in den Gremien und Institutionen vorbereitet und entschieden, die rechtlich dafür vorgesehen sind, sondern informell. Man muss einfach bei bestimmten Einladungen, Vortragsveranstaltungen mit Empfang bei Häppchen und Wein, Klatschbörsen präsent sein, um Einfluss nehmen zu können, ja um überhaupt mitzubekommen, was gespielt wird. Wer in entscheidender Position steht und (wie eine frühere Universitätspräsidentin) nicht vor Ort präsent ist, hat keine Chance, sich einzufädeln. Diese große alte Stadtrepublik funktioniert in den entscheidenden politischen Weichenstellungen wie ein dörflicher Schützenverein. Darüber kann man sich aufregen. Es hat aber auch etwas Tröstliches, ja Erheiterndes: Besser, man freut sich auf die nächste Umdrehung des dörflich-städtischen Kommunikationskarussels, als an aktuellen größeren und kleineren Katastrophen zu verzweifeln. Das jahrelange Hin- und Her um den Umzug der Universität in den Hafen ist ein wunderbares Beispiel. Dorfkultur nervt, Dorfkultur trägt durch, auch in Hamburg. Darauf kann man sich ebenso verlassen wie darauf, dass die Qualität des Hamburg-Teils der größten Hamburger Tageszeitung das Niveau eines Kleinstadtblattes oft nicht einmal erreicht. Und trotzdem: Es ist wunderbar, in dieser Stadt zu leben.

Inge Hansen

Gebaut – Gefühlt

Der kirchenpädagogische Blick[1]

„Kirchenräume mit ihren in Architektur und Ausstattung bewahrten christlichen Glaubensaussagen und Traditionen können neue Bedeutung gewinnen, indem sie mit dem Lebenshorizont der beteiligten Menschen in Beziehung gesetzt werden. Kirchenpädagogik nimmt hierbei die Vorerfahrungen und Empfindungen der Teilnehmenden ernst und bezieht deren fremden Blick mit ein." (These 1 der Thesen des „Bundesverbandes Kirchenpädagogik e.V." 2002).

Ich bin Kirchenpädagogin. Was tue ich als solche: Als Kirchenpädagogin mache ich Kirchen für Kinder und Jugendliche, aber auch für Erwachsene, zugänglich.

Das bedeutet: Ich übersetze die alte Sprache der Einrichtung, der Bilder und Symbole eines Kirchenraumes, die viele Menschen nicht mehr verstehen, in die Erfahrungen unserer Zeit. Ich leite Menschen an, den Kirchenraum zu erleben, ganz leiblich-sinnlich. Nicht am Sonntag im Gottesdienst, sondern im Alltag, meistens vormittags im Rahmen von Schule.

Da kommen dann Schüler/innen aus dem Religionsunterricht, dem Fach Kunst oder Geschichte, und wir nehmen uns Zeit, z.B. diesen großen, weiten Raum der St. Petri-Kirche auf uns wirken zu lassen.

„Wie ist es Ihnen ergangen, als Sie vorhin die Kirche betraten? Gefällt sie Ihnen? Wohin haben

---

[1] Mündlicher Impuls im „Anderen Advent", in der Hauptkirche St. Petri, Hamburg, am 5. Dez. 2007.

Sie sich gesetzt? Warum? (Nähe/Distanz zu Altar, Blick aufs Ganze, im Schutz eines Pfeilers...?) Was können Sie alles sehen von dort? Gefällt Ihnen, was Sie sehen? ...Fühlen Sie sich hier wohl? ...Wie mag so ein Raum gebaut worden sein? Welche Geschichten birgt er?" Fragen...

Mit Hilfe dieser Herangehensweise an den Kirchenraum werden wir uns unserer Empfindungen bewusst und finden zu unseren eigenen Fragen. Dann macht man sich gemeinsam auf den Weg, Antworten zu finden...

„Selig sind die Barmherzigen" lautet das Thema in dieser Woche.

Barmherzigkeit ist ein altes Wort, das wir in unserer Alltagssprache nicht mehr benutzen.

Manche kennen noch das „Gleichnis vom barmherzigen Samariter" oder denken bei dem Wort an „barmherzige Schwestern/ Brüder", also Ordensmenschen – Nonnen/ Mönche.

Welche Haltung verbinden wir mit dem Wort?

Wenn Sie eine körperliche Geste zu der mit dem Wort „barmherzig" ausgedrückten Haltung machen sollten, wie wäre die?

Vielleicht so? (gestisch vorgemacht: von oben nach unten) Ein sich Hinunter-Beugen, Herab-Lassen...???

Der Samariter beugte sich zu dem am Boden liegenden Opfer. Vielleicht hat uns das geprägt?

Ist das damit gemeint?

„Barmherzig" bedeutet vom Wortsinn her: Ein Herz für die Armen haben.

Obwohl das Wort „armherzig" darin steckt, meint es doch gerade das Gegenteil: Es braucht ein reiches Herz, um Barmherzigkeit zu üben. Und das ist viel mehr als gute Werke tun.

Wie aber kommt man zu einem reichen Herzen? Oder anders gesagt: Wie lernt man, seinen Nächsten zu lieben wie sich selbst? Wie lernt man, sich selbst zu lieben?

Sehen wir uns für einen Moment eine Figur an, die in diesem Kirchenraum steht: Manche von Ihnen können sie von ihrem Platz aus sehen, andere müssen zunächst nur hören, was ich beschreibe und später dann selber schauen.

Ich meine die Madonna dort drüben an der nördlichen Wand der Kirche.

Natürlich wollte der Künstler des 15. Jh. hier die Gottesmutter mit dem Sohn Gottes zeigen.

Andeutungen auf die Verbundenheit der beiden mit der golden-göttlichen-Himmelssphäre – in der sternenübersäten goldenen Krone Marias, im goldenen Haar des Kindes – und auch Andeutungen auf das tragische Ende von Jesus und auf die Trauer der Mutter finden wir viele...

Aber nehmen wir die beiden jetzt einmal als das, was sie auch noch sind: Eine recht naturgetreue Abbildung von einer Mutter und ihrem Kind:

Maria hat ihren Sohn hochgehoben zu sich, hält ihn auf dem Arm. Da sitzt er nun, der „kleine Mann", der Junge, sein kleiner Po eingeschmiegt in ihre große rechte Hand, von ihrem Ellenbogen gestützt. Seine Beine lehnen gegen Marias Bauch. So gibt er sich selbst Halt. Seine Beine sind gekreuzt – das ist in der Sprache der Kunst einer der Hinweise auf sein zukünftiges Schicksal.

Seinen Kopf und seinen Rücken kann das Kind schon selber aufrecht halten.

Und so – sicher und gehalten – geht seine Aufmerksamkeit nun neugierig nach außen: Seine linke Hand greift nach der Mantelschließe Marias, seine rechte nach dem Körbchen mit Weintrauben, das sie in ihrer linken Hand hält, nein, genau genommen, umgreift der Kleine zunächst einmal Mamas Zeigefinger.

Keck, fast herausfordernd und voller Zutrauen zugleich blickt er zu ihr auf. Was wird sie tun, wenn ich...? Er testet aus...

Wir kennen ihn alle, diesen kleinen intimen Austausch zwischen Mutter und Kind, die älteren unter uns vielleicht sogar aus beiden Perspektiven.

Und die Mutter?

Zärtlich, geduldig, liebevoll schaut sie ihn an. Wehmütig, ein wenig abwesend ist ihr Blick, als sehe sie durch ihn hindurch noch/ schon etwas anderes…Auch wenn wir Jesu Geschichte kennen und wissen, dass dieser mütterliche Blick sein Ende und den großen Schmerz vorwegnimmt: Welche Mutter kennt sie nicht, die plötzlich einbrechende Sorge darum, dass es ihrem Kind vielleicht nicht immer so gut gehen könnte wie jetzt eben…Marias Sorge ist ihre Sorge, zukunftsgewandt.

Hier, im eingefangenen Moment lässt sie ihren Sohn jedoch gewähren, lässt ihn Kind sein, lässt ihn sein und trägt ihn dabei ganz nah an ihrem Herzen.

Was müssen das für Eltern gewesen sein, die Eltern Jesu, hat die Psychologin Alice Miller, einmal gefragt. Was für Eltern!

So dass Jesus zu dem Menschen aufwachsen konnte, der er wurde: Voller Liebe, Achtung und Zärtlichkeit für alle Menschen um ihn herum, voller Selbst-Bewusstsein, Klarheit und Mut, seinen eigenen Weg zu gehen, auch im Angesicht der Gefahr für das eigene Leben.

Auch für die, die Jesus in erster Linie als Gottes Sohn verstehen: Hat Gott etwa nicht bewusst entschieden, welchen Menschen er seinen Sohn hier auf Erden anvertraute?

Das hier ist die Mutter. Doch wo ist der Vater? Joseph kommt nicht so gut und heilig weg in der ganzen Geschichte. Seine Spur verliert sich auch mit der Zeit – im Gegensatz zu der Mariens.

Auf Bildern der Geburt Jesu aus derselben Zeit, in der diese Skulptur gemacht wurde, entdecken wir Joseph manchmal – ganz am Rande des Geschehens:

Er kocht Suppe, er hält die Kerze oder Laterne, er legt das Gold der Könige in die Truhe, er wacht am Eingang des Stalles. Er tut das Naheliegende, Alltägliche. Er dient dem Kinde. So wie Maria, die ihrem Sohn Rückhalt gibt, ihn trägt, aber nicht festhält, seine Eigenständigkeit achtet.

„Lieben kann der Mensch nur als Geliebter" heißt es. Nicht Vorhaltungen, Ermahnungen, starre Regeln führen zu gutem Menschsein, sondern Angenommen-Sein, Geachtet-Sein, Güte, Verständnis.

Jede/jeder von uns ist irgendwann Kind gewesen.

Aber viele Menschen haben andere Erfahrungen gemacht, als die, die unser Madonnen-Bild uns vor Augen führt:

Viele sind in ihrer Persönlichkeit nicht geachtet, ja, manche sogar richtig verletzt worden, auch, gerade durch die eigenen Eltern. Sie haben das Gefühl, nichts wert zu sein und die Scham darüber mit in ihr Leben genommen.

Als Erwachsene haben wir die große Chance, solche schmerzvollen Erfahrungen der Kindheit zu betrauern und die Wut darüber nicht an unseren eigenen Kindern auszulassen.

Wir können das Kind in uns selbst - auch und gerade das verletzte, ungeliebte – wahrnehmen und – was sehr schwer ist – unseren Schmerz darüber annehmen. Und so können wir anfangen zu heilen.

Und wir durchbrechen den traurigen Kreislauf aus alten Verletzungen, die zu neuen Verletzungen werden und lieben und achten unsere Kinder, wie uns selbst.

Selig sind die Barmherzigen, denn sie werden Barmherzigkeit erlangen.

Barmherzigkeit ist nicht die eine herablassende Tat des Mitleids, sondern das Eintreten in den Strom des Liebens, in dem das Halten/ Stützen des Anderen und das Ihm-zugleich-seine-Würde-und-Freiheit-Lassen sich nicht ausschließen, in dem Geben und Nehmen nicht gegeneinander aufgerechnet werden, sondern eins sind. Es ist eine Haltung, die unser ganzes Leben prägt und trägt.

Wir erlernen sie in der Kindheit, im Angenommensein durch unsere Eltern – oder durch andere Erwachsene stellvertretend.

Janusz Korczak, der polnische Kinderarzt, der die ihm anvertrauten jüdischen Waisenkinder bis in den Tod im KZ Treblinka nicht allein ließ, drückt es so aus:

„Ihr sagt: Der Umgang mit den Kindern ermüdet uns. Ihr habt Recht.

Ihr sagt: Denn wir müssen zu ihrer Begriffswelt heruntersteigen: Hinuntersteigen, uns herabbeugen, beugen, kleiner machen.

Ihr irrt euch: Nicht das ermüdet uns. Sondern, dass wir zu ihren Gefühlen empor klimmen müssen. Empor klimmen, uns ausstrecken, auf die Zehenspitzen stellen, hinlangen. Um nicht zu verletzen."

Claus-Ulrich Heinke

Kyrie – Gloria

Weiter Raum und vergebende Gnade: Citykirche St. Jakobi Hildesheim

Die Citykirche St. Jakobi ist ein offenes kirchliches Angebot mitten in der Stadt für die Menschen dieser Stadt, für Vorbeikommende und für Interessierte aus der ganzen Region. Die Citykirche St. Jakobi ist keine Gemeindekirche. Ihre Parochie ist die Stadt und ihre Region.

1.

Drei Säulen tragen die Arbeit der Citykirche am Wege St. Jakobi:
>Die Säule der Spiritualität
>Die Säule der Gastfreundschaft
>Die Säule des thematischen Dialogs

Als Jakobikirche steht die Citykirche in der Tradition der Pilgerkirchen, die für die Menschen auf ihrem Wege Rast, Einkehr, Andacht, Stärkung und Weggeleit bedeuteten. In diesem Sinne ist sie eine Kirche „am Wege" des modernen Menschen. Durch ihre besondere Lage mitten in der Stadt, unmittelbar an der Fußgängerzone gelegen, ist sie offen für alle, die zu ihr kommen wollen.

2.

Die drei Säulen Spiritualität, Gastfreundschaft und Dialog stehen alle auf dem gemeinsamen Fundament der Kirche: „Kyriake – dem Herrn gehörend". Es ist der Herr, von dem im Alten Testament gesagt wird: „Du stellst meine Füße auf einen weiten Raum". Zugleich ist es der Herr, der in Jesus Christus auf uns zukommt, unserem Leben vergebende Gnade gibt und uns annimmt als seine Geschöpfe.

3.

Der weite Raum und die vergebende Gnade – Leitworte für die Citykirchenarbeit an St. Jakobi. In dieser Kirche sind die Arme des Willkommens weit ausgebreitet und ist der Raum weit offen für das Leben in seiner ganzen Fülle. Dieser Raum atmet ökumenische Weite und öffnet sich für alle, die auf der Suche sind nach Vergewisserung und Ziel.

Ohne Vorurteil ist jeder angenommen, der diesen Raum betritt. Das ist unsere Vision und Hoffnung. Auf diesem Fundament entwickelt sich in Gestalt der Citykirchenarbeit eine eigene Vermittlungsform kirchlicher Präsenz in der Stadt.

Gebete, Andachten und Gottesdienste durchdringen den Raum in geistlicher Hinsicht und öffnen die Herzen für glaubensstärkende Erfahrungen der vergebenden Gnade Gottes.

Wechselnde Ausstellungen aus den Bereichen Kunst oder Gesellschaftspolitik, Konzerte, Theaterproduktionen, Talkabende, Kabarett, Vorträge, kreative Projekte mit Studierenden, farbige Feste und Feiern und vieles mehr setzen immer wieder neue thematische Akzente.

Der Kirchraum wird zum Ort des Dialogs mit wechselnden Themen.

4.

Die Zielgruppe der Citykirche sind einerseits die kirchendistanzierten Menschen, die von den Gemeinden nicht oder nicht mehr erreicht werden.

Sie hat es dabei mit dem „Passanten", zu tun, mit seinen Lebensbedürfnissen und Lebensformen. Er „schaut mal vorbei", lässt sich einfangen für wenige Augenblicke, für ein Gebet, ein Schweigen, eine Kerze oder ein Gespräch oder einen kurzen Gang durch eine Ausstellung, die in der Kirche gerade zu sehen ist. Er nimmt einen Augenblick des Verweilens mit, einen Moment der Selbstvergewisserung und der inneren Erbauung. Er bindet sich aber nicht und weiß, dass er hier nicht vereinnahmt werden soll. Er kann kommen und gehen, wann er will. Durch die verschiedenen Ausstellungs- und Diskussionsthemen ergeben sich zudem wechselnde themenbezogene und zeitbezogene Gruppierungen von Menschen, die gezielt zu einem thematischen Anlass in die Citykirche kommen, länger verweilen und sich dann erst wieder lösen. Eine weitere Zielgruppe sind die Gemeinden und Gemeindegruppen, quer durch alle Alters- und Interessenschichten. Denn für sie möchte die City-Kirche mit ihrer Kultur- und Ausstellungsarbeit, aber auch mit den besonderen Gottesdienst- und Andachtsangeboten ein stellvertretendes Dienstleistungsangebot bereithalten.

5.

Bei den thematischen Angeboten der Citykirche schließlich wird die Kirche zu einem Vernetzungsort mit vielen anderen Gruppen in der Stadt. Das Theater, die Volkshochschule, der Geschichtsverein, die Bibliotheksgesellschaft, die Drogenhilfe, Agenda-21-Gruppen und viele andere „weltliche" Gruppen und Einrichtungen begegnen einander und der Kirche. Ja, sie kommen manchmal erst hier miteinander ins Gespräch. Indem wir so „auf dem Markt" gehen, sind wir bei den Menschen, erfahren unmittelbar von ihnen, was sie bewegt und können so in der Welt mit der Sprache dieser Welt von der anderen Welt, der Welt Gottes, Zeugnis ablegen.

6.

Die Citykirche bringt sich auf diese Weise dialogisch in das Geschehen der Stadt ein und trägt dazu bei, dass die Menschen sich in den gesellschaftlichen Prozessen auf die Werte besinnen, die dem Einzelnen in unserem Gemeinwesen ein Leben in Würde und Wahrheit geben können und ihm zugleich als Orientierung für sein eigenes Reden und Handeln dienen.

7.

Auch wenn die Citykirche St. Jakobi keine definiert „diakonische" Kirche ist, ist sie als offener Raum auch ein Ort, in dem „Mühselige und Beladene" angenommen werden. Die ehrenamtlichen Mitarbeiterinnen und Mitarbeiter leisten dabei Erstaunliches. Die verlässliche Präsenz von Seelsorgerinnen und Seelsorgern zu bestimmten Zeiten ergänzt dieses offene Angebot der Citykirche.

8.

In einer Zeit, in der Menschen sich erneut darauf besinnen wollen, was ihre seelische Heimat ist, wo sie sich zu Hause fühlen können und woran sie sich halten können in dem Getriebe des Lebens, ist die Citykirche in ihrer Mischung aus Offenheit und meditativer Konzentration, aus Kommunikation und Kontemplation, aus Event und Evangelium, aus Ereignis und Stille, aus Feier und Einkehr und aus Betriebsamkeit und Ruhe der lebendige Ort, an dem Menschen auf neue Weise erfahren können, was gemeint ist:

„Ich bin das Licht der Welt. Wer mir nachfolgt, der wird nicht wandeln in der Finsternis, sondern wird das Licht des Lebens haben."

Jörg Herrmann

Erinnern – Vergessen

„Nichts als ein einziges Trümmerfeld": St. Trinitatis Altona – Arbeit am Gedächtnis eines Ortes

Jahrelang bin ich, aus dem Hamburger Westen kommend, mit dem Fahrrad oder dem Auto an der Kirche vorbeigefahren, die rechter Hand aufragt, wenn sich die Königstraße zur Reeperbahn neigt. Es ist eine große, eindrucksvolle Kirche, die dort frei auf einem Grünzug steht, weithin sichtbar, aber zugleich auch unverbunden und einsam. Ich wusste, dass es sich um die Hauptkirche St. Trinitatis Altona handelt, aber viel mehr auch nicht. Das ganze Viertel dort zwischen Altonaer Rathaus und Reeperbahn, zwischen dem urbanen Ottensen und dem lauten und touristischen St. Pauli war immer so etwas wie ein weißer Fleck für mich gewesen, eine terra incognita mit einer stolzen Kirche, vielen hässlichen Wohnblocks und, gegenüber der Kirche, einem alten jüdischen Friedhof, der unzugänglich und verschlossen schien, eine Herausforderung, sich mal zu kümmern, was aber lange Zeit dann doch unterblieb.

Das änderte sich erst 2006, als ich im Rahmen eines Projektes der Kulturarbeit (Kulturdialoge an St. Trinitatis Altona) mit dieser Kirche und der dazugehörigen Gemeinde mehr zu tun bekam. Im Rahmen des Projektes sollte es auch darum gehen, die Besonderheiten und Potentiale des Ortes und seiner Geschichte aufzunehmen und also am Gedächtnis des Ortes und seiner öffentlichen Inszenierung zu arbeiten. Das erwies sich als ein spannender Prozess mit kriminalistischen Elementen, in dessen Verlauf, manchmal zufällig, ein Fragment wie ein Puzzleteil zum andern kam und so Stück für Stück immer mehr Bilder einer vergessenen Welt erkennbar wurden. In einem nächsten

Schritt ging es dann darum, diese Lektüren und Recherchen aufzubereiten und im Rahmen erinnerungskultureller Inszenierungen öffentlich zur Aufführung zu bringen, etwa mit einer Ausstellung über den jüdischen Friedhof in der Trinitatiskirche („Archiv aus Stein. 400 Jahren jüdischer Friedhof Königstraße" im November 2007), einer Performance über das jüdische Leben („Stimmen ins Grün. Erinnerungen an das jüdische Leben in Hamburg-Altona", 27.10.2007), einem Gottesdienst zum Gedenktag des Altonaer Bekenntnisses vom 11. Januar 1933 (14.1.2007), einer Veröffentlichung im Gemeindebrief („Hans Jürgen Baller erinnert sich an die Bombennacht 1943", 9–11/2007).

Ein allererster Ausgangspunkt meiner Arbeit am kulturellen Gedächtnis war eine kleine Fotoausstellung, die im Foyer der Kirche gleich links vom Eingang präsentiert wird.

Die historischen Fotos zeigen, dass die Hauptkirche St. Trinitatis vor 1943 integraler Bestandteil einer dichten urbanen Bebauung war, dass dort, in unmittelbarer Nähe des damaligen Altonaer Rathauses (heute steht dort eine Tankstelle), ursprünglich einmal das urbane Zentrum Altonas war. In der Bombennacht vom 24. Juli 1943, ziemlich genau 200 Jahre nach der Einweihung der nach Plänen des Architekten Cai Dose 1743 fertig gestellten Kirche, wurde sie fast völlig zerstört. Über 60 Jahre später, Anfang 2007, lernte Michael Fridetzky, der Ortspastor der Trinitatisgemeinde, bei einem Krankenbesuch in der nahegelegenen Endo-Klinik den pensionierten Kirchenmusiker Hans Jürgen Baller aus Rendsburg kennen. Baller wohnte als Junge mit seinen Eltern in der an den jüdischen Friedhof angrenzenden Blücherstrasse und erhielt Orgelunterricht bei dem damaligen Kantor der Hauptkirche Kurt Arlt. Im Juni 1943 bat Arlt den 17-jährigen, ihn ab dem 24. Juli während seines Urlaubs zu vertreten. Da die Eltern vereist waren, wohnte Baller bei seiner Großmutter in der Eggersallee in Ottensen. Am Nachmittag des 24. Juli spielte er eine Trauung in der Hauptkirche. Im Anschluss blieb er noch ein wenig, um seinen ersten Gottesdienst am 25. Juli in der damals noch barock ausgestalteten Kirche mit Emporen und Logen vorzubereiten. Später fuhr er zu seiner Großmutter in die Eggersallee. Kurz vor Mitternacht Sirenengeheul. Baller flüchtete mit seiner Großmutter in den Luftschutzkeller, wo sie den Bombenangriff unversehrt überstanden. Am frühen Morgen machte er sich mit seinem Fahrrad auf den Weg nach Altona. Baller schrieb darüber dann in einem Brief an die Gemeinde: „An diesem Sonntagmorgen ging die Sonne über Hamburg nicht auf: Ein pechschwarzer Himmel voller Ruß und Staub, stinkend nach Feuer und Verwesung kam mir entgegen. (...) Mein Rad musste ich schieben oder tragen. Bis zum Neuen Rathaus kam ich, Straßenschäden und Trümmer überwindend. (...) Am Ende der Palmaille, wo die Straßen dicht bebaut waren, musste ich mein Rad tragen, um mir über Trümmer und Geröll einen Weg zur großen Mühlenstrasse zu bahnen. Durch Feuer und Rauch sah ich nichts als ein einziges Trümmerfeld. Mein Albtraum wurde zur Gewissheit: Vor mir breiteten sich die Trümmer der völlig zerstörten Altonaer Hauptkirche aus. Lediglich die Umfassungsmauern standen." Nachdem Baller einen Schlüssel zum Hauptportal, der im Foyer noch an seinem angestammten Platz an der Wand hing, noch heiß vom nächtlichen Feuersturm, an sich genommen hatte (und 26 Jahre später zur Einweihung der wieder aufgebauten Kirche am 30. November 1969 zurückgab), dachte er an sein Elternhaus in der Blücherstraße. „Ich hatte bereits überblicken können, dass in der ganzen Blücherstrasse kein Stein mehr auf dem anderen stand. Der jüdische Friedhof war die einzige Zuflucht der Menschen, die sich aus den brennenden Häusern retten konnten. Noch jetzt war er voller Not leidender Menschen, teils Müttern mit ihren Kindern, die sie in nassen Decken durch das Feuer getragen hatten und nun zwischen den alten Bäumen und Gräbern ihr Leben retten konnten." Ballers Elternhaus lag in Trümmern. Dass ausgerechnet der Friedhof derjenigen Gemeinde, deren systematische Ermordung von den Nazis betrieben wurde, zur Zufluchtsstätte werden konnte, gehört zu den vielen Absurditäten der Geschichte. Zum Zeitpunkt der „Operation Gomorrha", so der Codename für den britischen Luftangriff im Sommer 1943, war Altona jedenfalls „judenfrei". Damit war das Ende einer vierhundertjährigen Geschichte jüdischen Lebens in Hamburg und Altona erreicht, einer Geschichte, die mit einer liberalen Aufnahmepraxis für Glaubensflüchtlinge seit dem Ende des 16. Jahrhunderts und dem Zustrom vieler jüdischer Kaufleute aus Portugal und Spanien (Sefarden) begonnen hatte und Hamburg über Jahrhunderte bereichert hat.

Zusammen mit dem Künstler Jens Huckeriede haben wir im Rahmen der „Kulturdialoge" u.a. versucht, das Verlorene im Blick auf Altona mit Hilfe einer multimedialen Performance zur Darstellung zu bringen („Stimmen ins Grün"). Dabei haben wir die Erfahrung gemacht, dass es kein Problem war, Miriam Gilles-Carlebach, die 85-jährige Tochter des in Riga ermordeten letzten Altonaer Rabbiners Joseph Carlebach, für ein Interview über ihre Erinnerungen an die Zeit in Altona zu gewinnen, dass aber Zeitzeugen aus der Kirchengemeinde nicht aufzutreiben oder nicht bereit waren, über ihre Erfahrungen zu sprechen. In einer vom damaligen Kirchenkreis Altona in Auftrag gegebenen und 2002 erschienenen Untersuchung schreibt Bernhard Liesching: „Die Vernichtung der traditionsreichen Altonaer jüdischen Gemeinde durch die Nationalsozialisten wurde von der Altonaer Propstei ignoriert, zumindest fanden sich in den Kirchenarchiven darüber keine Aussagen. Die Altonaer Kirche schwieg zu den ersten Übergriffen gegen die Juden am 1. April 1933 wie zu den Geschehnissen in der Reichspogromnacht 1938. Dies verwundert nicht, war doch der Antisemitismus ein fester Bestandteil im deutschen Protestantismus."[1]

Was habe ich in dieser Zeit gelernt? Erinnerungsarbeit ist mühsam und rührt am Verdrängten, sie ruft unschuldiges Leiden ins Gedächtnis zurück, aber auch die Fülle und das Glück vergangener Welten, sie kann spannend sein wie eine Kriminalgeschichte, sie kann eine Kirchengemeinde neu mit ihrem Kontext verbinden, die Sinne schärfen, das Handeln und die Hoffnungen orientieren und sie ist daneben und darüber hinaus das einzige Mittel gegen das Vergessen, das permanent von selbst geschieht, also gegen die Erfahrung, die W. G. Sebald beschreibt, wenn er beklagt „wie wenig wir festhalten können, was alles und wie viel ständig in Vergessenheit gerät, mit jedem ausgelöschten Leben, wie die Welt sich sozusagen von selber ausleert, indem die Geschichten, die an den ungezählten Orten und Gegenständen haften, welche selbst keine Fähigkeit zur Erinnerung haben, von niemandem je gehört, aufgezeichnet oder weitererzählt werden […].[2]

---

[1] Kirchenkreis Altona (Hg.), Bernhard Liesching, Eine neue Zeit beginnt. Einblicke in die Propstei Altona 1933 bis 1945, Hamburg 2002, 85.

[2] W.G. Sebald, Austerlitz, Frankfurt / Main 2003, 39.

Alexander Höner

Event – Gottesdienst

Das Evangelium braucht in der Stadt den Gottesdienst als großes religiöses Erlebnis

„Ich gehe seit langer Zeit zu den Gottesdiensten im Berliner Dom. Ich finde sie schön und sie tun mir gut. Besonders gefällt mir die verlässliche Form des Gottesdienstes. Man merkt, sie ist nicht aus dem Ärmel geschüttelt, sondern an der Tradition orientiert, wohl durchdacht und angemessen feierlich. Die Gottesdienste schaffen es, mir ein Gefühl eines zweiten Zuhauses zu geben. Deshalb habe ich mich nach längerer Überlegung dazu entschlossen, der Berliner Domgemeinde beizutreten."

„Ihre Formel lautet: Je mehr der Gottesdienst auf traditionelle alte Formen aufbaut, desto stärker sind die Menschen angesprochen. Bei uns und bei vielen städtischen Gemeinden ist es genau anders herum: Je mehr feste traditionelle Liturgie, desto weniger kommen am Sonntag zum Gottesdienst!"

„Gründe für den Beitritt zur Domgemeinde" ist das freigelassene Feld überschrieben. Manchmal steht nur ein Satz. Meistens mehr. Eine Beitrittswillige hat den ersten zitierten Text geschrieben. Er ist außergewöhnlich präzise in seinen Aussagen. Die anderen Texte, die man in diesem Feld ansonsten findet, sind häufig diffuser, umschreiben jedoch fast durchgehend den gleichen kausalen Zusammenhang: Ich feiere gern bei ihnen Gottesdienst und möchte deshalb zu ihrer Gemeinde gehören.

Die zweite Äußerung stammt von einem Pfarrer einer Evangelischen Studierenden Gemeinde. Ich finde es einen guten Einwand. Was macht die Spannung zwischen diesen beiden städtischen Phänomenen aus? An einer Stelle, dem Berliner Dom, wird die strenge Befolgung einer traditionellen Gottesdienstform überaus wert geschätzt und resultiert in überdurchschnittlich hoher Gottesdienstbeteiligung. An anderer Stelle, in den Studierendengemeinden und anderen Stadtgemeinden, findet die strenge Befolgung einer traditionellen Gottesdienstform nicht so viel Resonanz.

Man könnte nun sagen: Ihr am Berliner Dom habt gut reden. Mit eurer Hochliturgie, der musikalisch hervorragenden Ausstattung und dem Kaiserprunk des Kirchenbaus sprecht ihr vorwiegend Kulturprotestanten aus der gehobenen bürgerlichen Mittelschicht an und da gehört der regelmäßige sonntägliche Gottesdienstbesuch einfach dazu. Zudem ist die Beteiligung bei einer Personalgemeinde, und das ist die Domgemeinde, ohnehin höher als bei einer Parochialgemeinde. Denn die Gemeindeglieder entscheiden sich bewusst wegen eines bestimmten Angebots für eine Gemeinde und sind nicht qua Wohnort automatisch an diese gebunden.

Was ist aber mit den „normalen" Stadtgemeinden? Altona-Ost in Hamburg zum Beispiel, wo ich mein Vikariat absolviert habe. Aus meiner Sicht eine vorbildliche Gemeinde, viele engagierte Ehrenamtliche, attraktive Jugendarbeit, motivierte Pfarrerinnen und Pfarrer, eine ideale Mischung von kulturellen, meditativen und traditionellen kirchlichen Angeboten, ein großes Zusammengehörigkeitsgefühl innerhalb des Kiez und schöne Gottesdienste. An einem normalen Sonntagmorgen finden sich 30–50 Personen in der Kirche ein und zum Abendgottesdienst kommen ungefähr 10–20, bei einer Gemeindegröße von über 8.000. Ich frage mich, was diese Zahlen über eine Institution aussagen, die eine solche niedrige Beteiligung bei ihrer nach Selbstdefinition zentralen wöchentlichen Veranstaltung seit Jahrzehnten hinnimmt.

Es gibt zwei Antworten darauf. Die erste Antwort: Der Inhalt, für den die Institution steht und den sie in der Veranstaltung feiert, ist schlecht. Dann können wir als Kirche eigentlich dicht machen, denn schließlich geht es um die biblische Botschaft. Wenn die den Menschen nichts mehr sagt, zu wirklichkeitsfremd geworden ist und das Leben nicht mehr auf Gott hin deuten kann, dann gibt es auch nichts mehr zu feiern. Gehen wir mal von dem optimistischeren Fall aus, der zweiten Antwort: Der Inhalt ist gut, aber die Form der Veranstaltung ist schlecht. Geschwätzige, wenig vorbereitete und in ihrer Form willkürliche Gottesdienste haben wir alle schon einmal erlebt. Dazu gibt es genug fundierte Formkritik in der jüngsten Zeit. Was jedoch, wenn ein Gottesdienst regelmäßig gut ist – inhaltlich und von der Form her – und keiner geht hin oder zumindest nur wenige und dann auch immer nur dieselben? Trösten wir uns dann mit dem Satz: Habt keine Angst eine Kirche der Wenigen zu sein? Ich finde, das langt nicht. Ich bin davon überzeugt, dass die biblische Botschaft eine Strahlkraft hat, dass sie mitten ins Leben spricht, dass ihre Geschichten der Menschen mit Gott die Leute berühren. Kirche ist für mich im guten Sinne missionarisch. Sie geizt nicht mit der Schönheit ihrer Botschaft, sondern wirft sie verschwenderisch in die Welt.

Dann sind wir aber wieder bei der anfangs aufgeführten Grundspannung: Warum meinen immer mehr Menschen, dass sie diese Schönheit intensiver im Berliner Dom oder im Hamburger Michel, der fast zu jedem Gottesdienst überfüllt ist, erleben können als in ihrer Gemeinde vor der Haustür?

Hier nun meine These: Ein Gottesdienst im Berliner Dom in seiner Korrespondenz von festlicher traditioneller Liturgie, erhabenem Raum und hoher Beteiligung ist wegen den vorherrschenden Erlebnisgewohnheiten – vor allem der Menschen in der Stadt – leichter zugänglich als ein Gottesdienst in kleinem Rahmen.

Welches Verständnis von Erlebnis steckt dahinter? Der Gottesdienst ist ein religiöses Erlebnis, kein sinnleeres Event – Erleben also nicht allein um des Erlebens willen, sondern um des erlebten Inhalts willen. Das unterscheidet den hier verwendeten Begriff des Erlebens von dem des Events, bei dem im alltäglichen Sprachgebrauch die gewünschten Emotionen, der „Kick", im Mittelpunkt stehen, egal wodurch diese erreicht werden. Beim Gottesdienst sind Form und Inhalt nicht so klar zu trennen. Wer in den Dom-Gottesdienst geht, tut das bewusst wegen der Form. Aber eben nicht allein wegen der Form, sondern auch mit dem Bewusstsein, dass darin eine christlich religiöse Dimension – in besonders eindrücklicher und leicht mitzufeiernder Weise – transportiert wird. Wir sind in der protestantischen Kirche inhaltsversessen. Das ist gut. Aber das mehr Worte mehr Inhalt herüberbringen, ist eine der folgenschwersten Missverständnisse in der Gottesdienstgestaltung der vergangenen Jahrzehnte. Stattdessen gilt: Mehr formhaftes, bildhaftes Erleben transportiert auch mehr Inhalt.

Aber was bleibt als Fazit für die Stadtgemeinden mit ihren wöchentlichen gut vorbereiteten und traditionellen, kraftvoll gestalteten Gottesdiensten? Baut euch einen Dom! Nein, zum Glück nicht. Die Schönheit der biblischen Botschaft, die Schönheit Gottes ist nicht ausschließlich in großen und berühmten Kirchbauten zu erleben. Da fällt es vielen nur leichter. Die Erlebnisgewohnheiten der heutigen Menschen, die geprägt sind von großen Dimensionen, großen Gefühlen und einem hohen Maß an Professionalität – als Beispiele seien hier die öffentlichen Inszenierungen der WM 2006 und des Eurovision Song Contest 2010 und natürlich auch der Kirchentag zu nennen – können besser in den großen Gottesdiensten andocken. Es fällt leichter mitzusprechen, mitzusingen, sich berühren oder sich einfach ohne aktive Beteiligung mittragen zu lassen und zwar ohne – und das ist für viele ganz wichtig – sich gleich vereinnahmen zu lassen. (Vgl. den Essay von Arnulf von Scheliha, S. 171ff.). Es soll von Zeit zu Zeit berühren, aber einen nicht langfristig verschlucken. Man muss sich nicht unbedingt gleich beim anschließenden Kirchencafé persönlich offenbaren und bekommt sofort, weil man so nett ist, die Leitung der Kindergottesdienstgruppe angeboten.

Feierliche und berührende Gottesdienste gelingen auch in kleinen Gemeinden. Gottesdienste müssen nicht den vorherrschenden Erlebnisgewohnheiten der Menschen entsprechen. Viele erleben es ja auch gerade als heilsam, wenn der Gottesdienst einen Kontrast zu dem üblich Erlebten setzt. Und wir haben nicht alle die gleichen Erlebnisgewohnheiten. In kleinen Gottesdiensten ist die Partizipationsschwelle höher. Es ist hier stärker eine Frage der Einübung der Liturgie, des Kennens der Formen und des Sich-darauf-Einlassens. Auch ein Psalm, der mit 40 Stimmen im Wechsel gesprochen wird, entfaltet seine Kraft, jedoch nicht so selbstverständlich wie bei 600 Stimmen. Jemand, der lange nicht mehr in einem Gottesdienst war, ist leichter in einem großen Gottesdienst integriert und berührt als in einem kleinen. Er muss selbst nicht so viel mitbringen, fällt nicht auf, er kann einfach nur da sein und mitfeiern – auch ohne Kenntnis der Liturgie.

Ich wünsche mir nicht überall den Berliner Dom oder den Hamburger Michel hin, aber es ist gut, dass es sie gibt, weil sie vielen Menschen die Schönheit der Gottesdienste, ja die Schönheit des christlichen Glaubens leichter nahe bringen können. Das gilt insbesondere für den städtischen Kontext. Ich stimme Präses Peter Beier zu, wenn er in seiner Predigt bei der Wiedereinweihung des Berliner Doms 1993 mutig verkündete: „Die Wahrheit braucht keine Dome. Das liebe Evangelium kriecht in jeder Hütte unter und hält sie warm. Die Evangelische Kirche braucht auch keine Dome." Um die Kraft des Gebetes herauszustellen, schreibt Martin Luther im „Sermon von den guten Werken" (Insel-Ausgabe, 94f), dass man im rechten Gebet in jedem Saustall oder unter einem Strohdach zusammen kommen könne. Das ist theologisch alles richtig. Aber diese Voten vergessen den Wunsch vieler Menschen, „Großer Gott, wir loben dich" am Sonntagmorgen mit 600 Stimmen unter der Weite der großen Domkuppel zu erleben und damit eine Feierlichkeit, Erhabenheit und ein großes Gemeinschaftsgefühl zu spüren, die man ansonsten in kleineren Gemeinden nur dann empfindet, wenn man regelmäßig dabei ist. Liturgie ist Handwerk. Soll sie berühren, muss sie eingeübt werden. In der Stadt gehen nur noch wenige regelmäßig in den Gottesdienst, die Leute sind nicht mehr geübt in der Liturgie. Für diese bekommt Liturgie jedoch Kraft, wenn sie groß gefeiert wird. Deshalb sage ich hier: Das Evangelium braucht in der Stadt Citykirchen als zentrale Orte, um in deren Gottesdiensten in der heutigen Erlebnisästhetik und -gewohnheit für möglichst viele erlebbar zu sein!

Gregor Hohberg

Babylon – Jerusalem

Eine neue Kirche für Berlin – Gedanken zu einer Theologie der Stadtkirche

Wohin geht unsere durchkapitalisierte Welt, die uns täglich ihre Alternativlosigkeit predigt, während wir zugleich wissen, dass es so wie bisher nicht weitergehen kann? Wollen wir der Ökonomie weiterhin erlauben, unser Zusammenleben derart umfassend zu prägen? Was kann zum Gelingen des Zusammenlebens in der Stadt beitragen? Kann es die Architektur?

Rubin, der Altkommunist in Solschenizyns Roman „Der erste Kreis der Hölle" glaubt: „Ja, wenn das Richtige gebaut wird." Er träumt vom Bau einer weltlichen Kathedrale, die das moralische Wertgefüge der Gesellschaft vor dem Auseinanderbrechen bewahrt, indem sie dem, was die Stadt im Innersten zusammenhält, Raum gibt: Dem Schweigen, dem Fragen, dem Staunen, der Sehnsucht nach Transzendenz, dem öffentlichen Feiern – und über allem ein Hauch von Größe und Ewigkeit.

Doch weder der umbaute Raum, noch der Stadtraum sind für das Wohl oder Wehe des städtischen Zusammenlebens verantwortlich. Neuere soziologische Arbeiten belegen allerdings, dass soziale Strukturen sich sehr wohl als räumliche niederschlagen, und dass räumliche Strukturen in Form von Architektur bzw. im Stadtgefüge soziales Handeln prägen (M. Löw). So gesehen kann die Architektur dann doch dem Raum geben, was die Stadt rettet. „Die Erde zu retten, den Himmel zu empfangen, die Göttlichen zu erwarten, die Sterblichen zu geleiten" – das ist nach Heidegger das Wesen des Wohnens. Es muss in unseren Städten erlebbar bleiben und Raum haben, auf dass wir dort gut zusammen wohnen können. In den vergangenen Jahrhunderten gewährten vor allem die Stadtkirchen mit ihrer Perspektive auf die ganze Stadt dieser Essenz des Wohnens Raum. Die „gigantische Idee der Stadtkirche", deren Wiederentdeckung wir Wolfgang Grünberg zu verdanken haben, bildet die theologische Basis der Stadtkirchen und ihrer Arbeit. Wenn wir von Gott reden, sind wir auf Haftpunkte angewiesen, Orte, Topologien, an denen Menschen leben, denen die Gottesrede gilt. Der Haftpunkt einer Theologie der Stadt ist die Stadt. Eine Theologie der Stadt wird aber immer auch eine Theologie der Stadtkirche sein müssen, weil sie in der Stadtkirche eine Erfahrungsquelle besitzt, an der Kirche und Stadt von ihren Anfängen her aufeinander bezogen begegnen.

Fragmentarisch und dennoch paradigmatisch sei hier nun die Bedeutung einer Theologie der Stadt für Kirche und Stadt am Beispiel einer „kategorialen Ausdifferenzierung bzw. offensiven und kreativen Reformulierung der Idee der Stadtkirche" – bezogen auf den Bau einer neuen Kirche für Berlin – ausgeführt.

Im Herzen Berlins wurden unter einem Parkplatz Fundamente von vier alten Petrikirchen ausgegraben. Die Petrikirche gilt als Keimzelle und Urort Berlins. Die Ev. Kirchengemeinde St. Petri-St. Marien hat beschlossen, für diesen hochdramatischen und sensiblen Ort wieder die Verantwortung zu übernehmen, an alter Stelle eine neue Petrikirche zu erbauen und dafür ein neues Stadtkirchenkonzept zu entwickeln.

Die neue Petrikirche (PK) für Berlin – sie soll eine Kirche sein, die konzipiert und betrieben wird als epistemologische Baustelle und somit einem eher assoziativen, prozesshaft-eschatologischen Denken verbunden ist.

Bauen erweist sich dabei als ein eigener Erkenntnisweg. Es ist etwas anderes, Bibeltexte zu lesen und in Predigtform auszulegen als Bibeltexte zu lesen und das Gelesene dann in bauliche Gestalt zu fassen. Gelesen wird von links nach rechts. Gebaut wird von unten nach oben. Das Denken erhält eine neue Richtung, die die Wahrnehmung verändert. Geschrieben wird in Länge und Breite. Beim Bauen tritt als dritte Dimension die Tiefe hinzu. Der Bau als gebaute Predigt entfaltet sich in Relation zu seinem Umfeld, zur städtischen, gebauten Umgebung (Maßstab, Silhouette) und zu den natürlichen Bedingungen (Boden, Licht).

Das Bauen einer Kirche eröffnet zudem für zahlreiche Bevölkerungsgruppen neue Zugänge zu Glaubensthemen. An Baufragen Interessierte (z.B.: Männer jüngeren und mittleren Alters, Bauarbeiter und Ingenieure, Architekten, Stadtplaner, also Menschen, die häufig nicht in unseren Kirchen anzutreffen sind) gelangen im Gespräch mit dem kirchlichen Bauherren über baurelevante Dinge hin zu religiösen Inhalten. So ist beispielsweise ein Grundverständnis liturgischer Vollzüge für alle an einem Sakralbau beteiligten Personen und Gewerke unabdingbar. Von dort ist es dann nur ein kleiner Schritt zu den großen Diskussionen über Gott und seine Welt. Außerdem bietet das Planen und Bauen einer Kirche eine Fülle von Beteiligungsmöglichkeiten am kirchlichen Leben, die im Gemeindealltag üblicherweise nicht vorkommen. Es finden sich Tätigkeiten, die eher kirchenfernen Menschen entsprechen (z.B. Renderings erstellen, Bagger fahren, Lichtkonzept erarbeiten, Fundamente sichern…) und ihnen ermöglichen, auf ihre Weise die Sache der Kirche aktiv unterstützen.

Die PK soll ein Projekt werden, das mutig und voller Glaubenszuversicht eine Leerstelle inmitten der Stadt besetzt. Aus ihm spricht die Überzeugung, dass die Kirche der Stadt zugute eine Menge zu sagen hat. Sie sichert so der Stadt Raum für eine qualifizierte Öffentlichkeit. Raum, der ansonsten wohl der weiteren Kommerzialisierung des öffentlichen Lebens anheim fiele. Aufgrund ihrer Lage in einem urban verdichteten Kerngebiet und aufgrund ihres Nutzungskonzeptes, das diesen Kirchraum in kommunikativem Aufgeschlossensein für Neues, Fremdes, Visionäres als Ort der Möglichkeiten erweist, wird die PK ein Ort sein, an dem stetig neue Ideen und Projekte generiert werden. Der Stadt und auch der Kirche als Institution und den anderen Religionen erwächst so ein kritisches Gegenüber. Es ist zu hoffen, dass sich Stadt und Kirche an der PK reiben und auf diese Weise positive Energie freigesetzt wird. Die PK wird auch ein

Ort des haereticus toleratus sein (R. Meister), an dem die Theologie des Irregulären die Botschaft weitet und im Zweifelsfall aus dogmatischen Ummauerungen befreit. Ein Ort, an dem Neubeschreibungen gewagt (in der Baugestalt und mit dem Nutzungskonzept) und damit Veränderungen möglich werden.

Das Projekt PK macht sich ein Thema zu Eigen, das die Idee der Stadtkirche weiterführt und auf die tendenziell säkulare Stadt hin entfaltet. Ein Zukunftsthema ist in Berlin das wachsende Bedürfnis, einen gemeinsamen modus vivendi der Religionen in und mit der Stadt zu finden. Ein solcher könnte, bezogen auf eine baulich-symbolische Artikulation der drei abrahamitischen Religionen (der prägenden religiösen Kräfte), auf der Ebene des Stadtganzen und d.h. im Zentrum der Stadt durchbuchstabiert werden. Gesucht wird demnach ein Gotteshaus, das die drei monotheistischen Religionen gemeinsam konzipieren, bauen und verantworten. Ein Gotteshaus, das einem Miteinander von Menschen unterschiedlicher religiöser oder weltanschaulicher Prägung auch in räumlicher Hinsicht versucht, gerecht zu werden. Dabei geht es nicht um die Verunklarung der je eigenen religiösen Prägung, sondern darum, diese im Angesicht anderer Religionen und zugleich auf der Agora der Stadtöffentlichkeit deutlich zu machen. Wenn es gelingt, die gemeinsame Planung des Baues und seiner Nutzung als Lernprozess exemplarisch im Zentrum der Stadt, in großer Offenheit und Öffentlichkeit zu vollziehen, wenn es gelingt, gemeinsam für andere da zu sein und die Vertreter der drei Religionen so miteinander reden und feiern, dass nach Religion fragende Menschen es positiv wahrnehmen, hinzutreten und dann (drei) erste Antworten hören und ermutigt werden weiterzugehen – in die nächste Kirche, Moschee oder Synagoge, wenn dem so ist, dann wird Berlin an diesem seinen Urort Zukunft gewinnen und das Beste der Religionen zum Besten der Stadt erleben können.

Parallel zu dieser inhaltlichen Dimension des Projektes PK besteht die Herausforderung darin, eine Formensprache zu finden, die diesen Inhalten gerecht wird. Es geht um nichts weniger als um das Errichten eines Sakralgebäudes des 21. Jahrhunderts, oder etwas poetischer: Um unsere Vision vom gebauten Himmel inmitten von Berlin, zur Zierde und zum Wohl der Stadt.

Im Unterschied zur wenige hundert Meter entfernten Baustelle, auf der gerade die Rekonstruktion des Schlosses (Humboldtforum) beginnt, ist für die neue Petrikirche eine zukunftsfähige Gegenwartsarchitektur auf höchstem Niveau gefragt.

In späteren Jahren dann wird die Idee der Stadtkirche weiter ausdifferenziert werden – hin zu einer weltlichen Kathedrale. Sie bleibt dabei dem gotischen Prinzip verpflichtet, d.h. als generationenübergreifendes Projekt, als Gemeinschaftsaufgabe, wird sie Gerechtigkeit, Frieden und die Tempellosigkeit der himmlischen Stadt, wo immer es geht, antizipieren.

Eine weltliche Kathedrale wird ein Ort sein, an dem das, „was über diese Welt hinaus ist, […] im Evangelium für diese Welt da sein" will (Bonhoeffer). Eine weltliche Kathedrale wird nichtreligiöse Bauformen aufweisen, die die Botschaft des Evangeliums religionslos erschließen helfen, die es ermöglichen, religiös geprägte Begriffe weltlich zu interpretieren und auf diese Weise der großen bedingungslosen Einladung unseres Herrn, die an alle Welt ergeht und jeden Menschen meint, verpflichtet bleiben können. Das Ganze wird dann wohl eine visionäre und provozierende bonhoeffersche Suchbewegung mit zumthorschen Ausmaßen, geprägt von grünbergschen Ideen werden.

Wir spazierten von der Parochialkirche, Berlins erster Barockkirche, die ein Vorfahr von Wolfgang Grünberg errichtet hat, durch die lädierte begrabene Mitte Berlins hin zum Petriplatz. Dort, wo einst Berlin geboren ward und wo vier Kirchen dem genius loci Sprache geliehen haben, an diesem tristen und traurigen, von Verkehr umtosten Platz, standen wir und Wolfgang Grünberg sah sie vor sich: Die neue Petrikirche, wie sie vom Himmel herab schwebte, geschmückt wie eine Braut, geschmückt für Berlin, er sah sie und schwärmte und sprühte vor Begeisterung und Ideen und dann …sah ich sie auch.

Danke Wolfgang, du Prophet und Baumeister der Idee der Stadtkirche, danke!

Maria Jepsen

Ninive – New York

Biblische Visionen von der Stadt

1.

„Es sollen hinfort wieder sitzen auf den Plätzen Jerusalems alte Männer und Frauen, jeder mit seinem Stock in der Hand vor hohem Alter, und die Plätze der Stadt sollen voll sein von Knaben und Mädchen, die dort spielen." (Sacharja 8)

Diese alte Vision Sacharjas war natürlich nicht als Anweisung für Architekten und Stadtplaner gedacht. Doch es wäre schön, wenn die sich diese Verse des Propheten auf einen Zettel abschrieben und griffbereit in der Jackentasche bei sich trügen, als Maxime all ihren Tuns. Denn das ist ein gutes Ziel: Städte zu entwerfen und zu bauen, in denen man gerne wohnen und leben mag von klein auf an bis ins hohe Alter hin. Und es auch kann.

Und Architekten und Stadtplaner sollten sich dann auch noch auf einen anderen Zettel schreiben, was dann geschehen könnte mit ihren Städten: Dass man sich zu ihnen hin aus vielen anderen Städten auf den Weg macht, wie damals hin zu Sacharjas vorgestelltem Jerusalem: „Zu der Zeit werden zehn Männer aus allen Sprachen der Heiden *einen* jüdischen Mann beim Zipfel seines Gewandes ergreifen und sagen: Wir wollen mit euch gehen." Selbst Tyrus verlassen sie, wo „Silber wie Sand und Gold wie Dreck auf der Gasse" liegt. Einer immer vorweg und zehn hinterher, von allen Seiten her, Norden und Süden und Westen und Osten, auf die gute Stadt zu. Das ist die fröhlichste Umkehr des Bildes vom Rattenfänger von Hameln, die man sich vorstellen kann. Wer nur einmal diese vielen kleinen Elfertrupps unterwegs nach Jerusalem innerlich vor Augen gehabt hat, vergisst sie nie mehr. Der denkt, wenn es um heutige Städte und ihre Chancen und Probleme geht, auch an diese endzeitliche Version Sacharjas.

2.

Ob Erwin Chargaff Sacharjas Vision verinnerlicht hatte? Er grummelte einmal, wie es seine Art war: „Wer durch einige unserer großen Städte gegangen ist, könnte Dante einiges erzählen."[1] Und er nennt dann auch seine „drei Merkmale, um den Zivilisationsstand eines Volkes zu ermitteln: (1) wie es seine Bäume behandelt; (2) wie es mit seinen Kindern und seinen alten Leuten verfährt; (3) wie es zu seiner Sprache steht. Ich trete also für den Respekt vor der Hilflosigkeit ein […]."[2]

Da sind sie wieder: Sacharjas alte Leute und Kinder. Für die darf die Stadt keine Hölle sein.

Nun, Chargaff lebte in New York, einer Stadt, von der Kinky Friedman knapp befindet: „Ein Kind sollte nicht in New York aufwachsen. Es sollte versuchen, *sonstwo* aufwachsen."[3] Nur nicht dort. Er illustriert das auf seine Art: „Einige Leute erwachen vom Klang der Kirchenglocken. Einige vom Gesang der Vögel. Doch in New York erwacht man vom Lärm der Müllwagen."[4] Was immer noch eine sehr freundliche Darstellung der Probleme einer Großstadt ist.

Doch Kinder als Maßstab der Güte einer Stadt anzuführen, der Gedanke ist auch Friedman nicht fremd.

Zurück über den großen Teich nach Europa. In der ZEIT berichtete Hanno Rauterberg: „Als Tony Blair zu seiner ersten Amtszeit antrat, gründete er eine Urban Task Force, geleitet von Richard Rogers, und dieser formulierte eines der wichtigsten Leitziele für die Stadt von morgen: Jedem Kind solle es möglich sein, allein und ungefährdet von der Wohnung zur Schule zu gehen."[5] Das ist schön, sacharjanisch schön.

---

[1] Erwin Chargaff, Ein zweites Leben, Stuttgart 1995, 103.
[2] Erwin Chargaff, Brevier der Ahnungen, Stuttgart 2002, 98.
[3] Kinky Friedmann, Straßenpizza, München 2000, 31.
[4] Kinky Friedmann, Greenwich Killing Time, Zürich 1992, 10.
[5] DIE ZEIT, Hamburg, 2.5.2002.

Mag sein, dass Blairs Ansinnen sogar sinnvoller ist als die Idee der kleinen litauischen Stadt Salcininkai. Die hat 6600 Einwohner. Deren Stadtrat ernannte Jesus zu ihrem König, um ihre Bewohner zu erbauen und zur Einhaltung der zehn Gebote zu ermuntern. „Damit erklären wir ihn feierlich zu unserem Herrscher und Beschützer", verkündete der Bürgermeister, nachzulesen in der WELT vom 31.12. 2009.[6]

Genug der Zitate aus der Literatur und Presse. Wir wissen nicht, wie genau Bibel funktioniert, wie ihre Sätze und Geschichten und Gedanken sich auswirken. Das Gleichnis von der vielerlei Saat sagt einiges darüber. Doch Sacharjas Zitat – es fällt auch auf gutes Land.

3.

Ganz abgesehen davon, dass die Bibel Kain als ersten Städtebauer der Welt erwähnt, dass von ihm her die Linien zu ziehen sind sowohl zu Städten wie Jerusalem wie zu Babel und Ninive:

Ajin, Jod und Resch, die Konsonanten für das hebräische Wort „Stadt" haben bei gleicher Vokalisation noch eine andere Bedeutung: Sie stehen auch für „Glut, Zornesglut und Leidenschaftlichkeit."

Das ambivalente Reizpotential einer Stadt, ihr Liebreiz und ihr Anreiz, liegen, über alle etymologischen Bedenken hinweg, schon in dieser eigenartigen Kongruenz der alten Laute. Heil und Unheil, Sehnsucht und Enttäuschung liegen so nahe in ihr wie die Buchstaben eines Wortes beieinander. Städte: Man weint über sie, man besingt sie. Man besucht sie, man verflucht sie.

4.

Aus biblischer Sicht sei festgehalten: Die Sehenswürdigkeiten der Stadt sind ihre Menschen. Nicht die Gebäude. Parkanlagen. Rathäuser. U-Bahnen. Flugplätze. Akademien. Musikhallen. Kinopaläste. Einkaufspassagen. Alsterdampfer. Kirchtürme. Frühjahrsdome. Sportarenen. Salons. Kneipen. Theater. Türme. Kathedralen. Noch die Fabriken.

Die Sehenswürdigkeiten einer Stadt sind ihre Menschen. Alle. Ohne Ausnahme. Auf sie geht Gottes Blick. Ob sie in Villen wohnen oder in Mansarden, auf dem Kiez oder am Stadtrand. Ob sie Alteingesessene sind oder Zugezogene. Bettler oder Senatoren. Yuppies sind oder Malocher im Blaumann. Süchtig sind oder satt. Jammernde oder Lachende. Papiere haben oder keine.

Da ist kein Mensch, den Gott nicht seines Blickes würdigen würde, seines gnadenvolles Blicks. Damit es werde nach allen Zerstörungen und Verwerfungen, wie Sacharja es sagte in seinem Diktum von den Alten und den Kindern: Eine entspannte Stadt mit Raum und Glück für Jung und Alt.

„Erscheint dies auch unmöglich in den Augen derer, die in dieser Zeit übrig geblieben sind von diesem Volk, sollte es darum auch unmöglich sein in meinen Augen?, spricht der HERR Zebaoth."

5.

Und unser Beitrag dazu, das Unmögliche möglicher zu machen? Wir müssten uns das Wohlwollen Gottes zu Eigen machen, wir, als Einzelne. „Es steht immer ein Mann und keine Behörde dahinter, wenn etwas Großartiges geschieht", vermutete schon Rudolph Giuliani, der Bürgermeister New Yorks. Es kann natürlich auch eine Frau sein. Wir sehen nicht alle, aber unsere Nachbarn, nach alter Claudiusart in den Blick genommen, sind unsere Sehenswürdigkeiten. Und eine Zeit lang könnten wir – Jesus hätte sicher nichts dagegen – den Wortlaut seines Gebotes ein wenig abwandeln in: Du sollst deinen Nachbarn und deine Nachbarin lieben wie dich selbst. Das wäre ein guter Stadtplan.

---

[6] DIE WELT, Berlin, 31.12.2009.

Benita Joswig

Öffentlich – Privat

LeseZeichen – ein Kunstprojekt dem Lesen zu Liebe

Szene: Es dämmert, die Laternen gehen an, langsam wird es dunkel. In verschiedenen Straßenzügen der Stadt Heidelberg, auf der Alten Brücke, oben auf dem Philosophenweg sitzen Menschen auf einem selbst mitgebrachten Stuhl und lesen.

Ganz privat im öffentlichen Raum, umrissen vom Lichtkegel des Lampenlichts ist der Mensch versunken in die Lektüre. Passanten bleiben stehen, sehen die Lesenden, gehen vorüber oder sprechen sie an: „Was lesen sie denn?"... Wer will, antwortet, ein Gespräch entsteht und dann wird sich wieder in das Buch vertieft.

Die Bühne strahlt und zieht ihre Lichtkreise. Menschen allen Alters lesen und erwecken das Stadtbild unter der Laterne zur kleinen Bühne – ganz öffentlich. Und doch mutet es privat – fast heimisch – an und darin liegt der Reiz der gesamten Inszenierung.

Zu einer bestimmten Zeit finden auf der Straße (Vor)Lesungen unter bestimmten Laternen statt. Es entstehen kleine Lesebiotope, nicht im Sonderraum der Schule, Akademie oder Universität, sondern mitten auf dem Bürgersteig unter freiem Himmel.

Das Projekt ist ein LeseZeichen, ein kleiner Impuls, den ich Mankells Film „Mein Herz schlägt in Afrika" entnommen habe, wo eine Frau in Timbukto (Mali)[1], die nachts nicht schlafen kann, kein elektrisches Licht zu Hause hat und sich wie andere auch unter die Straßenlaterne setzt, um in der warmen Luft zu lesen. Lesen hat Tradition in Mali.

Diese Geschichte – so Mankell – werde aus Afrika selten erzählt, das Erleuchtung und Wissen sucht und auch aus der Vergangenheit für die Zukunft lernen möchte.

---

[1] Timbuktu war vom 11. bis ins 15. Jahrhundert eine Universitätsstadt mit etwa 20 000 Studenten und zahlreichen Bibliotheken, die zu den größten der damaligen Welt zählten. Sie ist bis heute in der Geschichtsschreibung europäischer Prägung weitestgehend ausgeblendet.
Der arabische Reisende und Geograph Johannes Leo Africanus beschrieb die Stadt als Zentrum für Doktoren, Richter und andere Gelehrte. Ab dem Jahr 1591 verlor Timbuktu durch die Eroberung der marokkanischen Armee an Bedeutung und unter französischer Herrschaft verfiel Mali immer mehr der Armut und der Isolation. Seit 1959 ist Mali unabhängig und ist dabei seine eigene Identität zu finden und eine selbstbewusste Nation zu werden. Vgl.: http://bibliothekarisch.de/blog/2010/03/09/bibliotheken-in-der-wueste-am-beispiel-der-stadt-timbuktu-mali.

Rudolf Kelber — Laut – Leise

Blues

♩=96 *stile del "Blues"* Bluesartig

Vibraphon

Mezzosopr. solo:
Er ist das Licht der Blin-den er-leuch-tet ihr Ge-sicht, und die sich schwach

Kbass pizz.

be-fin-den die stellt er auf-ge-richt' er lie-bet all die From-men:

und die ihm gün-stig sind die fin-den, wann sie kom-men an ihm den be-sten Freund

Improvisation (z.B. ein Chorus Vibraphon)

gm — dm — Eb7j — D — cm F7 Bbm — F

dm7 — G7 — C — fm — Bb — Eb — cm — D7

Großer Chor: Alt
Er

gm — cm D7 — gm — dm — Eb7j cm 4 D — gm

für Wolfgang Grünberg 2010 von Rudolf Kelber

Aria

Text: Paul Gerhardt

Hier sind die treu-en Sin-nen, die nie-mand Un-recht tun: all denen Gutes gön-nen, die in der Treu be-ruhn. Gott hält sein Wort mit Freu-den und was er spricht, ge-schieht, und wer Ge-walt muss lei-den, den schützt er im Ge-richt.

Josef Kirsch

Auto – Öffi

Über das Geheimnis Gottes im ÖPNV

Auto oder Öffi, das ist für mich seit langem keine echte Ambivalenz, auch keine Alternative. Seit 30 Jahren besitze ich kein Auto mehr, benutze also die öffentlichen Verkehrsmittel. Natürlich ist das der Luxus desjenigen, der im Zentrum von Hamburg zwei Minuten von der nächsten U-Bahnstation entfernt wohnt. Natürlich ist es die Überheblichkeit desjenigen, der keine Tagung besucht, die nicht mit öffentlichen Verkehrsmitteln zu erreichen ist. Es ist das Privileg des Städters. Als ich mein Auto abschaffte, hatte ich viele gute Gründe: ökologische Gründe, finanzielle Gründe, auch Zeitgründe. Diese Gründe sind gut und unbestreitbar, auch der letzte, denn in den Öffis kann man arbeiten, was man im Auto nur dann kann, wenn man in der Position ist, einen Chauffeur zu haben. Natürlich sind die Verspätungen, die Ausfälle, das Verpassen von Anschlusszügen unangenehm. Aber wenn ich Bilanz ziehe, erscheinen mir die Unannehmlichkeiten des Autos größer, die Staus, die Unfälle, die Reifenpannen, der plötzliche Motorschaden.

Es ist dann aber bald ein weiterer Grund hinzugekommen, der mir vorher nicht so klar war: Ich habe teil an einer öffentlichen Kommunikation. Ich gestehe, dass auch dieses manchmal lästig ist. Handys im Zug sind störend, und manchmal werde ich gezwungen, Privatgesprächen zuzuhören, deren Zeuge ich nicht sein möchte.

Trotzdem, es rührt mich an, wenn ausländische Eltern und ihre Kinder in zwei verschiedenen Sprachen miteinander sprechen. Ich verstehe nur den Part der Kinder, die deutsch reden. Es berührt mich auch, wenn zwei Jugendliche sich erregt in einer mir unverständlichen Sprache miteinander unterhalten, und das einzige mir verständliche, immer wieder zu hörende Wort „Staatsanwalt" ist. Beide Kommunikationen wecken Phantasien bei mir, von denen ich natürlich nicht weiß, ob sie zutreffen, aber sie machen mich nachdenklich und manchmal empfinde ich sie als schmerzhaft.

Ich treffe Menschen. Oftmals sind es flüchtige Begegnungen. Manchmal, ganz selten, entstehen aber auch dauerhafte Beziehungen. Es ergeben sich Gespräche. Oftmals sind sie belanglos, manchmal aber sehr intensiv unter dem Druck der knappen Zeit. Die Erkenntnis, dass z.B. der Wechsel von Ordinarium und Proprium in der Liturgie, also der Wechsel der immer bleibenden und der sonntäglich wechselnden Stücke des Gottesdienstes einen therapeutischen oder seelsorgerlichen Aspekt hat, habe ich in einem zufälligen Gespräch in der U-Bahn über Musiktherapie gewonnen.

Ich treffe Freunde oder alte Bekannte, aber vor allem habe ich – ganz ungewollt – teil an der Kommunikation anderer, Kommunikation, die theologisch bedeutsam sein kann. Ich meine jetzt nicht, Gespräche, die einen unmittelbaren Bezug zu Glauben und Kirche haben – die gibt es auch erstaunlich oft –, sondern Kommunikation zwischen Kirche und Welt, verhüllte, implizite Theologie.

Weihnachten

Ich fahre im März mit dem Bus den Winterhuder Weg entlang und ein älteres Ehepaar unterhält sich, knapp, mit langen Pausen.

> Sie: Du hast das ganze Marzipan aufgegessen.
> Er: Ich dachte, dafür sei es da.
> Sie: Auch die Nüsse hast du aufgegessen.
> Er: Für die gilt das gleiche.
> Sie (erregt): Du musst dir das einteilen. Es gibt erst zu Weihnachten wieder Neues.
> Er (nach langer Pause): Du weißt gar nicht, wie blöd du bist.

Natürlich ist das Gespräch komisch, aber auch resigniert, schmerzhaft und am Ende für den Hörer schockierend.

Es geht um Genießen und Maßhalten, um Übergriff und Abwertung, und natürlich um Weihnachten. Ich weiß nicht, welche Bedeutung Weihnachten im letzten für diese Frau und diesen Mann hat. Die Frau verbindet damit auf jeden Fall Nüsse und Marzipan. Nüsse und Marzipan scheinen etwas Besonderes zu sein, das man sich einteilen muss. Der Mann macht es zum Alltag und hält seine Frau für blöde, weil sie es anders sieht.

Wenn Gott Mensch wird, wenn das Wort Fleisch wird, dann ist das in extremer Weise etwas Besonderes, Unglaubliches und zugleich muss es Alltag werden. „Jeder Tag ist Weihnachten" habe ich einmal in einer Heiligabendpredigt gehört. Es wäre wunderbar, wenn dieses ohne Verletzungen gehört und geglaubt werden könnte.

Ostern

Ich fahre im Bus in Richtung Schlump. Hinter mir sitzen eine alte und eine junge Frau. Die junge Frau ist Griechin, die alte Hamburgerin. Die orthodoxe Christenheit hatte wenige Tage zuvor Ostern gefeiert.

Auf einmal sagt die junge Frau: Christ ist erstanden. Ist das nicht wunderbar? Und die alte erwidert: Ich bin Hamburgerin. Ich sehe das nicht so eng.

Dieser kleine Dialog ist grotesk und reizt vielleicht zum Lachen. Die junge Frau verkündet das Grunddatum des christlichen Glaubens, das befreiende Ereignis der christlichen Überlieferung. Und die alte Frau möchte das nicht so eng sehen. Das ist die Groteske, die zum Lachen reizt. Die junge Frau verkündet die Botschaft des Evangeliums in der traditionellen Sprache der Kirche, die ihr unbestreitbares Recht hat, aber auch ihre Grenze. Die alte Frau findet dieses zu eng. Es hätte mich sehr interessiert, welche Sprache die alte Frau weit und befreiend gefunden hätte. Im Bus lässt sich das nicht klären. Schade. Mir bleibt nur meine Phantasie, wie Auferstehung für die Frau vielleicht Gestalt gewinnen könnte.

Pfingsten

Wie gesagt, in den Öffis kann man arbeiten. Ich habe mir angewöhnt, meine Predigten in öffentlichen Verkehrsmitteln zu verfassen; nicht die exegetischen Vorarbeiten, aber das, was dann auf der Kanzel gesagt werden soll. Während ich nachdenke und schreibe, schaue ich mir die Leute an, die um mich herum sitzen mit ihren Gesichtern, ihren Augen, die interessiert wirken oder gelangweilt, klug oder abgestumpft, aufmerksam oder müde, herausfordernd oder verschlossen. Ich überlege, was sie sagen oder denken würden, wenn sie diese Predigt hören könnten. Natürlich werde ich es nie wissen, aber ich habe meine Phantasien. Die nötigen dann oftmals, anders zu formulieren, weltlicher, einfacher, klarer, manchmal auch frömmer, bekennender.

Mir fällt ein Gespräch ein, das im Zug auf der Fahrt von Rotterdam nach Hamburg stattfand.

Ich arbeite an einer Predigt. Mir gegenüber sitzt ein junges niederländisches Paar. Auf der Höhe von Utrecht spricht der Mann mich an, unvermittelt und überraschend vertraulich:

> Wat schrijf je eigenlijk de hele tijd? (Was schreibst du eigentlich die ganze Zeit?)
> Ik zit een preek te maken. (Ich mach eine Predigt)
> En waar hou je die dan? (Und wo hältst du die?)
> In Hamburg. (In Hamburg)
> In Hamburg? In het Duits? (In Hamburg? Auf Deutsch?)
> Ja, uiteraard in het Duits. (Ja, natürlich auf Deutsch)
> En waarover gaat het dan? (Und worum geht es?)

Ich muss zugeben, dass es für mich keine angenehme Situation war, vor den Ohren anderer Reisender einem sehr sympathischen, aber völlig unkirchlichen jungen Niederländer zu erzählen, zu erklären, was ich predigen wollte. Es hatte ungewollt Ähnlichkeit mit einer Missionssituation, in der das Evangelium Menschen verkündigt wird, die mit dem Namen Jesus gar nichts oder fast nichts verbinden. Was diesen jungen Mann an der Predigt eines ausländischen Pastors interessierte, habe ich nicht verstanden. Ich habe auch nicht danach gefragt Aber ich denke, dass dieses Gespräch der Predigt gut getan hat und meine Phantasie ist wohl nicht zu weitgehend, wenn mir einfällt, dass der Heilige Geist weht, wo er will.

Lieber Wolfgang, ich weiß, wie sensibel Du bist für die Sprache der Welt und für das Geheimnis Gottes in dieser Sprache. Ich habe den Eindruck, dass diese Sprache in den öffentlichen Verkehrsmitteln gegenwärtiger ist als im Auto.

Inge Kirsner

Real – Virtuell

Zwischen Berlin, Sin City und Jerusalem. Menschen- und Gottesgeschichten im Film

Seit 2008 leben mehr Menschen in Städten als auf dem Land, Tendenz steigend. Was verkörpert die Stadt? Welche Heilserwartungen sind mit Städten verknüpft, und wie verhalten sich diese zu jüdisch-christlichen Erlösungsvorstellungen? Was davon ist in Spiegeln der Gesellschaft wie dem Film zu finden, wie zeigt sich hier das Bild der Stadt? Welche Verbindungen oder Dissonanzen es gibt, diesen Fragen wollen wir im Folgenden zunächst biblisch, dann anhand von Filmbeispielen nachgehen.

Von Kain wird in Genesis 2 erzählt, er sei hinweg gegangen vom Angesicht Gottes und habe gewohnt im Lande Nod, jenseits von Eden. Der Brudermörder ist ein von seiner Tat Fort-Getriebener und von Gott Gezeichneter, der durch dieses Kainsmal aber auch geschützt ist. Von seinen Kindern, die jenseits von Eden aufwachsen, wird berichtet, sie hätten Städte gebaut (1. Mose 4, 17); sie seien Musiker geworden, Zither- und Flötenspieler gewesen, und hätten die Kulturtechnik der Schmiedekunst entwickelt (Gen 4, 19–22). Mit Kain beginnt die Kulturgeschichte der Menschheit. Es gibt also keine Kultur, die nicht das Kainsmal auf der Stirn trägt. Die Stadt als Kulturraum ist die Gezeichnete wie die Geschützte. Und wie bei ihrem Erbauer ist die Sünde nicht fern: Ist die Stadt zunächst Schutzraum für die einst Wandernden, potenzieren sich in ihr die menschlichen Möglichkeiten und damit auch Versuchungen. Als die Menschen, so wird in 1. Mose 11 berichtet, nach der Sintflut wieder Fuß gefasst hatten und viele geworden waren, beschlossen sie, eine

Stadt und einen Turm zu bauen. Dieser Turm ist das erste städtische Hochhaus, Babylon eine der ersten Großstädte[1] – und seit der babylonischen Sprachverwirrung ist Pluralismus in der Stadt Programm, wie es im Filmtitel „Lost in Translation" anklingt.

Sollte die Spitze dieses ersten Turms von der Erde bis an den Himmel reichen, so wird später mit der Jakobsleiter eine Verbindung vom Himmel bis zur Erde geschaffen. Dem gescheiterten Versuch wird in 1. Mose 28, 10ff. die göttliche Verheißung gegenübergestellt. Als Mittler zwischen Mensch und Gott gelten die Engel, und in Wim Wenders Filmen „Der Himmel über Berlin" (BRD/Frkr 1987) und „In weiter Ferne, so nah" (D 1993) schauen die zwei Engel Damiel (Bruno Ganz) und Cassiel (Otto Sander) von Hochhäusern und Siegessäulen aus auf das Treiben der Menschen.

Die erste Filmstadt: Berlin

Hauptfigur in Wenders Film ist Berlin, denn er sieht „Städte auch [als] eine Art Person. [...] Es gibt Städte, die nehmen einem ständig alle Energie weg, so wie auch Menschen, und es gibt Städte, die einen ständig animieren zum Denken, zum Phantasieren. Also Städte haben in vieler Hinsicht ihren eigenen Charakter und sind wirklich wie zusätzliche Hauptdarsteller in jedem Film für sich."[2]

Für diesen Film wählte Wenders das damalige Berlin, weil er die geteilte Stadt als stellvertretenden Ort für die Welt sieht. Sie ist so gespalten wie unsere Welt und unsere Zeit. Sein Film über Berlin zeigt dieses aber aus der Sicht von Engeln. Diese wurden von Gott nach Berlin als den schlimmsten Ort der Welt verbannt, nachdem sie Gott widersprochen hatten, weil er sich – enttäuscht von den Menschen – von der Welt abwandte. Damiel und Cassiel aber wenden sich den Menschen zu und beneiden sie immer mehr um ihre Erdhaftigkeit. Damiel verliebt sich sogar in ein menschliches Wesen. Das Ganze wurde so zu einer Liebeserklärung an die Stadt.

Die Engel beantworten das Abwenden Gottes mit ihrem eigenen Hinwenden zu den Menschen und ihrer dichtesten Manifestation, der Stadt. Doch dort, wo Engel sind, sind im Film auch die Dämonen nicht weit. Die Stadt hat himmlische Möglichkeiten, doch wird sie im Reich des Films schnell zum Umschlagplatz der Hölle.

„City of God"

„City of God" heißt der Debütfilm von Fernando Mereilles (Brasilien/Frkr./USA 2003[3]), und er spielt am Rande der Hölle, in den Favelas von Rio de Janeiro.

„Geschichten aus der Stadt Gottes" (Berlin 1996), der Città del Dio, hatte Pier Paolo Pasolini seine in Rom spielenden Erzählungen genannt, deren Hauptakteure aus den Borgata, den Vororten Roms, stammen. Die Grundstimmung der literarischen wie der filmischen Erzählung ist identisch: Sie ist grundiert von der verzweifelten Vitalität der Slumbewohner, die meist in die Kriminalität führt. Auswege gibt es kaum, es gibt nur die Flucht aus dieser Hölle. Die Hauptfigur Buskape in „City of God" verschafft sich Distanz, indem er seine Kamera als Waffe einsetzt. Fotografierend dokumentiert und schützt er sich, um sich später woanders ein eigenes Leben aufzubauen.

---

[1] Babylon hat um 1800 v.Chr. rund 300 000 Einwohner!
[2] Vgl. dazu: Martina Löw, Soziologie der Städte, Frankfurt/Main 2008: Löw nimmt hier die Stadt als Erkenntnisgegenstand ernst und entfaltet die These, dass sich urbane Entwicklungen nur dann erklären lassen, wenn man die „Eigenlogik" von Städten begreift. Um zu verstehen, wie eine Stadt „tickt", welche Ideen in ihr generiert, welche realisiert und schließlich akzeptiert werden, muss man sie wie einen Organismus betrachten, der einen Charakter ausbildet und über eine eigene „Gefühlsstruktur" verfügt, die in Städtebildern gefasst und in Alltagsroutinen reproduziert werden. Anhand zahlreicher empirischer Beispiele entwickelt Martina Löw die Grundlagen für eine differenztheoretische Stadtsoziologie, in der Städte auch als eigensinnige Objekte begriffen werden.

[3] Der Film basiert auf der Erzählung von Paolo Lins, Die Stadt Gottes, 2004.

Sin City – Gotham City

Sodom und Gomorra können als biblische Vorbilder dieser Städte und ihrer Vorstädte gesehen werden – Rom als (ehemalige?) Stadt Gottes, Rio de Janeiro als gottverlassene Stadt, in der die Menschen sich gegenseitig ausgeliefert sind. Zwischen gegenwärtigen babylonischen Türmen aber tummeln sich sowohl Superhelden wie auch Superschurken, oft in Verfilmungen von Comics. Millers „Sin City" ist hier einer der ästhetisch innovativsten Filme. „Sin City" könnte aber auch als Kürzel für die anderen Städte stehen, allen voran Gotham City, Heimatstadt von Batman. Sie ist natürlich New York; die Fantasy-Elemente aber stammen aus „Metropolis", der Superstadt aus Deutschland, die in den 20er Jahren in dem Film von Fritz Lang neue Maßstäbe setzte. Architektonisch hat sie die meisten (Fantasy-)Filmstädte beeinflusst – am herausragendsten in Ridley Scotts „Blade Runner".

Gotham City steht nicht nur für die Stadt, sondern für die Welt der Zukunft, in der es gilt, das Böse mit den eigenen Waffen zu schlagen und also nicht nur moralisch, sondern vor allem technologisch den destruktiven Kräften überlegen zu sein.

Die Stadt ist das wirtschaftliche Zentrum, und der Kapitalismus baut hier seine Kathedralen, Bauwerke zum Ruhm des Geldes, in dessen Natur es liegt, wachsen zu wollen, während alles andere abnehmen muss. Batman kann es sich leisten, ganz andere Ziele zu verfolgen, wie z.B. Wirtschaftsverbrecher der Polizei auszuliefern. Solche Jagden werden uns in „Dark Knight" (Christopher Nolan, USA 2008) nicht nur in Gotham City, sondern auch in realen Städten der Zukunft wie Hong Kong gezeigt.

Viel bedrohlicher wird es da, wo es dem Bösen nicht um Geld geht: der Joker, der eigentliche Feind Batmans, will nur spielen, und für seine grausamen Inszenierungen braucht er die Stadt mit ihren Ansammlungen von Menschen und Möglichkeiten, um diese gegeneinander auszuspielen. Um ihn zu besiegen, muss Batman tun, was nur in einer Stadt möglich ist, abtauchen, seine Anonymität bewahren. Er muss sogar seinen Heldenstatus opfern, um zu tun, was nötig ist, er muss fremde Schuld auf sich nehmen und sagt von sich: „Ich bin, was immer Gotham braucht. Die Wahrheit ist nicht immer gut genug; manchmal verdienen die Menschen mehr: Dass ihr Vertrauen belohnt wird." Vielleicht meint Batman hier das Vertrauen, von dem auch die Bibel zeugt: Der Glaube daran, dass am Ende alles gut werden wird (wenn auch der Garant für ein solches Vertrauen nicht mehr Gott, sondern der Mensch sein muss). Oder dass, zumindest, nicht der Tod, sondern das Leben siegen und der zerstörerische Prozess umgekehrt wird, dem zufolge „der letzte Anlegeplatz nur die Höllenstadt sein kann und die Strömung uns in einer sich stets verengenden Spirale dort hinunterzieht", wie Italo Calvino in „Die unsichtbaren Städte" schreibt. Um dies zu erreichen, sucht Batman, „wer oder was inmitten der Hölle nicht Hölle ist, und ihm Bestand zu geben".[4]

New York – Jerusalem

Von einer heilsträchtigen Verbindung erzählt Abel Ferraras Film „Mary – This is my Blood" (USA 2005), nämlich von einer Verschränkung zwischen Tradition und Gegenwart, zwischen Jerusalem und New York. Hauptfiguren sind ein TV-Talkmaster, der in seine Serie über die Religionen GesprächspartnerInnen einlädt, sowie die Hauptdarstellerin eines neuen Jesusfilms, die nach Abschluss der Dreharbeiten in Jerusalem geblieben ist. Auf dem Nachhauseweg aus dem Studio schaut sich der TV-Moderator Ted Younger Nachrichten aus Palästina an – schnitttechnisch nehmen wir am Geschehen zwischen beiden Städten gleichzeitig teil und sehen Younger durch das nächtliche New York fahren, während er im Laptop sieht, wie ein Zivilist, der Vater eines Jungen, der bei ihm ist, während eines Straßenkampfes erschossen wird. Ebenso gleichzeitig wird das

---

[4] Italo Calvino, Die unsichtbaren Städte, München 1977, 192.

Jesusgeschehen, wenn die Filmausschnitte des Films „This is my blood" in die gegenwärtige Handlung eingeschnitten werden. Die Botschaft wird gegenwärtig, so, wie die Maria-Magdalena-Darstellerin Marie Palesi ihre Rolle als Führerin in ein neues Glaubensverständnis erlebt. Das Erleben beider – Palesis Erfahrung mit einem Bombenattentat in Jerusalem, Youngers Erfahrung mit der Krankheit und dem drohenden Tod seines neugeborenen Sohnes – wird durch Ineinanderschneiden als Parallele gezeigt. Die Gefahr und die Einsicht in eigenes Verschulden öffnet Younger für das Gespräch mit Gott. Für den zunächst Ungläubigen schlüsselt eigenes Erleben die Geschichte zwischen (Gott-)Vater und Sohn auf. Mitten in der Gewalt der Städte ereignet sich eine Erlösung auf Zeit und macht die Stadt zu einem Ort, der – trotz allem – zukunftsweisend und -verheißend ist.

Keine Filmstadt: Das himmlische Jerusalem

Die Urbanisierung erweist sich als ambivalent: Neben die Verheißung eines besseren Lebens treten apokalyptische Ängste. Die Stadt zeigt sich als kompliziertes, Furcht einflößendes Gebilde, die Sehnsüchte freisetzt nach einem Außerhalb, dem Dorf als größere Familie. Die Gegensätze zwischen Natur und Kultur spiegeln sich wider in den (stilisierten) Gegensätzen zwischen Land und Stadt.

Der Film zeigt sich in seinen Stadtansichten weniger inspiriert von der Möglichkeit eines himmlischen Jerusalem als von den biblischen Erzählungen vom Turmbau zu Babel, von Sodom und Gomorra[5] – Stadt ist meist „Sin City". Doch gibt es auch Liebeserklärungen an Städte: Wenders und Berlin; Julie Delpy und Paris; Woody Allen und New York. Sie zeigen die auch paradiesischen Möglichkeiten der Städte: Sich selbst immer neu zu entwerfen in der Vielzahl der Möglichkeiten zwischen Menschen und Orten. Theologisch gesprochen hieße das: nicht Sklavin und Sklave der Vergangenheit sein zu müssen, sondern neu anfangen zu können, also die Erfahrung von „Gnade" und „Rechtfertigung" zu machen.

In der jüdisch-christlichen Tradition bringt der Topos Jerusalem menschliches Hoffen und Sehnen im Kontext der Stadt zum Ausdruck. Facettenreich entwirft die Bibel Israels einen utopisch offenen und zugleich konkreten Lebensraum, in dem Gott inmitten seines Volkes wohnen kann. Diese Vision der Gerechtigkeit und des Friedens nimmt die Bibel in einem spannungsvollen theologischen Dialog auf, zuletzt und abschließend in Offb. 21,1–22,5.

Es ist eine Hoffnungsrede im Zeitalter der Urbanisierung und ihrer Folgen, aber auch angesichts des lebendigen Judentums und des israelisch-palästinensischen Konflikts.

Theologische Hoffnungsrede ist Eschatologie als Vermittlung von geschichtlicher Zukunft und Erlösung. Die Rede vom himmlischen Jerusalem ist bezogen auf eine konkrete Stadt; sie steht als Bild für die Ambivalenz urbaner Realitäten. In dem Film „Mary" wird sie als Ort der drei monotheistischen Religionen gezeigt[6], an dem es trotz der immer gegenwärtigen Gewalt möglich ist, die Erfahrung von Versöhnung und friedvollem Nebeneinander zu machen. Im neuen Jerusalem existiert keine Gewalt mehr, hier erfüllt sich endgültig Gottes anfängliche Schöpfungsutopie.[7] Es ist eine eschatologische Transformation; der Lebensgarten findet sich in der Stadt wieder, Kultur und Natur zeigen sich versöhnt.

Die Grundbefindlichkeiten menschlichen Lebens, die Rastlosigkeit auf der Erde, werden in Gottes neuem Schöpfungshandeln transformiert und verheißen wird die Erfahrung von Ruhe und Heimat.

---

5 Vgl. dazu auch: Gomorrha, Matteo Garone, Italien 2008.

6 Vgl. C. 10 der DVD „Mary", „Gebete", wo die Klagemauer, eine Moschee und eine katholische Kirche mit den jeweils dort betenden Menschen gezeigt wird.

7 Ausführlicher dazu: Michael Alban Grimm, Lebensraum in Gottes Stadt. Jerusalem als Symbolsystem der Eschatologie, Münster 2007, v.a. 322ff.

Und erst dann wird es auch kein Kino mehr geben müssen, denn wo sollte das Lichtspiel spielen, wenn es keine Nacht mehr geben wird (Offb. 22,5), und wovon sollte es erzählen, wenn alle Tränen abgewischt und alle Sehnsüchte ans Ziel gelangt sind.

Annette Klinke

Daheim – Unterwegs

Zwei Lebensarten

Direkt und ohne lange zu überlegen, habe ich mir diese Überschrift aus der langen Liste der Spannungsfelder gewählt. Als ich meiner Schwester davon erzählte, meinte sie: „Na, das ist ja genau Deine Situation." Stimmt. Seitdem ich in der Bundesgeschäftsstelle der Evangelischen StudentInnengemeinde arbeite, bin ich unterwegs wie selten in meinem Leben und genieße wie selten in meinem Leben das Nachhausekommen. Die Freude am Nachhausekommen könnte natürlich auch mit meinem Lebensalter zu tun haben und vor allem mit denen, die zu Hause auf mich warten.

Der Blick von außen kann doch hilfreich sein. Ich dachte, der Anknüpfungspunkt sei für mich natürlich vor allem die Citykirchenarbeit und zwar die Citykirche in Düsseldorf, die „Johanneskirche Stadtkirche": Die Kirche und das Café als zweites Zuhause für so viele Menschen, die in dieser Stadt unterwegs sind. Unterschiedliche Kleingruppen finden sich dort ein oder haben sich dort gefunden. Erheben mehr oder minder Anspruch auf ihre Stammplätze, setzen sich notgedrungen auch an den Tisch daneben, sollte „ihr" Tisch besetzt sein, um sofort zu wechseln, wenn er dann endlich frei wird. Das freundliche Teilen des Alltags der Gäste, zwölf Jahre habe ich es begleitet, zwischen Geschenk und Zumutung ist alles dabei gewesen. Das Café wird als Zuhause erlebt, als das zweite Wohnzimmer, die besondere Geborgenheit. Der Ort, an dem man immer wieder auftauchen kann, egal, woher man kommt, egal, wie lange man unterwegs war.

Daheim sein: Der besondere Ort. Sehnsucht schwingt mit, wenn es darum geht, den Begriff „Heimat" zu beschreiben. Neutral betrachtet, ist Heimat die Beziehung zwischen Mensch und Raum. Manchmal ist sie auch mit einer zeitlichen Dimension versehen, insbesondere wenn der Ort gemeint ist, an dem man aufgewachsen ist. Dieser ist dann oft positiv besetzt, das Paradies der Kindheit, in das keine Rückkehr möglich ist, selbst wenn die „originalen" Orte aufgesucht werden. Ebenso wenig gegenständlich ist die letztliche Heimat der Menschen in der Bibel beschrieben: „Ich bin ein Gast auf Erden" in Ps 119,19 oder in Phil 3,20: „Unsere Heimat ist im Himmel".

Die erste Beheimatung, die die Bibel erwähnt, währte nicht lange. Die ersten Menschen, Eva und Adam, wurden aus dem Garten Eden vertrieben. Weitere Orte der Beheimatung und des Zuhauseseins lassen sich in der Bibel finden: Zelte, Königshöfe, Fischerdörfer und Städte, eine Krippe im Stall. „Das Haus meines Vaters" nennt Jesus den Tempel, eine Karawanserei sucht der barmherzige Samariter zur Beherbergung auf, und schließlich das himmlische Jerusalem als Ziel der Erwartung. Und die Heimat wird gesucht, wie Noomi es für Rut erhofft und schließlich in die Wege leitet, sie wird im Exil beweint, in Zeiten der Not wird sie verlassen und aus der Ferne als das gelobte Land gefeiert, der verlorene Sohn kehrt vom Schweinekoben nach Hause zurück.

Haus und Groß-Familie werden zur Zeit des Alten Testaments gleichgestellt: „Ich aber und mein Haus wollen dem Herrn dienen." (Jos 24,15), eine Verbindung, die sich erst mit dem Mittelalter beginnt aufzulösen und heute in der überwiegend totalen Trennung von Wohnraum und Arbeitsplatz völlig neue Formen ausgebildet hat: Zweitwohnungen für pendelnde Menschen und Hotelbetriebe, die mit dem „Nach-Hause-komm-Faktor" werben. Neue Familienformen brauchen neue Wohnformen: Patchworkfamilien, deren Kinder in zwei Wohnungen gleichzeitig zu Hause sind und Singlehaushalte, die insgesamt mehr Wohnraum brauchen als gemeinsam lebende Menschen. Alle diese Faktoren prägen die Urbanisierung von heute. Gegenwärtig leben in deutschen Städten 85 % der Gesamtbevölkerung, vor zweihundert Jahren waren es 25 %. Im Gegensatz zum Dorf und dem Leben auf dem Land, dem die Sehnsucht nach Idylle anhaftet, gilt die Stadt als die ruhelose Metropole, aber auch als die Möglichkeit, seine Lebensziele besser verwirklichen zu können. „Stadtluft macht frei", der Rechtsgrundsatz aus dem Mittelalter hat noch heute auf seine Weise Gültigkeit. So ist die Möglichkeit, in der Anonymität zu versinken, Last und Lust zugleich. Und die Stadt hat neben dem Angebot der Beheimatung eine eigene Dynamik, ist in eigener Weise in Bewegung und unterwegs.

Der festen Verankerung wird in der Bibel eher eine Absage erteilt: „Wir haben hier keine bleibende Stadt" (Heb 13,14) und das Volk Gottes war häufiger unterwegs, als dass es sich beschaulich niederließ. Unterwegs in vielen verschiedenen Formen und Arten: Alleine, zu zweit oder dritt, in der Karawane, als nomadisierende Sippe, als ganzes Volk. Aus unterschiedlichen Beweggründen: auf der Flucht, als Gefangene, auf der Suche nach dem gelobtem Land, zu Besuch, um Vieh und Handel zu treiben, zu Missionszwecken und um sich vor Gottes Auftrag zu drücken. Mit vielen verschiedenen Transportmöglichkeiten: Auf Schiffen, in Archen, in Walfischen, auf Eseln und Kamelen, zu Pferd und in Kutschen. Die Wege führten durch Wüsten, übers Gebirge, durchs Schilfmeer, zu Opferstellen, ins Exil, sie bewegten sich zu Wasser, zu Land und in der Luft.

Dieses Erbe haben wir uns bis in unsere Tage in der kirchlichen Präsenz erhalten. So sind auch die Kirchen und gar die Kirchenräume heute unterwegs. Wir finden sie als Touristenseelsorge, Campingseelsorge, Zirkusseelsorge, Binnenschifferseelsorge, Bikerseelsorge, Militärseelsorge im Kriegseinsatz, Notfallseelsorge, Zeltmission und sie sind sichtbar als Gebäude an den Orten des Unterwegsseins: Autobahnkirchen, Bahnhofmissionen, Kapellen am Weg, Wallfahrtskirchen und insbesondere Citykirchen, an den belebten und bewegten Orten in der Stadt, um hier die unterwegs Seienden aufzufangen und ihnen Beheimatung unterwegs anzubieten. Das Angebot von Ruhe und Heimat am Weg kann so eng oder so entfernt gestaltet werden wie es erwünscht ist: Zwischen anonym ohne Gruß bis zum Zeigen der

Fotos der Enkelkinder ist alles möglich und im Idealfall auch alles willkommen.

Daheim und unterwegs: Vor allem in der Stadt treffen sie sich, hier, wo sich die Wege der Menschen seit alters her kreuzen, die, die unterwegs sind und die, die hier zu Hause sind. Und in der Stadt tauschen sich bevorzugt beide Lebensformen aus, bereichern und ergänzen sich: Die unterwegs Seienden finden eine Heimat auf Zeit, für die Anderen eröffnet sich die Ahnung von der Weite der Welt, die Heimat kann wachsen. Das Unterwegssein macht das Zuhause so bedeutend, das Zuhause, der Lebenshorizont wird weiter und größer durch das Unterwegssein.

Die gegenseitige Ermahnung der beiden Lebensarten bringt die Sehnsucht auf den Weg: für die zu Hause Seienden sich auf den Weg zu machen, und für die unterwegs Seienden die Rastlosigkeit aufzugeben, der Sehnsucht nach Heimat, nach Geborgenheit Raum zu geben. Denn auch wenn wir hier keine bleibende Stadt haben, bleibt uns der Weg auf der Suche nach der letztlichen Beheimatung der Menschen.

Manfred Kock

Tempel – Markt

Zum Ort der Kirche

Die Diskurse über Reform und Aufgabenkorrektur der Kirche verdanken wesentliche Impulse den Arbeiten von Wolfgang Grünberg. Im Dialog mit Architekten, Soziologen und vielen, die in den Städten arbeiten, hat er auf die Sprache der Stadt[1] gehört und sie gedeutet. Städte haben Körper und Seele, so hat er es mit dem platonischen Sprachbild ausgedrückt. Der Körper ist das materiell fassbare System von Institutionen, Gebäuden und Verkehrswegen, also ihre Ökonomie als die rationelle Organisation von Produktion und Austausch wirtschaftlicher Güter. Es ist offensichtlich, dass der Körper der Stadt der Würde des Menschen noch nicht Rechnung trägt, auch wenn er gut gebildet ist und gut funktioniert, so dass sich viele materiell gut stehen. Denn der Würde des Menschen entspricht mehr als die Summe seiner Bedürfnisse. Hier, so deutet Wolfgang Grünberg die Sprache der Stadt, ergeben sich Herausforderung und Auftrag an die Kirche wie zugleich auch die Chance für ihre Zukunft. Denn neben der Kirche gibt es keine Institution, die über den rein materiellen Aspekt des gesellschaftlichen Lebens hinausweist und die Sehnsucht nach Orientierung wahrnimmt.

Hier und da wird befürchtet, mit solcher Stadtbeschreibung sei eine Konzentration kirchlicher Arbeit ausschließlich auf die Menschen mit dem Lebensstil eines modernen Großstadtmilieus gefordert. Und manche deuten die EKD-Impulse einer „Kirche der Freiheit" als einen Reformversuch von oben, der eine weitere Entfremdung der Kirche von ihren Positionen im ländliche Raum

---

[1] So auch der Titel eines seiner wichtigen Bücher: Wolfgang Grünberg, Die Sprache der Stadt. Skizzen zur Großstadtkirche, Leipzig 2004, 68.

und eine Vernachlässigung gewachsener Strukturen nach sich zieht. *Grünberg* aber vernimmt die Sprache der Stadt auch in ihren gewachsenen Stadtteilkulturen. Sein Appell an die Kirche zielt darauf, die Veränderungen wahrzunehmen, die die gesamte Gesellschaft betreffen, nicht nur die Städte. Die so gewonnen Erfahrungen und Erkenntnisse werden nicht nur für die Arbeit in den Großstadtkirchen fruchtbar, sondern für die ganze Kirche.

Diese Gedanken Wolfgang Grünbergs nehme ich auf und beschreibe den Ort der Kirche zwischen Tempel und Markt.

1. Für was unser Glaube steht

Die Begriffe benennen das Spannungsfeld, in dem die Kirche existiert: Tempel – das Symbol für den Innenraum, für den Ort, an dem Kirche ihre Kraft schöpft, wo sie hört und anbetet; der Ort für die schöpferischen Pausen und ein Zeichen dafür, dass Rechnen und Hasten und Arbeiten nicht alles sind. Markt bezeichnet die Welt, in die die Kirche gesandt ist. Es ist der Ort, von dem sie nicht stammt, aber an dem sie ist und für den sie da ist. Nicht für sich selbst ist die Kirche, sondern für die Welt. Zu beachten ist, dass der Tempel mit Jesus eine völlige Veränderung seiner ursprünglichen Bedeutung erfahren hat. Tempel ist ursprünglich und in vielen Religionen der abgetrennte, heilige Ort; der Zugang ist nur besonderen, geweihten Personen erlaubt, den Priestern. Bei der Kreuzigung Jesu, so heißt es in den Evangelien, zerriss der Vorhang im Tempel, der Zugang zum Allerheiligsten war frei. Die Schranke zwischen Heilig und Profan ist beseitigt. Nun ist der Tempel der Ort, an dem die Kirche bei sich ist, wo sie anbetet, sich in ihrem Glauben stärken lässt für den Gottesdienst in der Welt.

Wofür dieser Glaube steht, scheint den meisten Zeitgenossen ziemlich unklar zu sein. Ihnen scheint eher wichtig zu sein, wie sie klar kommen mit ihrem Leben: ob sie Arbeit behalten oder bekommen, ob sie gesund bleiben oder werden, wie sie den Frieden in ihren Familien und Freundschaften retten oder wieder gewinnen, ob sie anerkannt sind und wie sie mit Kränkungen umgehen. Weil aber all diese Fragen so schwer zu beantworten sind, erwecken die Menschen den Eindruck, ihr Leben und ihr Interesse kreise im wesentlichen um Arbeit und Unterhaltung, um Genießen und Streiten.

Die Frage, wofür der christliche Glaube steht, bricht vor allem auf, wenn unvermittelt existenzielle Grenzen erreicht sind. Dann bricht die Erkenntnis auf, es müsse doch noch mehr geben, als die oberflächliche Fassade.

Für was der Glaube steht, entfaltet die theologische Fachdiskussion – Dank sei Martin Luther – als Lehre von der Rechtfertigung aus Glauben. In einer bemerkenswerten Diskussion um die Verständigung zwischen römisch-katholischer Kirche und dem lutherischen Weltbund ist der Begriff der Rechtfertigungslehre in den letzten Jahren wieder in das Bewusstsein aller Interessierten gekommen.

Im ganz einfachen Kern bedeutet Rechtfertigung nichts Vergangenes. Sie besagt: Du Mensch, du bist geliebt ohne Vorleistung, das ist deine Würde. Darum gilt die Würde allen Menschen, jedem Einzelnen auf dieser Welt. Das ist zu preisen in Liedern und in Gebeten. Und warum nicht auch mit feinsinnigsten Formeln dogmatischer Sprachkunst? Das ist auch eine Art des Lobpreises des ganz einfachen Wunders: Wir sind Gottes geliebte Kinder. Er hat alles daran gesetzt, uns das zu schenken. Sich selbst hat er hergegeben bis ans Kreuz. Die Kirche ist dazu da, dass dieser Glaube gehört, gepriesen und gestaltet wird.

2. Aus Befreiung entsteht die Aktion der Befreiten

Es ist, wenn es um den Glauben geht, eine Aktion der Befreiung im Gange. Sie hat zur Folge, dass Christenmenschen sich nicht an das Schema der Welt anpassen. Diese Welt macht, was machbar ist. Sie heckt aus, was Geld bringt. Wohin diese Welt unterwegs ist, erfahren wir täglich in den Medien: „Brave new world – schöne neue Welt".

Die Welt macht sich daran, Menschen nach menschlichem Bilde zu schaffen. Embryos sollen nur heranreifen, nachdem sie genetisch geprüft sind. Gottes Schöpfung muss nicht durch Tricks und Manipulation korrigiert werden. Was käme dabei wohl anderes heraus als wieder nur menschliche Hybris und Selbstvergötzung! In dieser Welt sterben täglich hunderttausende Kinder an Mangelernährung und an Hunger. Wie viele Möglichkeiten gäbe es, hier wissenschaftliches Können und menschliche Zuwendung einzusetzen! Es gibt zahlreiche Beispiele ähnlicher Konflikte. Die damit zusammenhängenden Fragen können hier nicht im Einzelnen behandelt werden. Die Kirche befreiter Menschen lebt in dieser Welt. Sie hat die Möglichkeit, öffentlich zu wirken über die Medien, über den Religionsunterricht, über die Diakonie. Und mit ihren Kirchengebäuden und den in ihnen stattfindenden Gottesdiensten kann sie die dahin treibende Gesellschaft unterbrechen.

Gleichwohl ist und bleibt die Kirche auch „Welt" – unentrinnbar, mit all ihren Strukturen und Handlungen. Darum beschreibt der Apostel Paulus die Erneuerung des Sinnes, des Verstandes als ein Prüfen. Es geht um urteilsfähigen Umgang mit dieser Welt. Wir müssen jeweils neu erkunden, was dran ist. Dazu brauchen wir Christen einander, dazu führen wir den Diskurs. Darum ringen wir. Darin werden wir nicht fertig.

Paulus nennt diesen Prozess den „vernünftigen Gottesdienst". Gottesdienst im Alltag der Welt, er ist nicht an heilige Zeiten und Räume gebunden. Zwischen Tempel und Markt gilt es, Gott zu loben, der Gerechtigkeit zu dienen und ein Zeichen für die Welt zu sein.

3. Der Ruf nach professioneller Öffentlichkeitsarbeit

Markt habe ich bisher als Synonym für Welt und Öffentlichkeit gebraucht. Der Begriff lenkt aber auch auf das, was auf dem Markt im Speziellen und in der Hauptsache geschieht. Es wird gehandelt, es wird verkauft und gekauft, und das geschieht heute nicht nur auf beschaulichen Plätzen. Ich möchte auf die mit dem Begriff „Markt" verbundenen Vorschläge eingehen, die Kirche solle professionelle Unternehmensberatung und Öffentlichkeitsarbeit in Anspruch nehmen.

Richtig daran ist Folgendes: Die institutionelle Kirche hat Handlungsgesetze zu beachten wie Unternehmen, vor allem solche im sogenannten non-profit-Bereich. Sie bietet Dienstleistung für Menschen; sie braucht daher qualifiziertes Management; ihre Personalpolitik muss insoweit unternehmerisch ausgerichtet sein als Menschen gemeinsam und gemeinsamen Zielen verpflichtet sind. Kirche braucht eine gute Öffentlichkeitsarbeit, um ihre Stärken und Kompetenzen deutlicher herauszustellen. Was Kirche anbietet, kann als ein „immaterielles Produkt" bezeichnet werden, dessen Gestalt um suchende, fragende Menschen bemüht sein muss, nennen wir das ruhig: Kundenorientierung. Da die Arbeit der Kirche in unserem gesellschaftlichen Kontext auch von den finanziellen Möglichkeiten abhängt, ist Rechenschaft zu geben, ob die Mittel zielorientiert und effektiv eingesetzt werden.

Die Kirchen müssen jedoch darauf achten, dass sie nicht in Fallen tappen. Die Kirche hat kein *Produkt*, das durch wirtschaftliche Bemühungen an die Menschen gebracht werden könnte. Es geht um geistliche Prozesse. Die sind menschlicher Strategie nicht verfügbar. Wenn wegen Einnahme-Rückgang die Kosten gesenkt werden müssen, ist es erforderlich, sich über Kriterien zu verständigen. Die Arbeit in den Ortsgemeinden ist wichtig. Christen brauchen Bestärkung und regelmäßigen Trost. Flächendeckende Präsenz von Verkündigung und pastoralen Angeboten hat in sich selbst schon Stärkendes für die Ansage des Evangeliums in der Welt. Dennoch ist dringend darauf zu achten, dass nicht ausgerechnet die meist überörtlichen Arbeitsfelder für „Distanzierte" dabei wegrationalisiert werden: Kirchlicher Dienst in der Arbeitswelt, Akademie-Arbeit, City-Arbeit usw.

Die Botschaft selber wird/muss anstößig bleiben. Der Mann am Kreuz steht für den Gott des Rechts, und sein Recht ist parteilich. Ein Marketing, das zu einem „Dienst an ein weiches

Sinnbedürfnis" (F. Steffensky) rät, verdirbt den Grund der Botschaft. Es raubt den Adressaten, den Leidenden, ihre Hoffnung, die gerade in der durch das Kreuz symbolisierten Nähe Gottes zu ihrem Leid gründet. Es ist nicht das Bild göttlicher Grausamkeit. Der Gekreuzigte ist der Auferstandene. Darum ist sein Kreuz nicht Scheitern und Katastrophe. Gescheitert ist der menschliche Traum von der eigenen Erlösung. Lebendig ist die Kraft der Liebe. Wo sich die Liebe einmischt in die Not der Welt, da ist das Kreuz Jesu lebendig.

Siegfried von Kortzfleisch

Genau – Konkret

Sieben auch politisch interessante homiletische Gebote

Genau und konkret. Das ist ein einfaches homiletisches Geheimnis. Denn das Heil der Menschen ist, wenn es wahr sein soll, konkret.

Genau und konkret. Das dürfen wir von Politikern gleichermaßen erwarten. Denn das Wohl der Menschen hängt am Detail des Alltags.

1. Prediger, sprecht eine klare Sprache!

Sie muss vor allem hörbar sein. Wenn sie leicht ins Ohr dringt, kann man sie auch leicht lesen. Daran erkennt man die Klarheit. Wenn man sie leicht hört, kann man sie gut verstehen. Am besten zu hören sind knackige, prägnante Sätze. Die Faustregel heißt: Für jeden Satz ein Gedanke; für jeden Gedanken ein Satz.

Achtet darauf. Das seid ihr den Menschen schuldig. Gebt euch Mühe, klar zu reden, auch wenn es anstrengt. Es hat euch doch niemand verheißen, Predigten seien ohne Mühe zu ersinnen.

Ihr werdet zum Vorbild werden für alle Bürger. Und das wird sich gut auf die Politik auswirken. Politiker, die ja ebenfalls viel reden müssen, können von euch lernen. Sie werden hoffentlich anfangen, auch eine klare Sprache zu sprechen.

Und wenn sie es nicht tun, werden die Menschen im Lande ihnen nicht genug vertrauen. Misstrauen aber ist Gift für das Gemeinwesen.

2. Prediger, sagt nur das, wovon ihr selber überzeugt seid!

Das macht euch ehrlich. Wenn die Menschen eure ehrliche Rede hören, wird ihnen das nachgehen. Sie werden es gewiss merken, wenn sie selber einmal wieder unwahr reden. Sie werden sich dabei unwohl fühlen. Es wird sie vielleicht verwandeln.

Eine überzeugte Rede überzeugt. Eine überzeugende Rede spricht Hirn und Herz und Seele an. Politiker können davon lernen. Die Menschen werden sie dafür achten und ihnen viel lieber ihr politisches Mandat erteilen.

3. Prediger, hütet euch vor Liebedienerei!

Es ist bequem, von Gott zu reden, ohne etwas von den Menschen zu verlangen. Manche predigen den Menschen immer nur das, was jedermann immer schon gedacht hatte und nun auch noch von der Kanzel hören möchte. Doch das hat keinen Gewinn.

Erinnert euch, das Verhältnis von Gott zu Mensch und von Mensch zu Gott ist ein Geben und Empfangen, hin und her. Das ist vielfältig biblisch bezeugt. Auch die Rede vom Bund Gottes mit seinem Volk meint, die Bundesgenossen erwarten etwas von einander.

Wiederum ist dies ein Modell für das politische Leben: Politiker, achtet eure Wähler; Bürger, setzt ein Mindestmaß an Vertrauen in die gewählten Politiker. Das heißt aber auch: die einen wie die anderen dürfen von einander viel erwarten – Einsatz für das Gemeinwohl und, wenn es Not tut, auch Opfer.

4. Prediger, hütet euch davor, die Leute zu schmähen.

Es ist billig, zuerst den großen Sündenpfuhl auszumalen, alle da hinein zu packen, um sodann das große göttliche Vergeben darüber zu träufeln. Die Menschen sind allzumal Sünder, gewiss. Aber jeder ist es anders; mal harmlos, mal weniger. Fast alle wissen oder ahnen es. Ihr müsst sie gar nicht noch einmal dramatisch verdammen. Und, bitte, belegt sie nicht alle mit den immer gleichen Schimpf- und Schandesätzen.

Eure Sache ist es, das wechselseitige Geben und Empfangen zwischen Gott und den Menschen zu befördern. Der Austausch von Vertrauen gegen Vertrauen ist gestört. Sorgt euch darum, diese Störung zwischen Gott und den Menschen zu überwinden.

Und die Politiker? Wie reden sie über ihre Bürger? Der Austausch von Vertrauen gegen Vertrauen ist gestört. Vor allem die Armen und Schwachen werden gerne geschmäht. Das schadet dem Land und stört den sozialen Frieden. Politiker, hütet euch vor den Schmähreden.

5. Prediger, hütet euch vor lieblichem Schmus!

Meidet die schwebenden, schön tönenden, lebensfernen Sätze. Wenn ihr Gottes Liebe verkündet, zeigt den Menschen, wo Gottes Liebe landet. Wenn ihr Vergebung predigt, sagt, unter welchen realen Bedingungen sie eintreten kann. Soll Vergebung wahr werden als Versöhnung auf Erden, sagt bitteschön, wo das fällig ist. Soll sie wahr werden als Friede zwischen den Völkern, dann benennt den Unfrieden. Geht es um die zänkischen Nachbarn, dann beschreibt die unversöhnten Verhältnisse – genau und konkret.

Wenn ihr vom Kreuz Christi predigt, dann rühmt zugleich die Auferstehung, aber macht deutlich, wann und wo die Freude an der Auferstehung im Alltag wachsen kann. Genau und konkret. Denn das Heil der Menschen ist, wenn es wahr sein soll, konkret.

Genau und konkret. Das dürfen wir auch von Politikern erwarten. Denn das Wohl der Menschen hängt am Detail des Alltags. Und die Wahrheit über die soziale Lage ist immer differenziert und niemals pauschal zu begreifen. Ach, die großen Worte: Einigkeit und Recht und Freiheit, sie müssen im Alltag zum Leben gebracht werden.

Dann wächst Vertrauen zwischen Bürger und Politik.

6. Prediger, lasst Lebensfreude aufkommen!

Düstere Stimmung zu verbreiten, das dient nicht dem Reiche Gottes. Überlasst dies Geschäft den Boulevard-Zeitungen. Die Lebensumstände der Menschen schlecht zu reden, ist nicht im Sinne der Bibel und ist nicht der Auftrag der Prediger.

Immerhin besingt der 8. Psalm den Menschen rühmend: Du, Gott, hast den Menschen nur wenig geringer geschaffen als die Engel; „mit Hoheit und Ehre kröntest du ihn" (Ps. 8,6). Da kann es nicht gottwohlgefällig sein, dem Nächsten zu predigen, er sei vor Gott allzumal und auf ewig ein mieses Produkt und die Welt, in der er lebt, nur böse, düster und zum Heulen.

Wisst ihr noch, mit wie viel Lust die Bibel von der Liebe erzählt? Lest das „Hohelied" einmal wieder. Erinnert ihr euch an die heitere List des Jona, der mit Gott handelte, um für Ninive Gutes herauszuschlagen? Der Handel diente der Überlebensfreude der Menschen in Ninive. Und – wollen wir denn nicht auch gerne die Freudenfeste feiern so wie Jesus, der den Hochzeitern zu Kana frischen Wein bescherte?

Lebensbejahung und Lebensfreude sind nicht nur spirituell, sondern auch politisch bedeutsam. Düsternis nämlich hemmt die Menschen anzupacken, wo es ansteht. Zuversicht tut der Gesellschaft gut; denn Angst lähmt die Herzen und quält die Seelen. Angst ist lebensfeindlich.

7. Prediger, predigt von dem, was ihr selber glaubt!

Doch verheimlicht dabei nicht die Mühe, die Wahrheit zu ergründen. Man kann die Zweifel, die einen gläubigen Menschen nicht selten beschleichen, durchaus bekennen. Tut nicht so als sei doch alles ganz klar. Allerdings, tragt die Zweifel nicht ständig vor euch her. Benutzt sie auch nicht als Ausrede, wenn ihr eigentlich nur nicht genug vorbereitet seid.

Lasst es euch nicht genug sein, mit glänzenden, glitzernden schönen Begriffen zu jonglieren. Hinter den Begriffen sollte man spüren: Das betrifft euch selbst. Eure Existenz ist Teil eurer Verkündigung.

Das Prinzip der Glaubwürdigkeit sollte man freilich nicht überziehen. Prediger müssen nicht dauernd als fromme Superhelden dastehen. Wer sich als ein untrügliches und unerschütterbares Vorbild in Pose setzt, den möge Gott vor dem Fall bewahren.

Auch dies ist ein zugleich religiöses und politisches Motiv: Die Unfehlbarkeit ist keine christliche und keine politische Tugend. Erkenne, Mensch, du bist ein Mängelwesen. Und das dürfen auch die anderen erkennen und bekennen.

Das ist eine wohltuende Herausforderung. Es lohnt, daran zu arbeiten. Nichts soll dich davon abhalten, das Gute oder das Richtige zu tun – als Christ nicht, als Bürger nicht und als politischer Mandatsträger schon gar nicht.

Matthias Lemme

Mittag – Mitternacht

Wenn sich die Seelen öffnen:
Warum der Mittag fade und die
Mitternacht voller Geheimnisse ist

Mittags, zwischen zwölf und zwei, füllen sich in den Städten die Kantinen, Bistros und Restaurants. Wer gut arbeitet, soll gut essen. Die Angestellten der Stadtverwaltung murren über das zerkochte Gemüse in der Kantine und holen sich Nachschlag, ein paar Werber essen stehend beim Wok-Chinesen, überbezahlte Anzugträger treffen sich beim Edelitaliener und klagen über Aktienkurse und die Preise des Mittagsmenüs. Und viele Arbeitnehmer, immerhin ein Drittel, öffnen ihren Henkelmann. Sie sparen Geld und beißen ins Käsebrot; sie sparen Zeit und sitzen kauend zwischen Telefon und Tastatur.

Egal ob Bistro oder Büro, schnell sollte es gehen. Nahrhaftes Essen, kreative Pause, frische Luft, Erholung – das war einmal. Joachim Kaiser, Urgestein der Süddeutschen Zeitung, erinnert sich an alte Zeiten, die noch gar nicht so lange her sind – voller Unverständnis darüber, dass selbst in den Zeitungsredaktionen kaum noch miteinander geredet wird. „Früher war das anders, früher gingen wir mittags ausführlich essen, und zwar keineswegs in die Kantine, sondern in ein anständiges Lokal, und tranken eine Flasche Wein und gingen so gegen halb vier wieder in die Zeitung zurück." Jedes anständige italienische Kochbuch jubiliert über die Mittagsmähler in Großfamilien und Kleinbetrieben, bei denen einst gestritten, genossen und geredet und mit denen dem Tag ein Stempel aufgedrückt wurde – egal ob mit einem üppigen Menü oder einer Minestrone. Warmes Essen und ein guter Schluck Wein – Feuer und Wein zur Tagesmitte.

Der Mittag ist, zumindest im städtischen Alltag, in Auflösungserscheinungen begriffen. Die Stunden ab zwölf: Durchgangsverkehr. Zeit ohne Gesicht, Zenit ohne Fallhöhe. Auch dem Schreiber dieser Zeilen ist das Leuchtende der Mittagszeit verloren gegangen. Er arbeitet in einer Redaktion und verbringt seine tarifliche Mittagszeit von 36 Minuten selten des Mittags würdig. Obwohl er sich die Freiheit dazu nehmen könnte, tut er's nicht. Nun kann man fragen, wo all das Reden zur Mittagszeit, die staatstragenden Diskussionen, der Frust über fremde Kochkünste oder das Schwelgen angesichts deftiger Gaumengenüsse geblieben sind. Sie sind wohl unter den Tisch gefallen. Unter den gemeinsamen. Was gesagt werden muss, bleibt unausgesprochen und schlägt denen auf den Magen, die mit der Stechuhr in die Kantine gehen, ihre Käsestulle in die Tastatur krümeln oder beim Edelitaliener frustriert die Aktienkurse in sich hineinfressen. Alles schlecht? Früher alles besser? Nicht alles schlecht! Das mit dem Mittag, das kann man natürlich besser machen. So wie es Eltern und Großeltern noch mit den Zeilen von Jochen Klepper besangen:

> „Der Tag ist seiner Höhe nach. Nun blick zum Höchsten auf,
> der schützend auf dich niedersah in jedes Tages Lauf.
> Der Mittag kommt. So tritt zum Mahl; denk an den Tisch des Herrn.
> Er weiß die Beter überall und kommt zu Gaste gern."

„Die Welt ist nachts geheimnisvoller"

Die Muße des Mittags scheint sich vielerorts verkrümelt zu haben – vor allem in den urbanen Zentren. Jene Muße hat sich ins Dunkel der Nacht geflüchtet und irrlichtert in der Zeit, in der vor siebzig Jahren selbst in den Tanzlokalen schon ausgekehrt wurde, durchs flackernde Schwarz. Hinter Gardinen, in Kneipen, an Straßenlaternen. Oder vor Radioapparaten.

Nachts, zwischen eins und zwei, hat der *Nachtfalke* das Wort. Und vor allem: ein offenes Ohr. Der Nachtfalke ist Jürgen Domian, Telefon-Talker beim Westdeutschen Rundfunk, den jede Nacht mehr als dreißigtausend Menschen anzurufen versuchen. Sie wollen mit dem Nachtfalken reden. Über Liebeskummer, über den Tod, über ihre Schwiegermutter, über Barack Obama, über den Aufstieg von St. Pauli, über Gewissenskonflikte, Geschlechtskrankheiten oder unerklärliche Phänomene. Diesen Gesprächen lauschen täglich mehr als zweihunderttausend Menschen. Jürgen Domian lebt in der Nacht. Hört den Nachteulen zu, die ihn anrufen, erlebt Bizarres und Trauriges, Rührendes, schwer zu Glaubendes. Er sagt: „Die Welt ist nachts geheimnisvoller. Weil die Nacht die Seelen öffnet." Die Nacht öffnet die Seelen. Manchmal brauchen große Fragen das Schwarz der Nacht, um sich herauszutrauen. Und manchmal ist es die Dunkelheit, die das Verborgene oder Unsagbare herauslockt. Liebeserklärungen im grellen Tageslicht? Zaghafte Eingeständnisse in der Kantine? Offenherzige Entschuldigungen in der Mittagspause? Schwierig. Nachts dagegen öffnen sich Schleusen, fallen Hemmungen, wird gelacht und geweint, gesungen und gegrübelt. Wo will ich hin mit mir? Mit meinem Leben? Sind wir noch glücklich, wir beide, gemeinsam, nach vielen Jahren Idylle? Muss ich mir von meiner Chefin alles gefallen lassen? Wie denken eigentlich meine Freunde über ihre Zukunft? Haben sie auch Angst? Soll ich wählen gehen oder bringt das sowieso nichts? Bin ich eigentlich dankbar für mein Lebensglück? Zeige ich das meiner Familie? Wann finde ich endlich den Passenden? Wie kann ich meinen Eltern beistehen, jetzt wo sie alt und hilflos scheinen? Bin ich noch ich? Noch auf dem richtigen Weg?

Loblieder im Sausen des Windes

Von dem weisen Schleier der Nacht wusste ein kluger Kopf, der schon durch die Geschichte schlich, als die Mittagsmähler noch üppig und die Katzen um Mitternacht tiefgrau waren. Nikodemus, Oberster unter Glaubensgeschwistern, tastete sich durchs Dunkel, um den Rat eines Kollegen zu suchen. Er suchte das Gespräch und huschte vorbei an fensterlosen Häusern, vor denen Menschen flüsternd ihre Diskussionen begannen. Nachtgespräche. Gesehen werden wollte der scheue Priester nicht – er wollte allein mit dem Rabbi reden, mit dem Mann, den die einen liebten und andere für einen Spinner hielten. Jesus hatte Zeit. Und Nikodemus begann das Gespräch, wie es den Regeln rabbinischer Konversation entspricht. „Meister, du bist von Gott gesandt, denn niemand könnte Wunderbares tun wie du ohne Gott..." Aber der Angesprochene ließ sich nicht ein auf Nettigkeiten. Er bremste den nächtlichen Gast aus und begann selbst zu reden. Nicht von sich, sondern von Nikodemus. Davon, dass dieser Gott nicht begegnen könne, wenn er nicht neugeboren würde. Punkt. Jesus hatte gesprochen. Und Nikodemus stutzte.

Die Pointe dieser Worte nahm er mit in die Nacht: Nur wer aus Wasser und aus Geist geboren ist, kommt ins Himmelreich. Nur was aus dem Geist kommt, ist auch wirklich Geist. So richtig schlau wurde der schriftgelehrte Nikodemus nicht daraus – aber, er schien beeindruckt zu sein. Die Wahrheit ist oft kryptisch, das wusste er. Und indem er zu glauben versuchte, dass der Geist Gottes in ihn hineinfallen könnte, merkte er, dass es schon um ihn geschehen war. Seine Seele bekam Flügel. Irgendwie. Und schwang sich auf mit dem Sausen des Windes. Nikodemus vergaß den sturen Rabbi nicht mehr und sollte ihm noch begegnen. Nikodemus hatte die Stunde erkannt. Er tat, was zu tun war und sang Loblieder auf den Zauber der Nacht. Nikodemus, ein Meister der Nacht.

Die Nacht öffnet die Seelen. Das wissen neugierige Schriftgelehrte und umtriebige Professoren. Das wissen Taxifahrer, die nach der letzten Tour im Morgengrauen ihren Frühstücks-Kebab in der Schanzenstraße bestellen und ihren Kollegen von skurrilen Gästen und wilden Lebensgeschichten erzählen. Das wissen Barkeeper und Radiomoderatoren, die nach getaner Arbeit auf der Kreuzberger Admiralsbrücke sitzen und ihr

Bier mit anderen Nachteulen teilen. Das wissen Verliebte, die sich in den dunkelsten Ecken der Stadtgärten ihre Liebe zuflüstern und gemeinsam frühstücken werden. Das wissen Freunde, die sich nachts beim Schachspiel und der dritten Flasche Wein näher sind, als sie in Worte fassen können. Die Nacht öffnet die Seelen, dort, wo geredet und geliebt, gestritten und gemeinsam geschwiegen wird. Wo sich wortlos vergeben wird und es keinen Morgen gibt. Wo Dinge geschehen, die Abdrücke hinterlassen. Manchmal spürt man sie am nächsten Morgen noch am ganzen Körper. Manchmal weiß man, da war irgendwas, blöderweise kann man sich an nichts mehr erinnern. Und manchmal fühlt man sich ziemlich rundum erneuert.

Wulf-Volker Linder

Trunken – Nüchtern

Trunken ins Paradies oder nüchtern in die Freiheit?[1]

Irgendwann ist es immer das erste Mal gewesen zu entdecken, dass man sich mit Hilfe von Alkohol, Drogen oder süchtigen Verhaltensweisen gute Gefühle verschaffen, sein eigenes Bewusstsein manipulieren kann und dass man es selber ist, der dies vermag. Ich, ich selber habe es in der Hand, nicht mehr so gehemmt, allein, unruhig, meinen Sorgen und Ängsten ausgeliefert zu sein, sondern kann in mir gute Gefühle verschaffen und meine Hochgefühle bis ins Unendliche steigern, trunken den Göttern nahe sein, und muss nicht nüchtern in die Irre gehen. So beginnt die Karriere aller Süchtigen.

Die Anlässe, weswegen Suchtmittel genommen werden, sind vielfältig: um im Überschwang der Jugend die Grenzen des eigenen Ichs auszutesten und zu überschreiten, um der Langeweile, Eintönigkeit und inneren Leere zu entfliehen, um Ängste, Schuldgefühle, Aggressionen, Gefühle von Unzulänglichkeit, Depressionen, Einsamkeit, Sehnsüchte, sexuelles Verlangen, körperliche Schmerzen und vielfältige andere äußere und innere Konflikte und anderes mehr zu bewältigen. Zur Verallgemeinerung gibt es also keinen Anlass.

Ein Problem haben Menschen, die süchtig werden, jedoch gemeinsam: Sie sind in den prägenden Jahren ihres Lebens, also in ihrer Kindheit, an der Verarbeitung der ersten grundlegenden Begegnungen mit den Enttäuschungen an dieser Wirklichkeit gescheitert. Ich meine die

---

[1] Gekürzter Text einer Predigt, die am 18. März 2007 in der Hauptkirche St. Jacobi, Hamburg, gehalten wurde.

Erfahrungen, die alle Menschen von ihren ersten Lebenstagen an machen müssen, wenn sie erleben müssen, dass sie aus dem Paradies absoluter und störungsfreier Versorgung herausgefallen sind (Gen. 3). In alltäglicher Sprache heißt das, erfahren und verarbeiten zu müssen, dass auch die beste Mutter nicht ständig da ist und alle sich regenden Wünsche sofort erfüllt, was zunächst einmal zum Schreien ist. Dass man warten, teilen, mit Eifersucht und Neid – Kain und Abel – umgehen lernen muss, was zunächst auch eine Zumutung ist. Dass man seine eigene Gier zu überwinden und auch lernen muss, dass andere nicht nur für einen da sind. Dass man zu konkurrieren und streiten und auch lernen muss, sich wieder zu versöhnen. Dass man seine Möglichkeiten und seine Grenzen kennen lernen muss, was zunächst einmal so kränkend sein kann, dass man sich unversöhnlich zurückzieht, sich vielleicht sogar selbst oder andere hasst. Und vieles andere mehr.

Eine Frau erzählt, wie es fast regelmäßig zu heftigen Auseinandersetzungen mit ihrem Mann kommt, an deren Ende sich beide gekränkt und unverstanden ins Schweigen zurückziehen, sie eine Zigarette nach der anderen rauchen muss und er trinkt. Diese Schweigephasen können manchmal Tage andauern. Der Berater erkennt eine gemeinsame, insgeheim von beiden Partner geteilte Fantasie: der bzw. die jeweils andere müsste einen auf Anhieb, fast wortlos vollkommen verstehen!

Dass es Verstehen, gerade auch in intimen Beziehungen so total und ideal nicht gibt, im Gegenteil, durch solche Fantasien das Sich – miteinander – Verständigen erschwert bis verhindert wird und dann in wechselseitiger Gekränktheit untergeht, dass Verstehen aber ermöglicht wird, wenn man von dieser Fantasie Abschied nehmen kann und trotz aller Enttäuschung begreifen lernt, dass Verstehen immer ein Annäherungs- und Abstimmungsprozess ist, das konnte erst nach vielen Gespräche in der Beratung in Erfahrung gebracht und akzeptiert werden. Der Berater hatte dabei die wichtige Aufgabe, den beiden zu ermöglichen, ins Gespräch zu kommen, im Gespräch zu bleiben, wieder hineinzukommen und weiter zu sprechen, wenn beide am liebsten aus dem Zimmer gelaufen wären. Es gehört zur harten Versöhnungsarbeit der Beratung stellvertretend Worte für Sehnsüchte, Enttäuschungen, Kränkungen, aber auch für Verstandenwerden und das Gefühl des Aufgehobenseins, das sich dann einstellt, zu finden und den Abschied vom Vollkommenheitsideal als guten Fortschritt zu begreifen, der ein verständiges Miteinander erst ermöglicht.

Menschen, die abhängig werden, haben in der Regel nicht oder nur sehr eingeschränkt in Beziehungen erfahren, wie man mit diesen und ähnlichen vehementen und grundlegenden Enttäuschungen hoffnungsvoll und versöhnlich mit sich selbst und anderen umgehen kann. Oft haben sie mangelnde Einfühlung, Sprachlosigkeit, Desinteresse, Vernachlässigung, ja auch Ablehnung und Gewalt erfahren, was bedeutet: Sie haben wenig innere Bilder und Erfahrungen in sich, wie man mit diesen Konflikten in sich selbst und mit anderen in guter Weise fertig werden kann, mehr noch, wenn sie in solche Konflikte geraten, sind sie heftigen Gefühlsstürmen wie Trauer, Schmerz, Unlust oder Angst oder einer inneren Leere hilflos ausgeliefert.

Um solchen Traumatisierungen zu entgehen, suchen Suchtkranke nach sofortiger Beruhigung und Veränderung ihres Bewusstseins, und da bieten sich Drogen, aber auch süchtige Verhaltensweisen wie von selbst an, um „das Herzweh und die tausend Stöße, die unseres Fleisches Erbteil sind", wie William Shakespeare seinen Hamlet sagen lässt (Hamlet III,1), beruhigen und beenden zu können. Sucht ist so betrachtet zunächst einmal der Versuch, einen Mangel mit einer Krücke auszugleichen, ja, ein Selbstheilungsversuch, der allerdings alsbald scheitert, weil sich die Sucht längst in der Tiefe der Seele festgesetzt hat. Auslöser für den Konsum können da bereits visuelle – also sichtbare – „Reize wie ein Sektglas, weißes Pulver oder eine Spritze sein. Fatal ist, dass die Drogenration nach einiger Zeit gesteigert werden muss, damit sich die Konsumenten wenigstens normal fühlen, weil sich der Organismus an eine Substanz gewöhnt hat. Hier beginnt der Teufelskreis, und die Kontrolle über den Konsum geht verloren. Von diesem Zeitpunkt an übernimmt die Droge das Kommando über das Leben."² Was mit dem Gefühl ‚Ich, ich selbst hab' es in der Hand' begann, führt zu absoluter Abhängigkeit. Da ist nichts mehr von Selbstbestimmung.

Niemand weiß vorher, ob es ihn trifft oder nicht. Die Grenze zwischen Genuss und Missbrauch ist fließend. Eine Einschätzung, ob man selbst gefährdet ist oder nicht, gelingt gewöhnlich nur schwer. Fast alle, die eine Sucht überwunden haben und dann auf ihre süchtige Zeit zurückblicken, stellen mit einer gewissen Verwunderung fest, wie lange sie fälschlicherweise geglaubt haben, ihren Konsum fest im Griff zu haben, und nicht abhängig zu sein.³

Der Apostel Paulus hat schon recht, wenn er schreibt: „Mir ist alles erlaubt, es frommt aber nicht alles. Mir ist alles erlaubt, es soll mich aber nichts gefangen nehmen." (1. Kor. 6,12)

Die Unterscheidung, ob es mir zuträglich ist oder nicht, markiert die Grenze zwischen Freiheit und Abhängigkeit.

Härten und Enttäuschungen des Suchtkranken haben, so gesehen, kaum oder wenig Zugang zu guten Erfahrungen aus lebendigen Beziehungen, die das Leben auch für sie bereithält. So großartigen, zu Herzen gehenden und im wahrsten Sinne des Wortes Grund legenden Worten, wie sie zum Beispiel beim Propheten Jesaja stehen: „Ich habe dich einen kleinen Augenblick verlassen, aber mit großer Barmherzigkeit will ich dich sammeln. Ich habe mein Angesicht im Augenblick des Zorns ein wenig vor dir verborgen, aber mit ewiger Gnade will ich mich deiner erbarmen, spricht der Herr dein Erlöser. Ich halte es wie zur Zeit Noahs, als ich schwor, dass die Wasser Noahs nicht mehr über die Erde gehen sollten. So habe ich geschworen, dass ich nicht mehr über dich zürnen und dich nicht schelten will. Denn es sollen wohl Berge weichen und Hügel hinfallen, aber meine Gnade soll nicht von dir weichen, und der Bund meines Friedens soll nicht hinfallen, spricht der Herr, dein Erbarmer" (Jes.54) – solchen großartigen Worten im Inneren von Suchtkranken ein Echo zu verschaffen, ist die große Kunst in der Arbeit mit Suchtkranken. Mit ihnen zusammen sich solchen guten Erfahrungen im Leben zu öffnen, sie im eigenen Leben aufzusuchen, in der gemeinsamen Arbeit des Verstehens zu vermehren und so zur Versöhnung mit den Härten des eigenen Lebens beizutragen, darum geht es. Amen.

---

² Brigitte Roth, Jeder kriegt die Kurve anders, Wien 2007, 169.
³ Ebd.

Gisela Matthiae

Ernst – aber nicht zu ernst

Regeln der Großstadt

Ein Postschalter

Das gibt es noch in größeren Städten oder Stadtteilen. Was einmal die große Welt mit dem hintersten Winkel verband, muss man heute suchen, trotz der gelben Leuchtfarbe. Immerhin, diese ist geblieben. Also, ein Postschalter. Das heißt, gleich drei nebeneinander – es ist eine größere Stadt –, aber nur einer ist besetzt. Ich trete vor, gebe meine dicken Umschläge ab und möchte dann noch 10 Briefmarken zu 55 Cent, selbstklebend. Die seien an seinem Schalter aus, er habe nur noch gummierte. Ich will aber keine Briefmarken abschlecken und beharre auf den selbstklebenden. Bei ihm seien sie aus, aber am Schalter nebenan gäbe es noch welche, nur sei dieser ja gerade nicht besetzt. Nun ja, denke ich, es sind bis zum Schalter nebenan etwa 100 cm, könnte er nicht mal eben rüber greifen? Ich mache ihm diesen Vorschlag. Das ginge nicht, das sei eine andere Kasse und die Kollegin momentan nicht da. Es dauert ein bisschen, ehe ich verstehe. Hinter mir die Schlange, aber ich wage es und trete kühn vor den Schalter nebenan. Der Postbeamte, der vielleicht noch ein solcher ist, folgt mir beherzt. Nun stehen wir uns wieder gegenüber, Auge in Auge, nur einen Meter weiter links. Ich sage: „Guten Tag, ich hätte gerne 10 Briefmarken zu 55 Cent, die selbstklebenden bitte." Er: „Dann will ich mal sehen, ob wir noch welche haben. Hier, bitteschön. Das macht dann 5 Euro 50. Möchten Sie die Quittung?" „Ja, gerne." Als ich weggehe, prusten wir beide los.

Großstadtregeln – ernst oder absurd?

Ja, das Leben ist reguliert. Besonders da, wo viele Menschen zusammenleben, bedarf es klarer Strukturen. Ampeln regeln den wilden Verkehr, Bürgersteige zeigen einem, wo man langgehen kann, Züge fahren im Takt rein und raus, U-Bahnen quer durch, Geschäfte haben ihre Öffnungszeiten und die wenigen Postämter ihre Schalter.

Will man sich im Gewusel der Stadt bewegen, muss man ihre Regeln kennen – und sie ernst nehmen. Ansonsten kann es leicht sein, dass man überfahren wird, geht man auf der Straße oder fährt man bei Rot über die Kreuzung. Man verpasst den richtigen Zug oder steht vor verschlossener Ladentür. Überhaupt will das Leben ernst genommen werden. Und es ist es ja auch, ernst, verdammt ernst mitunter, bitterernst, aber: es ist nicht zu ernst. Vor allem muss es nicht zu ernst genommen werden. Keine Ernsthaftigkeit ist zu groß, um sie nicht in einer witzigen Aktion, einem Wortspiel oder einem Blickwechsel einer möglichen Bedeutungslosigkeit oder gar Absurdität zu überführen. Es gibt immer viele Möglichkeiten, auf den Ernst des Lebens zu reagieren. Meist ist man geneigt, in Rage zu geraten, traurig zu werden oder gar zu verzweifeln. Ich hätte an diesem Schalter auch lostern können. Doch diese kleine Szene verdeutlicht einen anderen Umgang. Die ökonomischen Regelungen am Postschalter wurden spielerisch verdoppelt. In aller Ernsthaftigkeit begann am Nachbarschalter das Verkaufsgespräch von vorne und eben dadurch wurde die Situation in all ihrer Absurdität vorgeführt. Die Situation wurde komisch, weil wir beide in humorvoller Weise mit ihr umgegangen sind. Immerhin erlaubte uns das Spiel eine andere, kritisch-distanzierte Perspektive auf diese Regelung. Und sie brachte mir die gewünschten Briefmarken.

Nun kann man zweifellos einwenden, dass dieses Beispiel ein recht harmloses darstellt. Regelungen, die zwar das Zusammenleben ordnen, die einzelnen aber massiv einengen, gibt es gravierendere. Und manche von ihnen sind dermaßen absurd, dass man den Verstand oder zumindest den Glauben verlieren könnte. Wünscht man sich dann nicht, einen quasi erhöhten Blick einnehmen zu können und milde lächelnd über alles hinwegsehen zu können? Und gilt das nicht sogar als humorvoll? „Humorvoll sum, quia absurdum"[1], so spricht der „Große Humor" aus seiner Position vom Kirchturm auf den Marktplatz blickend. Aus dieser „kontemplativen Haltung und Perspektive" (ebd.) scheint man fein raus zu sein und weit davon entfernt, das Gesehene ernst nehmen zu müssen. Den Kirchturm nenne ich nicht zufällig als Aussichtspunkt, denn der Glaube gilt als eine weltabständige Perspektive, die die Welt mit ihrem Treiben in ein anderes Licht zu tauchen vermag, in ein Licht wie aus einer anderen Welt. Transzendenz ist nach Peter L. Berger die Erfahrung „einer Wirklichkeit jenseits der absurden Realitäten dieses Lebens."[2] Anders als in Tertullians Satz „credo, quia absurdum" sieht Berger den Grund des Glaubens nicht in der Absurdität seines Gegenstandes oder weil der Glaube selbst unmöglich oder absurd sei. Vielmehr gerät das, was unsere Realität ausmacht, durch die Wahrnehmung des Transzendenten zur Absurdität. „Nicht der Gegenstand des Glaubens ist absurd. Die Welt ist absurd. Insofern ist Glaube möglich."[3]

Der Glaube rechnet mit den Möglichkeiten Gottes, die so unmöglich erscheinen wie die Menschwerdung eben dieses Gottes selbst; so querstehend zu den alltäglichen Erfahrungen und Erwartungen, merkwürdig und letztlich komisch – sofern Komik für das Inkongruente oder Diskrepante steht. Also was ist nun komisch? Ein Gott in Windeln gewickelt, die Torheit des Kreuzes oder doch unser emsiges Treiben, das in allerlei Regeln geordnet sein will?

Ernst aber nicht zu ernst

Man muss nicht gleich auf einen Kirchturm steigen – und ein Bankenturm böte heutzutage sowieso die weitere, wenn vielleicht auch nicht die bessere Sicht. Man muss nicht die Transzendenz bemühen, um auf die Absurditäten der Wirklichkeit aufmerksam zu werden. Und überhaupt: ist sie denn so absurd, dass man sie gleich so abwerten muss? Aus einer romantischen Position des Humors hält die Endlichkeit dem Vergleich mit der Idee nicht stand; „sub specie aeternitatis" kommt sie auch nicht gut weg.

Man kann auch einfach einen Schritt zur Seite tun. Auch dieser verändert bereits die Perspektive. Dieser Schritt markiert eine Einsicht in die Regelungen des Postwesens, die zwar ernst genommen werden, aber zugleich nicht allzu ernst. Für den Postbeamten, der das Spiel mitgespielt hat, war es außerdem ein distanzierender Schritt – hinein und doch auch heraus aus den Regeln, denen er unterworfen ist. Denn auch er musste darüber lachen. Die ganze Situation wurde dadurch nicht nur entscheidend angenehmer, sie wurde auch durchschaut und zumindest so etwas wie eine innere Freiheit wurde spürbar. Ich kann so oder so mit diesen Regeln umgehen. Ich kann mich sklavisch daran halten oder ich kann sie austricksen. Ich kann sie beurteilen, ob sie für das Zusammenleben taugen oder nicht. Ich kann deutlich werden lassen, dass ihre Dauer begrenzt sein wird, dass sie ebenso gut wieder abgeschafft werden können, sind sie doch auch eingeführt worden.

Der Sinn für Humor ist „immer auch eine Art Sinnkorrektur."[4] Humorvoll in einer bestimmten Situation reagieren zu können, bedeutet, offen zu sein für andere Möglichkeiten – sei es der Deutung oder des Handelns. Diese Offenheit setzt die Fähigkeit zur kritischen Selbstdistanz voraus, mithin die Fähigkeit, sogar die eigene Position „zur Disposition stellen zu können."[5] Das ist nun alles andere als eine dogmatische Position. Vielmehr zeichnen sich humorvolle Menschen dadurch aus, dass sie (sich selbst) relativieren können, keine absoluten Positionen vertreten, den Dialog dem Monolog vorziehen. Wolfgang Grünberg ist so ein Mensch, bei dem man das lernen kann und

---

[1] Thorsten Sindermann, Über praktischen Humor. Oder eine Tugend epistemischer Selbstdistanz, Würzburg 2009, 93.
[2] Peter L. Berger, Erlösendes Lachen. Das Komische in der menschlichen Erfahrung, Berlin/New York 1998, 217.
[3] Ebd.

[4] Thorsten Sindermann, Über praktischen Humor, Würzburg 2009, 134.
[5] Ebd.

der mit großem Ernst und großem Schalk zugleich durch die Städte zieht und ihre Regeln entlarvt.

In diesem Sinn hat auch Gott Humor bewiesen: Geboren und in Windeln gelegt, nicht über allem thronend, sondern mitten unter uns, verkennbar und doch in jeder Verschiebung der Perspektive erahnbar.[6] Und so absurd ist die Wirklichkeit dann auch nicht mehr, man darf sie nur nicht zu ernst nehmen!

---

[6] Es war Wolfgang Grünberg, bei dem ich meine Doktorarbeit zu befreienden Gottesvorstellungen von Frauen schreiben konnte und dabei die Metapher „Clownin Gott" entdeckte: Gisela Matthiae, Clownin Gott. Eine feministische Dekonstruktion des Göttlichen, Stuttgart/Berlin/Köln 2001.

Ephraim Meir

I – You

Constructing Religious Identity

Today, bookshop shelves contain a series of books about shaping identity. They describe how our times are times of individualization, pluralization, globalization and virtualization. In these times, traditional identities become more and more problematic, since man lives in different contexts and the unified worldviews of the meta-narratives have less and less impact upon contemporary, postmodern man. Frequently, the traditional social frameworks of family or State are not any more the glue that keeps people together. Children have to cope with two or three "fathers" or without fathers at all. Nation-states become pluralistic and a Turkish new German may feel more Turkish than German or more German than Turkish. People became mobile, but are less in contact with each other. Under the pressure of economic globalization, many leave their original homes and try to accommodate in other countries. The changes in society led to changes in the view on identity. In this article, I will reflect on the impact of these dramatic changes in society and identity searching on religious self-understanding.[1]

Searching and shaping identity

In order to cope with the uncertainties of our late modern society, one could be tempted to flee into a fundamentalist world, where authorities are still authorities and where there are no doubts at all, but this is not an option for human beings who

---

[1] For a description of the problematics of identity constructions, see Heiner Keupp u.a., Identitätskonstruktionen. Das Patchwork der Identitäten in der Spätmoderne, Reinbek 1999.

want to uphold their critical minds, their autonomy and their conscience. To be without any identity is another way of fleeing from one's own identity. However, one cannot without identity, although identity is not essentialist any more as it was in pre-modern times, when a human being had fixed roles in a hierarchically structured society sanctioned by the Church or other religious institutions. Identity has become a human construct.[2] In a more and more fragmented world, human beings continually shape and construct their identity, they build and rebuild it. They tell and retell their lives, interpreting events and establishing causal links between them. In this manner, human beings somehow master their lives and continue to strive for unity in themselves. In life stories, they experience themselves as interiorities that are maintained, also when the exterior situations constantly change. Identity became a dynamic enterprise, a life long task.

Autonomous identity and need for recognition

In the permanent search for identity, people realize that they are the authors of their own acts and responsible for the life-options they have chosen. The times of an immovable identity that gives a firm and fixed basis once and for all, are definitely gone. But also postmodern man as enterprising self and developing being with endless options wants a home of his own, a place where one is „with oneself", where one may realize his or her life project and feel a sense of unity and a feeling of being recognized by others. One creates a home, but this home is always part of a broader landscape. As before, people who build their own cultural home long for recognition by others. This is inherent in human existence. Paradoxically, one cannot come to a desired autonomy without relationship to and dependence upon others.

Problematic and healthy meta-narratives

In the ongoing quest for identity, one is confronted in Western Europe with the great narratives of Judaism, Christianity and Islam. Since people are more flexible today than ever, they may even choose a different religion than the one they grew up with. Some feel that a change of cultural and religious climate contributes to a more successful building of their lives. In this life option, which is not the more accepted one, the tendency to see all the good in the new religion and all the bad in the former, now relinquished, religion is real. The realization of this option frequently creates a feeling of a „we", contrasted to „all the others", producing a high potential for psychic instability. On the other hand, one may positively evaluate the nostalgia of converts and their search for meaning in a world without roots or traditions. They are in search for a more fitting framework and for a society in which they realize and develop theirselves and become engaged in the broader community, of which they became a part. „Chose your identity" has become a well known slogan.

Independently of the fact that one chooses to remain in the religion in which one is born and grew up or that one opts for more fitting alternatives, the narratives of the great religions themselves are not evident any more, not for the ones who stay in the paternal or maternal religion and not for the ones who nomadically make the passage from one religion to another. Through migration, mostly for economic reasons, through daily contact and dialogue with many different people, traditional relationships and values become less binding and obliging; they are even reconsidered, selectively chosen or simply put into question. The subject chooses between different life models.

Even within the framework of the great religions, adherents look for their own place under the sun, their own „home" within the religion

---

[2] For some famous examples of complex identity constructions linked to „passing," „inbetweenness", fluidity or hybridity, see Christian Alvarado Leyton and Philipp Erchinger (eds.), Identität und Unterschied. Zur Theorie von Kultur, Differenz und Transdifferenz, Bielefeld: Transcript, 2010, 37–70.

to which they belong and they creatively opt for a system of thought that fits them most. So for instance, a Jew may feel more comfortable with the rationalist thought of Maimonides or with the more ethnocentric approach of Jehuda ha-Levi. He may become a Hasid, but also a rationalist „mitnaged" who opposes himself to any sentimental form of religion. He may become religious or secular and if religious, he may become e.g. a reform Jew or an orthodox Jew. In the same way, a Muslim may be a sufi with universal love, he may feel German, he eventually may become part of an extremist group. A Christian may feel sympathy with a liberation theology a la Dorothee Soelle or feel more at ease with the theology of Schleiermacher or Barth. The pluralization also within the great religious systems is therefore a fact and in one religion different options are possible.

Again, the option for a closed life style, in which one sees the others in the own religion or in the other religions as threatening, exists, but it is not the most desirable option. Belonging to a religion is not evident any more. Anyhow, in different lifestyles, the longing and need for orientation, coherence and sharing a common religious world remain a real need of postmodern man. Religious affiliation is an expression of the identity of an individual, who may accept the values of a missionary religion or opt for a non expansive religion that does not strive to absorb alterity in an all compassing totality.

Maintaining unity in plural situations

One of the problems is how the subject may come to unity in the multiple experiences. The subject has multiple sub-identities that he has to manage in order to feel that his self is nevertheless „one" in all the changing circumstances that demand the realization of sub-identities. One may change himself or herself all the time, in appearance, in clothing, in speaking different languages and living in different contexts with different behaviors, but there nevertheless remains a residue of the self, which is given and which guarantees that a person, notwithstanding great fluidity and diversity, feels „one". If one is not merely an actor, one acts out of a sense of unity. People express their feeling of unity in the construction of life narratives. In such narratives, one presents oneself as one sees oneself and tells how others perceive him. Life stories offer a coherent picture of the I.

Dialogue between the self and the other

In their biographical narratives, individuals present their own identity. But – as we already remarked – one's identity cannot be constructed without others, who perceive the „I" as a „me". In the complex search for himself or herself, a person cannot otherwise than relating to others who appreciate him/her or not. His existence is necessarily coexistence. His I is a relating I. In a successful lifestyle, the I becomes an I in dialogue with the non-I.[3] Throughout the many changing conditions, one may see oneself as the result of the interaction with others. In this way, for instance, one chooses to become a father, but the children themselves define his status as a father. One may marry, but once married one is not any more a bachelor because of the responsibility for the partner. One comes to the concept of the same through the other. In relationship to others, the I becomes I. The individual finds his destination in dialogue with others. A successful identity is therefore in my view the one that takes into account alterity.

Dialogue between collective I's

What is true for the individual, who constructs his identity in dialogue with others, is also true for the collective I. In this view, no healthy religion perceives itself as an isolated and closed group. The health of a religion can be measured in the

---

3   Martin Buber, Ich und Du. Um ein Nachwort erweiterte Neuausgabe, Heidelberg 1958, 29.

degree that they relate to others.[4] Theologically formulated: instead of absolute truth claims, authentic religions develop the capacity to listen to what other religions have to say about the ineffable reality that caused their existence. Differently formulated: The religions of Judaism, Christianity and Islam fulfill their tasks only when they are feeling part of the common project of saying something about the Divine reality, that never can be said exhaustively or dogmatically defined once and for all. Religiosity as the feeling of being children of one God or being princesses and princes of the great King,[5] brings different religious meta-narratives together.

The construction of a religious narrative may be pathological if „we" is opposed to „they". It may become problematic if this „we" thinks it can absorb every „non-we". So for instance, Marcionism which was anathematized by the Church but remained influential throughout the history of Christianity, saw the Old Testament as problematic. It opposed itself to the other. Frequently, Christian identity was formed on the negative background of Judaism: it saw itself as universal versus the Jewish particularity, as a religion of grace versus a religion of law. One contrasted the two religions, as if Judaism teaches a God of wrath and Christianity has a God of love, as if Jews have a religion of slavish obedience and Christianity is the religion of free men, as if Judaism is particular and Christianity universal. One stressed the discontinuity between the past and the present. During the ages, one assists at a de-judaization of Christianity. One contrasted the two religions, as if Jews have a religion of slavish obedience and Christianity is the religion of free men. One stressed the discontinuity between the past and the present. Also in Judaism itself, the tendency to see the „goyiem", the non-Jews, as opposed to the Jews not infrequently functions as a cheap way of strengthening the own identity.

A religious narrative will be successful if it constructs truth in permanent dialogue with others. This does not have to lead to a confusion or fusion of collective identities. One may remain with the own narrative, the own intimate story, but other narratives are possible, real and desirable. Just as the individual does not have to give up his own standpoint in relationship to the other, but constructs his personal identity in interaction with the non-I, one religious story does not have to loose its peculiarity when in contact with other religious stories. In the construction or reconstruction of one's narrative, the way one sees oneself is depended upon how one perceives the other. Religious collective identities will have to develop strategies in which one copes with the honest criticism of others. This is a most difficult task. Preconceived ideas about the other religion will lead to tunnel thinking, in which one's view is narrowed and deformed. The openness to other religious experiences makes the own narrative somehow relative, but it also strengthens one in living his own story, as one color in the multicolored garb of Joseph.

Religious meta-narrative and personal identity

One could object that religions as meta-narratives stopped playing a role in history and that we now live the end of these big narratives. But religiosity has not finished its role in society, contrary to the expectations. The God-is-death theologians and those who prophetically predicted the end of the religions, become disappointed because their predictions were premature. True, in postmodern times, we became conscious of the aggression and power hidden in the different meta-narratives.[6] In this manner, the return to religions can never again be a simple return to the old patterns.

---

[4] See Ephraim Meir, „The Contributions of Modern Thought to a Psychoanalytic Phenomenology of Groups", in: Psychoanalysis and Contemporary Thought 19,4 (1996), 563–578.

[5] Martin Buber, Die Legende des Baal Schem (1908), Frankfurt/Main 1922, 32. „Das größte Böse ist, wenn du vergisst, dass du ein Königssohn bist."

[6] See e.g. Hans G. Kippenberg, Gewalt als Gottesdienst. Religionskriege im Zeitalter der Globalisierung, München 2008.

Nevertheless, although one criticizes the different meta-narratives, they continue to play their role in the search for personal identity. There is a relation between the way the individual constructs his own life project(s) and the broader societies and communities in which the individual lives. The individual who constructs his life is not without link to the religious, social, cultural or political collective I of which he is part and parcel.

Narrative of the self in relation with the other

The construction of religious self is connected to the construction of the self, who has to realize his life project in his relation to family, nation, work and to a network of significant or less significant others. In all these different realms, he is necessarily different to himself, but he nevertheless feels some kind of stability by constructing his own identity. Also on the religious level, one is confronted today with a multiple choice situation of religions and within one religion. In such a situation, flexibility, good taste, tolerance and most of all communicability are needed. Being adherent of one religion does not acquit from relating to other religions. If the other religion is seen as an enrichment and not as a threat, the movement towards the other will not cause fear and consequently a regressive, non-dialogical behavior. The possibility of understanding and telling one's own self and life options, in dialogue with significant others, is not yet fully exploited. But I am convinced that a dialogical construction of one's own religious narrative will open unexpected perspectives that are not explored until today.

Ralf Meister

Reiz – Gefahr

Ambivalenzen der Großstadt

Besuch vom Lande

Sie stehen verstört am Potsdamer Platz
Und finden Berlin zu laut.
Die Nacht glüht auf in Kilowatts
Ein Fräulein sagt heiser: „Komm mit, mein Schatz!"
Und zeigt entsetzlich viel Haut.

Sie wissen vor Staunen nicht aus und nicht ein.
Sie stehen und wundern sich bloß.
Die Bahnen rasseln. Die Autos schrein.
Sie möchten am liebsten zu Hause sein,
und finden Berlin zu groß.

Es klingt, als ob die Großstadt stöhnt,
weil irgendwer sie schilt.
Die Häuser funkeln, Die U-Bahn dröhnt.
Sie sind das alles so gar nicht gewöhnt.
Und finden Berlin zu wild.

Sie machen vor Angst die Beine krumm.
Und machen alles verkehrt.
Sie lächeln bestürzt. Und sie warten dumm.
Und stehn auf dem Potsdamer Platz herum,
bis man sie überfährt.[1]

Erich Kästner über den Landbesuch in der großen Stadt Berlin. Und was Berlin schon vor 80 Jahren auszeichnete ist bis heute geblieben: Ein Ort des Staunens, aber auch der mentalen Überforderung. Eine Stadt, die Menschen Angst macht und sie

---

[1] Herbert Günther (Hg.), Hier schreibt Berlin, München 1929, 97.

manchmal sogar lebensgefährlich bedroht. In allen Bemühungen, die Großstädte bewohnbarer zu machen, die Plätze heller, die Straßen staufrei und die Gassen sicherer, Großstädte bleiben eine große Lebensherausforderung. In vielen theologischen Überlegungen der vergangenen Jahrzehnte war die Stadtfreundlichkeit ein Cantus firmus. Biblische Stadtbedrohungen oder -zerstörungen sollten nicht die bleibende Folie unserer urbanen Wahrnehmung sein. Aber der Untergang von Sodom und Gomorrha und die Verwerfungen von Babel waren Reaktionen auf ein Stadtleben, das sich bis heute kaum verändert hat. Fehlendes Mitleid, Feindseligkeit gegenüber den Fremden und Rückzug in die eigene Kieznische. Das Schelten über solche Arten großstädtischen Lebens muss ein deutlicher Ton in theologischer Stadtbeobachtung bis heute bleiben.

Zygmunt Baumann, der polnisch-britische Philosoph, hat an einen entscheidenden Bedeutungsverlust der Stadt erinnert, der zwar auch zu biblischen Zeiten schon existierte, sich in der Stadtentwicklung aber immer weiter verschärfte. Städte wurden gegründet mit dem Versprechen der Sicherheit. Der Schutz vor Gefahren war ein wichtiges Motiv, das zur Entwicklung von Städten geführt hat. Städte waren oft von riesigen Mauern oder Zäunen umgeben, von den Dörfern in Mesopotamien über das biblische Jericho bis zu den europäischen mittelalterlichen Städten markieren diese Grenzbefestigungen das „drinnen" und „draußen". Ein paar Steinwürfe vom roten Rathaus am Alexanderplatz entfernt erinnern die wenigen Reste der historischen Stadtmauer Berlins an diese Begrenzung. Diese Mauern waren über Jahrhunderte eine Grenze zwischen den Räumen der Unsicherheit, Wildnis und dem Chaos der Natur auf der einen und der geordneten, gesicherten Welt innerhalb der Stadtumfriedungen auf der anderen Seite. Feinde mussten draußen vor den Stadttoren bleiben. Städte waren Orte relativer Sicherheit. Das hat sich mit dem explosiven Stadtwachstum der letzten 150 Jahre grundlegend verändert. Und kaum noch werden Menschen mit der Verheißung eines sicheren Lebens in unseren kulturellen Kreisen in die Städte gelockt werden.

Entgegen den ursprünglichen Absichten von Städtebauern und den Erwartungen von Stadtbewohnern sind Städte von den Zufluchtsorten vor Gefahren zu einer wichtigen Gefahrenquelle geworden. Die jahrhundertealte Beziehung zwischen Zivilisation und Barbarei hat sich sogar gewandelt. Das Stadtleben wird zum Naturzustand, der von der Herrschaft des Schreckens gekennzeichnet ist und von allgegenwärtiger Angst begleitet wird. In Literatur und Film genauso wie in unserer Alltagssprache ist dieser Wandel längst aufgenommen. Die Nachtseite der Welt findet sich in den Städten. Der „Großstadtdschungel" ist eine Beschreibung für die Unsicherheit in einer gefährlichen Umgebung zu leben. Eine Umgebung, in der man schrecklichsten Gefahren direkt ausgesetzt ist und keinen Überblick mehr gewinnt, welche Wege noch sicher sind. Das führt zu neuen Ordnungen innerhalb der Städte selbst. Welche Quartiere und Nachbarschaften können als relativ gesichert gelten, welche müssen gemieden werden. Innerhalb der Stadt führt das zu Trennungen. Längst sind die Mauern geschleift und die Wallanlagen zu grünenden Parks im innerstädtischen Ring geworden, aber die Grenzziehungen gehen weiter. Der Dschungel teilt sich in bewohnbare, scheinbar sichere Orte und das weite Feld der Verlorenen. Wie aber kann man leben in einem unsicheren Kosmos, der sich durch keine Sicherheitskräfte oder weltlichen Rechte zu einem fairen Universum wandelt?

Einen sonderlichen Versuch, mit dieser Unsicherheit umzugehen, kann man in Rio de Janeiro lesen: Man erschafft sich eine Welt dazu. Vor mehr als 10 Jahren begann durch Cirlan, einen 14-jährigen Jungendlichen in einer Favela, die beherrscht von Sucht und Gewalt war, etwas Neues. Er wandte dem Wahnsinn den Rücken. Der Stadt als Moloch, als modernen Opferplatz, schenkte er ein Bild. Er schlug sich ins Gebüsch und begann im schlammigen Gelände sein Viertel nachzubauen. Aus Lochziegeln machte er Häuser und Hütten, aus Legosteinen formte er Figuren, mit Zement rührte er den Belag für Straßen und Terrassen an.

Er baute seine Lebenswelt im Kleinen nach. Am Rand seiner Siedlung, inmitten des Dschungels. Bald halfen ihm sein Bruder, andere Jungs aus der Favela bauten mit. Es entstand Morrinho, eine labyrinthische, den Hang hinaufwuchernde Modellfavela. Jeder Ziegel ist ein Container, in dem Legofiguren hausen, Abbilder realer Favelabewohner und auch Fantasiegestalten.

Die Jungs hielten der Favela den Spiegel vor. Die Menschen begriffen das Gleichnis und waren fasziniert. Schließlich begannen die Jungen mit einer Videokamera kleine Dramen, Soap-Opera-Szenen aufzunehmen. Wenn man Morrinho heute besucht, findet man am Fuße der Favela eine kleine Videothek und ein Filmstudio, das sich der Aufgabe verschrieben hat, das Leben in der Ziegelstadt zu dokumentieren. Und die Bürger des reichen Rio, von Cirlan und seinen Freunden knapp „Der Asphalt" genannt, erfahren, dass in den Hängen keine Wilden leben, sondern eine „Community" einen Weg gefunden hat, die eigene Geschichte zu erzählen, ohne an ihr zu verzweifeln.

Wir leben nicht nur in den Städten, in denen wir leben. Sondern wir träumen in unserer Stadt immer auch von der anderen Stadt. Wir träumen von den Häusern, in denen wir einmal leben und die großzügiger, vielleicht sogar einfacher seien, als jene, in denen wir wohnen. Wir träumen von der Stadt, in der wir selbst bestimmen könnten, welche Wege an unserem Haus vorüber liefen, welche Straßen besser nicht gebaut würden und wie wir sicher zur Schule oder zur Arbeit kämen. Die räumliche städtische Umhüllung unseres Lebens ist der Mantel, den wir uns selbst schneidern wollen. Er bleibt nur ein Fragment. Aber wenigstens das.

Wir leben immer auch in den verheißenen Städten. Wir leben immer auch in einer Wirklichkeit, von der in dieser Welt noch nichts sichtbar ist. Diese zweite Welt nimmt nur selten eine konkrete Form an. Das interessante an der kleinen Stadt am Hügel; es ist eine zweite Welt geworden, die das Leben in der wirklichen Welt verändert hat. Es ist der Bau einer Stadt in Miniaturformat und darin eine Geste der eigenen Hoffnung.

Wer hält mit einer solchen Hoffnung der Stadt den Spiegel vor? Kinder und Jugendliche? Gewiss! Christinnen und Christen? Vielleicht. In dem wir der Stadt zeigen, wie sie ist und wie sie verwandelt werden kann. Wir bauen nicht die neue Stadt allein. Wir ahmen nach, wir setzen Zeichen, wir verändern ein paar Facetten – mehr nicht. Aber wir träumen den Traum einer großen Verwandlung und stehen nicht am Potsdamer Platz herum bis einer uns überfährt.

Michael Moxter

Innen – Außen

Unten und Oben: Innen unten

„Städte lassen sich an ihrem Gang erkennen wie Menschen", behauptet Musil im Einleitungskapitel seines Hauptwerkes. Der Gang einer Stadt – das sei die Art, „wie die Bewegung in den Straßen schwingt", das Leben, das sie führt. Selbst mit geschlossenen Augen und nach jahrelanger Abwesenheit könne man eine Stadt erkennen an dem Geräusch, das sich in ihr aus hunderten Tönen zu einem charakteristischen Grundklang verdichte. Mag also „der Mann ohne Eigenschaften" über keine Merkmale verfügen, die ihm und nur ihm zukämen, so scheint es mit der Individualität der Städte besser bestellt zu sein. Entdecken freilich kann diese nur, wer sich auf ihren jeweiligen Gang einlässt, wer nicht nur in der Stadt herumläuft, sondern mit ihr geht, ihrer Bewegung sich anvertraut. Eine Stadt bestehe „aus Unregelmäßigkeit, Wechsel, Vorgleiten, Nichtschritthalten, Zusammenstößen von Dingen und Angelegenheiten, bodenlosen Punkten der Stille dazwischen, aus Bahnen und Ungebahntem, aus einem großen rhythmischen Schlag und der ewigen Verstimmung und Verschiebung aller Rhythmen gegeneinander", sie gleiche „einer kochenden Blase" und beruhe doch auf dem dauerhaften Stoff der Häuser, Gesetze, Verordnungen und geschichtlichen Überlieferungen. So sei sie ständig in Bewegung und doch immer sie selbst, diese und keine andere.

Freilich, ganz ohne Vorbehalt hat Musil seine Behauptung auch nicht gelten lassen. Vielleicht beruhe alles nur auf Einbildung. Aber das schade nicht: „Die Überschätzung der Frage, wo man sich befinde, stammt aus der Hordenzeit, wo man sich die Futterplätze merken musste." Bei der Stadt lenke es mitunter von Wichtigerem ab, wenn man genau wissen wolle, welche besondere Stadt es sei. Reden wir also von der Stadt als solcher, auch wenn wir eine besondere meinen und halten wir uns an die Unterscheidung: Innen und Außen.

Mittelalterliche Städte hatten ein Innen und ein Außen. Sie waren ummauert, ihre Tore bewacht, ihre Einwohner bekannt oder registriert. Sie regelten Einlass und Ausweisung in sorgsam gestuftem Tag- und Nachtrecht. Die alte Stadt gab sich eine klare Grenze, die von außen unüberwindbar sein musste, um das Gefühl der Zusammengehörigkeit und Sicherheit im Inneren zu befestigen. War die Abschottung gelungen, musste man alles Äußere in der Stadt repräsentieren und präsent halten. Das Um-Land ist Fläche zum Anbau von Getreide, Obst und Gemüse, zur Aufzucht des Viehes, zur Kultivierung des Weines, zur Beschaffung von Holz und Stein. Die Stadt schließt alles das aus. Sie wächst um Kirchen und Plätze, Börsen und Hafen, Universität und Palast, um Saloon und Bordell, um Burg und Hospital. Aber sie erschließt Straßen, um alles, was ihr fehlt, ins Innere zu bringen. Sie ersetzt die Nahrungsproduktion durch den Markt, den Anbau durch die Einfuhr, die Natur durch Garten und Parks, die Wildnis durch Zoo und botanischen Garten. Sie macht sich unabhängig vom Himmelslicht, indem sie ihre Straßen beleuchtet, und wenn hernach ihr Eigenlicht den Nachthimmel überstrahlt, verfeinert sie den Sternenblick im Planetarium von Norden wie von Süden. In der Stadt ist alles auf Autarkie des Inneren gegenüber dem Äußeren gestimmt.

Nicht länger allein auf sich gestellt, erhalten sich die Städte auch ohne Mauern. Wer sich ihnen nähert, stößt nicht mehr auf harte Grenzen, sondern merkt an der allmählichen Verballung der Häuser, der Verdichtung der Straßen und Kreuzungen, dem Zuwachs an Licht und Leben, dass er in die Stadt kommt. Die Grenze wird zur Membran, durch die man allmählich und von allen Seiten in den Bereich der Metropole eindringt, freier Zufluss von allen Seiten und aus allen Himmelsrichtungen. Die Stadt ist offene Stadt, aber sie markiert die Selbstbehauptung des Inneren gegenüber allem Äußeren noch immer: Sie ist wesentlich Innenstadt. In ihr findet sich alles, dessen es zum Leben bedarf. Es wäre gleichsam Widerlegung der Stadt, wenn man in ihr vermissen müsste, was es nur andernorts gäbe. Städte suggerieren Totalpräsenz, sie dulden kein Abwesendes, lassen vielmehr alles gleichzeitig sein. Der Abriss der Stadtmauern war daher ein Gewinn an Flächen, die man für breite Zufahrts- und Ringstraßen brauchte. Die Städte behaupteten ihr Innenleben, indem sie den Austausch, die Kommunikation der Waren und den Verkehr beschleunigten.

Innen und Außen organisieren die Ordnung der Stadt (wie einst die Orientierung in der Höhle, in der alle Kultur begann). Individualisierungsschübe, die zu einem reichhaltigen Ausbilden des Inneren und zur wechselseitigen Abgrenzung von Anderen führen, lassen sich (dem Selbstbewusstsein des modernen Protestantismus zum Trotz) nicht aus Innigkeit christlicher Gottesbeziehung alleine herleiten, sondern sind wesentlich Nebeneffekte der Stadtkultur.

Doch auch „Oben und Unten" gehören zur Erfahrung der Stadt. Touristen mögen auf Kirchtürme und Aussichtsplattformen steigen, sich ins obere Geschoss der Wolkenkratzer katapultieren lassen oder das Riesenrad auf dem Jahrmarkt nutzen, um einen Überblick über die Dächer und Straßen zu gewinnen. Wer in der Metropole zu Hause ist, dessen alltägliches Oben und Unten stellt sich anders dar. Als U-Bahnfahrer kommen die Bewohner aus dem Untergrund, wenn sie die Innenstadt erreichen, zur Arbeitsstätte oder zur Wohnung, zum Theater oder zur Universität, zum Shopping oder zum Hafen unterwegs sind. Auch was sich „Hochbahn" nennt, fährt über weite Strecken unter Tage. In der U-Bahn verbindet sich die horizontale Unterscheidung von Innen und Außen mit der vertikalen Bewegung. Unten nimmt der Städter seine Fahrten auf. Oben findet er sein Ziel. Die Stadt, die alles Äußere im Inneren repräsentiert, nötigt so zu ständigem Ab- und Aufstieg. Je mehr sie in die Breite wächst, desto gewisser zwingt sie uns, tief zu fahren. Es ist absehbar, dass der Individualverkehr per Auto, Fahrrad, Motorrad oder Taxi mit der Größe der Stadt an Kapazitätsgrenzen stößt und die Nutzung öffentlicher Verkehrsmittel im Tunnel zunehmen wird. Der Weg ins Innere der Städte und zurück bedarf der Mobilisierung im Untergrund wie das Leben der Psyche des Unterbewusstseins. Eine Phänomenologie der Stadterfahrung muss die Eigenart der U-Bahn-Fahrt im Blick haben. Die Stadt zwingt im Untergrund zusammen, was nicht zusammengehört, aber Wege gemeinsam hat. Sie bringt alle überall hin, vermittelt alles mit allem, aber setzt dabei Kommunikationsverweigerung der zusammengepfercht Transportierten voraus. Kein neugieriger oder herausfordernder Blick in das Gesicht der Anderen ist am Platze, jedes Gespräch eine Form der Anmache, jede Zeugenschaft intimer Gespräche auf Desinteresse geeicht. Im Untergrund der Stadt sichert man sich vor Gewalt, indem sich jeder ängstlich aufs Eigene konzentriert. Die Stadt, die keines Äußeren bedarf, weil sie alles im Inneren bietet, zwingt zu Innenraumerfahrungen, die es zuvor nicht gab. Städte erkennen wir nicht nur an ihrem Gang, sondern auch an unserer Fahrt. Während man in der Stadtkultur auf Individualisierung setzt, ist in der U-Bahn noch immer Hordenzeit. In der mittelalterlichen Stadt arbeiteten die Wächter an den Toren und Türen, heute sehnt man das Wachpersonal im Inneren und Unteren herbei. – Ambivalenter Pilgerstrom der Stadtmenschen: sie suchen die schnelle Reise ins Innere, aber noch jedes Verlassen einer Station vermittelt das Gefühl, endlich wieder obenauf und doch noch der Tiefe entkommen zu sein.

Barbara Müller

Gierig – Maßvoll

Von der geziemenden Tischsituation einer „Küchenfestschrift"

Beim vorliegenden Buch handelt es sich nach Angabe der Herausgeber um eine „Küchenfestschrift", da sie voraussichtlich vor allem am Esstisch gelesen werden wird. Tisch und Buch und auch Essen bilden somit eine intendierte und untrennbare Einheit. Aber was ist eine angemessene kulinarische Umgebung für das Buch eines Gelehrten? Eine Grünberg'sche Stillandschaft mit Tisch, Apfel und Kuchen ist es allenthalben. Zu bedenken ist allerdings, dass es sich dabei sowohl um eine individuelle als auch um eine historische Präferenz handelt. Um die Zeitbedingtheit der Tischsituation klarer zu erfassen, wird daher im Folgenden die Tischzucht eines anderen großen Gelehrten, Erasmus von Rotterdam, in Auszügen zitiert.

Erasmus von Rotterdam:
De civilitate morum puerilium / Über die Umgangserziehung der Kinder (1530)[1]

„(...) Erst wenn man sich gewaschen hat, setzt man sich zum Essen hin. Selbstverständlich reinigt man seine Fingernägel, kommt nicht wie ein Schmutzfink und hat vorher die Toilette benutzt und notfalls noch seine Bedürfnisse erledigt. Trägt man ein enggeschnürtes Gewand, ist es ratsam, den Gürtel zu lockern; denn während des Mahles macht das keinen guten Eindruck. Beim Abtrocknen der Hände streife alles Widerwärtige von dir. (...) Beim Mahle halte beide Hände auf dem Tisch, nicht zusammengefaltet, aber auch nicht breit aufgestützt. Manche Leute machen es auch wieder ungeschickt, indem sie eine Hand oder sogar beide unter dem Tisch auf dem Schoss liegen haben. Sich mit beiden oder einem Ellbogen aufzustützen, ist nur Kranken oder Altersschwachen statthaft. (...) Sieh dich vor, dass du deinen Tischnachbarn nicht mit den Ellbogen oder dein Gegenüber nicht mit den Füssen belästigst. Wer auf seinem Stuhl hin und her wackelt von einem Schenkel auf den anderen, erweckt den Eindruck, als furze er gerade oder versuche, einen loszuwerden. Man sitze also ruhig aufrecht. (...)

Rechts sind der Becher und das vorschriftsmässig gesäuberte Tischmesser, links liegt das Brot. Schneide das Brot mit einem Schnitt. Überlass es einem bestimmten Schlag von Höflingen, das Brot mit den Fingern zu brechen, schneide lieber unauffällig mit deinem Messer. Mach es auch nicht wie die verwöhnten Zeitgenossen, die die Kruste ringsherum oder auf beiden Seiten entfernen. Brot behandelten unsere Vorfahren immer beim Gastmahl wie einen geheiligten Gegenstand, woher die Sitte rührt, ein Stück, das zufällig auf den Boden gefallen ist, zu küssen. Das Mahl mit dem Trinken zu beginnen, ist Trinkerart, die nicht aus Durst trinken, sondern weil es ihre Gewohnheiten ist. Das ist nicht nur zuchtlos, sondern auch schädlich für den Körper. Man sollte ebenso wenig gleich trinken, wenn man einen Kloss aus der Suppe gegessen hat, noch viel weniger nach Milchsuppe. (...)

Iss jedesmal, bevor du trinkst, und führ den Becher nicht zum Mund, ohne ihn zuerst mit der Serviette oder einem anderen Tuch abzuwischen, vor allem wenn dir jemand seinen Becher darreicht. Es ist unhöflich, beim Trinken den andern mit verdrehten Augen anzuschauen, ebenso, wie ein Storch den Kopf zurückbeugen, um den letzten Tropfen aus dem Gefäss zu schlürfen. (...) Greif nicht als erster zu den Speisen, nicht so sehr, weil es Gier verrät, sondern weil es gefährlich sein kann, einen unbekannten heissen Brocken in den Mund zu nehmen. Entweder spuckt man ihn unwillkürlich aus, oder man schluckt ihn hinunter und verbrüht sich die Kehle. Beides wirkt gleich lächerlich und bedauernswert. (...) Es ist Bauern-

---

[1] Erasmus von Rotterdam, Ausgewählte pädagogische Schriften, hg. v. Anton J. Gail, Paderborn 1963, 97–103.

art, mit den Fingern in den Topf zu fahren. Was man nehmen möchte, soll man mit dem Messer oder der Gabel nehmen, und zwar sucht man sich nicht das beste Stück heraus, wie es Leckermäuler machen, sondern nimmt, was gerade vor einem liegt. Das kann man schon bei Homer lernen, wo oft der Vers wiederkehrt: „Und sie erhoben die Hände zum lecker bereiteten Mahle."

Wenn ein Stück noch so auffallend köstlich ist, soll man es dem Nachbarn überlassen und selbst nehmen, was zunächst liegt. Nur Unbeherrschte sondieren mit ihren Pfoten überall auf der Schüssel herum. Ebenso unanständig ist es, die Platte zu drehen, damit man selbst die besseren Stücke vor der Nase hat. Überlässt dir jemand ein besonders leckeres Stück, nimm es mit einer Entschuldigung; schneide dir aber nur ein Stück ab und bietet den Rest demjenigen an, der es dir zugeschoben hatte, oder teile es mit dem Nachbarn. Was man nicht in der Hand halten kann, legt man auf eine Brotscheibe. Reicht man dir etwas Kuchen oder Hackbraten, nimm es mit dem Löffel oder leg es auf eine Scheibe Brot oder nimm den dargereichten Löffel entgegen, leg die Speise auf dein Brot und gibt den Löffel zurück. Handelt es sich um flüssige Speise, dann nimm sie zu dir, und gibt den Löffel zurück, aber vergiss nicht, ihn vorher an deiner Serviette auszuwischen. Bekleckerte Finger abzulecken oder am Rock abzustreifen, ist eins wie das andere ungehörig. Man macht das vielmehr mit der Serviette oder einem besonderen Handtuch. (…)

Das gilt allgemein: Nur Leckermäuler meinen, alles, was ihre Zunge reizt, abnagen zu müssen. Es gehört sich auch nicht, einem anderen anzubieten, was du schon halb abgenagt hast. Bäurisch ist es auch, angeknabbertes Brot noch einmal in die Suppe zu tunken. Ebenso unpassend ist es, gekautes Brot aus dem Mund zu holen und auf den Tisch zu legen. Hat man wirklich etwas im Munde, was sich nicht schlucken lässt, wirft man es unbemerkt irgendwo hin. Völlig ausgekaute Speisen oder abgenagte Knochen, die einmal auf dem Tisch liegen, darf man anständigerweise nicht wieder aufnehmen. Bleiben Knochen oder ähnliches übrig, darf man es nicht unter den Tisch werfen und den Fussboden verschmieren, auch nicht auf die Tischdecke legen oder wieder auf die Platte, sondern in eine Ecke des Tellers oder auf einen kleinen Tisch, der bei manchen zu diesem Zweck bereitgestellt wird. Es ist ebenfalls ungehörig, fremden Hunden Speisen vom Tisch zu geben. Noch ungehöriger ist es natürlich, sie beim Mahl hereinzulassen. Eierschalen mit den Nägeln oder dem Daumen zu säubern, wirkt lächerlich. Noch lächerlicher ist es, das mit der Zunge zu machen. Anständigerweise tut man es mit dem Messer. (…) Fleisch wird zuerst auf dem Teller kleingeschnitten, dann gibt man etwas Brot hinzu, bevor man es isst. Das geschieht nicht etwa nur, weil es gute Sitte ist, sondern auch, weil es gesund ist. Manche Leute schlingen mehr, als sie essen, nicht anders, wie man so sagt, als wenn sie ihre Henkersmahlzeit hätten. Solche Fresserei findet man nur bei den Räubern. Manche stopfen gleichzeitig soviel in den Mund, dass ihre Backen auf beiden Seiten wie Schläuche anschwellen. Wieder andere schmatzen beim Essen wie die Schweine. Vor Gier beim Essen schnaufen manche durch die Nase, als ob sie erstickten. (…) Bittet man dich, das Dankgebet zu sprechen, falte deine Hände und zeige dich bereit, bis die Tisch genossen verstummen und es Zeit ist zu beten. Wende dich dabei ehrfürchtig und aufmerksam zum Tischältesten hin."

Jeffrey Myers

Heilig – Profan

Was braucht eine Stadtkirche?

Die Alte Nikolaikirche am Römerberg, Frankfurts Gud Stubb, ist ein Kleinod, eine schnuckelige frühgotische Kirche, die zum Verweilen und zum Staunen einlädt. Täglich kommen in die ehemalige Ratskapelle gezielt, aber genauso auch zufällig, zahlreiche Menschen. Zum Schauen oder Beten, sich Ausruhen oder um sich im Gästebuch zu verewigen. Frankfurts mittelalterliche Kirchen, einschließlich St. Nikolai, wie die Schriftstellerin Eva Demski mit Recht erkennt, „sind Raststätten mit stiller Bedienung."

Seit einiger Zeit stellt man fest, dass auch wir Protestanten ohne Scheu von heiligen Orten reden, sogar im Zusammenhang mit unseren Stadtkirchen. Mit neu entdeckter Ehrfurcht laden wir in unsere „sakralen Räume" ein, erweitern stets die Öffnungszeiten, setzen uns andächtig mit der Gestaltung des Ortes auseinander. Auch wenn wir in guter protestantischer Tradition zuviel Ehrfurcht vor Glas oder Stein mit Skepsis kontern, nehmen wir Citykirchenarbeitsmenschen doch zur Kenntnis, dass der Mensch nicht nur besondere Zeiten braucht, sondern auch separate Räume, um dem segnenden Gott zu begegnen. Freilich werden die Orte heilig nicht durch das Äußerliche, sondern durch die vielfältigen Erfahrungen von Gottes Präsenz, die die Besuchenden wiederum mit Jakob – oftmals viel später – staunen lassen: „Fürwahr, der Herr ist an dieser Stätte, und ich wusste es nicht!" (1. Mose 28,16).

Doch die Menschen – Passanten und Touristen, Neugierige und Frierende, Ruhesuchende und Verzweifelte – brauchen von unseren Gotteshäusern oft mehr Menschlichkeit als Heiligkeit, mehr Stolpersteine als Ruheplätze und mehr Leichtigkeit als Todernsthaftigkeit. Es mag seltsam klingen: Aber nicht weniger als das gotische Gewölbe und die prachtvollen Kirchenfenster und nicht weniger als die barocken Altäre und die heiligen Figuren mit verklärtem Blick brauchen die Besuchenden ein Stück Erdung mitten in unseren sakralen Räumen. Angesichts lauter erstickend drohender Heiligkeit in manchen Gotteshäusern begegnet man heilsam der Erinnerung daran, dass man von Gott als Mensch geschaffen und – trotz seiner Ecken und Kanten (oder gerade deshalb) – unendlich geliebt ist.

Hier einige Essentials – vor allem von der profanen Sorte, die in jede Stadtkirche gehören, damit die lebensnotwendige Spannung zwischen Heiligem und Profanem nicht zusammenbricht:

Ein Gästebuch

Nicht unbedingt ein Fürbittbuch, aber auf jeden Fall ein Gästebuch! Und das Gästebuch soll nicht zu nah zum Altar oder zur Kerzenecke stehen, ansonsten werden die Eintragungen unerträglich fromm. Also sollte man das Buch am besten unweit der offenen Kirchentür platzieren, sodass man die weite Welt im Blick behält, während man seine Gedanken zu Papier bringt. Dann kommen solch herrliche Eintragungen zustande wie: *„Lieber Gott, befreie mich von allen Leiden und von der Kirchensteuer." – „Hier riecht es wunderbar nach Weihrauch."* (Die Alte Nikolaikirche ist die älteste *evangelische* Kirche in Frankfurt.) – *„Darf man hier Fotos machen, lieber Gott? Bitte gib mir ein Zeichen im Voraus…" – „Eine schöne, moderne Kirche."* (Die frühgotische Kirche ist schätzungsweise 850 Jahre alt.) – *„Hello from California! How can any country be this hot and not have an ocean?"*

Ein paar Flecken

Stadtkirchen brauchen Flecken. Möglichst viele. Tropfen auf dem Fußboden, die an gute Gespräche beim Kirchenkaffee erinnern. Tropfen von Kerzenwachs, auch an unerwarteten Stellen, die von der Hoffnung erzählen, die in Krisenzeiten angezündet wurde. Oder Farbtupfen in der Kinderecke, die das Malen und Lachen der Kinder wieder lebendig werden lassen. Oder die Spuren von Blütenblättern im Fußboden, die der Küster bis heute nicht wegkriegt. Im Nachhinein ist es gut so, denn auch sie erzählen von heiligen Momenten in profaner Gestalt. Flecken aller Art zeugen eben von der Kirche als einer Stätte gelebten Glaubens.

Die Frage „Was verletzt den sakralen Raum?" wird oft in Stadtkirchen gestellt. Ein Glas Wein in der Hand oder der Hund, der hereinspaziert? Die tobende Schulklasse oder die fotografierende Touristengruppe? War es nicht Professor Fulbert Steffensky, der die beste Antwort auf die Frage anbot? Nur eines verletze den sakralen Raum – böse Gedanken.

Eine Toilette

Bei der letzten Renovierung der ehrwürdigen ehemaligen Ratskirche vor zwei Jahrzehnten wurde die Kirche gründlich saniert, eine neue Orgel erbaut, ein Keller gegraben. Und eine Toilette installiert. Zum ersten Mal seit etwa neun Jahrhunderten hat die Kirche eine Toilette bekommen. Das WC befindet sich zwar im Keller, man kann aber die Spülung manchmal im Kirchenschiff wahrnehmen. Was ein Segen ist. Denn die Präsenz und die Geräusche der Toilette verleihen der Kirche eine wohltuende Menschlichkeit. Auch mitten im Gottesdienst, wenn jemand dringend die Kellertreppen hinuntersteigen muss, bekommen die Worte des Predigers durch die Geräusche im Hintergrund eine gewisse Erdung. Die Tatsache der Toilette unterstreicht den Ansatz, dass der Christenmensch zwar Gottes kommende Welt fest im Blick hat, seinen Auftrag und sein Leben aber noch hier auf Erden hat.

Eine heilsame Portion Humor

Als ob das Leben nicht schon ernst genug wäre und sich die Menschen von unseren gewaltigen, ehrwürdigen Stadtkirchen und deren oft hoch gehängten Veranstaltungen manchmal fast erdrückt fühlen, setzen wir oft noch eins drauf in Form von humorlosen kunsthistorischen Kirchenführungen, farblosen Schaukästen und Schildern an der Eingangstür, deren Botschaften, einschließlich Verhaltensregeln, einem erhobenen Zeigefinger ähneln.

„Gott muss einen Sinn für Humor haben: Er schuf Erdferkel, Orang-Utans…und mich" so betitelt ein Pfarrer-Freund in den USA sein Buch über Gottes Sinn für Humor – ein Phänomen, das leider mehr durch seine auffallende Abwesenheit in unseren Stadtkirchen auf sich aufmerksam macht – oder besser: allzu leicht übersehen wird.

Denn humorvolle Situationen gibt es genug: Mitten im Sommer stand ein Besucher, ein Landsmann von mir, vor unserer Alten Nikolaikirche und fragte etwas irritiert: *„Isn't this the Church of the Holy Spirit?"* – „Ist das nicht die Heilig-Geist-Kirche?" Leicht verwundert habe ich selber in seinen Reiseführer geschaut und tatsächlich, der Tourist meinte, er wäre schon in Heidelberg mit seiner Heilig-Geist-Kirche, obwohl die Stadt am Neckar erst am Nachmittag auf dem Plan stand. Er hatte es offenbar sehr eilig und er weilte – zumindest in Gedanken – bereits auf der Hauptstraße von Heidelberg! Wie wohltuend der Humor, der unser Tempo verlangsamt und unsere Kirchen zugänglicher und menschenfreundlicher werden lässt!

Auch die prophetische Botschaft der Stadtkirche kommt oftmals besser an, wenn sie mit ein wenig Humor und einem Augenzwinkern gesagt wird. Beispiel: „Das musste ja passieren!" schrieb die Lokalzeitung nach dem Auftritt des Osterhasen auf dem Altan der Alten Nikolaikirche. „Noch nie wurde der Weihnachtsmarkt so früh im November eröffnet. Da war eine Begegnung mit dem Osterhasen unausweichlich." In der Tat: Bei einer verfrühten Eröffnung des Weihnachtsmarktes vor einigen Jahren winkte ein Gemeindeglied im Osterhasenkostüm den Tausenden von Weihnachtsmarktbesuchern freundlich vom Balkon der Kirche zu. Die Resonanz – Schmunzeln und Zustimmung, Ärger und Nachdenklichkeit – war groß. Selbst aus Hamburg erreichte uns die Gratulation und der kollegiale Gruß von Professor Wolfgang Grünberg: „Euch allen eine gute Hasenaussicht, also die Lufthoheit über die Glühweinseligkeit." Ohne erhobenen Zeigefinger, aber doch unmissverständlich bleibt bis heute im kollektiven Gedächtnis der Frankfurter – und offensichtlich manchem Hamburger – der humorvolle Auftritt des Osterhasen auf dem Weihnachtsmarkt. „Advent ist im Dezember – alles zu seiner Zeit." Diese wie andere Botschaften der Stadtkirchen lassen sich oftmals – so unsere Erfahrung – augenzwinkernd und mit einer Prise Humor am besten vermitteln.

Lässt sich die Liste fortsetzen? You bet!

Dankbar, sehr dankbar bin ich für die vielen Menschen, die täglich in die Kirche zur stillen Andacht und zum Beten kommen. Mich erfreut aber nicht weniger der Anblick derjenigen, die genauso im Gotteshaus einen geschützten Raum und ein Zuhause finden und deren Gebet sich anders ausdrückt: die stillende Mutter in der Ecke, die picknickende Schulklasse am Kinder-Tisch, der obdachlose Mann auf der Bank in himmlischer Ruhe schlafend, die Touristin aus Italien, die vergeblich versucht, Weihwasser aus dem Opferstock der vermeintlich katholischen Kirche zu schöpfen und – last but not least – die lebende Maus, die ein Zuhause in der Weihnachtskrippe gefunden hatte. An all jenen in der offenen Kirche hat sicherlich auch unser Gott seine Freude.

Ilona Nord und Lennart C. Wegner

Real – Virtuell

Von der Orientierung in einer Stadt, von iPhones und realer Virtualität

1. Eine Stadt ergibt sich (Lennart C. Wegner)

Im Koffer wäre noch Platz gewesen. Als ich im vergangenen Oktober meine Sachen packte, um zum Studium während des Semesters wieder von Hamburg nach Berlin zu ziehen, überlegte ich kurz, einen Stadtplan mitzunehmen. Berlin ist groß, die langen Straßen in Friedrichshain sehen alle gleich aus und weil der Hauptstadt einzige Konstante permanente Fluktuation ist, hätte ein wenig papierne Orientierung nicht geschadet. Ich nahm den Plan nicht mit, und wahrscheinlich nehme ich nie wieder einen mit. Nicht nach Berlin, München, Buenos Aires. Was ich brauche, ist ein Telefon.

In Berlin mag man die Zugezogenen nicht besonders, richtige Aversionen aber hat man gegen die jungen, lauten Spanier, die mit den Billigfliegern für ein Wochenende kommen. Nur erkennt man sie fast nicht mehr. Wenn die in Tegel aus der Maschine steigen, wissen sie genau so gut bescheid über diese Stadt, wie alte Berliner Szene-Hasen: Sie kennen die besten Bars, wissen wo man tolle Turnschuhe kaufen kann, finden den Weg zum illegalen Hinterhof-Club, der gestern erst aufgemacht hat. Die umherirrenden Touristen mit Koffern ohne Rollen und ausgebreitetem Stadtplan – es gibt sie nicht mehr. Und nach dem Weg fragen sie uns auch nicht wieder. Sie gucken auf ihr iPhone, das ihnen dank GPS nicht nur den Weg beschreibt, sondern auch alle Informationen zum Ziel mitliefert: Eintrittspreise, Getränkekarte, das Programm des Abends und was andere

User hier erlebt haben. Sie haben die Meta-Daten dieser Stadt. Jeder Stadt, und der ganzen Welt. In fünf Jahren werden wir uns nicht mehr verlaufen. Egal wo.

Geotagging, Augmented Reality – über der Welt von morgen liegt eine Matrix. Unbekannte Städte ergeben sich uns auf dem mobilen Telefon mit allen Informationen. Durch das Display entschlüsselt sich eine waschbetonfarbene Häuserzeile als bunte Sammlung kleiner Stecknadeln jedweder Information. Im zweiten Stock von Nummer 73 ist eine 2,5-Zimmer-Wohnung frei, keine Courtage! Die Tapas-Bar in Nummer 70 bekommt miese Noten. Im selben Haus, sagt Wikipedia, hat der Komiker Kurt Krömer seine Kindheit verbracht. Auf der anderen Seite wohnt ein Facebook-Nutzer mit dem ich sechs gemeinsame Freunde habe. Gruselig, werden manche sagen. Will ich das? Sind das die Informationen, die eine Stadt tatsächlich ausmachen? Was ist mit den individuellen Erfahrungen, dem Abenteuer des Irrwegs, der Wahl des weniger beschrittenen Pfads? Wahrscheinlich ist es gut, diese Fragen zu stellen. Statt der Augmented Reality einfach der Reality zu trauen. Immerhin könnte man den Herausgebern von Stadtplänen so ein wenig Luft verschaffen – gute Karten für die Zukunft haben sie dennoch nicht.

2. Experimente mit der Wirklichkeit (Ilona Nord)

Diese Beschreibung moderner Stadtorientierung enthält Ambivalenzen: Der objektive Blick auf die neue technologische Errungenschaft des iPhones zeigt, dass der Datenschutz ein Fass ohne Boden ist und die Zusammenführung von Informationen aus höchst unterschiedlichen Herkünften kein Problem bereitet. Der subjektive Blick stellt ins Licht, was das iPhone für das persönliche Wohlbefinden seines Besitzers auszurichten vermag. Muss er schon als Student wie ein Großstadtnomade leben, so hat er wenigstens alle Informationen in seiner Tasche, um sich mit den ihn umgebenden Welten bekannt und vertraut zu machen.

Jemandes Haus zu kennen, eine Wohnung mieten zu können, eine Tapasbar nicht zu betreten, weil man weiß, dass es dort nicht schmeckt, so etwas kann man eigentlich nur dort sagen, wo man zu Hause ist. In der Fremde zu Hause. Dieses Gefühl vermittelt das iPhone. Dabei bietet das kleine Gerät nichts prinzipiell Neues. Es bündelt verschiedene Dienste wie die Telefonfunktion, die E-Mail-Kommunikation und die persönliche Adressverwaltung neben der Augmented Reality zur Orientierung in fremden Umgebungen sowie generell den Internetzugang, den viele Menschen zum Spielen, zu ihrer Unterhaltung nutzen. Und man muss auch nicht mehr an den PC gehen, sondern kann alles höchst bequem unterwegs oder auf der heimischen Couch „erledigen".

iPhones eröffnen Spielräume, Handlungsspielräume und dies nicht nur virtuell, sondern in dieser Virtualität höchst real. Deshalb spricht der US-amerikanische Soziologe Manuel Castells nicht mehr von Virtueller Realität, sondern von realer Virtualität. Sie steht der Realität, in der wir vor der Ausdehnung elektronischer Welten gewohnt waren zu leben, hermeneutisch betrachtet in nichts nach. Denn: „Cultures are made up of communication processes. And all forms of communication, as Roland Barthes and Jean Beaudrillard taught us many years ago, are based on the production and consumption of signs."[1] Das historisch Spezifische an dem neuen Kommunikationssystem, das um die elektronische Integration aller Kommunikationsweisen von der typographischen bis zur multisensorischen herum organisiert ist, ist für Castells daher die Konstruktion realer Virtualität.

Dieses Interpretationsangebot erschließt die medialen Welten von der Seite ihrer Stärken. Auf sie bauen auch ihre Erfolge auf. So lange Häuserzeilen nur von außen anzusehen waren, dominierte ihre waschbetonfarbene Außenfassade die Wahrnehmung von Großstädten; sie wirkten anonym. Nun öffnen Augmented Realities Fenster und Türen. Dabei werden sie in Zukunft immer

---

[1] Manuel Castells, The rise of the network society, Blackwell Publishing MA USA2 2010, 403.

komplexer die Interessen und Perspektiven des „iPhone-Halters" widerspiegeln, weil nicht mehr alle Informationen, die eben im Netz verfügbar sind, aktuell angezeigt werden, sondern das iPhone seinen Besitzer oder seine Besitzerin besser kennt. Der Datenschutz wird zur ethischen Grundaufgabe der Gegenwart, seine Regularien müssen vieldimensional reflektiert und weiter ausdifferenziert werden. Denn die Konstruktion realer Virtualität verhilft dazu, die persönliche Bewegungsfreiheit zu erweitern und dies fasziniert, auch wenn sie zugleich dazu führt, dass man durch ständig neue Herausforderungen belastet wird.

Der französische Phänomenologe Maurice Merleau-Ponty hat die Bewegungsfreiheit als konkrete Freiheit beschrieben. Er sieht in ihr das allgemeine Vermögen, sich in Situationen zu versetzen.[2] Freiheitliches Verhalten bestehe also nicht in einer höheren Form von Tätigkeit, die von außen in etwas eingreift, sondern sie ermögliche es, sich in sich verändernden Situationen zurecht zu finden, darin bestehende Strukturen zu übersteigen, um daraus andere zu schaffen. Auf diese Weise zeige sich das Charakteristikum menschlicher Freiheit im Sinn für das Mögliche, oder anders gesagt in der menschlichen Virtualisierungsfähigkeit. Virtuelle Realitäten beanspruchen nun genau dies, dass es sich bei ihnen um Spielräume handelt, in denen Freiheit konkret erfahren werden kann.

Auch aus theologischer Perspektive gehört Freiheit in leiblicher Gebundenheit konkret zum menschlichen Leben hinzu. Sie ist kein erst noch zu erlangendes Gut, sondern Menschen leben aus der ihr von Gott geschenkten Freiheit. Sie ist kein inneres Ideal, sondern ein Spielraum, innerhalb dessen Experimente mit der Wirklichkeit gemacht werden können. Mein vorläufiges Fazit: die Kultur realer Virtualität hat etwas Unheimliches, zugleich sind in ihr Spuren des Evangeliums zu finden, des Evangeliums in kleiner Münze, ganz menschlich in der Hoffnung auf Orientierung in den Global Cities, in denen zu leben Menschen aufgegeben ist.

Lieber Wolfgang Grünberg, bleibt nur noch, mit Dir das Problem der Materialität (Ernst Bloch) zu diskutieren, am liebsten mündlich! Deine Ilona Nord.

---

[2] Bernhard Waldenfels, Das leibliche Selbst. Vorlesungen zur Phänomenologie des Leibes, Frankfurt / Main 2000, 195.

Dirk Oesselmann

Pünktlich – zu spät

19:15 Uhr – das getaktete Leben

18:45 Uhr – die Stimme meiner Mutter schallt durch das Haus: „Wollen wir dann so langsam los?" Um 19:15 Uhr haben wir uns zum Essen verabredet. In einem Restaurant, ungefähr 10 Minuten entfernt. Kurz vor 19:00 Uhr – meine Mutter steht schon seit 10 Minuten in Hut und Mantel – versammeln wir uns, um uns auf den Weg zu machen. Meine Frau erscheint mit einem Handtuch unter dem Arm: „Ich will nur noch eben duschen."

In unserer Familie ist die Pünktlichkeit ein interkultureller und intergenerativer Spagat. In Brasilien, wo ich mich einen großen Teil meines beruflichen Lebens aufgehalten und meine Familie gegründet habe, ist die genaue Uhrzeit nur ein sehr relativer Orientierungspunkt für die Lebensorganisation. Sie ist mit vielen anderen persönlichen Beschäftigungen sowie mit den gegebenen Rahmenbedingungen in Beziehung zu setzen. In Deutschland ist sie einer der wichtigsten Orientierungspunkte, wie ich wieder neu lernen musste, als ich 2004 mit meiner Familie zurückkehrte.

9:00 Uhr Sitzungsbeginn – nur einer kommt 3 Minuten zu spät und entschuldigt sich. Es wird ausgemacht, welche TOPs bis zur Pause um 10:30 Uhr besprochen werden können. Punkt 10:30 Uhr sind wir mit einer guten Gesprächsmoderation genau da gelandet… Es war nach meiner Rückkehr nach Deutschland immer wieder ein Grund zum Staunen, dass dies gelingen kann.

Szenenwechsel – ich erinnere mich: Gegen 9 Uhr finden sich ein paar Leute beim Kaffee zusammen und erzählen ein wenig, was anliegt. Andere treffen so langsam bis 9:30 Uhr ein, eine musste nochmal schnell etwas erledigen. Mehrere fehlen, man telefoniert, wo sie denn bleiben. Nach und nach entsteht eine intensive Arbeitsatmosphäre mit viel Platz für Gedanken und Diskussionen, die dann allerdings kurz nach 12 Uhr in Hektik aufgelöst wird: „Mein Gott, meine Kinder, die warten ja schon vor der Schule…"

Nicht nur im beruflichen Bereich bestehen sehr unterschiedliche Arbeitsformen bzw. Arbeitskulturen, die vor allem im internationalen und interkulturellen Vergleich deutlich ihre Konturen zeigen: Auf der einen Seite eine zeitlich disziplinierte Abarbeitung von TOPs, auf der anderen eine offene Diskussion, die erst langsam anläuft und irgendwann zu Ende ist, wenn alle erschöpft sind oder wenn es eben nicht mehr weitergeht…

Ohne in die Falle von polarisierten Pauschalurteilen zu tappen, ist der Umgang mit Pünktlichkeit ein zentraler kultureller Hinweis für die Gestaltung von Leben in Gemeinschaft. Dabei treten unterschiedliche Tabus zu Tage: Die einen wollen und dürfen nicht zu spät kommen, für die anderen wäre es undenkbar, ein Gespräch, einen Augenblick oder ein Bedürfnis vorzeitig abzubrechen. Während die Pünktlichkeit für ein Leben in getakteten Abschnitten steht, die Arbeit und Ruhepausen verbindlich regeln, geht es im anderen Fall um eine Priorisierung eines sich immer neu entwickelnden Geschehens.

Die Unterordnung der Lebensgestaltung in vorgegebene Takte steht mit der Entwicklung der städtischen Gesellschaft in Verbindung, ist heute aber in den so genannten entwickelten Ländern zu einem allgemein gültigen und zutiefst prägenden Kulturelement geworden. Dadurch konnte eine verbindliche Einordnung in organisatorische Abschnitte bei der Arbeitsteilung sowie bei der Ordnung des sozialen Lebens erfolgen und diese optimieren. In diesem Sinne ist es nicht abwegig zu folgern, dass die Kultur der Pünktlichkeit eine grundlegende Verbindlichkeit der Ordnung und dem Kollektiv gegenüber ermöglicht.

Gleichzeitig birgt die Unterordnung des Lebens in getaktete Zeitabschnitte auch Gefahren in sich: Was auf der einen Seite Verlässlichkeit ist, kann auf der anderen Kontrolle heißen. Das Leben wird berechenbar gemacht, minimiert Unsicherheitsfaktoren. Solange der Einzelne sich in diesen funktionalisierten Strukturen wiederfinden kann, bekommt er dadurch Halt. Jedoch gilt dies nicht immer und für alle. Pünktlichkeit ist ein zentrales Symbol für die gesellschaftlichen Erwartungen, die an jeden Einzelnen herangetragen werden. Ein Mindeststandard für Zuverlässigkeit. Doch Leben funktioniert nicht nur, sondern braucht Freiräume, die den Menschen erst Möglichkeiten eröffnen, etwas auszuprobieren oder innezuhalten. Zeittaktung beschränkt auf den vorgegebenen Rhythmus, auf die vorgegebene Tagesordnung. Kreativität und alternative Lebensentwürfe benötigen zeitlose Inspirationen. Manchmal kommt die Zeit zum Aus- und Durchbruch. Immer wieder gern erinnere ich mich an den Spruch meiner friedensbewegten Zeit: „Nur wer sich bewegt, kann die Ketten spüren."

Schon in der alltäglichen Organisation unserer Familie ist die Zeittaktung außerordentlich prägend. Ja, ich habe den Eindruck, dass es ein täglicher Kampf ist, die Kinder zum Aufstehen zu bewegen, sie pünktlich zur Schule loszuschicken, da zu sein, wenn es wieder nach Haus geht… Die Essenszeiten, das Zu-Bett-Gehen – alles gehorcht einem getakteten Zeitrhythmus. Und jeden Tag wiederholt sich ein kleiner Kampf, vielleicht der größte Stress einer erzieherischen Praxis: Die Kinder sind von ihrem Willen und Wollen einfach nicht so getaktet, wie wir Erwachsenen in unserer gut abgestimmten, westlich-pünktlichen Welt es so vorgeben. Und ich kann oft mein ambivalentes Gefühl nicht unterdrücken und erfülle doch immer wieder meine Pflicht als verantwortlicher Vater, die Kinder zur Pünktlichkeit zu erziehen…

Nur am Sonntag (und manchmal am Samstag) wird dieser Zeittakt durchbrochen. Wir stehen auf, wann wir wollen. Wir lassen uns Zeit, nehmen uns wenig vor, lassen den Tag geschehen. Und er geschieht – Erstaunen über Kunststücke der Kinder, Entdeckungen auf neuen Wegen, Gespräche über Gott und die Welt, spontane Begegnungen mit den Nachbarn – einfach so. Für uns ist der Sonntag ein bewusst nicht durchgetakteter Tag.

Vielleicht ist das auch der notwendige Durchbruch, um Gott näher zu kommen. Gott(esdienst) benötigt Zeit und keinen vorgegebenen Takt. Er braucht einen offenen, umherschweifenden Geist und nicht Unterordnung unter einen festen Rhythmus – als reine Fortsetzung des zeitlich getakteten Alltags.

Stoff für die Stadttheologie ist genau dieses Spannungsfeld zwischen der organisatorischen Taktung des Lebens einerseits, die dem gesellschaftlichen Umfeld Sicherheit und Verbindlichkeit gibt, und den Durchbrüchen einer Unpünktlichkeit andererseits, wo das Leben wieder sich selbst erobern kann und ganz dem Augenblick gehört. Die interkulturellen Besuche bringen genau diese Zwiespältigkeit zum Ausdruck.

Gäste aus dem Ausland erleben gerade die deutsche Pünktlichkeit als sehr positiv: Abläufe werden planbar, das öffentliche Zusammenleben ist zuverlässig und vermittelt deshalb auch eine Verlässlichkeit in den Abmachungen und mittelbar auch in seinen Ansprüchen auf Recht und Respekt. Insofern ist Pünktlichkeit nicht nur eine Frage der Ordnung, sondern gibt dem Einzelnen ein Stück weit ein Gefühl von Sicherheit, sich im öffentlichen Raum zu bewegen.

Umgekehrt werden die „pünktlichen Menschen" bei Besuchen in „unpünktlichen Ländern" des Südens immer wieder durch Lebensfreude und Spontaneität sowie durch das tiefe Empfinden für den Augenblick beeindruckt. Die Durchtaktung des Lebens in unseren Landen wird durchbrochen, mehr noch – entlarvt als Verarmung. Menschen, die einfach Zeit haben, gegenwärtig sind, zeigen eine offenbar von der getakteten Zeit verschüttete Dimension auf: Dem Geist des Lebens seinen Lauf zu lassen.

Ich gebe zu, ich stehe mitten drin und plädiere für beides. Ich habe mich der Pünktlichkeit ein Stück weit unterworfen, bin durchaus auch gestresst, wenn ich warten muss oder selbst unpünktlich bin. Aber oftmals packen mich auch die Tiefe des Lebens und der Moment mit mir und anderen – und dann bin einfach mal „zu spät", Gott sei Dank!

Otto Hermann Pesch

Hand – Kopf

Was Tier und Mensch wirklich unterscheidet

Der große Thomas von Aquin (1225–1274) hat sich schon damals eine Frage gestellt, wie wir auch heute noch stellen mögen: Die Tiere haben den großen Vorteil, dass sie von ihrem Instinkt gesteuert sind und darum von Natur aus so tätig, sind wie sie tätig sind. Sind die Menschen, fragt Thomas, nicht gegenüber den Tieren im Nachteil? Nein, entgegnet er. Denn zum einen steht den Tieren nur ein bestimmter, eingeschränkter Bereich der Wirklichkeit offen – das ist der Preis für ihr „naturhaftes" Handeln. Der Mensch dagegen ist universal offen, frei und nicht auf ein bestimmtes Handeln festgelegt. Und zum Ausgleich für den mangelnden Instinkt hat der Mensch, was ihn gegenüber den Tieren nicht nur gleichrangig, sondern überlegen macht: seine Hand und seine Vernunft – oder, wie es die Hirnforschung heute zu sagen gebietet, seinen Kopf mit dem Gehirn darin.[1] Allerdings wusste das auch schon der alte Aristoteles (384–322 v.Chr.), auf den sich Thomas hier beruft.

In der Tat, was kann der Mensch nicht alles tun, indem er, von seinem Kopf angeleitet, seine Hand bewegt! Er kann, von seinem Kopf gesteuert, die Früchte der Erde aus dem Boden ziehen oder sie von Baum und Strauch pflücken, sie zerschneiden, säubern, würzen und schmackhaft zubereiten, während ein Tier sie fressen muss, wie sie aus dem Boden oder von den Bäumen und Sträuchern kommen.

Er kann, was kein Tier fertig bringt, nicht nur sprechen, also sich durch artikulierte Laute verständlich machen, sondern für diese Laute auch Buchstaben und Schriftzeichen erfinden und ganz entfernten Mitgeschöpfen Nachrichten zukommen lassen, die ihn persönlich nie hören werden, oder mit einem Wort: er kann Briefe, Aufsätze und Bücher schreiben.

Er kann, ausgedacht von seinem Kopf, Maschinen aller Art erfinden, bei denen seine Hand am Ende nur noch einen Knopf drücken muss, und die Maschine tut, was unter Umständen 100 Hände sonst vereint tun müssten.

Er kann mit der vom Kopf geleiteten Hand sogar Arbeiten erledigen, die eigentlich der Kopf selbst erledigen müsste – indem er Computer erfindet und baut, die in Sekundenschnelle Schreib- und Rechenarbeiten erledigen, für die auch der beste Kopf Stunden und Tage brauchen würde.

Vor allem aber, der Mensch kann, worauf ein Tier nie kommen würde: Er kann, von seinem Kopf geleitet, die Hand anhalten, die schon „instinktiv" zuschlagen will; die „notwendige" Abfolge von Angriff und Gegenangriff unterbrechen; das Gesetz von Fressen und Gefressen-Werden unterlaufen und mit Kopf und Hand deutlich machen, dass jeder Mensch ein Recht hat, um seiner selbst willen da zu sein.

Und schließlich: Der Mensch kann mittels seines Kopfes auf die Idee kommen, dünne Stahlsaiten – schon dies eine Kopf- und Handgeburt! – über einen hohen Holzkasten zu spannen, sie mit der Hand in festgelegten Abständen zu abzugreifen und dadurch zu verkürzen und wieder freizulassen, sodann mit einem Stock, der mit starken Pferdhaaren bespannt ist, hin und her zu streichen und dadurch interessante Töne und Tonfolgen zu erzeugen.

Mit einem Wort: Hand und Kopf versetzen ihn in die Lage, Violoncello zu spielen.

---

[1] Siehe Summa Theologiae, Prima Pars, Quaestio 76, Artikel 5 ad 4; Deutsche Thomas-Ausgabe, Bd. 6, Salzburg-Leipzig 1937, 72.

Nils Petersen

Hübsch – Hässlich

Utopische Körper in der gespaltenen Stadt

1. Business improvement districts (BID)

Wenn wir in den Straßen einer pulsierenden Metropole die Augen öffnen und sehen uns Schaufensterauslagen an, die uns Schönheit zu Preisen anbieten, die sich fast kein Mensch leisten kann, dann wissen wir: Hier wohnt kein Mensch. Da, wo Karl Lagerfeld und Jil Sander und Joop und Prada und Cartier die Miete für ihre Markstände verdienen, ist es nach Ladenschluss wie ausgestorben. Nichts pulsiert da in der Metropole, wo die objektive Schönheit höchster Qualität feilgeboten wird. Jene Straßen, auf die die Herren der Stadt so stolz sind, mit denen sie werben und meinen, urbanes Leben bilde sich eben dort ab; jene Straßen haben viel für Wenige zu bieten, aber sie sind nicht der Puls der Stadt. Jene, die sich in den teuren Edelgeschäften ausstaffieren, kommen von außen, bringen Geld aber kein Leben. Und sie exkludieren sich durch ihre teure Schönheit, die so einen hohen Marktwert hat, dass sie bar aller ästhetischen Kritik daher schreiten kann. Wer kann es sich schon leisten, eine Rolex hässlich zu finden? Doch so einfach ist es nicht, sich in einer pulsierenden Welt und zumal in einer urbanen Metropole gänzlich zu separieren. Da kommen doch die armen Schlucker der schwindenden Mittelschicht daher und behängen ihre Körper einfach mit billigeren Plagiaten. Und zum Ärger aller (aller Wenigen) sind diese Plagiate zum Teil so gut, dass sie vom Original nicht zu unterscheiden sind. Ist denn eine Gucci-Handtasche hübscher, wenn sie 500 Euro kostet, als wenn man sie für 25 Euro bekommt?

Durch die Plagiate hat ein Teil der Gesellschaft Anteil an einer (gewollt) exklusiven Schönheit und spaltet sich mit der ästhetischen Hinwendung zu den Happy Few von den Vielen anderen ab, wodurch die Wenigen mehr werden.

Das Kaufen von Schönheit bei den Reichen und Schönen der Gesellschaft ist zum Teil mehr als die Gestaltung der eigenen Person, es ist auch Wertanlage und Zeichen der Zugehörigkeit. Häufig werden jene großen Marken, die man sich nicht leisten kann, mit Attributen wie „zeitlose Schönheit" versehen und beworben, womit herausgestellt wird, dass es sich hier nicht um Mode im eigentlichen Sinne handelt, die mal so und mal so sein kann. Nein, durch die kostbare, zeitlose Schönheit hat die Trägerin und der Träger selbst Anteil an der Zeitlosigkeit. Was vielleicht sogar wichtiger wird als das schöne Gehänge oder die gut sitzende Kleidung. Ab einem gewissen Einkommen kann man sich die Zeitlosigkeit kaufen, sich mit ihr schmücken. Im exklusiven Hübschen finden die Wenigen Anteil an der Ewigkeit. Und für jene, die es sich nicht leisten können zu kaufen, bietet ein Spaziergang durch den BID wenigstens einen Ausblick auf das Paradies. Wen die Schaufenster dann letztlich mehr frustrieren als trösten, dem sei der Ratschlag gegeben, den Blick zu heben, in den ersten oder zweiten Stock, über den teuren Geschäften. Da wird uns gewahr, in diesem Paradies lebt kein Mensch.

2. Hamburger Bernstein

Öffnen wir die Augen wieder und erblicken Bio-Läden, Fahrradgeschäfte, Indische Restaurants mit Straßenverkauf, esoterische und herkömmliche Buchhandlungen, dann wird dieses Viertel wohl ziemlich rot sein. Die Bebauung wird dominiert durch Hamburger Klinker, unterbrochen durch Altbaufassaden in unterschiedlichen Zuständen. Hier ist Puls, hier ist Leben, auch nach Ladenschluss. Hier mischt sich Exklusion und Inklusion auf geheimnisvolle Weise. Im Gemenge der Straßen und Fußgängerzonen sieht man es manchen an, welchen Laden er oder sie ansteuern werden, um sich in der eigenen äußeren Darstellung zu stabilisieren. Die Frau Mitte Vierzig, Filzhut, Poncho, weite Hose und umgeben von einem schweren süßen Duft steuert zielsicher das Geschäft für Naturkosmetik an. Der praktische Vater, Jack-Wolfskin-Jacke, Cargo-Hose, Wanderschuhe, der den Bollerwagen mit seinen zwei Kindern hinter sich herzieht, ist auf dem Weg zum Kindergeschäft, wo es fairgehandelte, unbelastete und auf eine Art ebenso exklusive Kindermode und Holzspielzeug gibt. Der dunkelhaarige, schnauzbärtige Mann, dem seine Frau mit zwanzig Metern Abstand folgt, schwer mit Kunststofftaschen beladen, kauft an anderen Orten andere Sachen ein. Sie mischen sich an jenen öffentlichen Plätzen mit ihren Vorstellungen, was denn nun hübsch oder hässlich sei. Niemals würde der praktische Vater seiner emanzipierten Frau aus einem türkischen Laden ein hübsches Kopftuch zum Weihnachtsfest kaufen. Und der türkische Vater würde seiner Tochter weder das Geld noch die Zustimmung geben, sich die Brustwarzen piercen zu lassen. Trotzdem passiert in den Quartieren zwischen den Hamburger Bernsteinen dies alles gleichzeitig, ohne einen Bürgerkrieg auszulösen. Getrennt im gemeinsamen Viertel; getrennt aber auch vermischt, denn man trifft sich. Über die ästhetische Vorstellung, die kulturell und soziale weitergegeben ist, braucht man nicht streiten, weil alles gleichzeitig da ist. Bis auf die echten Gucci-Handtaschen oder Schuhe von Prada, versteht sich.

3. Das Quartier der künstlichen Fingernägel

Öffnen wir die Augen ein drittes Mal, müssen wir nun den Kopf stärker in den Nacken legen, um den Himmel zu sehen. Im BID sahen wir ja den Himmel schon im Schaufenster, im Bernsteinviertel auf der Straße, und nun; wo die Bebauung höher und höher wird; wo Beton den Backstein ersetzt? Wo die Straßen breit und die Balkone klein sind, wo können wir hier Anteil an der Zeitlosigkeit finden?

Spazieren wir durchs Quartier und schauen wir uns wieder Geschäfte an. Lebensmittel kauft man im Discount. Da gibt es unterschiedliche, aber alles Discounter. Es gibt Sonnenstudios in großer Zahl, vielleicht weil die Sonne so schwer zwischen den Häusern auszumachen ist. Tatoo- und Piercingstudios, die Frisuren der Menschen sind sonst nur hier zu finden und dann sind da die vielen Geschäfte, wo frau sich die Fingernägel hübsch machen lassen kann. Fingernagelstudios in dieser Zahl, die findet man nicht in Blankenese oder Othmarschen. Warum nicht? Vielleicht weil sie das Gegenteil der Zeitlosigkeit sind. Schönheit für einen begrenzten Augenblick. Diese Nägel wachsen heraus, in kurzer Zeit muss frau nachhübschen lassen, wieder hin gehen zu den Nagelkünstlern. Warum findet sich eine Akkumulation solcher Geschäfte und Läden in Stadtvierteln, in denen man den Himmel so schwer sieht und in denen die Menschen deutlich weniger Geld haben als in anderen. Hat doch die aristokratische Blässe etwas zeitlos Schönes, so hat die Sonnenstudiobräune etwas Peinliches. So können es sich die Reichen und Schönen leisten, auf Brustvergrößerungen dankend zu verzichten, während die Armen darauf sparen, sich selbst gestalten zu können. Das Einzige, was unmittelbar zu gestalten ist, das Einzige, auf das sie unmittelbar Zugriff haben und ohne Zeitverzögerung wahrnehmen können, ist der eigene Körper. Gesellschaftliche Gestaltungsmöglichkeiten gibt es für Menschen, die mit minderen Einkommen ihr Leben bewältigen müssen und in armen Stadtteilen leben, so gut wie nicht. Auch aus ihrer Position in der Gesellschaft heraus ist Teilhabe und Einflussnahme auf das Geringste eingeschränkt oder sogar überhaupt nicht möglich. Und diese Einschätzung gilt nicht nur in der Selbstwahrnehmung. Das Bedürfnis an Gestaltung und Selbststabilisierung ist dabei aber ebenso gegenwärtig wie bei allen anderen Menschen auch, fokussiert sich nun aber gezwungener Maßen auf die Gestaltung des körperlichen Ichs. Der Wunsch nach Teilhabe an der zeitlosen Schönheit und damit am Zeitlosen selbst ergeht sich in der Gestaltung des Vergänglichen. Während eine Rolex oder ein Halsband von Cartier Anteil an der

Ewigkeit suggerieren, nicht nur weil der Preis den Lebensarbeitszeitverdienst Vieler deutlich übersteigt, veranschaulicht das aufwendige und immer zu wiederholende Gestalten von Fingernägeln oder das Nachbräunen in Sonnenstudio die Vergänglichkeit.

4. Utopische Körper in der gespaltenen Stadt

„Wer sich maskiert, schminkt oder tätowiert, erlangt damit nicht, wie man meinen könnte, einen anderen Körper, nur schöner, reicher geschmückt und leichter wiederzuerkennen. Tätowieren, Schminken und Maskieren sind zweifellos ganz anderes. Dadurch tritt der Körper in Kommunikation mit geheimen Mächten und unsichtbaren Kräften. Maske, Tätowierung und Schminke legen auf dem Körper eine Sprache nieder, eine rätselhafte, verschlüsselte, geheime, heilige Sprache, die auf ebendiesen Körper die Gewalt Gottes, die stumme Macht des Heiligen oder heftiges Begehren herabrufen. Maske, Tätowierung und Schminke versetzen den Körper in einen anderen Raum, an einen anderen Ort, der nicht direkt zu dieser Welt gehört. Sie machen den Körper zu einem Teil des imaginären Raumes, der mit der Welt der Götter oder mit der Welt der Anderen kommuniziert."[1]

Gilt das, was der französische Philosoph Michel Foucault über das Gestalten des Körpers sagt auch, wenn sich die Gestaltung auf das Tragen von Gucci-Handtaschen oder Armani-Mänteln reduziert? Legt sich nicht auch eine geheime Sprache auf die Trägerin und den Träger? Verstärkt sich das Geheimnis des Äußeren nicht sogar dadurch, dass die Armen und Hässlichen den Reichen und Schönen nacheifern, indem sie billige, aber gute Plagiate kaufen? Aus der so banalen Aussage, dass dies aber eine schöne Handtasche oder ein schöner Mantel sei, wir die geradezu mystische Frage: „Ist die echt?"

Die Antwort „echt" wird so zum Synonym für hübsch und „unecht" bedeutet hässlich, auch dann, wenn Unterschiede für's menschliche Auge nicht wahrnehmbar sind. Es reicht eben nicht, sich auf seine Sinne zu verlassen und unter allen hübschen Mädchen das hübscheste zu erkennen, ob arm oder reich; ihr muss der gläserne Schuh passen. Erst dann darf man seinen Gefühlen glauben, erst wenn man Plagiate und Originale identifiziert hat.

Aber da gibt es noch jene, die es sich nicht leisten können, die Priester der hohen Modewelt oder die Schöpfer der zeitlosen Schönheit zu bezahlen. Ihre Religion kommt ohne diese Priester aus, sie machen es einfach selbst, wenn sie ins Solarium gehen und 5 Euro in den Sonnenautomaten werfen, wenn sie zur Nagelhandwerkerin gehen und sich ein Fingernageldesign aussuchen oder sich die geheime Sprache der utopischen Welt in die Haut ritzen lassen. Unverlierbar ein Teil des ICH, so stabilisieren sich die Vielen und das eröffnet ihnen einen Raum zu einer Welt, zu denen die Wenigen keinen Zutritt haben und nicht haben wollen. Jene bleiben in ihrem unbewohnten Paradies, den anderen geht es um Haut und Haar. Und dann sind da noch jene aus den Bernsteinquartieren, die noch so unentschlossen sind. Ein kleines Tätoo hier, eine Gucci-Handtasche da (Ist die echt?), Einkaufen im Bio-Laden, auch mal Solarium, ein bisschen unbewohntes Paradies, ein wenig Anteil am großen Geheimnis.

Wenn es im himmlischen Jerusalem Stadtteile gibt, könnte das ungeahnte Probleme mit sich bringen.

---

[1] Michel Foucault, Der utopische Körper, Frankfurt/Main 2005, 31f.

Uta Pohl-Patalong

Sakralisiert – Profanisiert

Zwei Hamburger Kirchen in neuem Gewand

Was tun mit Hamburger Kirchengebäuden in Zeiten von Finanzkrise und kirchlicher Orientierungssuche? Wie viele Kirchen braucht eine (möglicherweise fusionierte) Gemeinde, wie viele ein Kirchenkreis, dann aber auch: eine Stadt? Solche funktionalen Überlegungen sind nicht obsolet: Die ersten Kirchen (nicht nur) in Hamburg sind bereits aufgegeben und entwidmet worden. Manche von ihnen werden profanisiert, so dass aus dem Sakralbau ein Gebäude mit einer anderen Nutzung wird. Gleichzeitig ist jedoch in den letzten Jahren die Einsicht gewachsen – nicht zuletzt befördert durch die Hamburger Arbeitsstelle „Kirche und Stadt" und die Arbeiten von Wolfgang Grünberg –, dass Kirchen einen starken Symbolgehalt besitzen und nicht nur „Gebäude" sind. Die ästhetische Dimension von Kirchengebäuden ist stärker ins Bewusstsein gerückt, die die Wirkung und Aussagekraft einer Kirche hervorhebt. Nachdem einige Jahrzehnte lang viele Kirchen die Nähe zum Alltag ausstrahlten und multifunktional genutzt werden konnten, ist gegenwärtig wieder stärker eine Tendenz zum klar profilierten sakralen Raum erkennbar.

Beide Tendenzen – Profanisierung und Sakralisierung von Kirchengebäuden – lassen sich in Hamburg in der gleichen Gemeinde studieren. Die Kirchengemeinde Eimsbüttel hat nach ihrer Fusion aus vier ehemals selbstständigen Gemeinden zwei der vier Kirchen aufgegeben und eine der verbliebenen renoviert und mit einem klaren ästhetischen Konzept als Sakralraum gestaltet.

Welche Konsequenzen hat nun eine solche – konzeptionell durchaus sinnvolle – Entscheidung?

Ihren Wirkungen bin ich, sozusagen im „Selbstversuch", nachgegangen, indem ich die ehemalige Kirche St. Stephanus und die frisch renovierte Christuskirche nacheinander besucht und die jeweilige subjektive Wirkung auf mich dokumentiert und reflektiert habe. Dabei verbindet mich mit der Gemeinde und den Kirchen insofern eine persönliche Beziehung, als die – damals noch selbstständige – Gemeinde St. Stephanus Mitte der 1990 Jahre meine Vikariatsgemeinde war.

Galerie und Cafe Stephanus

Nachdem einige andere Lösungen gescheitert waren, hat die Gemeinde Eimsbüttel das kirchliche Bauensemble St. Stephanus mit Kirche, Gemeindehaus und Pastorat an einen privaten Investor verkauft. Während Gemeindehaus und Pastorat zu einem Kindergarten umgebaut wurden, ist das Kirchengebäude zu einer „Event-Galerie mit Cafe" umgebaut worden. Täglich als Cafe geöffnet, kann der Raum als „außergewöhnliche Eventlocation", wie es im Prospekt heißt, gemietet werden.

Mein erster Eindruck ist der eines hellen, großzügigen Raumes, der zum Eintreten einlädt. Der früher eher dunkle, ohne Sonne fast ein wenig düstere Raum hat durch die durchsichtigen Fenster, die lichten Farben und den hellen Holzfußboden enorm an Helligkeit gewonnen. Ohne Kirchenbänke wirkt er wesentlich geräumiger, durch die fehlende Aufteilung in Mittelschiff und Seitenschiffe eher wie ein Saal. Tische und Stühle sind an den Rändern und auf der Galerie gestellt, die große Mitte des Raumes ist leer. Die Farbgebung in cremefarbenen Tönen mit dezentem Grün unterstreicht den hellen, freundlichen Eindruck.

Als ich mich umwende, wird das ehemalige Altarbild dominant: Ein Mosaik mit einem segnenden Christus und Engeln um ihn herum. Durch den – jetzt – goldenen Hintergrund, vor allem aber durch den fehlenden Altarraum kommt das Bild sehr nahe, ist deutlich dominanter, als ich es in dem Kirchraum in Erinnerung habe. Direkt davor steht eine moderne Sitzgruppe – wie es sich direkt unter solche einem massiven Christus sitzen mag?

Nicht nur mit dem herausgehobenen Altarbild wird die Ausstrahlung „Kirche" nicht verleugnet. In einer Fensternische steht ein Kruzifix, vor allem aber sind die Eigenheiten des Gebäudes durch die freigelegten Balken und die Farbgebung eher betont als unterdrückt worden. Der Raum ist klar als umgenutzte Kirche erkennbar, ebenso deutlich ist jedoch die neue Nutzung als Cafe und Veranstaltungsraum erkennbar. Die sehr bunten naturalistischen Bilder an den Wänden (vermutlich der „Galerie"-Teil des Konzepts) müssten für meinen Geschmack nicht sein, ebenso wenig wie die gegen Geld schaukelnde Ente in der – ansonsten schön gestalteten – Kinderspielecke.

Ich werde freundlich begrüßt und bedient, der Satz auf jedem Tisch „schön, dass Sie da sind!" bleibt keine Leerformel. Einmal in der Woche wird hier ein günstiges Mittagessen für Schulkinder angeboten, das ist hier gut vorstellbar.

Es läuft Radiomusik, NDR 2, recht laut. Interessanterweise empfinde ich es als Stilbruch, als Verkehrsfunk kommt – ob dieser dann doch etwas zu viel der Profanität darstellt in dem irgendwie immer noch sakralen Raum? Denn der Raum hat auf mich immer noch eine religiöse Ausstrahlung – und nicht nur auf mich. „Wenn ich morgens hier komme und die Tür aufschließe, merke ich das ganz deutlich", sagt die Angestellte, als sie mir den Kuchen bringt. „Gott ist da. Aber das ist doch auch klar, wenn hier 100 Jahre gebetet wurde. Das merkt man doch." Auch wenn „St. Stephanus" zu Galerie und Cafe Stephanus wurde – etwas von dem „Sankt" ist spürbar – auch ohne den Schutz des kirchlichen Rahmens.

Zum Schluss setze ich mich noch einmal direkt unter das Altarbild. Im Rücken ist der segnende Mosaik-Christus weniger dominant. Und der Raum ist einfach schön.

Christuskirche

Szenenwechsel. Ich steige aus der U-Bahn, Fruchtallee, eine laute Hauptverkehrsstraße. Nach wenigen Schritten stehe ich vor der Christuskirche. Schon von außen wirkt sie ansprechend, weder langweilig noch protzig, stimmig in ihrem norddeutschen roten Backstein in dezentem Jugendstil.

Ich öffne die Tür der Christuskirche und trete in den Vorraum, den eine Glastür vom eigentlichen Kirchenraum trennt. Der übliche Effekt einer Großstadtkirche stellt sich sofort ein: Die Geräusche sind plötzlich weit entfernt, der Atmosphärenwechsel ist markant, der Raum wird als Freiraum spürbar und lädt zum Innehalten ein. Dann öffne ich die Glastür, gehe in das Mittelschiff, bleibe gleich wieder stehen. Mein Blick wird von den drei leuchtenden Glasfenstern im Chorraum angezogen. Rot dominiert und harmoniert gleichzeitig mit anderen Farben. Ein gelbes Kreuz ist als Motiv erkennbar, ansonsten wirken die leuchtenden Farben. Das klare Weiß der Wände – ohne Bilder – wirkt daneben umso heller. Mir fällt auf, wie ungewohnt der Blick auf frisch gestrichene Kirchenwände ist, das strahlende Weiß irritiert geradezu. Mein Blick gleitet nach rechts und links zu den Kirchenbänken. Wunderschönes Holz mit deutlicher Maserung, dunkelroter Stoff auf der Sitzfläche. Die Lehnen laden geradezu zum Anfassen ein, haben die Form eines Handschmeichlers und fühlen sich auch so an, als ich dem Impuls nachgehe. Rechts ist eine kleine Seitenkapelle mit ebenfalls wunderschönen Holzhockern, mit Glas vom Hauptschiff getrennt, offensichtlich ein Gebets- und Meditationsraum. Der Raum lädt offen ein zur privaten Andacht, ist aber durch die Glastür so getrennt, dass Stille möglich ist. Vor dem Altar bleibe ich erneut stehen. Ein schwarzer rechteckiger Klotz ist das, sonst nichts. Mich irritiert die Kargheit – ist der Altar in Gebrauch? Andererseits – wie oft haben mich schon Unordnung auf einem Altar oder Gegenstände in liegen gebliebener Zufälligkeit gestört? Was macht eigentlich einen Altar ästhetisch aus? Die Nüchternheit provoziert Fragen.

Diese Kirche ist alles andere als rummelig, zufällig oder „irgendwie". Sie strahlt Klarheit aus, Sakralität. Jedes Element ist bewusst gewählt, korrespondiert und harmoniert mit den anderen. Die alten Backsteine der oben spitz zulaufenden Bögen an den Wänden fügen sich in das neue Konzept ein. Einzig die (wiederum weiße) Decke scheint mir ein wenig zu tief zu hängen, um den Backsteinbögen wirklich Platz zu bieten.

Ich sortiere meine Eindrücke. Die Klarheit der Farben und Formen spricht mich an. Die Fenster finde ich ausgesprochen schön, das warme Dunkelrot auf den Bänken und auf dem Fußboden sehr gelungen und die Kirchenbänke wunderschön. Und es sitzt sich sogar noch bequem auf ihnen, unglaublich. Ich spüre aber auch, dass dies eine bestimmte Atmosphäre, eine bestimmte Aussage des Raumes ist, die auch eine bestimmte Spiritualität repräsentiert und vermutlich fördert. Die Kirche klärt und konzentriert, lenkt in ihrer deutlichen Sakralität auf das Wesentliche. Für Kleinkram, Unwesentliches, Unordnung, Ablenkendes, Umwege ist hier wenig Platz. Wenn jede Kirche in Europa so wäre, wäre es einseitig. Dass diese Kirche so ist, tut wohl. Und es tut gut, einmal eine Kirche zu betreten, in der einem nicht die Knappheit, das Schrumpfen, der Kompromiss, das „noch, aber wie lange noch?" entgegenkommt. Eine Kirche mit einem deutlichen Profil, mit Selbstbewusstsein und Zukunft. Nicht das Ganze der Religion und auch nicht das Ganze der Kirche repräsentiert sie, aber ein profiliertes Angebot, hier im sakralen Raum zu Gott und zu sich selbst zu kommen, Gedanken und Gefühle zu klären und dann wieder anders in die profane Welt mit ihren Kontingenzen und Unübersichtlichkeiten zu gehen.

Profanität – Sakralität

Den Gegensatz habe ich gesucht zwischen radikaler Profanisierung der einen Kirche und Sakralisierung der anderen. Selbstverständlich ist dieser Gegensatz auch spürbar in dem Gegenüber von Eventlocation und gottesdienstlichem Raum. Aber die Räume haben mehr Gemeinsamkeiten als ich vermutet hatte. Beide sind zunächst – im Stil der Gegenwart – sehr sorgfältig ästhetisch gestaltet. Aber nicht nur der aktuelle, auch der ehemalige Kirchraum strahlt etwas aus, das sicher mit seiner Geschichte als religiöser Raum zusammenhängt, möglicherweise aber auch darüber hinaus in der Gegenwart wirkt.

Peter Reichel

Gefangenschaft – Freiheit

Wie ein Professor ins Zuchthaus Spandau kam – und wieder heraus

Mit der Niederschlagung der Reichsverfassungskampagne im Juli 1849 findet die Märzrevolution ein blutiges Ende. Aber die republikanische Idee wirkt weiter. In den Märzfeiern der Arbeiterbewegung, in den Grundrechten der Paulskirchenverfassung und nicht zuletzt dadurch, dass Zehntausende Republikaner, die emigrieren müssen, das 48er Vermächtnis in die Welt tragen. Nicht wenige Lebensgeschichten geben Zeugnis davon. Auch die folgende bezeugt, dass 1848/49 mehr war als nur eine gescheiterte Revolution.

Im Wintersemester 1847/48 besucht der junge Student Carl Schurz die Vorlesung des wegen seiner rhetorischen und darstellerischen Fähigkeiten hochangesehenen und beliebten Bonner Professors Gottfried Kinkel. Der studierte Theologe lehrt inzwischen Kunst- und Kulturgeschichte, weil man ihm – er ist mit einer geschiedenen katholischen Frau verheiratet – sein theologisches Lehramt entzogen hat. Das Kinkelsche Haus, in dem der junge Schurz ein- und ausgeht, ist der Mittelpunkt eines Kreises politisch-fortschrittlich denkender, geistig anspruchsvoller und musisch begabter Menschen. Die Frau des Professors ist die allseits bewunderte Attraktion der geselligen Abende – aber nicht ihrer Schönheit, sondern ihres Klavierspiels und ihrer Bildung wegen. Ihre Beethoven- und Chopinkonzerte sind legendär.

Mit dem 18. März verändert sich der Lebensalltag aller schlagartig. Kinkel und Schurz schließen sich den Aufständischen an. Aber ihre Wege trennen sich bald. Und während sich Schurz vor den in der Pfalz und in Baden vorrückenden preußischen Truppen durch Flucht in die Schweiz retten kann, wird Kinkel bei den Kämpfen um Rastatt verwundet, vor ein Kriegsgericht gestellt, des Hochverrats beschuldigt und nur dank seiner die Militärs fesselnden Beredsamkeit nicht zum Tode, sondern zu lebenslanger Festungshaft verurteilt. Weil der Professor in den Freischaren gedient hat, darf er die Strafe in einer Zivilanstalt verbüßen. Mehrmals wird er verlegt, zuletzt nach Spandau.

Anfang 1850 erhält Schurz einen Brief der von ihm verehrten Frau Kinkel. Sie bittet ihn flehentlich, sich an einer Befreiungsaktion ihres Mannes zu beteiligen, der sich – in Einzelhaft – in einer elenden Lage befinde. Schurz zögert nicht lange und reist in konspirativer Mission und mit gefälschten Papieren von Zürich nach Berlin.

Er trifft dort auf verlässliche Freunde des Inhaftierten. Man will den Gefangenen mit einem stattlichen Bestechungsgeld befreien, braucht dafür aber einen vertrauenswürdigen, gesinnungsgleichen Gefangenenwärter. Als Schurz den Mann gefunden zu haben glaubt, die nächtliche Befreiungsaktion bis ins Detail vorbereitet ist, kommt es zum entscheidenden Gespräch. „Ich muss noch etwas mit Ihnen klären, worüber ich nur sehr ungern spreche", sagt der eingeweihte Gefangenenwärter. „Was haben Sie auf dem Herzen?" fragt Schurz. „Ich vertraue Ihnen ja", setzt jener die Unterredung fort. „Aber was ist, wenn die Sache misslingt, Ihnen oder mir etwas passiert. Wie kommen dann meine Frau und Kinder in den Besitz des versprochenen Lohns?" Beide schweigen. „Was wollen Sie wirklich? fragt ihn Schurz. „Angesichts des großen Risikos muss das Geld vor der Befreiungstat in den Händen meiner Familie sein", antwortet der Wärter. Schurz zögert. Kann er ein solches Risiko eingehen? Schließlich kennt er den Mitverschwörer kaum. Scheitert der Plan, bleibt der Professor für immer im Gefängnis und Schurz hat das Geld und seine Ehre verloren. Doch dann verspricht er ihm, den Geldbetrag vorher auszuhändigen. „Morgen um Mitternacht ist Professor Kinkel ein freier Mann!" – bedankt sich der Wärter erleichtert für das große Vertrauen.

Aber der Plan misslingt. Ist nun alles umsonst gewesen? Da macht der Gefangenenwärter, dessen Freundschaft Schurz inzwischen gewonnen hat, einen kühnen Vorschlag. Er will in einigen Tagen selbst die Nachtwache übernehmen, den Gemarterten aus seiner Zelle befreien, auf das Dach der Zitadelle bringen und ihn abseilen. Unten solle Schurz ihn erwarten, in einen nahe gelegenen Gasthof bringen, der Wirt sei ein verlässlicher Gesinnungsgenosse. Von dort werde sie eine schnelle Pferdekutsche zunächst nach Strelitz bringen, wo sie der Stadtrichter erwarten würde, ein enger Freund und überzeugter 48er.

Wenige Tage später wird der zweite Versuch gewagt. Der Gefangenenwärter hat den Tag mit Bedacht ausgewählt. Die halsbrecherische Abseilaktion im Vollmondlicht gelingt und minutenlang hält Schurz den geschwächten Professor in seinen Armen. Die beiden Männer können das Glück ihres Wiedersehens kaum fassen. Da hören sie laute Männerstimmen in ihrer Nähe. Im Gasthof feiern die Gefängniswärter einen Geburtstag, und der listige Wirt spendiert reichlich Freibier. Das gibt den Fliehenden einen Vorsprung. Vor Morgengrauen müssen sie mecklenburgisches Gebiet erreichen. Dort sind sie vor der preußischen Polizei sicher. In Warnemünde erwartet sie ein Schoner, um sie, mit einer Weizenladung, nach England zu bringen. Nach zwölftägiger, stürmischer Kreuzfahrt durch das Skagerrak und die Nordsee sind sie in Edinburgh, sind in Sicherheit und Freiheit.

Gottfried Kinkel lehrt später in London und Zürich, tritt aber auch als Schriftsteller mit Lyrik und Erzählungen hervor. Carl Schurz heiratet in London im Sommer 1851 die Tochter eines wohlhabenden Hamburger Kaufmanns, bricht mit ihr in die neue Welt auf, wird Farmer, Anwalt, Journalist und Mitglied der Republikanischen Partei, ist politischer Weggefährte von Abraham Lincoln und General im Sezessionskrieg, wird in den Senat gewählt, unter Präsident Johnson Innenminister der USA, kämpft für die Beseitigung der Rassendiskriminierung und stirbt 1906 in New York. „Salus populi, suprema lex", schreibt er in seinen Erinnerungen, sei seine Lebensmaxime gewesen. Ein Alt-48er als Wegbereiter der Demokratie in Amerika.

Stephan Reimers

Unten – Oben

Jakobs Traum von der Himmelsleiter – Genesis 28,10–22

Das Original des Bildes gehört zum Zyklus „Botschaft der Bibel" von Marc Chagall und befindet sich in dem für dieses Werk errichteten Museum in Nizza. (Abb. 2, S. 81)

Jakobs Traum ist eines der in Blau gehaltenen Ölbilder der Sammlung, ebenso wie Jakobs Kampf mit dem Engel und Mose vor dem brennenden Dornbusch. In allen drei Bildern, in denen die Farbe Blau dominiert, geht es um die Begegnung mit Gott. Blau ist die Farbe des Himmels. Als Mose und die Ältesten Israels am Sinai Gott schauen, ist der Farbeindruck, den sie wahrnehmen „wie Saphir und wie der Himmel, wenn es klar ist".

Das in Blau gehaltene Quadrat greift über die Bildmitte hinaus. In seinem Zentrum goldgelbes, warmes Licht von dem Leuchter, den der große Engel in seinen Händen trägt. Es scheint so, als habe der Engel die Augen geschlossen. Obwohl alle vier Flügel in den Raum ausgestreckt sind, sieht es so aus, als schwebe er bewegungslos. Eine abwartende Ruhe strahlt von dem blauen Quadrat aus. Dieser Gesamteindruck steht in deutlichem Gegensatz zu der fast chaotischen Unruhe der linken Bildhälfte: Auf der Grenze zum blauen Raum der träumende Jakob in roten Farbtönen. Wenn man Rot und Blau mischt, entsteht Violett, die Grundfarbe der linken Bildhälfte. Durch diese Farbsymbolik wird das violette Rechteck mit seiner verwirrenden Dynamik als Begegnungsraum göttlicher und menschlicher Wirklichkeit bestimmt.

Die Leiter ist ein Symbol des Aufstiegs zu Gott, das wir aus vielen Religionen kennen. Um die Leiter schweben Boten. Sie schweben so, wie wir es in unseren Träumen erleben können: Sie liegen, fliegen aufwärts, oder stürzen kopfüber dem Boden zu. Den Engel am Kopfende der Leiter hat Chagall in derselben goldgelben Lichtfarbe gemalt wie das Lichtzentrum des blauen Raumes.

„Und der Herr stand oben und sprach: Ich bins."

Unerhört weit reicht die Verheißung, die Jakob zugesprochen wird: „Durch dich sollen alle Geschlechter auf Erden gesegnet sein" Segen gerade durch Jakob? Ist er nicht auf der Flucht, weil er seinem Bruder den Segen gestohlen hat? – Aber vielleicht ist gerade das der Grund für seine Gotteserfahrung. Das Erleben von Halt und Geborgenheit ohne, ja entgegen dem Verdienst und der Würdigkeit. Auf der Flucht ins Ungewisse erfährt der Ungerechte:

„ich bin mit dir und will dich behüten, wo du hinziehst."

Im Vergleich zu seinem Bruder, dem Jäger, wird Jakob auf Hebräisch als isch tam bezeichnet. Die Lutherbibel übersetzt: ein gesitteter Mann. Schon durch die Ereignisse wird dieses Attribut widerlegt. Besser passt die Ursprungsbedeutung von tam: vollständig werden, vollständig sein. Jakob ist auf dem Weg zu Vollständigkeit. Bethel ist eine Stufe auf der Leiter. Am Ende stehen der Kampf mit dem Engel und die gelingende Versöhnung mit dem Bruder.

Im Traum werden oft die Grenzen von Raum und Zeit gesprengt. Wandlungen sind uns möglich, die in der Realität nur durch schwere Krisen und Konflikte hindurch erreichbar wären. Diese Verwischung der Grenzen findet auch in Chagalls Bild statt. Im blauen Quadrat werden die Zeitgrenzen aufgehoben. Die abwartende Ruhe des Engels umgreift Jahrtausende: Über dem im Lichtschein weißglänzenden Flügel schwebt der gekreuzigte Jesus. Seine Lenden sind bedeckt mit dem Gebetsschal der frommen Juden. Unter dem Flügel strebt ein Engel der Erde zu. Abraham soll daran gehindert werden, Isaak zu opfern. Das Opferlamm, das der Engel als Ersatz in seinen Armen trägt, ist in demselben Rot gemalt wie Jakob. Jakob – Israel – das Opferlamm? Die unendlichen Leiden des jüdischen Volkes sind in dieser Farbgebung angedeutet.

Bei der Eröffnung des Museums in Nizza sagte Chagall: „Vielleicht werden die jungen und die weniger jungen Menschen in dieses Haus kommen, um hier ein Ideal der Brüderlichkeit und der Liebe zu suchen, wie es meine Farben und Linien geträumt haben. Vielleicht wird man hier auch Worte dieser Liebe aussprechen, die ich zu allen Menschen empfinde. Vielleicht wird es keine Feinde mehr geben, und wie eine Mutter ein Kind in Liebe und Leid gebiert, so werden die jungen und die weniger jungen Menschen die Welt der Liebe mit neuen Farben aufbauen. Und alle Menschen, welches ihre Religion auch immer sei, werden hierhin kommen können und von diesem Traum sprechen abseits von Feindseligkeiten und Aufregungen. Ich möchte auch, dass man an diesem Ort die Kunstwerke und Dokumente höchster Geistigkeit aller Völker ausstellt, dass man ihre von Herzen kommende Musik und Dichtung hört. Ist dieser Traum möglich? Ja, in der Kunst so wie im Leben ist alles möglich, wenn es auf Liebe beruht."

Lieber Wolfgang,
zu Deinem Ehrentag gratuliere ich Dir auch in Susannes Namen sehr herzlich. Bei meinem 50. Geburtstag sagte mir in Jerusalem ein Freund: „Bei uns sagt man ja immer: Bis 120 ! – Aber ich sage lieber: Bis 100 wie 20!" Diesen Wunsch gebe ich schmunzelnd an Dich und Heidi weiter. Die Hoffnungen, die Marc Chagall bei der Eröffnung des Museums in Nizza formulierte, hat mich an Euer anregendes Geburtstagsgeschenk „Verstecke Gottes" erinnert, speziell an den Abschnitt: Verstecke Gottes in Farben und Formen – „Ehemals war alles Geistererscheinung…" Die Kunstausstellungen und Kunstmuseen einer Stadt sind ja „abseits von Feindseligkeiten und Aufgeregtheiten" eine beständige Einladung, anderes und anders zu sehen.

Das war eine dichte und schöne Zeit, als Kirchlicher Kunstdienst und Akademie unter einem Dach in ihrer Arbeit miteinander verschränkt waren und der christlich-jüdische Dialog in unserer Stadt dort ein Zentrum hatte. Du hast in Deiner laudatio bei der Vergabe des Max-Brauer-Preises an die Akademien ja diese gelingende Zeit wunderbar beschrieben.

Ich danke Dir für alle gute Weggemeinschaft und grüße Dich herzlich.
Dein Stephan

Annegret Reitz-Dinse

Wolfgang – Wolfgang

Streiflichter zu einem Vornamen in Geschichte und Gegenwart

Einer der bedeutendsten Männer, die den Namen Wolfgang tragen, wurde um 924 in Schwaben geboren. Ob die Eltern des heute zu ehrenden Jubilars bei der Wahl des Namens sich dieses durch Papst Leo IX. 1052 heilig gesprochenen Mannes erinnerten? Wie auch immer, es lassen sich durchaus interessante Übereinstimmungen feststellen: Die Eltern beider Männer namens Wolfgang, die gut tausend Jahre voneinander trennen, waren an einer umfassenden Bildung ihrer Söhne interessiert. Beide waren als Geistliche tätig, später als theologische Lehrer.

Der ältere Wolfgang brach nach Ungarn auf, um dort missionarisch tätig zu werden. Auch hierzu findet sich sofort eine Parallele zum Wolfgang des 20. und 21. Jahrhunderts. Dieser mühte sich in einer so genannten Ladenkirche darum, die Einsichten des Jesus von Nazareth unter die Menschen eines Missionsgebietes im Berliner Bezirk Spandau zu bringen.

Beide Missionare mussten jedoch erleben, wie beschwerlich dieses Geschäft sein kann. Der Wolfgang des 10. und 11. Jahrhunderts gab nach einem Jahr auf. Der heutige Jubilar Wolfgang hielt zwar deutlich länger durch, doch verließ auch er Berlin schon bald Richtung Hamburg, um am ‚Tor zur Welt' Theologie zu treiben und die Erfahrungen der Kirche in der Stadt wissenschaftlich zu fassen.

Dem Wolfgang des 10. und 11. Jahrhunderts wird andauernde Reformfreudigkeit nachgesagt. Auch hier kann man Ähnlichkeiten mit dem des 20. und 21. Jahrhunderts erkennen. Nach der Ladenkirchenreform, die eine Abkehr von traditionellen Formen in Kirche und Glaubenskommunikation darstellte und die Nähe zum Leben im Alltag der Menschen suchte, zeigte sich der Reformtheologe in seinen späteren Entwicklungsstadien in besonderer Weise von der Phänomenologie großer, historischer Stadtpfarrkirchen beeindruckt. Ihnen wurde das Attribut der ‚heiligen Räume' zuteil als Orten der Erinnerung, der Gewissensbildung und der Hoffnung. Große Teile seiner Anhängerschaft priesen diese Einsichten sogleich als Maßstab für eine Kirche der Zukunft. Und nachdem man den Wolfgang des Mittelalters oft mit dem Attribut eines Kirchenmodells dargestellt findet, lässt sich feststellen: auch der Wolfgang unserer Tage darf getrost mit diesem Attribut versehen werden, am besten in backsteingotischer Gestalt.

Beide Theologen erfreuen sich einer großen Anhängerschaft. Es heißt, der Wolfgang des 10. und 11. Jahrhunderts sei so beliebt gewesen, dass Orte, die er besucht habe, nach ihm benannt wurden. Diese schwindelnden Höhen der Verehrung hat der in diesen Tagen Lebende noch nicht ganz erreicht. Dennoch bezeugen Anwesende, dass Einsichten und Vorträge des Wolfgang Grünberg gerade während der City-Kirchen-Konferenzen mit außerordentlicher Achtung und hohem Respekt aufgenommen wurden. Aus zuverlässiger Quelle verlautet, in einigen Stadtkirchen werde bereits über eine Umbenennung nachgedacht. Gerade ein Jubiläum wie das bevorstehende biete einen idealen Anlass für einen solchen Akt der Würdigung.

Dem älteren Wolfgang wird noch ein weiteres Attribut zugesprochen. Und dem großen Wolfgang unserer Tage würde es ebenso gut stehen: das Buch. Durch seine Inspiration sind eine ganze Reihe von Publikationen zu Kirche und Stadt erschienen. Als Opus Magnum ist zuletzt eine Veröffentlichung, die sich „Wie roter Bernstein" nennt, herausgekommen. Sie beschreibt „Backsteinkirchen von Kiel bis Kaliningrad" und „ihre Kraft in Zeiten religiöser und politischer Umbrüche." Der normale Durchschnittsdeutsche weiß: Theologen lesen und haben viele Bücher. Und sie schreiben auch viele Bücher. Aber ach, was der normale Deutsche nicht weiß, ist die Mühe des Bücherschreibens. Das Schrecklichste daran ist, dass einen die Verleger quälen. Sie setzten als eine Art mittelalterlicher Folterinstrumente – die Wolfgang dem Älteren wohl durchaus bekannt waren – Termine. Wir wissen, dass der Wolfgang unserer Tage häufig dieser Art Folter ausgesetzt war und ihr mannhaft widerstand. Möglicherweise verbindet ihn auch in dieser Haltung viel mit seinem um tausend Jahre älteren Vorgänger. Denn noch vierhundert Jahre später, um 1480, malte Michael Pacher jenen älteren Wolfgang vor einem Altar kniend, die Hände vors Gesicht schlagend. Wahrscheinlich war er auf der Flucht vor dem Verleger, der endlich das Manuskript zur Drucklegung einfordern wollte. Das Bild kann man noch heute in der Alten Pinakothek in München sehen. Und es lohnt sich, denn dieser Wolfgang hatte einen Engel an der Seite, der ihm sanft die Hand auf den Rücken legt und ihm wahrscheinlich zuflüstert: „Das schaffen wir schon, wenn Du nicht noch zwanzig Änderungsvorschläge machst und Bilder in das Manuskript einfügen willst…" Vielleicht geht es ihm in solchen Situationen wie einem anderen Heiligen, Bernhard von Clairvaux, der stöhnte:

> „Wir werden weggerufen, um uns etwas anderem zu widmen, das nicht wert ist, unser Thema zu verdrängen. Von allen Seiten diese Bedrängnis! … Ich tue nicht was ich will, sondern was ich hasse." (Cant. 76,10).

Der Maler Pacher lenkt den Blick des Betrachters dann auf ein Kirchenfenster, das eine idyllische Landschaft zeigt. Sie symbolisiert die Sehnsucht des Heiligen nach Ruhe und Konzentration. Auch der Wolfgang der heutigen Zeit hält sich so ein Fenster offen. Es ist eine Verheißung, wenn man ganze Tage in einem grauen Gebäude der Hamburger Sedanstraße verbringen muss. Anders als es der Name dieser Straße nahelegt, der nach Westen weist, zeigt Wolfgangs Fenster gen Osten und gibt den Blick auf das Mare Balticum frei. Hier, im Hören der Brandung und des Windes, beim Blick auf die Weite des Meeres findet er Ruhe und Inspiration für neue Gedanken, Projekte, für Themen und Betrachtungen.

Der Schweizer Schriftsteller Peter Bichsel hat zu Beginn dieses Jahres eine kleine Kolumne geschrieben, in der er berichtet, wie ein kleines Mädchen die Gäste in einem Lokal unterhält, in dem es erzählend und erklärend eine Erwachsene spielt. Nun sagt der Vater zum Kind: „Im Sommer gehen wir in den Zoo." Die Kleine antwortet, als würde sie einen Terminkalender führen: „Im Sommer kann ich nicht, da habe ich Geburtstag." Und Peter Bichsel schickt seinerseits den Satz nach: „Da misslingt ihr das ‚Ich kann nicht' zur Poesie."

Wenn einem Menschen, welchen Alters auch immer, das ‚Ich kann nicht' oder ‚Ich kann nicht anders' in diesem Sinn „misslingt", wird Wolfgang Grünberg mit seinem Humor, seiner Sensibilität im Blick auf Themen, Fragestellungen, auf der Suche nach dem Heiligen nicht weit sein. Und ja, so ein Misslingen zu etwas Neuem hin ist auch ein theologisches Thema. Aber einer muss es hören. Er wird zur Stelle sein, wenn es sich ereignet, das Poetische, das Religiöse, das Leben in seinen überraschenden Entfaltungen. Aber in diesem Sommer kann er nicht. Da hat er Geburtstag.

Angela Rosenthal-Beyerlein

Hochkultur – Tiefkultur

Zusammenleben als Fluch und Geschenk Gottes

Vor 30 Jahren war dies ein Thema für mich besonders in Bezug auf das Zusammenleben von Mann und Frau. Hochbrisant war es, in geschichtlichen und theologischen Zusammenhängen darüber nachzudenken. Noch brisanter und aufregender war es, alle alten hierarchischen und patriarchalischen Formen des gesellschaftlichen und kirchlichen Lebens in Frage zu stellen. Ich lebte in einer WG im Wohnmodell Steilshoop in Hamburg. Hier wurden selbstbestimmte Formen des Zusammenlebens ausprobiert. Studis und Arbeitnehmer in einer WG, daneben Familien und betreute WGs mit Ex-Knackis, Pfingstivals mit Musik und Happening auf der großen Dachterrasse – also ein Erfahrungsraum menschlichen Miteinanders voller Ideale, Konflikte und Erprobungsmöglichkeiten, die mich sehr geprägt haben. Unschwer, darin Fluch und Geschenk Gottes im Zusammenleben auszumachen, zumal Steilshoop als konfliktträchtiger Hochhaus-Stadtteil noch das Seinige dazu gab.

Als Studentin der höheren Semester war ich begeistert von der Befreiungstheologie Lateinamerikas und auf der Suche nach weiblichen Vorbildern für den Pastorinnen-Beruf. Pastorinnen musste man zu der Zeit auch in Hamburg noch wie eine Stecknadel im Heuhaufen suchen.

In dieser Zeit kamen erste Bücher zu Feministischer Theologie heraus, die noch in ihren Kinderschuhen steckte. Zu diesem Thema wollte ich meine Arbeit zum 1. Theologischen Examen schreiben. Und es fand sich, dass gerade ein junger Professor für Praktische Theologie an die Universität Hamburg gekommen war, bei dem ich mit meinen Anliegen Anklang fand. Feministisch-theologische Grundzüge sollten eine praktisch-theologische Anwendung finden. Bald wurde das Thema gefunden: „Ansätze feministischer Theologie bezogen auf Konfirmandenunterricht".

Das Thema erwies sich als Mammutaufgabe. Denn ich versuchte eine Systematisierung und hermeneutische Einordnung der amerikanischen und deutschen Literatur, gut akademisch geschult wie ich ja nun war. Dazu wurden erste Anwendungsmöglichkeiten für den Konfirmandenunterricht ausgedacht. Wolfgang begleitete die Entstehung eines dicken Opus.

Richtig brisant wurde es, als der Erstkorrektor (Prof. Dr. Wolfgang Grünberg) und der Zweitkorrektor (ein bekannter damaliger Hauptpastor) in ihrer Benotung der Arbeit äußerst weit auseinander waren. Die Prüfungskommission hatte Krisensitzung. Dies war eine spannende Zeit für mich, aber sicher auch für den jungen Theologieprofessor. Obwohl ich meiner Meinung nach sehr sauber nach deutscher akademischer Hochkultur-Art die Ansätze Feministischer Theologie systematisch dargestellt und theologiegeschichtlich eingeordnet hatte, war das Thema ein Stein des Anstoßes, berührte Tabus. Feministische Theologie ist ja auch eine Theologie im Prozess. Neben dem Verstand haben auch der Leib und die Seele darin ihren Gestaltungsraum. Entspricht diese Art des Theologisierens mehr einer Tief-Kultur?

Wolfgang hat auf jeden Fall dafür gesorgt, dass der Konflikt, der sich auf einmal an meiner Examensarbeit entzündete, nicht auf meinem Rücken ausgetragen wurde. Wolfgang hat mir den Rücken gestärkt – und ich ging unbeschadet, aber um eine massive Erfahrung reicher, aus dem 1. Examen und hinein in die bunte Welt des Vikariats und Pastorinnen-Daseins.

Die Feministische Theologie blühte weiter, etablierte sich zusehends an der Universität, hat sich weiterentwickelt in Richtung gender-Thematik. Für mich zieht sich dieses Thema wie ein roter Faden durch mein ganzes Dasein, als Frau, Mutter, Ehefrau, Pastorin usw., in den letzten Jahren eher in den leisen Tönen, aber kontinuierlich. Wolfgang hat sich weiterhin in dem Balance-Akt zwischen Hoch- und Tiefkultur bewegt, vieles ins Fließen gebracht, auch Brasilien mit seinen Befreiungstheologen und Basisgemeinden besucht. Nun liefen wir uns beide nur hin und wieder über den Weg, doch dann erinnern wir uns an dieses denkwürdige Examens-Ereignis.

Doch seit zwei Jahren verbinden Wolfgang und mich weitere Begegnungen von Hoch- und Tiefkultur. Wir spielen mit großem Vergnügen und mit manchen Schweißperlen auf der Stirn gemeinsam in einem Streichquartett. Meist werden Mozart- und Haydn-Quartette geübt, und der Kontrapunkt von J. S. Bach darf auch nie fehlen.

Wolfgang entlockt seinem Cello die tiefen Töne, ich versuche mich auf der Geige in den hohen Regionen. Das Zusammenspiel ist dabei das Eigentliche: Hohes und Tiefes zusammen zu führen, miteinander spielen zu lassen, sich herauszuheben oder sich zu ergänzen, mal flüsternd, mal furios.

Da bringt das Zusammenspiel ausnahmslos Spaß! Dies ist einfach ein Geschenk Gottes.

Arnulf von Scheliha

Individuell – Anonym

Eine symbolkulturelle Umakzentuierung im christlichen Selbstverständnis

Die Spannung von „individuell und anonym" durchzieht das urbane Leben. Wohnen auf engem Raum, gemeinsame Wege, viele Begegnungen, der schnelle Rhythmus von Arbeit und Freizeit, die differenzierten Beschäftigungsoptionen mit hochgradiger Spezialisierung, das große Angebot an Möglichkeiten sich zu kleiden, zu verhalten, die Vielzahl an Szenen, Foren und Kommunikationsnetzen fordern und prägen das Bewusstsein, ein Besonderes zu sein. Zugleich anonymisieren etwa Massentransportmittel, das Shopping in der Einkaufszone oder Großevents bei Konzerten und in Sportarenen die Einzelnen. Der Großstädter bedient sich beider Seiten des Lebens. Er weiß, dass er in der Masse ein Einzelner ist und auch dort, wo er sich bisher als unverwechselbares Individuum inszeniert hat (in der Mode, beim Setzen eines neuen Trends) nicht lange allein ist. Denn jede Avantgarde wird eingeholt. Ebenso wie Anonymität für sich genommen Ausgrenzung, Isolierung und Vereinsamung bedeuten kann, so wird das forcierte Streben von Individualität schnell strapaziös, ziellos und enttäuschend, weil es eine letzte Erfüllung nicht finden kann. Das Abtauchen in die anonyme Masse kann daher entlasten und neu stimulieren. Umgekehrt können ein Blumenkasten dem Balkon der Hochhauswohnung eine individuelle Note geben und aus einem anonymen Speed-Dating höchst individuelle Beziehungen hervorgehen.

In seinem Essay „Die Großstädte und das Geistesleben" hat Georg Simmel (1858–1918) in meisterhafter Weise die psychologischen Ge-

genläufigkeiten urbanen Lebens beschrieben. Er analysiert dessen hohe Rationalität, die er festmacht am verästelten und technisch stabilisierten Organisationsgrad des Zusammenlebens und an der Geldwirtschaft, die sich des gesamten Lebens und Denkens bemächtigt. Simmel ist vor allem an den Rückwirkungen interessiert, die diese Muster auf den psychischen Habitus der großstädtischen Menschen zeitigen. „Die Pünktlichkeit, Berechenbarkeit, Exaktheit, die die Komplikationen und Ausgedehntheiten des großstädtischen Lebens ihm aufzwingen, steht nicht nur in engstem Zusammenhange mit ihrem geldwirthschaftlichen und ihrem intellektualistischen Charakter, sondern muß auch die Inhalte des Lebens färben und den Ausschluß jener irrationalen, instinktiven, souveränen Wesenszüge begünstigen, die von sich aus die Lebensform bestimmen wollen."[1] Die in diesem Zitat angedeutete Prägung des Seelenlebens durch rationale Formate wird von Simmel freiheitstheoretisch gewendet. Danach steht dem Autonomiezuwachs, den das Leben in der Stadt im Verhältnis zum Kleinstadt- und Landleben ermöglicht, die strengen Anpassungsvorhaben des urbanen Existierens gegenüber. Mit anderen Worten: Den immer neuen Möglichkeiten, die das Leben in der Stadt für den Einzelnen bereithält, kann dieser nur durch scharfe Selektionsmechanismen regulieren, die Simmel auf die Begriffe „Blasiertheit" und „Reserviertheit" bringt. Es ist eine Haltung reflektierter Distanz, die den Großstadtmenschen auszeichnet.

Diese reflektierte Distanz ist auch Ausdruck einer Spannung zwischen dem forcierten Individualitätsstreben und der Entpersönlichung, die das urbane Leben auszeichnet. Die Stadt ist einerseits Ort der Steigerung der Individualitätskultur, weil der Mensch als ‚Unterschiedswesen' gerade dann, wenn er viele und rasch wechselnde personale Beziehungen aufbaut, danach drängt, sich von Anderen zu unterscheiden und in diesem Unterschieden-Sein auch von den Anderen anerkannt zu werden. Andererseits ist das Funktionieren des städtischen Zusammenlebens von diesem Individualitätsstreben gerade nicht abhängig, denn es sind die unpersönlichen Funktionszusammenhänge, die das städtische Leben am Laufen halten. Das Individuum findet einerseits in der Stadt seine Entfaltungschancen und –wirklichkeit, aber doch so, dass es in deren Gesamtfluss anonym bleibt.

In den Spannungseinheiten „frei und unfrei", „individuell und anonym" kann man religiöse Motive erkennen, die theologisch aufgegriffen zu werden verdienen. Dass es in der Religion um den Umgang mit den Antagonismen des Lebens geht, ist – zumal in der protestantischen Theologie – oftmals beschrieben worden, wie hier mit dem Verweis auf „Gesetz und Evangelium", „Buchstabe und Geist", „Mensch und Gott", „sichtbare und unsichtbare Kirche" nur formelhaft angedeutet werden soll. Die Spannung „individuell – anonym" kann als Fortschreibung dieser theologischen Grundeinsichten unter der Bedingung urbanen Lebens verstanden werden, sofern sich in ihr eine religiöse Dimension zeigt und sie Eingang in die religiöse Symbol- und Ritualkultur der Stadt findet. Die theologische Folgerung einer solchen Einsicht würde also lauten: Der städtisch geprägte Glaube sucht auf allen Ebenen des persönlichen, kirchlichen, gemeindlichen, gottesdienstlichen Lebens Ausdrucksformen für Individualität und Anonymität.

Die Taufe markiert den Beginn der individuellen vita christiana. Sie vollzieht sich in der Gemeinschaft des Glaubens, die durch Eltern, Paten und Gemeinde repräsentiert wird. Sie hat nach protestantischem Verständnis aber auch eine unsichtbare Seite. Hier sind die Einzelnen füreinander anonym, denn ihre Namen sind „im Himmel geschrieben" (Lk 10,20). Rechtfertigungstheologisch gewendet: Von Gott her verstehen wir uns noch einmal anders als wir uns vor den Anderen inszenieren. Unsere Individualität finden wir in der Beziehung zu Gott begründet und von ihm gerade im Wechsel unserer Erfahrungen von Individualität und Anonymität gehalten. Der gleiche Gedanke harmatiologisch gewendet könnte lauten: Zum christlichen Bewusstsein gehört die

---

[1] Georg Simmel: Die Großstädte und das Geistesleben. In: Aufsätze und Abhandlungen 1901–1908, Bd. 1, Frankfurt/Main 1995 (Gesamtausgabe Bd. 7), 120.

Einsicht in die ebenso schicksalsmäßig wie tathafte Verstrickung in Schuld, die als „Sünde" bekannt wird. Dieses Bekenntnis der eigenen Sünde erfolgt vor Gott, und gerade nicht vor den Anderen. Als Sünder sind Christen füreinander anonym. Im Glauben ist jeder qualitative Unterschied zwischen den Christen aufgehoben. Das meint das allgemeine Priestertum aller Gläubigen.

Religionshermeneutisch bedeutet das für eine „Theologie der Stadt", dass wesentliche Aspekte der vita christiana für die religiöse Organisation und ihre Vertreter unkenntlich bleiben. Anonymität ist ein Teil des Christentums jenseits kirchlicher Sichtbarkeit. Dies alles bedeutet für die religiöse Symbol- und Ritualkultur in der Stadt, dass beide Seiten der humanen Bedürfnislage darin Ausdruck finden. Die Telefonseelsorge ist das authentische Angebot an die Großstadtexistenz, denn in der individuellen Beratung darf der Klient anonym bleiben. Die gottesdienstliche Feier wird einladend gestaltet, will aber sichtbare Gemeinschaft nicht erzwingen, sondern gewährt Raum für ein individuelles Bei-Sich und reflektierte Distanz. Die Predigt muss in Form und Inhalt eine so allgemeine Ebene erreichen, dass sie Anschlussmöglichkeiten nicht dem Insider, sondern auch dem anonymen Christen ermöglicht. Die volkskirchlichen Kasualgottesdienste sind wichtige Gelegenheiten, bei denen anonyme Christen für die kirchlichen Mitarbeiter vorübergehend als Individuen sichtbar werden. Funktionspfarrämter sind bezogen auf die urbanen Strukturen und öffnen sich dem Individuum in einer meist professionellen Rolle, in der es von seiner Individualität oft absehen muss. Großkirchliche Events bieten die Chance für sichtbare Teilnahme von Menschen, die ihr Glaubensleben auch anonym leben wollen. In dieser Linie ist auch der Wandel der Friedhofskultur, der dem Wunsch nach einer anonymen Bestattung Rechnung trägt, nicht als Profanisierung, sondern als symbolkulturelle Umakzentuierung im christlichen Selbstverständnis zu interpretieren. Es gilt hier wie überall: In der Stadt fokussiert sich theologisch das, was im Glauben grundsätzlich gilt: Die Versöhnung der Spannungen, die das Leben auszeichnet, auch derjenigen von „individuell und anonym", finden wir nicht hier, sondern bei Gott.

Wilma Schlaberg

Gebraucht – Ungebraucht

Vom Sterben der Pfarrhäuser

Das Pfarrhaus

Die Leute schauen zum alten Pfarrhaus hin
Was passiert denn nun da drin?
Wie leben wohl heute
Die neuen Pfarrersleute?

Schon elf Uhr abends und immer noch Licht
Schlafen geht die Pastorin noch nicht?
Wann fängt der Tag im Pfarrhaus an?
Ob man etwas sehen kann?

Und wie sieht hinter dem Haus
der Garten aus?
Kann die Pastorin auch Hecken stutzen?
Sieht man sie selbst die Fenster putzen?

Vielleicht kann man, so über'n Zaun
Auch mal durch die Fenster schau'n
Hängt in jedem Zimmer ein Kruzifix?
Oder gibt es außer Büchern nix?

Das Pfarrhaus steht für die Pfarrfamilie bereit,
doch die bleibt nur eine bestimmte Zeit.
Die Gemeinde und das Pfarrhaus bleiben vor Ort
Die Pfarrersfamilie aber wechselt von dort
In eine andere Gemeinde und zieht aus
Vielleicht in ein neues gebrauchtes Pfarrhaus.

Pfarrhäuser sind sehr oft, ja in der Regel, „gebrauchte" Häuser, besonders wenn ein solches in Mecklenburg steht. Sie sind nicht mehr neu, man sieht ihnen ihr Alter an. Aber so manches von ihnen wird nicht mehr gebraucht. Gebrauchte ungebrauchte Häuser in Dörfern und Kleinstädten, denn längst gibt es nicht mehr die Gemeindeglieder, die die Stelle rechtfertigen würden, als deren Wohnort das Pfarrhaus einst gedacht war. Die ungebrauchten Pfarrhäuser werden gebraucht zum Verkauf angeboten. Manch einer kauft sich ein solches gebrauchtes Haus von der Gemeinde. Aus dem Gemeindehaus wird ein Privathaus.

Was hat so ein altes Pfarr- und Gemeindehaus in Mecklenburg? Einen großen Garten! Schiefe Wände, Dielen, viele Fenster, abgelaufene Treppen, Abseiten mit Jahrzehnte alten Bibeln und Gesangbüchern. Es hat seine Geräusche, seine Gerüche und seine Geschichte. In „normalen" Mietshäusern kennt der Nachmieter die Vormieterin nicht. Der Name wird von der Klingel geschraubt und nur noch die Verwaltung weiß, wessen Name einst den Briefkasten kennzeichnete. Die Mieter wechseln und geraten in Vergessenheit. Im Pfarrhaus ist das anders. Für die, die neu einziehen, gehört es dazu, sich mit der Geschichte und den Vorbewohnern des Hauses vertraut zu machen. Die Spuren am Haus haben Namen, die die Kirchenältesten eifrig erzählen: „Diese Wand hat Pastor Stain hier eingezogen. Der Baum da draußen ist von Pastorin Birk. Die Außenbeleuchtung stammt von Pastorin Straal und an diesem Ofen hat schon Pastor Gluth sich den Rücken gewärmt."

Pfarrhäuser sind keine Dorfkirchen, selbst wenn in ihnen Gemeindesäle für Gottesdienste genutzt werden. Sie sind keine Wahrzeichen für das Dorf oder die Stadt. Sie führen ein Schattendasein, im Schatten der Stadt- oder Dorfkirche. Pfarr- und Gemeindehäuser sind ein Zuhause für die Pastorenfamilie und für die Gemeinde. Sie sind fast „normale" Häuser ohne „Symbolisches Kapital". Wenn die Pastorenfamilie auszieht oder die Gemeinde weg bleibt, dann werden sie nicht mehr gebraucht. Für das Pfarrhaus wird kein Förderverein gegründet.

Auch manche Dorfkirche wird nicht mehr für die Gemeinde gebraucht. Die meisten Bänke sind leer, wenn einer der unregelmäßigen Gottesdienste stattfindet. Dennoch stehen die Kirchengebäude in den Dörfern und weisen auf das Dorf hin und über das Dorf hinaus. Dorfkirchen werden (noch) gebraucht, als Wahrzeichen der Orte. Fördervereine kümmern sich um ihren Erhalt. So bleibt zwar die Kirche im Dorf, aber Pfarrers Haus verschwindet. Zuerst bleibt noch der Name: „Ja, biegen Sie ab, beim alten Pfarrhaus" wenige Jahre später heißt es: „Da, wo Schmidts wohnen, links rum." Die nächste Generation kennt das Pfarrhaus wohl nicht mehr.

Was brauchen die alten Pfarr- und Gemeindehäuser in Mecklenburg? Mehr als nur einen neuen Anstrich. Sie brauchen eine lebendige Gemeinde, eine Pfarrstelle und Unterstützung in jeglicher Weise: Menschen, die beim Putzen helfen, Menschen, die den Garten pflegen, Leute, die dort feiern und zusammen sein wollen, die ein und aus gehen in diesem Haus, die es für ihr Leben und ihren Glauben brauchen.

Was braucht die Pfarrfamilie, die im Pfarrhaus wohnt? „Gardinen!" sagte die Gemeinde bei der Ordination der neuen Pastorin. Ist das Pfarrhaus ein guter Rückzugsort? Das halböffentliche, halbprivate Pfarrhaus – lädt es ein, macht es neugierig oder grenzt es aus und ab? Jeder aus der Gemeinde scheint das Haus besser zu kennen, als die Pastorin. Nur wie es jetzt darin aussieht, das weckt Interesse. Welche Wünsche an das Pfarrhaus hat das Dorf? Dass es bewohnt aussieht. Dass abends Licht zu sehen ist. Dass der Garten gepflegt wird – ach ja der Garten, der mehr einer Streuobstwiese gleicht als einem Kleingarten. Geeignet für einen Spaziergang zur Predigtüberlegung, ein Ort für Gemeindefeste. Aber der Garten braucht Pflege oder er verwildert. Im Pfarrgarten helfen Männer und Frauen aus der Gemeinde mit.

Das Pfarrhaus gehört zur Kirche. Manchmal bilden sie ein Ensemble in der Ortsmitte, vielleicht noch mit der alten Dorfschule. Der Kirchplatz war das Zentrum von Bildung, Kultur und Religion. Dieser Ort wurde gebraucht. Kinder gingen zur Schule und zum Konfirmandenunterricht, Erwachsene kamen in die Gottesdienste und zu Konzerten. Heute sind die Dorfschulen verwaist. Sie werden schon lange nicht mehr gebraucht. Die Kinder der Dörfer werden von Schulbussen abgeholt und in die nächste Kleinstadtschule gebracht. Auf den Dörfern sind die Schulkinder erst wieder am Nachmittag, dann sind sie erschöpft und fallen vor ihre Computer. Am Sonntag fahren die Eltern die Kinder zum Fußballspiel oder zum Schachturnier. Für Christenlehre, Konfirmandenunterricht oder Gottesdienst haben die Kinder und die Eltern oft keine Zeit. Die Kultur der Konfirmationsfeiern auf den Dörfern verebbt. Wenn, dann wird in den Stadtkirchen konfirmiert. In 50 Jahren wird es keine goldenen Konfirmationen auf den Dörfern mehr geben.

Dorfkirchen sind dennoch Kultur-Oasen in kargen Gegenden für Malereien, Schnitzarbeiten, Leuchter und Orgeln, doch meist sind sie verschlossen. Zu schade, doch wer verirrt sich schon in Ortschaften mit Namen wie Bennin oder Lüttenmark im Westen Mecklenburgs? Manche Dorfkirche steht mitten im Dorf, dort, wo der Verkehr durch den Ort rollt. Die Anwohner freuen sich über die Tempo-30-Zone, Berufspendler und LKW-Fahrer wünschen sich eine Straße, die keinen Bogen um die Kirche macht.

Die Dorfkirche

Sie steht im Weg – die Kirche des Dorfes
Sie ist ein Verkehrshindernis
Sie wird doch kaum gebraucht
Sie kann weg! sagten die einen schon vor 40 Jahren
Sie bleibt! setzten die anderen dagegen – die Kirche blieb!
Die Straße macht für sie einen Bogen
und der Verkehr verlangsamt sich ihretwegen

Die Straße macht um sie einen Bogen
Die Leute in den Autos biegen sich mit
Für Sekunden nur ist die Kirche im Blick
Die Straße bringt die Leute fast vor die Kirchentür
Die Straße führt sie alsbald weiter
(K)ein Ort der Ruhe inmitten des Verkehrs

Keine Uhr zeigt die Stunden
Ein zeitloser Ort
Ein Ort für diese Zeit?
Keine Zeit für diesen Ort
Nicht am Sonntag, nicht zum Gottesdienst
Die Dorfkirche – ein bekannter fremder Ort,
ein Gebäude, das das Dorf braucht,
ein Raum, den die Menschen aber nur selten gebrauchen.

Peter Schramm

Pünktlich – Zu spät

Eine Ode auf Hamburg und die Nachbarschaft

Hamburg – meine Heimatstadt.
   Hier spricht man Hochdeutsch und auch Platt.
Man nennt sie auch das Tor zur Welt –
   was jedermann recht gut gefällt.
Egal, schwebt man vom Himmel ein –
   kommt mit der Flut geschwind hinein:
Man merkt, dass sie wohl etwas hat, diese
   besonders schöne Stadt.
Natürlich ist es schon der Fluss –
   die Hafenrundfahrt ist ein Muss –
Werftbetrieb, Hafengewimmel –
   Flugzeuge am blauen Himmel.
Start und Landung gleich daneben –
   die Industrie von Airbus eben.
Durch die Fleete und Kanäle
   kommt man fast in Hamburgs Säle.
An der Alster ist man dann –
   somit am Geschehen dran.
Geht in die City und Museen
   und kann köstlich shoppen geh'n.
Doch auch für die and're Zeit –
   steht unser Hamburg gern bereit.
Musicals, Orchester klingen,
   sowie Kirchenchöre singen.
Überhaupt die Kirchenbauten,
   mit den Glocken ihren lauten –
Jede hat 'nen eignen Klang –
   und der klingt fast wie Gesang.
Wo in Hamburg man auch sei,
   die hübschen Kirchen sind dabei.
Und egal wo man auch tagt –
   der Michel alles überragt.

Doch ob's so bleibt, trotz zähem Ringen?
    Nicht bald schon Minarette klingen?
Der Michel nur ein kleiner Wicht?
    Es könnte sein – aus and'rer Sicht.
Die Vielfalt ist ein hohes Gut
    und sie erfordert massig Mut,
Toleranz auf allen Seiten –
    es gilt sie gründlich vorbereiten.
Man soll nach Macht nicht förmlich streben –
    sondern nach Gemeinsinn eben.
Es braucht alles seine Zeit,
    bis man für das „Wie" bereit.
Diese Frage stellt sich fein –
    selbst im eig'nen Zimmerlein.
Ist der richt'ge Zeitpunkt da –
    regelt man es wunderbar.
Doch die Zeit selber vergeht –
    somit wird es fast zu spät.
Den richt'gen Zeitpunkt vorbereiten –
    darüber lässt sich trefflich streiten.
Darum gilt für alle Sachen –
    rechtzeitig muss man sie machen.
Pünktlich nur auf Uhr bezogen –
    klingt für Manchen recht verlogen.
Denn wenn sie verkehrt mal geht –
    kommt man rechtzeitig zu spät.
Lässt bewusst man and're warten,
    zählt es zu den andern Sparten.
Ist es nun besonders fein –
    oder soll es Taktik sein?
Denn des Königs Höflichkeit,
    misst man auch an Pünktlichkeit,
Gegenüber steht die Kunde –
    des Professors Viertelstunde.
Pünktlichkeit schafft auch Vertrauen –
    auf Vertrauen kann man bauen.
Es gilt auch als Fundament –
    wie man aus der Kindheit kennt.
Manches kommt schon mal zu spät –
    was nicht heißt, das nichts mehr geht.
Sprichwörtlich ward auch gefunden,
    dass die Zeit heilt alle Wunden.
Das sagt nicht, man soll nichts tun –
    außer pfleglich auszuruh'n.
Und auch schnell sei man bereit –
    für Reue bleibt nicht ewig Zeit

Zusammenleben in der Stadt –
    die Internationales hat –
Verkleinert sich im Alter sehr –
    dann muss die Nachbarschaft halt her.
Wie schön, wenn schon seit langer Zeit,
    der nette Nachbar ist nicht weit.
Es scheint auch hier, von Gott gelenkt –
    der uns den Nachbarn hat geschenkt.
Bevor man zog ins neue Heim –
    nahm man sich schon in Augenschein.
Es deutete selbst da sich an,
    Wolfgang Grünberg ist ein Mann,
Mit dem man lachen kann und mehr –
    man genießt's bis heute sehr.
Die Kinder sind längst aus dem Haus –
    nach Enkeln schaut man heute aus.
Man freut sich auf die Jahreszeiten –
    sozusagen Zeit im Gleiten.
Nimmt bewusst das Wachsen war –
    im Gegensatz zum eignen Haar.
Gemeinsam heißt es hier auf Erden,
    mit Anstand dann auch alt zu werden.
Mit Humor die kleinen Plagen,
    ohne jammern zu ertragen.
Wichtig ist im täglich Leben –
    kaum zu erwarten, gern zu geben.
Freude, Sorge auch zu teilen,
    und für den Moment verweilen.
Das Bewusstsein, das ist schön –
    wenn man will, man kann sich seh'n.
Zwanglos Dinge zu gestalten –
    ist der Vorteil von uns Alten.
Nebensächlich sei erwähnt,
    das 'ne Null das Alter schönt.
Doch was sind schon Menschenjahre –
    von der Wiege bis zur Bahre –
Huscht das Leben vor uns hin –
    hat für jeden einen Sinn.
Zeitlos muss man glücklich sein –
    weil das Dasein ist nur klein.
Nicht die Uhrzeit soll uns leiten –
    sondern Einsicht schon beizeiten.
Wir hoffen und wir wünschen sehr
    Gesundheit und noch vieles mehr.
Sind froh und dankbar für die Stadt,
    und dass man solche Nachbarn hat.

Annette und Tim Schramm

Symbolisch – Eindeutig

Das Voscherau-Syndrom

Die Sprache der Religion ist nur selten daran interessiert, äußere Wirklichkeit genau abzubilden. Sie befriedigt unseren (eigenartig hartnäckigen) Wunsch nach genauer historischer Information nur in Ausnahmefällen. Ihr Interesse besteht darin, unsere Wahrnehmung zu vertiefen. Religiöse Sprache will eine Wahrheit sichtbar machen, die in und hinter der äußeren, der sogenannten historischen Wirklichkeit verborgen ist. Man kann auch sagen: Die Sprache der Religion ist nicht abbildend, nicht „mimetisch", sondern kreativ und "poetisch". Die Religion macht kühne Zusagen, nur selten erzählt sie Fakten. Um ihr Ziel zu erreichen, spricht die Religion in Bildern. Was sie sagen will, sagt sie mit Symbolgeschichten, Legenden und Mythen. Der jüdisch-christliche Mythos erzählt die grandiose Geschichte von der Schöpfung bis zum Weltgericht am Ende der Zeit. Die vier Evangelien sind „Predigten voller Mythos". Das Urchristentum zeigt uns darin vier markant verschiedene Jesus-Bilder – und will uns so in die Nachfolge rufen.

Wir brauchen solche Geschichten von Anfang und Ende, von Aufbruch und Hoffnung, von Scheitern und Gelingen, von Rettung und Erlösung. Mythische Grunderzählungen, die biblischen Glaubensgeschichten interpretieren – wie Arbeit und Kunst – die Welt. Die Religion ist ein Zeichen-System, das mithilft, unsere Welt zu einer bewohnbaren Heimat zu machen. Ja, es sind Geschichten und Bilder, gelegentlich Fakten, meist Fiktion, heilsame Fiktionalität wie z.B. die Gleichnisse Jesu, die Religion ausmachen. Wir können auch sagen: die biblische Überlieferung ist weithin Theo-Poesie, in den Evangelien Jesus-Dichtung voll tiefer Wahrheit – mit Anhalt an der Geschichte!

Auch unsere Gottesrede ist symbolisch und metaphorisch, eine Bildersprache. Gott gibt es nicht, wie es den Bodensee gibt, sodass man Gott realistisch vermessen und beschreiben könnte. Gott ist nicht ein Seiendes neben anderem Seienden, sondern der „Grund allen Seins" – das „Geheimnis der Welt" – und Christus sitzt nicht zu seiner Rechten „wie ein Storch im Nest" (M. Luther).

Wir brauchen Bilder, um von Gott zu sprechen. Wir brauchen auch Bilder, um im Gebet zu Gott zu sprechen. Als Neutestamentler habe ich fast 40 Jahre lang an der Universität Hamburg unterrichtet. Zukünftige Lehrerinnen und Lehrer, Pastoren und Pastorinnen haben unter meiner Anleitung versucht, in Seminaren und Vorlesungen das Neue Testament historisch-kritisch zu lesen und auch theologisch zu verstehen. Nicht wenige von ihnen sind mit Fragen gekommen, die von den sogenannten Laien, von den Distanzierten und von modernen „Heidenlümmeln" (wie Fulbert Steffensky gelegentlich sagt) wieder und wieder gestellt und von „der" Kirche, so scheint es, nie wirklich geklärt werden. Stichworte waren immer wieder: die Jungfrauengeburt, die Wundergeschichten (vor allem die spektakulären: der Seewandel, die Brotvermehrung, die Auferweckungsgeschichten) und die Osterbotschaft. Das Problem war und ist immer wieder die „Sprache der Religion". Irgendwann haben wir angefangen, das damit angesprochene Thema als „Voscherau-Syndrom" zu bezeichnen.

Das muss kurz erklärt werden. Henning Voscherau, vor Jahr und Tag 1. Bürgermeister der Freien und Hansestadt Hamburg, war zu einer Predigt auf die sogenannte Prominentenkanzel in St. Jacobi eingeladen worden; da hat er u.a. gesagt: „Einer Religion, die von mir verlangt, an die Jungfrauengeburt und an die Auferstehung zu glauben, kann ich nicht angehören!"

Wer meint, den Gottesbezug, von dem die Bibel spricht, nicht akzeptieren zu können, weil die biblischen Texte sich nicht darin erschöpfen, historische Wirklichkeit abzubilden, der leidet – sage ich – am Voscherau-Syndrom. Ich habe nichts gegen den ehrenwerten Herrn Voscherau.

Sein Satz verrät aber eine erstaunliche Unkenntnis in Sachen „Sprache der Religion". Da, lieber Freund, muss Deine „Theologie der Stadt" Abhilfe schaffen.

Wenn die Geburtsgeschichten z.B. Jesus einen Jungfrauen-Sohn nennen, benutzen sie ein in ihrer Zeit vertrautes Symbol. Das kann man wissen. Es handelt sich dabei nicht um ein gynäkologisches Gutachten, sondern um ein theologisches Bild. Jesus soll mit dieser Aussage gerühmt werden – die Rede von der Jungfrauengeburt hat die Funktion eines Hoheitstitels – wer so spricht, formuliert einen Lobpreis und ein Bekenntnis:

„Ich erkenne, lieber Jesus, und preise neben deiner irdischen deine himmlische Herkunft! Du bist in Wirklichkeit ganz natürlich von Joseph gezeugt, von Maria geboren, in Nazareth zur Welt gekommen, und wie Paulus sagt, ‚unter das Gesetz getan'; aber damit – glaube ich mit den Evangelisten und vielen anderen – ist nicht alles gesagt. Meine Glaubenserfahrung drängt mich dazu, mehr zu sagen: In Wahrheit bist Du begnadet, Gott hat dich geschickt, ich nenne Dich einen Sohn Gottes!"

Das erste und kürzeste Glaubensbekenntnis der Christen lautet: Kyrios Jesous Christos – Jesus ist der Herr, er ist der Christus. Auch das ist eine bildhafte Rede, eine Metapher, keine Seinsaussage, sondern ein Hoheitstitel, der etwas über meine Beziehung zu Jesus sagen will: „Andere mögen Dich, Jesus, einen Scharlatan, einen ‚Fresser und Weinsäufer' nennen, vielleicht einen Freund der Sünder, einen Lehrer, Arzt oder Propheten, – ich sehe und verehre in Dir den von Gott gesandten Gesalbten, den Messias und Erlöser!" Kyrios Jesous Christos – dies Bekenntnis kennzeichnet den, der es spricht: Was ich hier über Jesus sage, sagt mindestens so viel über mich wie über Jesus.

Über das Wesen solch metaphorischer Rede hat sich schon Aristoteles Gedanken gemacht. Sein berühmtes Beispiel lautet: Hector ist ein Löwe. Das sagt mehr als ein bloßer Vergleich: Hector kämpft nicht nur wie ein Löwe, nein, er ist ein Löwe, sagt die Metapher. Die kühne Metapher entdeckt hinter der Wirklichkeit eine tiefer liegende Wahrheit: In Wahrheit ist Hector ein Löwe. In Wahrheit ist Jesus der Christus. Und – ja, in Wahrheit ist meine Frau ein Engel.

Auch das ist eine schöne Metapher. Ob Herr Voscherau das auch sagen könnte? Nicht über meine, aber über seine Frau, versteht sich. Welche Augen sehen Engel? Wenn ich sage: meine Frau ist ein Engel, rede ich metaphorisch. In Wirklichkeit ist meine Frau natürlich eine ganz normale Frau, aber in Wahrheit – sage ich, sagt meine Liebe – ist sie ein Engel! Weil ich sie mit dem Herzen sehe. (Nicht immer übrigens!)

Die Wahrheit Jesu, die Schönheit Gottes in seinem Sohn und seiner Welt, auch in den Städten, zeigt sich nur dem Menschen, der Jesus liebt. Wer die „Sprache der Religion" lernt und versteht, wird aus einem distanzierten Zuschauer zum engagierten „Mitarbeiter" Gottes. Die ersten Christen haben Jesus mit dem Herzen gesehen und an ihn geglaubt. Im Neuen Testament haben sie davon erzählt. Wir leihen uns, wenn wir von Gott reden, ihre Sprache – eine Sprache der Liebe und Poesie, die kreativ Wahrheit entdeckt.

Lieber Wolfgang –
magister theologiae, collega, amicus!

Zu Deinem 70. Geburtstag gratulieren wir Dir von Herzen, wir – Frau Annetten und ich. Das achte Jahrzehnt sei Dir gesegnet – mit „Segen von oben vom Himmel herab und mit Segen aus der Tiefe, die unten liegt".

Die guten Wünsche für Dich sind eigenartig verschränkt mit Wünschen, die wir an Dich haben. Das ist Dir längst bekannt: Wir wünschen uns von Dir, dem Erforscher und Kenner der „Kirche in der Stadt" – eine „Theologie der Stadt". Dazu hast Du bereits viele eindrucksvolle Elemente und Bausteine gesammelt. Mach daraus – altersweise und souverän – ein Büchlein, ein Encheiridion! Ja, es soll ein Büchlein sein, kein gewaltiges Opus, nein, ein Handbuch, – hilfreich und verständlich – für alle, Frauen und Männer, Jung und Alt, einheimisch oder fremd! Du hast versprochen, „Symbolebenen, die beide – Stadt und Kirche – in sich tragen", in einer „Theologie der Stadt" lesbar zu machen. Das soll Dir weiter und immer mehr gelingen.

Die Gliederung Deiner „Theologie der Stadt" hast Du gewiss schon im Kopf. Du Kenner der „Sprache der Stadt", lehre uns bitte neu und wieder die „Sprache der Religion"; hilf uns, in der „Stadt ohne Gott" Gott zu entdecken. Dazu brauchen wir Hermeneutik – sei unser Hermeneut im „Dickicht der Städte"!

Deine Annette und Tim

Dirk Schubert

Babel – Jerusalem

(Groß-)Städte als Orte der Sünde oder Orte der Hoffnung?

> „Wir haben hier keine bleibende Stadt, sondern die zukünftige Stadt suchen wir."
> (Bibel, Hebräerbrief 13,14)

Hier soll es nicht um eine bestimmte Stadt gehen, sondern (Groß-)Stadt als Heimat verstanden werden. Ersetzen wir Stadt durch „statt" haben wir einen Zugang zu einem Thema, das täglich in den Medien erörtert und polemisch zugespitzt wird. Die (Groß-)Stadt als Sündenbabel, als Ort der Bewegung, des Wechsels, der Diskontinuität, das Land und das Dorf dagegen als heile Welt intakten Soziallebens. Das „Wohnen auf dem Lande", „lockere Natürlichkeit", „ortstypischer Naturbezug", „gemütliche Bauernfenster" und „Dorfanger" versprechen dem gestressten Großstädter ein Gegengewicht zum Berufsalltag. Nun werden derartige Begrifflichkeiten – von der Immobilienwirtschaft gezielt eingesetzt – häufig aber eher gedankenlos und nicht berechnend verwendet. Es gilt der Frage nachzugehen, ob es sich also um Hilflosigkeit und Orientierungslosigkeit handelt, mit der die angeblich bewährten historischen Leitbilder zufällig verwendet werden, oder ob sich hinter der Verwendung gesellschaftliche und politische Kontinuitäten verbergen.

Die allgemeine Einstellung zum Phänomen Großstadt mit seinen vielschichtigen Problemen bildet einen relevanten ideologischen Kontext für stadtplanerische Leitbilder und Zielvorstellungen.[1] Die Geschichte der Stadtplanung und der

---

[1] Dirk Schubert, Großstadtfeindschaft und Stadtplanung. Neue Anmerkungen zu einer alten Diskussion, in: Die alte Stadt 1/1986, S. 22–41.

Stadtplanungstheorie weist einen engen Zusammenhang mit einer übergeordneten kulturphilosophischen Diskussion über die Großstadt – den von Planung zu ordnenden und zu organisierenden räumlichen Bereich – auf. Die Großstadtkritik setzt auf der Ebene der räumlichen Widerspiegelung ökonomischer und gesellschaftlicher Widersprüche an. Sie thematisiert den Gegensatz von Stadt und Land als räumliche Organisationsform, ohne die in Wirtschaft und Gesellschaft und auf Stadt wie Land zutreffenden Widersprüche zu reflektieren.

Die Großstadtkritik lenkt die Aufmerksamkeit auf ein räumliches Subsystem, wo allerdings die Widersprüche und Konflikte konzentriert auftreten, nämlich die Großstadt. Die Großstadtkritik stellt dem gegenüber rückwärts gerichtet die Scheinalternative des vorindustriellen ländlichen Lebens und Arbeitens. Indem die Großstadtkritik zwar Probleme teilweise korrekt benennt, aber verzerrt und politisch motiviert interpretiert, wird sie zur Ideologie, deren Funktion darin liegt, den Blick von strukturellen gesellschaftlichen Problemen abzulenken und auf ein Nebengleis zu führen. Die Großstadtkritik macht kausal die Stadt, also ein baulich-räumliches Phänomen, für gesellschaftliche Probleme verantwortlich.

W. H. Riehls wirkungsmächtige Schriften stehen in Deutschland am Anfang dieses Denkens. Die Großstädte sind demnach „Wiege des Proletariats", „Wasserköpfe der Zivilisation", während das Land und das Bauerntum die „Mächte des Beharrens" bilden. Riehls apokalyptische Vision „Europa wird krank an der Größe seiner Großstädte" hinterlässt ein folgenreiches ideologisches Erbe. Die Riehl'sche Großstadtkritik wird gegen Ende des 19. Jahrhunderts mit unterschiedlichen Akzentuierungen wieder aufgenommen und von O. Ammon, G. Hansen und H. Sohnrey sozialbiologisch und von P. de Lagarde und J. Langbehn rassistisch-völkisch ausgeführt. Die Großstädte gelten als Stätten physischer Entartung, als „Grab des Menschengeschlechtes" und als „Hort der umstürzlerischen Sozialdemokratie". F. Toennies leitet aus der Großstadtkritik seinen an ständischen vorkapitalistischen Vorbildern orientierten Gemeinschaftsbegriff ab. Die „heile Welt" der Gemeinschaft und seine räumliche Entsprechung, das Dorf, bilden das Gegensatzpaar zur Gesellschaft und der Großstadt mit ihren vielschichtigen Problemen.

Die ab ca. 1900 entstehende „wertfreie" Großstadtforschung bleibt abstrakt und ist bei G. Simmel psychologisch, bei M. Weber historisch-soziologisch und bei W. Sombart historisch-psychologisch ausgeprägt. Im Gegensatz zur konservativen Großstadtkritik findet die „wertfreie" Großstadtforschung, die der Großstadt nicht mit der „Attitüde des Richters" gegenüber tritt, so G. Simmel, kaum Widerhall. Sie bleibt, da sie keine konkreten Handlungsanweisungen beinhaltet und abstrakt argumentiert, unfruchtbar, zumal sie auch keine konsequente demokratische Alternative zur konservativ-völkischen Ideologie formuliert und mit keiner politischen Massenbasis korrespondiert.

Eine ganze Literaturgattung, deren Einfluss kaum zu überschätzen ist, interpretiert die Großstadt als Ort der Dekadenz, als sozialen Sumpf und kulturelle Niederung, einfach als „krank", gegenüber dem „gesunden" Dorf, der Idylle. Die Gartenstadtidee des Engländers E. Howards, in Deutschland als völkisch-rassistische Version von Th. Fritsch als „Pflanzschule deutschen Lebens" entwickelt, strebt konsequenterweise dörfliche und ländliche Bauformen wie das Einfamilienhaus und das Reihenhaus mit heimatverbundener Architektur, das „Dorf in der Stadt" an. Die Gartenstadtidee konnte so die unterschiedlichsten Reformkonzepte unter der Fahne „Großstadtkritik" vereinen und mit einem baulich-räumlichen Dezentralisierungskonzept von den gesellschaftlichen und ökonomischen Ursachen des Verstädterungsprozesses ablenken. So bekannten sich Sozial- und Kulturreformer, Vegetarier, Antialkoholiker, Sozialisten und Genossenschafter zur Gartenstadtidee, wie auch Konservative und völkische Rassisten.

In der Phase der Weimarer Republik kritisieren auch linke und fortschrittliche Stadtplaner die Großstädte mit ihren vielfältigen Problemen, nur ist ihre Kritik nicht rückwärts an historischen

Vorbildern orientiert, sondern vorwärts auf eine neue demokratische Gesellschaft ausgerichtet. Es gilt die (unfertige) Großstadt zu optimieren, zu ordnen, zu planen, zu gestalten und zu reformieren. Schon mit der Weltwirtschaftskrise beginnt eine neue Etappe im ideologischen Kampf gegen die Großstadt. Die Krise wird als „Blutrache des Landes" interpretiert, die Lösung der Probleme an den Stadtrand und die Peripherie verschoben. Körperliche Arbeit auf dem Lande oder am Stadtrand wird mit seelischer Gesundung von der Großstadt gleichgesetzt.

Die latente oder offene Großstadtfeindlichkeit wurde nach der Machtergreifung der Nationalsozialisten zur offiziellen Ideologie und zur Handlungsgrundlage der Politik. Der Bauer und das Land wurden im Kontext nationalsozialistischer „Blut und Boden"-Ideologie zum Mythos und zur „ewigen Größe", zur nationalsozialistischen Vorstellung vom Menschen überhaupt. Die Verbalradikalität der großstadtfeindlichen Vorstellungen reichte von der vollkommenen „Zerschlagung der Großstädte" über „Entstädterung durch Neuadel aus Blut und Boden" bis hin zur Neugründung einer Vielzahl von Kleinstädten in den „deutschen Ostgebieten" (Polen).

Ihres ideologischen Gehalts entkleidet findet das großstadtfeindliche Ideengut auch nach dem Zweiten Weltkrieg erstaunlichen Nachhall. Wohnungspolitisch werden Eigenheime „als Bollwerke gegen den Kommunismus" propagiert und die „Verderbtheit des Stadtlebens" zieht sich als roter Faden durch die Literatur.

Vor diesem Hintergrund erscheint es mehr denn je aktuell, sich vom eingangs erwähnten Bibelzitat leiten zu lassen. Gefühlsmäßige Ablehnungen der Großstadt und diffuse gesellschaftliche Ordnungsvorstellungen taugen nicht als stadtplanerische Leitbilder. Wenn wir aus der Geschichte der Agrarromantik und Großstadtfeindlichkeit lernen wollen, kann es nicht darum gehen, die Stadt abzuschaffen, sondern „nur" darum, sie nach nachhaltigen und zukunftsfähigen Kriterien umzubauen und zu erneuern. Babel – im Alten Testament Inbegriff der sündigen Überheblichkeit – gilt es in das „neue" Jerusalem umzuformen.[2] Die zukünftige Stadt, die „Stadt von morgen", kann im Bibelsinne – die Stadt, die wir suchen – nichts anderes sein als die Erneuerung der überkommenen Stadt, angepasst an neue und zukünftige Bedürfnisse und Rahmenbedingungen.

---

[2] Otto Borst, Babel oder Jerusalem? Sechs Kapitel Stadtgeschichte, Stuttgart 1984, S. 28.

Maike Schult

Schattenreich – Lichtgestalten

Der Mythos St. Petersburgs in der russischen Literatur

Die Stadt Petersburg ist eindeutig symbolisch. Steingewordener Machtanspruch eines Selbstherrschers, geniale Kopfgeburt eines Einzelnen, herausgetrotzt aus den Sümpfen der Nevamündung, bezahlt mit Tausenden von Toten. 1703 auf der Haseninsel gegründet, benannte Zar Peter der Große die neue Hauptstadt nach seinem Namensheiligen und machte seine westlich klingende Schöpfung zu einem Anstoß erregenden Fremdkörper im Russischen Reich. Selbst den Privilegierten war es lange Zeit verhasst, an diesem unwirtlichen Ort zu leben, am äußersten Rande des Reiches, in einem künstlichen Gebilde aus Straßen und Häusern, deren Lage, Größe und Aussehen sie nicht selbst bestimmen durften.[1] Für diejenigen, die diese Stadt aus dem Sumpf stemmen mussten, war es das Grauen:

> „Die Arbeiter schufteten von Sonnenaufgang bis Sonnenuntergang, wurden schlecht ernährt und verfügten nicht einmal über die primitivsten Geräte für ihre Aufgabe. Es fehlte sogar an Kreuzhacken und Schubkarren. Um die tiefliegenden Ufer aufzuschütten, trugen die Unglücklichen die Erde im Schoß ihrer Kleidung oder in Säcken aus alten Matten herbei. Oft arbeiteten sie mitten im Sumpf, bis zum Bauch im Wasser stehend. Beim kleinsten Verstoß gegen einen Befehl klatschte die Knute auf ihre Rücken. Flüchtlingen, die man ergriff, wurde die Nase bis zum Knochen abgeschnitten. Schlechtes Wetter, Skorbut und Ruhr setzten diesem zerlumpten, um die Baugerüste wimmelnden Haufen zu. Jeden Tag wanderten neue Leichen in ein großes Massengrab."[2]

Die auf Gräbern erbaute Pracht schuf den zwiespältigen Mythos St. Petersburgs. Ein Mythos des Schreckens und des Fluchs, der über der Stadt liege und sie einzuholen schien in den Überschwemmungen, die die Stadt regelmäßig überkamen und Menschen rettungslos dem Meer zutrieben wie Püppchen aus Papier. Peters Stadt erschien vielen als Sinnbild für Willenskraft und Wahnsinn zugleich, als eine Fassaden- und Phantomstadt mit klaren Strukturen, planvoll angelegten Straßen, streng nach dem Rang der Bewohner gestaffelten Häusertypen und dem in Granit gefassten Nevaufer, aber auch mit allerlei phantastischen Kräften im amphibischen Untergrund und allerhand verrückten Gestalten, die in dem feuchten Klima den Nebelschwaden entstiegen und die labyrinthischen Kanäle entlang huschten wie Gespenster.

Auch ihr Schöpfer erschien als leibhaftiger Antichrist und gottgleicher Herrscher zugleich. Noch heute steht er, als Eherner Reiter in Bronze gegossen, auf einem finnischen Felsen und reckt den rechten Arm gebieterisch gegen die Neva, die er bezwang. Das Reiterstandbild des französischen Bildhauers Falconet wurde 1782 auf dem Senatsplatz enthüllt. Es bringt das Zusammentreffen entgegengesetzter Kräfte zum Ausdruck, die Bewegung des Pferdes und die Ruhe des Reiters, die Freiheit der Natur und die Macht des menschlichen Willens, den Augenblick der Pose und die Ewigkeit des Monuments. Es symbolisiert damit die starke Ambivalenz, die mit der Stadtgründung verbunden ist. St. Petersburg wurde zum Symbol einer tiefen Spaltung im russischen Volk. Den Zapadniki, den Westlern, steht es als glanz-

---

[1] Reinhold Neumann-Hoditz, Peter der Große mit Selbstzeugnissen und Bilddokumenten, Reinbek bei Hamburg [4]1996, 80.

[2] Henri Troyat, zitiert nach: Nina Börnsen-Holtmann, Sankt Petersburg – wiedergefundene Stadt, Bergisch Gladbach 1993, 75.

volles Resultat der Petrinischen Reformen, die Russlands Anschluss an Europa ermöglichten, als Symbol der schier unerschöpflichen Energie ihres Erbauers, der sich hier einen Zugang zur Ostsee erschloss und das „Fenster zum Westen" hin auftat. In ihren Augen schuf er eine Stadt nach seinen Vorstellungen, ohne die Last der Tradition, einen Ort westlicher Bildung und Kultur, der Aufklärung und Wissenschaft, ohne die Düsternis der alten, abergläubischen Rus'. Für die Slavophilen hingegen, deren innere Hauptstadt Moskau blieb, das dritte Rom, war die Stadt aus Stein ein Einfallstor fremder Einflüsse und liberaler Kräfte, die die russische Identität unterwanderten.

Auch in der Literatur wurde der spannungsvolle Charakter der Stadt sichtbar und ihr tremendum et fascinosum thematisiert. So knüpft der russische Nationaldichter Aleksandr Puškin (1799–1837) in seinem berühmten Poem Mednyj vsadnik (Eherner Reiter) von 1833 an realhistorische Ereignisse an und erweckt das Reiterstandbild Falconets auf phantastische Weise zum Leben. Die Petersburger Erzählung beginnt mit der Liebeserklärung einer Ich-Stimme an die Stadt und berichtet dann von dem traurigen Schicksal eines ihrer Bewohner, Evgenij, der in der großen Überschwemmung des Jahres 1824 erst seine Geliebte verliert und dann seinen Verstand, der sich von dem Getrappel des Denkmals verfolgt fühlt und elendig zugrunde geht. Ein Motiv, das, einmal zum Leben erweckt, durch die Literatur weiterwandert und bei dem symbolistischen Dichter Andrej Belyj (1880–1934) wieder auftaucht in dem Roman Petersburg (1913/1922), in dem Peter der Große erneut lebendig wird und als phosphorisierendes Licht und Fliegender Holländer von seinem Sockel steigt. Statt der Überschwemmung ist es nun die Revolution von 1905, die eine Katastrophe auslöst. Evgenij wird neu gestaltet in der Figur des betrogenen Berufsrevolutionärs Dudkin, der gleichfalls dem Wahnsinn verfällt und das Standbild parodiert, indem er mit weit ausgestrecktem Arm und einer Schere in der Hand auf einem Toten reitet.

Nikolaj Gogol' (1809–1852) wiederum hat in seinen Petersburger Novellen die Stadt selbst zur Heldin gemacht, vor allem ihre Prachtstraße, den sich stets wandelnden Nevskij Prospekt (1835), und das Geäder der Flüsse, Kanäle und Brücken, das sich von ihm aus verzweigt. Tagsüber ein Boulevard der Eitelkeiten, wird der Nevskij in der Dämmerung ein geheimnisvoller Ort, an dem Schatten übers Pflaster huschen und ein trügerisches Licht die Grenze zwischen Traum und Realität verwischt, bis die Wahrheit verschwunden ist:

„Er lügt zu jeder Zeit, dieser Newskijprospekt, doch am meisten dann, wenn sich die Nacht als dichtes Gewölk auf ihn herabsenkt (…) und wenn der Dämon selber die Lampen anzündet – einzig deshalb, um alles nicht in seiner wahren Gestalt zu zeigen."[3]

Durch dieses Petersburg spazieren Nasen pars pro toto für die verstümmelten Arbeiter, die es erschufen, flanieren Damen neben kleinen Beamten, die ein tristes Leben als Kopisten führen und im Getriebe der 1722 von Peter dem Großen eingeführten Rangtabelle zermahlen werden, wie es dem Titularrat Akakij Akakievič Bašmačkin geschieht, der sich einen neuen Mantel erspart, diesen an Straßenräuber verliert, um hernach als Gespenst den Passanten die Mäntel zu rauben.

„Wir kommen alle aus Gogol's Mantel her (…)." – dieses Bonmot schließlich wird Fëdor Dostoevskij (1821–1881) zugeschrieben, der sich den Vorgänger zum Vorbild machte und aus dessen Šinel' (Der Mantel, 1842) eigene Figuren hervorkriechen ließ, die als arme Leute in weißen Nächten die Stadt durchstreifen. Besonders die Gegend rund um den Heumarkt hatte es ihm angetan, und er hat sie wiederholt zum Schauplatz seiner Fiktionen gemacht mit dunklen Höfen, verwitterten Toren und schrundigen Türen, hinter denen der Mörder Raskol'nikov (wörtlich: der Gespaltene) Verbrechen begeht und Strafe sucht und im Hause des Schneiders Kapernaumov mit der Hure Sonja die Geschichte von der Auferste-

---

3   Nikolaj Gogol, Der Newskijprospekt, in: Ders., Petersburger Novellen, München ³2002, 7–53; hier: 53.

hung des Lazarus liest. In diesem Viertel sind wir 1999 die 730 Schritte aus Raskol'nikovs Dachstube nachgegangen zum Hause der Wucherin, die der Student mit dem Beil erschlägt, und von dort ins Dostoevskij-Museum gewandert, der letzten Wohnstatt des Schriftstellers in der Kuznečnyj Pereulok 5/2.[4]

Petersburg, das ist auch: Bühne und Wiege der Revolution. Hier hat der Aufstand seinen Anfang genommen, der Russland 70 Jahre lang zur UdSSR verkürzte und am Ende selbst zur Perestrojka umgebaut wurde. Und so sei dem Stadttheologen Wolfgang Grünberg diese kleine Erinnerung zum 70. Geburtstag ans Herz gelegt in der Hoffnung, dass der literarische Teil nur seinen Schatten vorauswirft und einen zweiten, theologischen folgen lässt, in dem der Jubilar sein Eigenes über Kirche und Stadt in Hamburgs Partnerstadt erzählt.

---

[4] 1999 hatten Theo Ahrens, Peter Cornehl und Wolfgang Grünberg ein gemeinsames Seminar „Russische Orthodoxie" (PT/MÖR) organisiert mit anschließendem Besuch der Geistlichen Akademie St. Petersburg, der Deutschen Evangelisch-Lutherischen Petrigemeinde und des Theologischen Seminars der ELKRAS in Novosaratovka. Diese einwöchige Studienreise, die ich als Dolmetscherin begleitet habe, hat allerhand Beziehungen und Freundschaften gestiftet, die bis heute andauern.

Milton Schwantes

Schlange – Stab

Exodus 7, 8–13
Eine Bibelbetrachtung aus der Großstadt São Paulo

Das erste Wunderzeichen ist im Grunde die „Schlange". Im 2. Buch Mose 4,1–5 wird die „Schlange" mit ihrer gebräuchlichen Bezeichnung „nahash" benannt. So ist es auch in 7,8–13. 7,1–7 ist Präambel zu diesen Versen. Meines Erachtens entspricht dieser ersten Wundertat in 7,8–13 („Schlange") das 10. Kapitel, in welchem die Sonne sich völlig verfinstert.

Aufbau

Ich erkenne vier kleine Sinneinheiten in diesen Versen: V.8–9, V.10, V.11–12 und V.13, jede mit ihrer besonderen Funktion. Interessant ist zu beobachten, dass die Sätze der V.8–9 und von V.10 zur Wiederholung des Inhalts neigen. Die V.11–12 zeichnen sich besonders aus. Sie sind das „gam" des Textes, seine Besonderheit. Im Hebräischen bedeutet „gam" nicht einfach „auch". Das Wort wird mehr im Sinne von „im besonderen" gebraucht. Der Unterschied findet sich am Schluss, im Satz: „und der Stab Aarons verschlang seine Stäbe". Bemerkenswert ist, dass „Stäbe" verschluckt werden und nicht „Schlangen". V.13 schließt diese „Wundertat" ab und verbindet sie mit den nachfolgenden, mit den ersten zehn „Wundern".

Einordnung

Ab Kapitel 7 haben wir im Grunde eine Wiederholung des Stoffes bis Kapitel 14(–15), die so genannten „Plagen": Der Pharao wird schrittweise herausgefordert, bis er den Auszug der versklavten Hebräer erlaubt. Diese Herausforderung verläuft in zwei Typen von Szenen. Zunächst folgen Szenen von „Plagen"/„Wunderzeichen", die in zwei entscheidenden Ereignissen enden: der Tod der Erstgeborenen am Pascha und des Pharao beim Durchzug des Meeres. „Söhne und Töchter Israels", diese zwölf Stämme werden durch zwölf Befreiungstaten Jahwes befreit.

Ein Pharao schmückt sich mit dem Zeichen der „Schlange" (siehe Kapitel 3). Sie ragt aus seinem Kopf hervor. In diesem Fall erscheint der Körper des Pharaos als wäre er die aufgerichtete Schlange, „aufrecht stehend". Dieser Pharao gilt gleichzeitig als Sohn der Sonne. Das Symbol der Sonne zeichnet seine Stirn. Die erste Wundertat Moses und Aarons steht in Beziehung zur Schlange, die letzte dieser zehn Taten steht in Beziehung zur Sonne (siehe 10,21–29). Das erste und letzte „Wunder" haben also direkte Verbindung mit dem Selbstverständnis und der Ideologie des Pharaos.

Jedenfalls befindet sich unser Schriftsteller in Israel, das heißt, im Norden, ungefähr im 8. Jahrhundert. Schließlich werden die Exodus-Traditionen dort unter den Stämmen Ephraim und Manasse gepflegt und gefeiert. Unsere Verse geben mir nicht den Eindruck, als gehörten sie in die Zeit nach der Reform Josias im Jahr 622 v. Chr. Wir befinden uns unter bäuerlichen Familien, nicht bei Heiligtümern. Denn die Sprache totaler Opposition gegen Herrschaften hatte schwerlich einen anderen ‚Sitz im Leben'. Hier gibt es keine Konzessionen an Herrschaften. Wir befinden uns unter ländlicher Bevölkerung. Damals bildete sie den weit größten Bevölkerungsanteil.

Inhalte

Die Szenerie ist kurz und entschieden. Die zitierten Sätze sind kurz und entschieden. Sie behaupten: die Macht des Pharaos ist besiegt! Er, die „Schlange", verlor den Kampf mit Mose und Aaron.

Die V.8–9 eröffnen die Szene. Ihr Wortschatz ist einfach, sie benutzen gebräuchliche Verben um sich auszudrücken: hauptsächlich „sagen" (viermal) und „sprechen" (zweimal). Es stimmt, ab V.10 ist die Wortwahl etwas anders, aber ohne Spitzfindigkeiten. Die Termini suchen keine Künstelei. Was die Anzahl betrifft, sind die „Agierenden" zahlreicher auf der einen als auf der anderen Seite: Auf der einen Seite befinden sich Jahwe-Mose-Aaron, in dieser Reihenfolge; auf der anderen Seite: Pharao-Minister-Weise, Hexenmeister-Magier. Das größere Beratungs-Team hat der Verlierer. Pharao wird unterstützt von Spezialisten auf den Gebieten „Weisheit, Hexenmeisterei und Magie" (V.11). Nicht so Mose und Aaron. Sie sind keine Schlangenspezialisten, sondern Verteidiger des hebräischen Volkes.

Der wahrhaftig bezeichnende Unterschied zwischen beiden Gruppen besteht darin, dass die Hebräer Jahwe auf ihrer Seite haben. Er selber unterrichtet Mose und Aaron. Er orientiert sie im Sinne, ein „Wunderzeichen zu bieten" (V.9), um selbst den Pharao zu beeindrucken. Es handelt sich um den vom Pharao geworfenen Stab, der zur „Schlange" wird. Das hebräische Wort „tanin" könnte auch etwas Erschreckenderes bedeuten, aber hier in unsrem Abschnitt soll es nur den Sinn von „Schlange" haben. Das passt auch besser zum Stab – Ausgangspunkt für besagte „Schlange". „Schlange" wird hier kein zufälliges Symbol sein. Denn der Pharao ist eine solche „Schlange", ihr Kopf kommt aus dem Rad der Sonne auf seiner Stirn. Der Pharao wird also konfrontiert mit dem, was seine Ideologie von ihm sagt: Ein Kind der „Schlange", der Mächte aus der Erde.

V.10 wiederholt die V.8–9. Im Grunde wäre das nicht nötig gewesen, denn für das Hebräische enthält die Ankündigung einer Sache, die sich ereignen soll, implizit die Annahme, dass das, was angekündigt wird, der Vergangenheit angehört. Im Grunde ist also V.10 schon in den V.8–9 enthalten. Die Wiederholung dieses Inhalts in V.10 bedeutet, dass ihm besondere Wichtigkeit zukommt. Im V.10 sind außer dem Pharao seine „Sklaven" mit eingeschlossen. Es könnten sehr wohl die „Sklaven" des Palastes sein. Jedoch handelt es sich wahrscheinlich um Minister, denn man gebrauchte den Begriff „Sklaven eines Königs" auch, um sich auf die Minister zu beziehen (siehe 2. Sam. 20,23–26).

Im Grunde hatte V.10 die Szene schon wiederholt, und die V.11–12 wiederholen sie noch einmal. Nun, es liegt ein Crescendo in diesen V.11–12 vor. In Wahrheit werden andere Ausdrücke gebraucht, komplexere, wie z. B. der Begriff der so genannten „Geheimwissenschaft". Aber nicht einmal diese bringen irgendein Ergebnis. Für Pharao kommt dabei nichts heraus. So stellt es der Schluss fest: „und Aarons Stab verschlang seine Stäbe". Dieser Schluss ist sogar überraschend. Schließlich wird der Kampf zwischen den aus Stäben hervorgegangenen „Schlangen" ausgetragen, aber hier im Schluss wird der Kampf buchstäblich zwischen „Stäben/Stöcken" ausgefochten, zwischen den Stäben der Diener des Pharaos und dem Stab Aarons. Hier scheint sogar ein rationalisierender Ton vorzuherrschen: Was der Pharao „Schlangen" nennt, war in Wahrheit nichts anderes als Stäbe. Dieser Pharao ist in der Tat ein Blender!

Mag der Pharao sich noch so gut auf den Kampf vorbereitet haben, mag er sich noch so gut beraten haben, er wurde besiegt. Er hatte bereits seine „Sklavenminister" zur Beratung herangezogen (V.10). Jetzt, in V.11, zieht er noch Weise, Hexenmeister, Magier hinzu und jene mit ihrer Geheimwissenschaft – alles vergeblich! Pharao verfügt über viele Mittel, aber nichts davon ist wirklich kompetent! Er erfindet sogar viele „Schlangen", aber keine hat wirkliches Profil und Kompetenz. Im Grunde sind sie lediglich Stäbe, auch wenn sie „originelle Monster" wären.

V.13 schließt den Stoff ab. Dieser Vers scheint eine Art liturgische Formulierung zu sein. Wir begegnen ihr wieder in anderen Momenten der „Wundertaten" (7,23; 8,19; 9,35). Der Pharao gibt nicht nach. Vielleicht hätte er nachgegeben, falls seine Pläne und Absichten anders gelagert wären; aber sein „Herz" ist von dieser Art. Wir kennen dieses Herz bereits, diese Regierungspläne; er braucht mehr Ziegelsteine und größeren Einsatz seitens der versklavten Hebräer bei seinen Bauvorhaben. In diesem Sinn ist es wirklich das „Herz", das den Pharao hindert. Hier bezeichnet „Herz" nicht den Sitz von Gefühlen, sondern, wie es in der Bibel üblich ist, von Plänen und Zielen. Der Pharao hat Absichten/„Herz"; den Bau neuer Städte, und von diesen kann er nicht lassen, sonst verliert er seine soziale Funktion. Die Hebräer mögen sehen, wie sie fertig werden; der Bau muss voran getrieben werden. Das ist sein „Herz"! Dieses ist stark, oder, in anderer Übersetzungsmöglichkeit, „verhärtet". Schließlich hat ein Pharao genügend Macht „nicht zu hören". Jahwe selbst wusste bereits, dass es so kommen wird: ein Pharao versteinert [sein Herz] und hört nicht!

Es ist mir eine Freude, Dich zu Deinem Geburtstag grüßen zu dürfen in tiefer Dankbarkeit für Deine mir hier in São Paulo und in Hamburg erwiesene Umsorgung und Freundschaft, Wolfgang. Deine Horizonte waren und sind mir stets eine Herausforderung. Die Art wie Du Dich der Gemeinde widmetest, ist mir vorbildlich. Mit Dir lernte ich, Gemeinden zu interpretieren. Vielen Dank! (Original in Portugiesisch, übersetzt von Ilson Kayser)

Bernd Schwarze

Visionen haben – Zum Arzt gehen

Ohne Befund? Zur Hagiopsychiatrie stadtkirchlicher Visionen

„Und darum bitten wir Sie inständig, Herrn Pastor N. umgehend aus dem Dienst zu entfernen. Bitte nötigen Sie ihn auch, sich dringend in psychiatrische Behandlung zu begeben. Es ist uns bewusst, dass man heutzutage mit Begriffen wie „Besessenheit" vorsichtig umgehen muss. Aber wir machen uns große Sorgen um seine geistige Verfassung und um die seelische Gesundheit unserer Gemeinde."

Schreckliche Dinge hatten diese Gemeindeglieder einer großen Innenstadtkirche in Deutschland miterleben müssen. Nicht gerade, dass Pastor N. nachweislich den Satan angebetet hatte; er schlachtete auch keine Tiere auf dem Altar. Aber er scharte Leute um sich, welche die Frage, ob denn Jesus Christus ihr Herr und Heiland sei, nicht eindeutig mit Ja beantworten konnten. Er bekannte sogar selbst, dass es Glaubensdinge gebe, die er nicht einfach unterschreiben könne. Seine Predigten endeten manchmal mit einer Irritation, ohne versöhnliches Wort im Sinne evangelischer Verkündigung. Einmal hatte er sogar jemandem ein Kanzelwort gewährt, der schon vor Jahren der Kirche den Rücken gekehrt hatte.

Modernisierung der Liturgie hieß für ihn nicht, was man ja noch hätte gutheißen können, flotte geistliche Liedlein auf der Gitarre darzubieten. Nein, er verführte die Kantorei dazu, den Kirchenraum mit bedrohlichen Klangclustern zu erfüllen und ließ den Organisten musikalische Höllenstürme voller Dissonanzen entfachen. Auf die Frage, warum er neulich einen Literaten zu einer Lesung in der Kirche eingeladen hatte, dessen Texte keine Verkündigungsabsicht verrieten, wusste er nur zu antworten: „Weil ich's schön fand". Gut, in seine Veranstaltungen kamen Tausende, aber es waren die Falschen. Und die Besorgten der Gemeinde beteten um des Pastors Seele ohne Unterlass. Und entschlossen sich schweren Herzens, die zuständigen bischöflichen und pröpstlichen Autoritäten anzuschreiben.

Wer bedarf des Arztes? Ich bin überzeugt, dass ein psychiatrisches Gutachten nach ICD-10 oder DSM-IV bei Pastor N. oder einer anderen visionär veranlagten kirchlichen Persönlichkeit eine Störung oder gar ein Syndrom zutage fördern würde. Solche Paradiesvögel Gottes haben in aller Regel ausgeprägte narzisstische Anteile, sonst würden sie die große Öffentlichkeit scheuen. Sie wagen sich stets an die Grenzen des Verbürgten und Üblichen heran, oft ohne Rücksicht auf ihr eigenes Wohlergehen, und stehen daher unter leichtem Borderline-Verdacht. Und wenn ihre Visionen in ihrer Phantasie eine große Bildhaftigkeit erzeugen, dann dürfte auch ein Schizophrenie-Check nicht ganz ohne Verdachtsmomente bleiben. Doch bei all dem bleibt die alte und jüngst wieder diskutierte Frage offen, ob denn nun der Verrückte wirklich krank sei oder doch etwa die Gesellschaft, die ihn umgibt. Nun hat aber in der Regel die Gesellschaft gar kein so großes Problem mit der Verrücktheit kirchlicher Visionäre. Die Gesellschaft erfreut sich meist an solchen kreativen und wagemutigen Gestalten. Der soziologische Bezugsrahmen, der den seherisch veranlagten Geistlichen seelische und geistige Fehlfunktionen zuschreibt, ist eher die gesellschaftliche Sonderwelt einer binnenorientierten Institutionskirchlichkeit.

Vermutlich genügen die bewährten nerven- und seelenärztlichen Module nicht zu einer trefflichen Diagnostik der hier beschriebenen Phänomene. Vielleicht brauchen wir eine neue Hagiopsychiatrie zur Klassifikation stadtkirchlicher Visionen. Eine Wissenschaft, die alles Grenzwertige und Experimentell-Verrückte für zwar auffällig, aber nicht krank, sondern hilfreich und gut erklärt.

Unsere großen Stadtkirchen waren von Anfang an visionäre Orte, und ihre Bauherren und

Architekten wurden nicht selten für unzurechnungsfähig erklärt. Weit schossen sie in ihren Entwürfen über jedes rein praktische und vernünftige Ziel hinaus. Größenwahnsinnig, zuweilen babylonisch-hybrid. Was haben sie gesehen? Häuser der Anbetung und der Versammlung für die christliche Gemeinde? Sicherlich auch das. Aber eben auch Weltwunder und Malzeichen urbaner Identität. Und in vielen Fällen kommt es einem so vor, als hätten sie hinter ihren eigenen Bauskizzen geheime Pläne des himmlischen Jerusalem versteckt.

Es ist ein großes Verdienst von Wolfgang Grünberg und der Arbeitsstelle Kirche und Stadt an der Universität Hamburg, all dieses wieder sichtbar werden zu lassen und wissenschaftlich zu reflektieren. Alte Visionen eines stadtkirchlichen Bewusstseins neu zu entdecken und zu neuen Visionen zu ermutigen; Menschen in der Stadt für ihre Kirchen zu begeistern und Kirchenmenschen Lust zu machen auf das Faszinosum Stadt.

Große Teile des gegenwärtigen kirchlichen Lebens bleiben unauffällig, erschließen sich zwar festen Bezugsgruppen und befriedigen deren Bedürfnisse, sind in Hinsicht auf eine öffentliche Irritation jedoch, medizinisch gesprochen, ohne Befund. Zwar können hagiopsychiatrisch auffällige Persönlichkeiten gelegentlich auch in Dorfkirchen oder vorstädtischen Gemeindezentren Erstaunliches bewirken, doch dürften Stadtkirchen als visionäre Orte für visionäre Persönlichkeiten die am besten geeigneten klinischen Lehr- und Forschungsinstitute sein. In der Stadtmitte kulminieren neben den kirchlich-visionären Kräften auch noch alle anderen Ideen und Impulse an einem besonderen Ort der Aufmerksamkeit.

Wenn nun eine hagiopsychiatrisch auffällige Person an einem hagiopsychiatrisch bedeutsamen Ort grenzwertige Aussagen tätigt, die nach allgemeinen Kriterien nicht unbedingt auf geistige Gesundheit verweisen – etwa die Behauptung des Weltlich-Werdens Gottes, der Auferstehung nach dem Tode, des Wirkens eines Heiligen Geistes … Wenn diese Person diesen Ort dann noch öffnet für alle anderen grenzwertig disponierten Menschen in der Stadt – die Spinner und Spirituellen, die Künstler und Gaukler – und sich sogar ein wenig mit ihnen gemein macht und die Öffentlichkeit daran teilhaben lässt … Dann kann es geschehen, dass ganz viele Normale auf einmal merken, wie viel Nicht-Normales sie zum Leben brauchen und wie viel Freude dies bereiten kann. Es ist erstaunlich, dass es sehr oft klassisch-kirchlich identifizierte Menschen sind, die dieses nicht verstehen und manchmal sogar bekämpfen.

Ein solches Programm zum therapeutischen Umgang mit stadtkirchlichen Visionen mag nun sehr experimentell und neuzeitlich-künstlerisch anmuten, aber eigentlich ist es im besten Sinne traditionell. Es verweist auf die Zeichenhandlungen der Propheten, auf die Traumbilder und Visionen, die sich durch die gesamte biblische Überlieferung ziehen, auf die Lehre und die Taten Jesu und auf das Gott-Mensch-Paradoxon im Wesen Christi. Es bezieht sich auf Durchdringungen und Vermischungen von Welten, die in früheren Jahrhunderten in den Stadtkirchen gewollt und üblich waren und erst im Zuge der zunehmenden Trennung von Kirche und öffentlichem Leben in Vergessenheit geraten sind. Ein solches Programm ist schlicht und einfach ein Versuch, dem guten Schatz eines alten Glaubens in heutiger Zeit ein neues Gesicht zu geben. Gesicht. Vision. Visionen stehen stets unter Verdacht, aber ohne sie wird es bald keine Kirchen mehr geben. Nur noch schöne Gebäude, deren Sinn sich fast niemandem mehr erschließt und kleine Gemeinschaften, die darin ihre unbedeutenden Rituale feiern.

Wer bedarf des Arztes? Nun, einer noch differenzierter zu entwickelnden hagiopsychiatrischen Diagnostik zufolge bräuchte man sich um die grundsätzliche Gesundheit der stadtkirchlichen Visionäre wohl nicht zu sorgen. Gleichwohl sollte man um ihre Pflege und Betreuung stets bemüht sein. Denn sie sind gefährdet, weil sie stets auf Grenzlinien balancieren. Sie sind oft müde und überfordert, weil sie selten ruhen und immer wieder Neues ausprobieren. Und manchmal sind sie traurig, weil natürlich nicht alles gelingt. Man sollte sie ermutigen, gern noch ein wenig verrückter zu werden. Denn es ist die Torheit als einer Gotteskraft (1.Kor. 1,18), der sie dienen. Lasst sie spinnen. Bis der Arzt kommt.

Torsten Schweda

Innen – Außen

„Hauben und Kragen wie Koller und Helm" – Die Veränderung des Diakonissen-Mutterhauses

„In ihren makellos sauberen, blauen Waschkleidern, die gestärkten, kalkweißen Hauben und Kragen um Haupt und Hals wie Koller und Helm, arbeiteten die Schwestern (…) als eine irdische Vorhut der himmlischen Heerscharen in sinnvoller Unterminierung feindlicher Verschanzungen und Festungswerke am Abbau des Bösen."

Mit intimer Detailkenntnis beschreibt Ina Seidel (1885–1974)[1] in ihrem 1938 erschienenen Roman über die 400jährige Geschichte der Pastorenfamilie Lennacker ein Diakonissen-Mutterhaus aus der 1836 von Theodor Fliedner begründeten Kaiserswerther Tradition. Um 1870 ist es eine im Inneren heilige und zugleich von den Mitgliedern als heil empfundene, abgesonderte Welt. Das Mutterhaus[2] wird in der bis 1971 gültigen Kaiserswerther Grundordnung von 1953 als „Heimat für seine Schwestern: eine Stätte der Sammlung und Erziehung, der Erprobung und Bewährung, der Aussendung und Leitung, des Rückhaltes und der Zuflucht" beschrieben.[3] In diesem Zeitraum wurden die meisten der heute noch lebenden Diakonissen eingesegnet. Das Mutterhaus war und ist als deren geistliches Zentrum Teil einer Diakonissenanstalt, eines in der Regel rechtlich selbständig als Verein oder Stiftung konstituierten „Werkes der christlichen Nächstenliebe." Es betreibt unterschiedliche diakonische Einrichtungen, wie Krankenhäuser, Pflegeheime und Schulen. Das Mutterhaus ist nach wie vor bekanntester Ausdruck der „weiblichen Diakonie" und profilgebende Sozialgestalt des deutschen Protestantismus. In der Regel gehört zum Mutterhaus als geistlicher Institution eine kirchlich anerkannte, einrichtungsbezogene Anstalts(kirchen)gemeinde mit eigener Kirche.

Aus „Anstalten", „Werken" und „diakonischen Komplexeinrichtungen" sind „diakonische Unternehmen" geworden, nicht ohne Folgen für das Mutterhaus. Wie hat sich sein inneres Leben durch die Zeiten verändert? Dazu ein paar Beispiele.

Von den Anfängen im 19. Jahrhundert bis in die 2000er Jahre hinein bestand die hauptamtliche Leitung der Diakonissenanstalt als „Hausvorstand" in der Regel aus zwei Personen: einem Pastor als Vorsteher („Rektor") und Gesamtleiter und einer Diakonisse als Oberin und Leiterin der Diakonissen-Schwesternschaft. „Herr Pastor" und „Frau Oberin" bildeten als Hausvater und Hausmutter das in der Regel gleichberechtigte Führungsduo für alle diakonisch-missionarischen, wie auch für alle „weltlichen", wirtschaftlichen und personellen Angelegenheiten.

Bei größeren Mutterhäusern und Einrichtungen wurden, häufig erst nach 1945, „Verwaltungsinspektoren" oder „Wirtschaftleiter" als kaufmännisch ausgebildete Leiter der Verwaltung für die Unterstützung des Hausvorstandes eingesetzt.

---

[1] Ina Seidel, Lennacker. Das Buch einer Heimkehr, Stuttgart/Berlin 1938 (21.–30. Tausend), 597. – Die heute eher vergessene Schriftstellerin ist wegen ihrer positiven Haltung zum Nationalsozialismus einerseits umstritten. Andererseits gehörte „Lennacker" auch nach 1945 bis in die 1980er Jahre hinein vielfach zur Schullektüre. Vgl. Peter Noss, Art. Seidel, Ina. In: Biographisch-Bibliographisches Kirchenlexikon, Bd. IX, 1995, 1333–1351.

[2] Vgl. zur neueren Forschung zum Diakonissen-Mutterhaus Ute Gause, Kirchengeschichte und Genderforschung, Tübingen 2006, insbes. 181–254 und Ute Gause, Cordula Lissner (Hg.), Kosmos Diakonissenmutterhaus. Geschichte und Gedächtnis einer protestantischen Frauengemeinschaft, Leipzig ²2005.

[3] „Grundordnungen der zur Kaiserswerther Generalkonferenz verbundenen Diakonissen-Mutterhäuser in der am 10. November 1953 verabschiedeten Fassung", Punkt II. 4. Diese wurde abgelöst durch die „Rahmenordnung der Kaiserswerther Generalkonferenz" vom 22. April 1971 und die „Grundlinien" vom 11.6.1998.

Erst seit den 1970er Jahren mit den immer größeren Anforderungen an die Wirtschaftsführung wurden die „Inspektoren", nun als „Verwaltungsdirektor", später „Kaufmännischer Vorstand", gleichberechtigt als dritte Führungskraft in den Hausvorstand aufgenommen. Die Ökonomie wurde in die geistliche Leitung des Mutterhauses integriert; dennoch entstand ein häufig spannungsreiches Verhältnis innerhalb der Gesamtleitung.

Mit dem Rückgang der Zahl der aktiv tätigen Diakonissen und dem rasanten Anstieg der „freien" Mitarbeiterschaft und nicht zuletzt aufgrund der Schwierigkeit, geeignete jüngere Diakonissen für das Amt der Oberin zu finden, verlagerte sich die zunehmend unternehmerische Führung auf den Vorsteher als Verantwortlichem für die diakonisch-strategischen, personellen und repräsentativen und den Verwaltungsdirektor als Fachmann für die wirtschaftlichen, verwaltenden und technischen Aufgaben. In der Konsequenz schied häufig die Oberin aus dem Vorstand und damit aus den unternehmerischen Entscheidungen aus. Ein neues Führungsduo aus Theologe und Kaufmann entstand.[4]

Insbesondere das Berufsbild und die Herkunft der Oberin haben sich radikal verändert. Die Diakonisse als Oberin gehörte unmittelbar und lebenslang zur Lebens-, Wohn-, Glaubens- und Dienstgemeinschaft. Sie war in der Regel als Krankenschwester oder Pädagogin ausgebildet. Sie nahm als Teil der Gesamtleitung die Personalführung des weiblichen Pflege-, Hauswirtschafts- und Ausbildungspersonals wahr. Sie garantierte damit zugleich die Einbeziehung der Mitarbeiterinnen in die geistliche und diakonische Ausrichtung der Gesamteinrichtung.

Etwa seit den 1990er Jahren folgte vermehrt eine zweite Generation von Oberinnen: die Diakoninnen mit sozial- oder gemeindepädagogischer beruflicher Grundausbildung. Sie konnten aus fachlichen Gründen häufig keine unmittelbare Personalführung für Pflege und Hauswirtschaft übernehmen. Sie waren für die Betreuung der älter werdenden Diakonissenschaft, den Aufbau neuer Mitarbeiter/innen-Gemeinschaften sowie für die diakonische Fortbildung und Profilierung der Mitarbeiterschaft zuständig. Geprägt von der Tradition der „männlichen Diakonie" nach Johann Hinrich Wichern, ist der Diakonin als Oberin das Thema der „Diakonie in Gemeinschaft" vertraut. Aber mit dieser Generation von Oberinnen „ohne Haube", manchmal noch „mit Kragen", zum Teil in Partnerschaft und mit eigener Familie lebend, wurde das bis dahin konstitutive Element der Arbeits-, Lebens- und Wohngemeinschaft von Diakonissen und ihrer Oberin verändert.

Seit einigen Jahren folgt die dritte Generation von Oberinnen, die Pastorinnen sind. Sie sollen neben der Betreuung der Feierabend-Diakonissen seelsorgerliche, spirituelle und Gemeinschaft stiftende Angebote für die Mitarbeiterschaft entwickeln. Im Blick auf das Mutterhaus wird erstmals das Oberinnen-Amt zum Pfarramt. Die Pastorin als Oberin verdrängt durch ihren pastoralen Werdegang in der verfassten Kirche und ihre universitär-theologische Ausbildung die traditionelle berufliche Wurzel des Amtes der Oberin in der freien, von der Kirche unabhängigen Diakonie. Außerdem entsteht strukturell bei Oberin und Vorsteher erstmals eine Doublette in der theologischen und pastoralen Kompetenz auf Leitungsebene. Zusätzlich stellen die häufig befristeten Dienstaufträge für das Pfarramt strukturell die unbefristete Lebens- und Dienstgemeinschaft von Oberin (sowie Vorsteher) und Diakonissenschwesternschaft infrage. Im Sprachgebrauch der Mutterhäuser ist aus der durch Haube und Tracht erkennbaren Oberin die „zivile Oberin" geworden, von einer anderen Welt geprägt und nur beruflich-professionell in einer Gemeinschaft auf Zeit lebend.

Diese Veränderungen werden im Mutterhaus als Verlust erfahren. Dazu gehört zumindest in den größeren diakonischen Unternehmen auch die Entwicklung des Vorsteher-Amtes. Aus dem Anstaltsgeistlichen ist ein theologischer Sozialmanager und Vorstandsvorsitzender geworden. Das

---

4 Mittlerweile werden beide Führungsaufgaben des theologischen und des kaufmännischen Vorstands sowohl von Männern wie von Frauen wahrgenommen.

ideale Familienbild des von Hausmutter-Oberin und Hausvater-Pastor gestalteten diakonischen Gemeinwesens, die übersichtliche und autarke „Anstalt", ist verloren gegangen.

Aufgrund der geringeren Einsegnungen ist der Weg des Kleinerwerdens der Diakonissenschaften eigentlich bereits seit den 1950er Jahren objektiv erkennbar. Damit geht seit den 1990er Jahren ein zunehmender realer Bedeutungsverlust der Schwesternschaften und der Mutterhaus-Diakonie einher. Zu dem am schmerzlichsten erlebten Verlust gehört die Erkenntnis, dass im Feierabend die Exklusivität und die daraus gewonnene Einflussmöglichkeit der Diakonissengemeinschaft auf die Gestaltung des Mutterhauses und des diakonischen Unternehmens verloren gegangen ist. Ein Leben mit den Evangelischen Räten von Ehelosigkeit, Gehorsam und Armut ist seit mindestens 50 Jahren für Frauen nicht mehr attraktiv. Die Realität, zu den Letzten zu gehören, stellt bei den Diakonissen am Ende des Lebens die eigenen Entscheidungen manchmal infrage. Auch die Diakonischen Gemeinschaften, die einige der Mitarbeiterinnen (und neuerdings auch Mitarbeiter) in einer Einrichtung zusammenfassen, sind häufig überaltert und ohne Nachwuchs. Der flexibler gewordene persönliche Lebensweg einer Mitarbeiterin mit Wohnort- und Arbeitgeberwechsel steht der auf Dauer angelegten Gemeinschaftsform gegenüber. Hinzu kommt der moderne differenzierte Unternehmensaufbau mit Übernahmen, Fusionen und Tochtergesellschaften, der die Identifikation mit der Muttereinrichtung erschwert.

Nicht zuletzt hat sich das Diakonissen-Mutterhauses auch baulich verändert. Aus Wohnheimzimmern im Mutterhaus, mit 15–22 Quadratmetern und ohne individuelle Sanitärausstattung, sind vielerorts kleine Senioren-Appartements geworden. Die exklusive Wohn- und Lebensgemeinschaft der Diakonissen wurde in ein „Betreutes Wohnen" verwandelt, aus Wirtschaftlichkeitsgründen zusammen mit anderen Senioren, auch Männern. Damit zusammenhängend wurde auch der wie selbstverständlich beanspruchte Komfort mit eigens für die Diakonissen angestelltem Hauspersonal für Essens-, Kleidungs-, Reinigungs- und Pflegeversorgung weniger und die Selbstversorgung größer.

Zusammenfassend ist mit Wehmut, aber realistisch festzuhalten, dass die „gestärkten kalkweißen Hauben und Kragen" als unhinterfragtes Diakonieprofil im biologischen Aussterben begriffen sind. Bei jeder Beerdigung auf dem Diakonissenfriedhof steht, an der Menge der Gräber ersichtlich, einerseits eine erfolgreiche Diakoniegeschichte des sozialen Protestantismus vor Augen. Zugleich ist jedes Begräbnis ein Abschied von einer nicht mehr einholbaren traditionellen Mutterhaus-Diakonie. So liegen die Aufgaben insbesondere der Oberin und des Vorstehers heute in einer andauernden Trauerbegleitung, im Trost und in der Würdigung der Lebenden und ihrer Lebensleistung. Dort, wo es geht, werden die Tradition, ihre eingeübten Muster und ihre Symbole erhalten, zum Beispiel beim Stil eines Jahresfestes, einer Rüstzeit oder des Geburtstages. Was für die Zukunft der Mutterhaus-Diakonie bleibt, ist die Aufgabe, ohne Haube und Kragen ein neues diakonisches Profil von Nächstenliebe, Arbeit, Spiritualität und Gemeinschaft zu entwickeln und in Konzepten wie auch in Stilen Neues einzuführen – häufig gegen den Widerstand der Schwestern. Die Diakonissen im Mutterhaus, die Diakonischen Gemeinschaften und die Mutterhaus-Diakonie insgesamt hatten und haben viel zu bewältigen. Und die Zukunft bleibt offen.

Bodo Schümann

Anstalt – Kirche

„Eine Gemeinde ohne Behinderte ist eine behinderte Gemeinde" – Behinderte Menschen als Herausforderung an die Stadt-Theologie

Dieses Zitat von Ernst Wörle, damals Münchener Behindertenpfarrer, aus dem Jahr 1980, kann sowohl als Provokation als auch als Programm für die zukünftige Arbeit der Kirchengemeinden angesehen werden. In dem folgenden Beitrag soll es um einige Überlegungen gehen, wie die einzelne Kirchengemeinde mit den in ihrer Mitte lebenden behinderten Gemeindegliedern umgeht, also weniger um die Frage, wie kirchliche Werke und übergemeindliche Organisationen sich der Behindertenfrage annehmen.

Zunächst sei darauf verwiesen, dass evangelische Persönlichkeiten bei der Gründung und dem Ausbau institutioneller Einrichtungen für behinderte Menschen in Hamburg eine Vorreiterrolle eingenommen haben, z.B. Heinrich Sengelmann 1863 mit der Aufnahme behinderter Menschen in seine „Alsterdorfer Anstalten", Theodor Schäfer 1898 mit der Gründung des sog. „Krüppelheimes" für Körperbehinderte in der „Altonaer Diakonissenanstalt" oder Hilde(gard) Wulff 1935 mit der Gründung des Heimes für vor allem körperbehinderte Kinder „Im Erlenbusch".

In den letzten beiden Jahrzehnten hat sich nun ein grundlegender Wandel in der Behindertenpolitik vollzogen, der für alle Einrichtungen und ihre Akteure zu erheblichen Konsequenzen führt. Verschiedene Resolutionen der UN, des Europarates, der EU und eine permanente Weiterentwicklung auch des deutschen Behindertenrechts haben zu einem veränderten Bild von Behinderung und der Rolle des behinderten Menschen geführt. So definiert der einleitende § 1 des Sozialgesetzbuches IX die neue Zielsetzung dahingehend, dass alle Institutionen und Akteure, die für behinderte Menschen arbeiten, alles daran zu setzen hätten, um deren „Selbständigkeit und gleichberechtigte Teilhabe am Leben in der Gesellschaft zu fördern (…)." Mit anderen Worten: aus „Anstalten" sind Dienstleister für behinderte Menschen geworden, aus fürsorgenden und bemitleidenden Helfern Begleiter und Koordinatoren in der Unterstützung behinderter Menschen. Die Forderung nach gesellschaftlicher Teilhabe hat im Wohnbereich seit Jahren dazu geführt, dass die meisten Großeinrichtungen aufgelöst worden sind und die behinderten Menschen jetzt in eigenen Wohnungen oder Wohngruppen „vor Ort" leben. Die Entwicklung in Hamburg lässt sich sehr anschaulich an folgenden Zahlen verdeutlichen: Heute leben nach behördlichen Angaben (2007) in Hamburg 5.180 geistig und mehrfach behinderte sowie 4 250 psychisch erkrankte Menschen in unterschiedlichen Betreuungsformen über das Stadtgebiet verteilt, davon fast die Hälfte in stationären Wohnformen. Eindrucksvoll wird die Veränderung auch an der Dezentralisierung der „Evangelischen Stiftung Alsterdorf" deutlich, der größten Behinderteneinrichtung in Hamburg. Lebten vor der Dezentralisierung ca. 1.250 behinderte Menschen auf dem Gelände, so sind es heute noch etwa 200 und in Zukunft nur noch 120. Allein die Stiftung betreut 1.500 behinderte Menschen in unterschiedlichen Wohnformen über die Stadt verteilt. Nicht eingerechnet sind die Sonderschüler, von denen in Zukunft ein großer Teil die Regelschule vor Ort besuchen wird. Zu beachten ist außerdem, dass zunehmend auch Erwachsene mit geistiger Behinderung Familien mit Kindern gründen. Diese Zahlen belegen: die Behinderten sind in den Wohnquatieren der Stadt und damit auch in den Kirchengemeinden angekommen! Umso dringlicher stellt sich für jede einzelne Kirchengemeinde die Frage: Wie geht sie mit ihren behinderten Gemeindemitgliedern um? Werden sie in der Mitte der Gemeinde aufgenommen?

In der bisherigen internationalen Entwicklung bedeutet das am 13.12.2006 von der UN-Vollversammlung und nach dem Ratifizierungsverfahren ab dem 26.3.2009 für Deutschland rechtsverbindliche „Internationale Übereinkommen über die Rechte von Menschen mit Behinderung" einen weiteren wichtigen Meilenstein. Dieses Abkommen ist nicht nur eine Deklaration, sondern billigt den behinderten Menschen ausdrücklich Menschenrechte zu, die einklagbar sind. Es ist Ziel der Konvention, „den vollen und gleichberechtigten Genuss aller Menschenrechte und Grundfreiheiten durch alle Menschen mit Behinderung zu fördern, zu schützen und zu gewährleisten und die Achtung der ihnen innewohnenden Würde zu fördern." (Konvention, Art. 1)

Christliche Überzeugung kann dieser neuen, radikalen Sicht von Behinderung und Behinderten etwa von der Gottesebenbildlichkeit des Menschen in den Schöpfungsberichten oder vom Gemeindeverständnis als des einen Leibes und aller gleichberechtigten Glieder (1.Kor 12,12–26) her, wobei sogar die schwächsten als die wichtigsten gelten, nur lebhaft zustimmen. Entsprechend zielt auch die ökumenische Erklärung der Kirchen zum Schutz des Lebens von 1989 in die gleiche Richtung, auch wenn hier noch sehr stark ein Bild des behinderten Menschen aus der Sicht des Defizits zugrunde gelegt wird.

Waren bisher im Wesentlichen die diakonischen und anderen Einrichtungen von gesellschaftlichen und rechtlichen Veränderungen im Verständnis von Behinderung betroffen, so sind jetzt die Kirche insgesamt und vor allem die Kirchengemeinden herausgefordert. Noch ist Hamburg/Nordelbien auf diesem Gebiet Entwicklungsland. Im Unterschied zu anderen Landeskirchen haben weder die Landessynode noch Kirchenkreissynoden sich mit dem Thema „Behinderung/Behinderte" auseinander gesetzt. Es gibt hier auch noch keine kirchlichen Behindertenbeauftragten. Nur wenige Kirchengemeinden wie z.B. in Othmarschen, Wilhelmsburg oder Eidelstedt haben in ihrer Gemeindekonzeption erste Ansätze der Inklusion behinderter Menschen in das Gemeindeleben entwickelt.

Welche Schritte könnten zur Inklusion behinderter Menschen in Kirche und Gemeinde führen?

1. Für vorschulische und schulische Einrichtungen Freier Träger wird in absehbarer Zeit eine finanzielle Förderung durch den Staat davon abhängig gemacht werden, dass diese ein integratives Förderkonzept vorlegen und eben auch in den einzelnen Kirchengemeinden in ihren Einrichtungen behinderte Kinder und Jugendliche aufnehmen.
2. Es scheint dringend erforderlich, dass die Landessynode und die Kirchenkreissynoden sich mit dem Thema „Behinderung/Behinderte" beschäftigen. Neben einer biblisch begründeten, inhaltlich fundierten Solidarisierung mit Behinderten sollten sie jeweils für ihren Verantwortungsbereich ein Handlungskonzept vorlegen, aus dem überzeugend die Schritte zur Inklusion von Behinderten in das Leben von Kirche und Gemeinden erkennbar und überprüfbar werden.
3. Die Einrichtung eines/r Behindertenbeauftragten sowohl für Nordelbien als auch für die einzelnen Kirchenkreise könnte einer Weiterentwicklung sehr förderlich sein. Diese könnten auch eine Art Ombudsfunktion übernehmen, an die sich behinderte Gemeindeglieder wenden könnten, wenn sie sich im kirchlichen Umfeld diskriminiert oder benachteiligt fühlen.
4. In ihrer eigenen Einstellungspraxis sollte die Kirche vorbildlich sein und beruflich qualifizierte Menschen mit Behinderung einstellen.
5. Gemeinde, haupt- und ehrenamtliche Mitarbeiter/innen müssen auf den gemeindlichen Auftrag der Inklusion Behinderter vorbereitet werden. Dazu ist eine gute Zusammenarbeit mit bestehenden Einrichtungen für behinderte Menschen sehr hilfreich. Die neuen Aufgaben lassen sich nur in Vernetzung mit anderen lösen.
6. In jeder Kirchengemeinde sollte in einer Analyse geklärt werden, welche Menschen mit welchen Behinderungen in ihr leben, in Besuchen bei ihnen ihre Bedürfnisse und Wün-

sche im Blick auf die Gemeinde eruiert werden und zusammen mit ihnen ein Konzept entwickelt werden, wie die Gemeinde ihre bestehenden Angebote (Kasualien, Gottesdienste, Konfirmandenunterricht, vorschulische Erziehung, Gemeindeveranstaltungen) für diesen Personenkreis öffnen kann und ob und welche neuen Aktivitäten zu entwickeln sind. Dieser Prozess sollte in ein Konzept der integrativen Gemeindearbeit mit konkreten, realistischen und überprüfbaren Umsetzungsschritten münden, das selbstverständlich fortgeschrieben werden muss.

7. Ein integratives Gemeindekonzept setzt nicht nur im baulichen Bereich Barrierefreiheit voraus, sondern vor allem auch in den Kommunikationsformen, d.h. entsprechende technische Einrichtungen für Schwerhörige, bei Bedarf den Einsatz von Gebärdendolmetschern oder, wo nötig, die Verwendung der Blindenschrift, z.B. bei Kirchenvorstandswahlen o.ä.

Jedenfalls: Behinderung/Behinderte sollten zu einem Thema der Theologie der Stadt werden!

Literaturhinweise:

Johannes Ammon, Menschen mit geistiger Behinderung in unseren Gemeinden, in: Deutsches Pfarrerblatt 89. Jg. 1989, 182–184.

Ulrich Bach, Getrenntes wird versöhnt. Wider den Sozialrassismus in Theologie und Kirche, Neukirchen-Vluyn 1991.

Eva Bohne, Dokumentation: Nordelbisches Studien- und Entwicklungsprojekt „Behinderte Menschen leben in den Gemeinden", Aufbau und Weg dahin, Weiterarbeit am Thema in der Vernetzung mit Anderen, Kiel ²1997.

Bundesvereinigung Lebenshilfe für Menschen mit geistiger Behinderung e.V. (Hg.), Unterstützte Elternschaft: Eltern mit geistiger Behinderung (er)leben Familie, Marburg 2006.

Freie und Hansestadt Hamburg – Behörde für Soziales, Familie, Gesundheit und Verbraucherschutz, Die Entwicklung der Teilhabe von Menschen mit Behinderung in Hamburg, Hamburg ²2008.

Dietfried Gewalt, Konfirmandenunterricht für Schwerhörige und Ertaubte. Bestandsaufnahme und Perspektiven, Typoskript, Hamburg 1973.

Kirchenamt der EKD/Sekretariat der deutschen Bischofskonferenz (Hg.), Gott ist ein Freund des Lebens. Herausforderungen und Aufgaben beim Schutz des Lebens, Gütersloh 1989 (⁴1990).

Gerhard Köhnlein, Gemeindliche Angebote sind für alle da, in: Diakonie 1981 Beiheft 4, 113–116.

Günter Ruddat, Gemeindepädagogik integrativ, in: Annebelle Pithan, Gottfried Adam, Roland Kollmann (Hg.), Handbuch Integrative Religionspädagogik, Gütersloh 2002, 454–465.

Britta von Schubert, Integration und Selbstbestimmung von Menschen mit Behinderungen. Entwicklungen und Handlungsoptionen in ökumenischer Perspektive, in: Arnd Götzelmann, Volker Herrmann, Jürgen Stein (Hg.), Diakonie der Versöhnung. Ethische Reflexion und soziale Arbeit in ökumenischer Verantwortung (Festschrift für Theodor Strohm), Stuttgart 1998, 321–339.

Ernst Wörle, Eine Gemeinde ohne Behinderte ist eine behinderte Gemeinde, in, Katechetische Blätter 105/1980, 368–371.

Gerhard Sellin

A – Ω

Drei Gedichte

Baby

du bist ein kleiner Ofen
aus Lehm
mit Wärme und Liebe getöpfert

bringst Träume mit dir
die wir
längst vergaßen

machst unsre harten Augen
sanft

es muss schön sein dort
woher du kommst
und warm
wir haben alles vergessen

die Sonne freut sich über dich
der Mond ist deinetwegen stolz

du sollst sein
wie wir hätten sein können
wenn wir „sein"
zu spielen gelernt hätten

du bist dir
aus Liebe geschenkt

deinetwegen
will alles gut sein

Gebet

schaff mich noch einmal um
mach mich groß
und mach mich gut

red mich raus und
nimm mich rein
mach dass ich bei dir
in
bin

setz deine dunkle Brille auf
verschließ dein Auge
sieh mich an
als wäre ich der tapfre
Mann

nimm mich hin
wie ich bin
nimm mich an
auch wenn ich
nichts
kann

nimm mich hin
wie ich *nicht* bin

nimm mich immerhin
hin und
an

Hochhäuser am Grindel

ab dem siebenten Stock
werden die Fenster zu
genagelt

zu viele putzen die Fenster von außen
zu viele lüften zuviel
zu viele hängen sich aus dem Fenster

zu viele meinen sie wären
im Bungalow
und träten mal eben frisch vor die Tür

zu viele
werden geschubst
– sorry –

mir
kann da nichts passieren
ich bin
Flachdachexperte und
Bungalowfreak

nur ab und zu
fällt was vom siebenten Stock –
am Grindel will wieder mal einer
fliegen üben und meint
er wäre Geflügel

na ja
sind nicht alle solide die
hoch hinaus wohnen

ich zum Beispiel
bleib liegen im ersten
Stock auf dem Teppich
mir kann keiner was
zum Bier im Kühlschrank
komme ich allemal

ach wer nach oben will
fällt manchmal tief
bodenlos ohne
doppelten Boden

Martina Severin-Kaiser

Peripherie – Zentrum

Beobachtungen zur christlichen
Landschaft einer norddeutschen
Metropolregion

Sonntagmittag am Hamburger Hauptbahnhof. Die U3 fährt Richtung Osten in die Randgebiete der Stadt. Fast an jeder Station steigen afrikanische Männer, Frauen und Kinder zu. Die meisten von ihnen festlich gekleidet. Kleine Jungs in schicken Anzügen, Mädchen in aufwändigen Kleidern, die Elterngeneration ebenfalls in höchster Eleganz, teilweise auch traditionellem Gewand. Je länger die Bahn nach Osten fährt, umso farbiger, afrikanischer werden die Fahrgäste – eine sichtbare Metamorphose auf dem Weg vom Zentrum zur Peripherie. Ob die anderen Fahrgäste auch nur ahnen, dass die Afrikanerinnen und Afrikaner allesamt ein Ziel haben, nämlich den Besuch eines Gottesdienstes? Und wenn sie es wüssten, hätten sie überhaupt eine Vorstellung von dem, was sich heute an so vielen Orten von außen kaum sichtbar abspielt?

Ein Großteil der Afrikaner steigt in Billstedt aus. Wer ihnen folgt, erlebt, wo sie ihre Gottesdienste feiern. Die einen in den Räumen über der Sparkasse, andere in einer Halle im Gewerbegebiet nebenan und eine Gruppe auch in der nahen Kirche. Doch sie müssen vor der Kirchtür noch warten. Der Gottesdienst der Gemeinde, die die Kirche vorher nutzt, ist noch nicht beendet. Dann gehen die Türen auf. Weihrauchdüfte ziehen nach draußen. Der Priester erscheint, dazu in weißen Gewändern und roten Kreuzstolen der liturgische Mädchenchor. Hier ist gerade die syrisch-orthodoxe Liturgie zu Ende gegangen. Wo eben noch auf aramäisch die Hymnen eines Ephrem aus dem 4. Jahrhundert erklungen, wird jetzt schnell von den Mitgliedern der ghanaischen Gemeinde die Verstärkeranlage und das Equipment für die Musikanlage aufgebaut. Wieder geht es um Anbetung, dieses Mal nicht in orientalischem Stil, dafür mit rasanten Rhythmen elektronisch bis an die Schmerzgrenze verstärkt. Eine Liturgie des 5. Jahrhunderts berührt den Lobpreis einer Pfingstkirche, die erst vor 15 Jahren gegründet wurde. Zeitliche und räumliche Distanz scheinen bis auf ein Minimum zusammen zuschmelzen. Orthodoxie stößt auf Pfingstgemeinde, orientalisches Christentum aus dem mesopotamischen Raum auf Westafrika. Begegnungen, die noch vor hundert Jahren erst durch eine Weltreise und wahrscheinlich nur Fachgelehrten möglich gewesen wären, ergeben sich nun an der Basis auf engstem Raum.

Diese Szene bündelt und verdichtet sinnlich die Veränderung innerhalb der christlichen Landschaft, wie sie in vielen Metropolen stattfindet. Diese Wandlung wird nicht überall wahrgenommen. Das hat mehrere Gründe. Einmal findet sie nicht unbedingt im geografischen Zentrum der Stadt oder an den Orten, die wir gesellschaftlich oder kirchlich für zentral halten, statt. Dazu unterscheiden sich die durch Migration bei uns entstandenen Gemeinden kulturell und soziologisch von den deutschen Großkirchen. Die Menschen, die zu ihnen gehören, leben häufig in prekären und ungesicherten Verhältnissen. Gerade in den afrikanisch geprägten Gemeinden fehlt vielen ein gesicherter Aufenthaltsstatus. Die Suche nach Arbeit und bezahlbarem Wohnraum ist schwer. Erfahrungen von Ausgrenzung und Rassismus sind allgegenwärtig. Der Gottesdienst am Sonntag bedeutet in seinem Zentrum daher auch Feier des Gegenentwurfs zu dem, was an alltäglicher Demütigung erlebt wird. In den Gemeinden werden viele Ämter bis hin zu den Ushers, den Platzanweisern, vergeben. Mit jeder Aufgabe verbindet sich nicht nur eine klare Position, sondern auch Würde. Gottesdienste sind hier ganz unmittelbar Feier dieser gottgeschenkten Würde und ein Flehen darum, dass sie doch an allen Tagen der Woche auch durch gesellschaftlichen Erfolg sichtbar werden möge. Die Vitalität dieser Gottesdienste ist Ausdruck ihrer Relevanz für den oder die Einzelne. Was hier geschieht, geht alle unmittelbar an!

Im Vergleich zu den afrikanischen Migranten haben die Syrisch-Orthodoxen die gesellschaftliche Integration in erstaunlicher und nicht selten beeindruckender Weise geschafft. Ihnen gegenüber fällt die kulturelle Distanz stärker ins Gewicht. Falls sie von ihrer Umgebung überhaupt als Christen und nicht doch als Türken und damit Muslime wahrgenommen werden, müssen sie sich mit Fragen auseinandersetzen, warum ihre Kirche schon so früh (ab dem Konzil von Chalcedon) einen eigenen Weg ging und sie bis heute an ihrer Sprache, Fastengewohnheiten u.a. festhalten und sie nach wie vor in Familienverbänden leben so wie in der Heimat am Tur-Abdin. Der latente Häretikervorwurf verletzt. Die Erfahrungen, die ihr Weg durch die Jahrhunderte immer als Minderheit mit sich gebracht hat, werden nicht abgefragt und gewürdigt. Das Beharren auf dem eigenen kulturellen Ausdruck bleibt sehr oft unverstanden.

Durch Migration ist in den letzten Jahrzehnten eine Situation entstanden, wie sie neu für die Kirchengeschichte ist. In den Metropolen Europas leben Christinnen und Christen nahezu jeder Denomination. Wir können Kirchen begegnen, die wir vielleicht nur noch für eine Fußnote der Kirchengeschichte hielten oder für ein allein in Afrika oder Asien angesiedeltes Phänomen. Wie schon gesagt, räumliche und zeitliche Distanzen in der Entwicklung des Christentums sind in den Ballungsräumen nahezu aufgehoben. Was wird das für die bisher festgefügten Verhältnisse, was aus unserer Perspektive nun kirchlich gesehen als Peripherie und was als Zentrum zu gelten habe, bedeuten?

Nehme ich mich und meine Kirche in diesem Kontext wahr, erlebe ich hautnah, wie sehr auch wir durch unsere Kultur und die gesellschaftlichen Entwicklungen geprägt sind. Was wir oft aufgrund der Mehrheitsverhältnisse vor Ort für die zentrale christliche Ausdrucksform halten – eben evangelisch und in Hamburg dazu noch lutherisch – erscheint auf einmal als eine Möglichkeit unter vielen. Wir erleben, wie Inkulturation des Evangeliums in die Geschichte des nördlichen Europas auf andere auch ausschließend wirken kann und offenbar doch nicht alle Möglichkeiten, das Evangelium zu erleben, umfasst.

In dieser Situation stehen alle Kirchen vor der Frage, wie sie Neugier aufeinander und ein wohlwollendes Interesse der verschiedenen Christentümer aneinander wecken können. Von dieser Basis aus kann die Erfahrung wachsen, dass es auch uns etwas zu sagen hat, was wir mit und bei den anderen erleben. Sollte auf diesem Weg eigene Begrenztheit schmerzlich spürbar werden, so wäre aber auch deutlich, mit wessen Hilfe dieser Schmerz gelindert werden könnte.

Das Instrumentarium der Begegnung müssen wir erst entwickeln. Auf diesem Weg gibt es für alle noch viel zu lernen. Die traditionellen Formen zumeist bilateraler Begegnung greifen zu kurz. Vor Ort die größte, dazu eine traditionsreiche und im Vergleich finanzstarke Kirche zu sein, stellt in diesem Zusammenhang eine enorme Herausforderung dar. Größe allein war noch nie ein theologisches Argument. Wir müssen mit anderen Augen sehen lernen, damit wir die Schätze bei den anderen Kirchen entdecken, die auch uns lehren können. Sich dem für uns Fernen und Fremden selbst in der eigenen Religion anzunähern, ist höchst anspruchsvoll. Eine Begegnung auf Augenhöhe mit Menschen, deren sozialer Status höchst angefochten und deren Kultur und Glaubensart mir fremd ist, ist eine Kunst. Die Grundlagen der interkulturellen Kommunikation gehören daher zu den Vorraussetzungen der Begegnung auf allen Ebenen.

Die Konvivenz unterschiedlichster Christentümer in den Metropolen ist das Signum unserer Zeit. Sie stellt die zentrale ökumenische Herausforderung vor der eigenen Haustür dar. Kirche in der Stadt ist ohne diese Dimension nicht zu denken.

Wir warten gespannt, was Wolfgang Grünberg uns dazu noch zu sagen hat!

Wie wird er die Rolle und Aufgabe der Großkirchen beschreiben? Wie sieht seine Vision christlicher Präsenz in der Metropole für die Zukunft aus? Welchen Platz werden dort die ‚anderen' einnehmen? Wer wird im Zentrum oder eher am Rande stehen?

Eines ist auf alle Fälle klar: Die Zukunft der Kirchen in Hamburg ist ohne die Migrations- oder besser Einwandererkirchen nicht mehr zu denken. Wir wissen allerdings nicht, wie sie aussehen wird! Denn wer meint die Antwort auf diese Frage heute schon zu kennen, nimmt das Ergebnis des gerade beginnenden Gesprächs zwischen den vielen unterschiedlichen Christentümern vorweg und sein Gegenüber damit nicht ernst.

Sabine Sharma

Insel – Festland

Ekklesiologische Überlegungen zur theologischen Ausbildung in P.D. James' Kriminalroman *Death in Holy Orders*

Exkurs zu Beginn:
Für Wolfgang Grünberg: Das Material ist gesammelt, das Papier liegt bereit, die bibliographischen Angaben sind erfasst. Wo kommt nur diese Buchclub-Ausgabe her? (N.B.: Original besorgen…). Erst mal eine Tasse Tee. Der Abwasch wartet. Der Schreibtisch auch. Thesen formulieren. Wo bleiben die Sätze? Schreibblockade. Der Garten ruft, die Pflanzen müssten umgetopft werden und die Terrasse gefegt. Besuch kommt, wir können in der Sonne sitzen. Die Post bringt die letzte Buchbestellung. Nein, jetzt wird geschrieben, nicht gelesen. Nur ein Kapitel…zwei…drei…hm, gutes Buch. Der Abgabetermin rückt näher und näher…

Die Kritik an der theologischen Ausbildung im England des 21. Jahrhunderts hat Eingang gefunden in den Kriminalroman. P.D. James, eine der führenden Kriminalschriftstellerinnen Englands, ist bekannt für ihre literarische Auseinandersetzung mit ethischen und religiösen Fragestellungen[1]; in *Death in Holy Orders*[2] lässt sie, während in St Anselm's Theological College gemordet wird, ihre Figuren nebenbei diskutieren, ob das elitäre Festhalten an Traditionen in dem von der Schließung bedrohten Priesterseminar noch von Nutzen ist für angehende Geistliche der Church of England.

Das Wort „elitär" fällt häufig in diesem Roman:

„St Anselm's has always had its critics – ‚élitist', ‚snobbish', ‚too isolated', even ‚the students too well fed'. The wine is certainly remarkably fine"[3], „(…) St. Anselm's – expensive to maintain, remote, with only twenty carefully-selected students, over-privileged and élitist – was an example of everything that was wrong with the Church of England"[4] , „The Church of England is centralizing and rationalizing its theological training. Reform is long overdue. St Anselm's is too small, too remote, too expensive and too élitist." [5]

Sir Alred Treeves, der Adoptivvater des ersten Mordopfers, eines Studenten in St Anselm's, zeigt kein Verständnis für die Berufswahl seines Sohnes, wie er im Gespräch mit einem Polizisten deutlich macht: „Harkness asked, ‚Your son was training for the ministry?' ‚I'm not aware that what he was being taught at St Anselm's would have qualified him for any other job.'" [6] Sir Alred will herausfinden, wie sein Sohn starb, und während er verbittert die Polizei um Unterstützung ersucht, wird er zum literarischen Stellvertreter einer breiten Öffentlichkeit, die die Kirche und ihr Ausbildungssystem kritisiert:

„A job with no future. The C[hurch] of E[ngland] will be defunct in twenty years if the present decline continues. Or it'll be an eccentric sect concerned with maintaining old superstitions and ancient churches – that is if the State hasn't taken them over as national monuments. People might want the illusion of spirituality. No doubt by and large they believe in God, and the thought

---

[1] Wolfram Kinzig und Ulrich Volp (Hg.), God and Murder. Literary Representations of Religion in English Crime Fiction. Darstellungen von Religion in englischsprachiger Kriminalliteratur, Würzburg 2008.
[2] P.D. James, Death in Holy Orders, London 2001.
[3] Ebd., 113.
[4] Ebd., 122.
[5] Ebd., 126.
[6] Ebd., 15.

that death might be extinction isn't agreeable. But they've stopped believing in heaven and they're not afraid of hell, and they won't start going to church. Ronald had education, intelligence, opportunities. He wasn't stupid. He could have made something of his life."[7]

Du hast doch etwas gelernt in der Schule, du warst intelligent, hattest Aussichten, alle Möglichkeiten, du hättest etwas aus deinem Leben machen können… Wie viele angehende Geistliche mögen schon mit dieser Einstellung konfrontiert worden sein?

Nicht nur der Berufsstand, auch die Institution wird angegriffen. Der Rektor von St Anselm's, Father Sebastian, scheint hilflos gegenüber den Angriffen seines Colleges durch Archdeacon Crampton, der die Schließung erreichen will:

> Unless the Church adapts itself to meet the needs of the twenty-first century, it will die. The life your young men live here is ridiculously privileged, totally remote from the lives of men and women they will be expected to serve. The study of Greek and Hebrew have their place (…) but we need also to look at what the newer disciplines can offer. What training do they receive in sociology, in race relations, in interfaith cooperation? (…) We won't bring people to the faith with outworn conventions, an archaic liturgy, and a Church that is seen as pretentious, boring, middle-class, racist even.[8]

Father Sebastian kann sich nur durch einen Gegenangriff verteidigen:

> What is it you want? A Church without mystery, stripped of that learning, tolerance and dignity that were the virtues of Anglicanism? A Church without humility in the face of the ineffable mystery and love of Almighty God? Services with banal hymns, a debased liturgy and the Eucharist conducted as if it were a parish bean-feast? A Church for Cool Britannia? That is not how I conduct services at St Anselm's.[9]

Dabei hätte er hier darauf hinweisen können, dass seine Studenten durch eine Gastdozentin aus Cambridge in „The Poetic Inheritance of Anglicanism" unterwiesen werden.

Das Fehlen von Priesteramtskandidatinnen in St Anselm's wird von Father Sebastian damit begründet, dass Frauen sich nicht um die Aufnahme beworben haben. Wäre er mit sachlichen Argumenten weitergekommen, wie sie beispielsweise Kenneth A. Locke in seiner Ekklesiologie[10] liefert?

Father Sebastian hofft, durch seine guten Kontakte zu den „richtigen Leuten" St Anselm's retten zu können, doch der Archdeacon zerschlägt auch hierin seinen Glauben an den Fortbestand von Traditionen: „That view of England is as out of date as the college."[11]

So wundert es nicht, dass Archdeacon Crampton einem Mord zum Opfer fällt.

Vorsichtig versteckt im Roman gibt es auch kleinere Szenen, die die harschen Bemerkungen ein wenig entschärfen. Die Krankenschwester von St Anselm's, Margaret Munroe, besucht gern die Abendandachten, obwohl sie nach dem Tod ihres Sohnes nicht mehr an der Messe teilnimmt; der örtliche Polizeibeamte hingegen wird nach der Trennung von seiner Frau von der Messe am Sonntag morgen angezogen: „I'm not religious and I really hadn't a clue what was going on. It didn't seem to matter. I just liked being there."[12] Was ist Menschen wie diesen beiden wichtig an ihrer Church of England? Für welche Position stehen sie? Oder gibt es weitere Wege?

---

[7] Ebd., 18.
[8] Ebd., 127f.
[9] Ebd., 128.
[10] Kenneth A. Locke, The Church in Anglican Theology. A Historical, Theological and Ecumenical Exploration, Farnham 2009; darin zum Problem der Ordination von Frauen in der Anglikanischen Kirche 124–127.
[11] P.D. James, a.a.O., 128.
[12] Ebd., 316.

Die Morde sind aufgeklärt. St Anselm's wird geschlossen, die Studenten auf umliegende Ausbildungsstätten verteilt. Ob das Aufgeben des Alten zu Neuem führt? Was kann erreicht werden, wenn die Ausbildung von einem abgeschiedenen Priesterseminar an der Ostküste Englands in die Städte an theologische Zentren verlagert wird? Der Roman liefert keine Antworten, keine Vorschläge. P.D. James wird in diesem Jahr neunzig, vielleicht gibt ihr nächster Roman Aufschluss.

Christoph Sigrist

Ohnekreuz – Kreuzverkehrt

Kirchenglocken beim Fußballfest und das fehlende Kreuz im Kirchenraum

Stadtkirchen sind Gedächtnis, Gewissen und bergen in sich Hoffnungsgeschichten. Zu diesen drei grundlegenden Perspektiven der Citykirchenarbeit hat mich jungen Pfarrer in St. Gallen Wolfgang Grünberg an den jährlichen Citykirchenkonferenzen in Gesprächen und Begegnungen liebevoll und hartnäckig zugleich geführt. Seine Texte darüber Ende der 90er Jahre haben mich in meiner Arbeit an der Stadtkirche St. Laurenzen sowie in der Offenen Kirche St. Leonhard geprägt[1] und sind bis heute Richtschnur meiner Überlegungen.[2]

Wolfgang Grünbergs Gedanken und Impulse nehme ich ernst, bisweilen allzu ernst. „Die Läuteordnungen in den Kirchen spiegeln etwas von den Versuchen in früherer Zeit, Zeitlandschaften zu strukturieren. Nicht nur der Stundenschlag, der

---

[1] Wolfgang Grünberg, Die christliche Inszenierung städtischer Identität, in: Erich Purk (Hg.), Herausforderung Großstadt, Frankfurt/Main 1999, 67–81. Wolfgang Grünberg, Kirche als Gewissen, Gedächtnis und Hoffnungsort, in: Sebastian Borck, u.a. (Hg.), Hamburg als Chance der Kirche, Kirche in der Stadt Bd. 8, Hamburg 1997, 47–51. Wolfgang Grünberg, Ralf Meister, Thesen zur Citykirchenarbeit (1998), in: Friedrich Brandi-Hinrichs, u.a. (Hg.), Räume riskieren, Kirche in der Stadt, Bd. 11, Schenefeld 2003, 154–157.

[2] Dieser Dreiklang „Gewissen-Gedächtnis-Hoffnungsort" prägten meine Überlegungen bei der Arbeit in der Offenen Kirche St. Leonhard in St. Gallen: Vgl. Christoph Sigrist, Citykirche im Aufwind, Berg am Irchel 2000, 61–84. Christoph Sigrist, City-Kirche, in: Ralph Kunz (Hg.), Gemeindeaufbau konkret, Zürich 2001, 31–53.

das Maß der Zeit markiert, war wichtig, sondern die unterschiedlichen Glocken hatten in ihrem Zusammenspiel klar definierte und für jedermann dechiffrierbare Funktionen (…). Sie läuten das Besondere – ob Krieg oder Katastrophe, ob Frieden oder Feste – ein oder aus."[3] War dieser Gedanke von 2004 der Grund, warum ich – nun als Pfarrer in Zürich – zusammen mit dem Kirchendiener beim Schlussspiel der Qualifikationsrunde Türkei – Schweiz für die Fußball-WM 2006 vom Kirchgemeindehaus Helferei in die Altstadtkirche Großmünster rannte, um mit dem Vollgeläut der Glocken das Fest der ersten Teilnahme der Schweiz seit Jahrzehnten an einer Fußballmeisterschaft als erste der Stadt einzuläuten? Leider überhörten wir bei dieser Aktion, dass es unmittelbar nach dem Spiel zu gewalttätigen Ausschreitungen zwischen türkischen und schweizerischen Spielern kam. „Kreuz-verkehrt!" Dies war noch die milde Form der Entrüstung. Ein streng reformiert geprägter Nachbar intervenierte bei der Kirchgemeinde. Beim anschließenden Gespräch eröffnete er, er wäre mehr als seine türkische Freundin davon genervt gewesen, das habe ihn irritiert. Aus den nachfolgenden Begegnungen entwickelte sich eine Freundschaft, die mit einer interreligiös gefeierten Hochzeit in der Stadtkirche St. Peter und mit der Segnung der Zwillinge zusammen mit einem Imam ihre Höhepunkte erlebte. Seit Jahren nun kommt die Familie regelmäßig in die Gottesdienste ins Großmünster. Während der Vater aufgrund seiner reformierten Tradition das Unservater leise mitbetet, betet seine Frau die Eröffnungssure des Korans: „Im Namen des barmherzigen und gnädigen Gottes."[4] Interreligiöses Gebet inmitten eines reformierten Gottesdienstes: Kreuz-verkehrt?

Stadtkirchen sind durch-gebetete Räume. Die Gebete dringen durch den Klang der Glocken in die Ritzen der Mauern und Gassen der Stadt. Menschen verschiedenster Religionen und Kulturen besuchen das Großmünster. Insbesondere muslimischen Einheimischen und Fremden gefällt der Kirchenraum, weil er nüchtern ist. Die Reformation unter Huldrich Zwingli und seinem Nachfolger, Heinrich Bullinger, war radikal. Neben Altären wurden alle Bilder, die von der Verehrung Gottes zeugten und so gegen das erste Gebot verstoßen, sowie die Orgel fein säuberlich aus der Kirche getragen. Die Fenster dagegen, die an einem Ort stehen, wo sie nicht zur Verehrung verführen, blieben erhalten. „Wir habend ze Zürich die tempel all gerumt von den götzen. Noch sind vil Bilder in den fenstren (…)."[5]

Das Großmünster besitzt zwar seit dem 19. Jahrhundert wieder eine Orgel, die Fensterscheiben von Augusto Giacometti von 1932/1933 sowie die neuen Fenster von Sigmar Polke (2009) sind berühmt. Doch außer der Kanzel, dem Taufstein in der Mitte des Schiffes mit der Tischplatte und der Bibel ist die Kirche leer. Vor allem: Kein Kreuz ist offensichtlich sichtbar.

Eine Stadtkirche – ohne Kreuz? „Kreuzverkehrt!" So der Kommentar von Wolfgang Grünberg. Wir sitzen an einer Tagung mitten in einem Strassencafé. Ich weiß nicht mehr, warum wir auf das Thema des Kreuzes in der Kirche kamen. Ich versuche zu retten, was noch möglich ist. „Wir haben zwar kein Kreuz aus Stein oder Holz im Großmünster. Doch als Augusto Giacometti den Auftrag zum Weihnachtsfenster im Chor bekam, musste er eine erste Variante der Maria, die zu augenfällig einer Ikonographie glich, indem die Madonna mit dem Kind auf dem Schoß saß, zugunsten einer stehenden Maria verwerfen. Die erste Variante sei zu katholisch.[6] In dem Blau des Mantels der steif dastehenden Maria, die ihr Kind zu Füßen nicht wahrnimmt, nimmt man bei zugekniffenen Augen ein dunkelblaues Kreuz wahr. Du siehst, auch wir im Großmünster haben ein Kreuz. Dieses Kreuz im Blau der Maria deutet für mich auf einen Aspekt reformierter Sichtweise. Für Huldrych Zwingli, übrigens ein großer Marienverehrer, war Maria als Magd des Herrn deshalb wichtig, weil durch sie Christus erkannt

---

[3] Wolfgang Grünberg, Die Sprache der Stadt, Leipzig 2004, 58.
[4] Rudi Paret, Der Koran, Stuttgart ³1983, 13.

[5] Huldrych Zwingli, corpus reformatorum IV, 95,12.
[6] Vgl. zu den beiden Varianten: Daniel Gutscher, Das Großmünster in Zürich, Stäfa 1983, 184.

wird."⁷ „Diese Argumentation überzeugt mich nicht. Das ist kreuz-verkehrt. Ein Kreuz muss in jeder Kirche sichtbar sein!", entgegnete Wolfgang Grünberg. Monate später, bei seinem Besuch in Zürich, bekräftige er seine Aussage: „Es braucht ein Kreuz im Kirchenraum."

Die Kirchenglocken beim Fußballfest und das fehlende Kreuz im Kirchenraum, diese beiden zeichenhaften Erfahrungen in der Schweizer Mutterkirche der Reformation sind es, die mich unter vielem anderen hellhörig auf die Wirkung der Stadtkirchen für den Stadtraum machten. Die Spannung zwischen dem vorhandenen oder fehlenden Kreuzzeichen und deren kreuzverkehrten Wirkungen ist dann mit den Händen zu greifen, wenn das Stadtleben förmlich am oder durch den Kirchenraum zieht.

Während der Euro 08 flanierten zehntausende Menschen auf der Fan-Meile am Großmünster vorbei. Durch einen Beschluss der Stadtregierung durfte der europaweit bekannte Lichtkünstler Gerry Hofstetter verschiedene Wahrzeichen der Stadt nachts in besonderes Licht einhüllen. Die beiden Türme des Großmünsters wurden jeden Abend illuminiert. Wir Verantwortliche versuchten, das Wahrzeichen der Stadt in Beziehung zum durchbeteten Raum zu bringen. Das Gebetsbuch, das im Kirchenraum tagsüber offen aufliegt, hängten wir während der drei Wochen gleichsam nachts als modernes offenes Buch in Gestalt von mehreren Leuchtschrifttafeln an die Außenwand des limmatseitigen Kirchturmes. In Laufschriften konnten nun Vorbeiflanierende per SMS mittels ihres Handys Grußbotschaften und Herzenswünsche an die Kirchturmwand projizieren lassen. In vielen Gesprächen mitten auf der Straße bewahrheiteten sich die drei Grundfunktionen der Stadtkirchen: „Wissen Sie, Ihr Turm erinnert mich daran, wieder einmal in die Kirche zu gehen." „Es schadet nichts, zum Kirchturm zu sehen. Es gibt ja auch noch etwas anderes als Fußball." „Ich hoffe, dass ich morgen die Prüfung bestehe."

Mit ihren fehlenden oder erhaltenen (Kreuz) Zeichen sind Stadtkirchen nach wie vor ausgezeichnete Orientierungspunkte für das Stadtleben. „Die Aufgabe der Kirchen besteht, jedenfalls im Umkreis der Stadtmitte, darin, selbst einen konstruktiven Beitrag zur Orientierung zu leisten, und zwar nicht mehr isoliert, sondern in einer Mischung von Kooperation und Konkurrenz. Stadtkirchen brauchen ihre eigenen, klaren Profile."⁸

Ich stimme Wolfgang Grünberg zu. Die Umsetzungsarbeit dieses Profils steht aufgrund meiner Erfahrung jedoch oft in der Spannung, welcher vorhandene oder fehlende Orientierungszeichen, die Stadtkirchen im Stadtleben setzen, ausgesetzt sind: Werden sie als das wahrgenommen, was sie sein wollen, oder eben – kreuzverkehrt? Im Letzten entscheiden die Gäste sowie die Besucherinnen und Besucher, wie die Zeichen zu verstehen sind. Dabei kann der Dialog über Kreuz-Verkehrtes zu überraschenden Entdeckungen und tiefsinnigen Erkenntnissen führen – mit oder ohne Kreuz im Kirchenraum.

---

[7] In der Predigt von der reinen Gottesgebärerin Maria legt Zwingli diesen Sachverhalt aus: „Darum soll jeder wissen, dass dies die höchste Ehre ist, die man der Maria antun kann, dass man die Wohltaten ihres Sohnes, die er uns armen Sündern bewiesen hat, recht erkenne, recht ehre und um alle Gnade zu ihm laufe." Edwin Künzli (Hg.), Huldrych Zwingli, Auswahl seiner Schriften, Zürich 1962, 67.

[8] Wolfgang Grünberg, Die Sprache der Stadt, Leipzig 2004, 56.

Joachim von Soosten

WEHWEWEH – DAWODA

Kirchen in der Stadt sind WO ORTE

DA WO DA. – Dasein ergibt sich aus Beziehungen, wie sie sich im Spiel von Heißen und Zeigen, Sprechen und Antworten, Merken und Wirken einstellen. In diesem Spannungsfeld entsteht das DA, die Wirklichkeit von SEIN als die Gewißheit der ANWESENHEIT im Netz lebendiger Beziehungen. So kommt das Kind hinein in sein Dasein: Es lallt und labert: Da, und wiederum Da – und zeigt auf etwas. Anwesende antworten: Ja, was ist denn da? Da ist der Papa. Da ist die MAMa. Da, JA DA: IST. – Das IST ergibt sich aus einem ZEIGEFELD. So baut sich in der Kommunikation zwischen Kind und Erwachsenen, in unzähligen Wiederholungen, in denen das Da Wo Da verstärkt wird, ein Kontakt auf, der für beide Teilnehmer dieser merkwürdigen Sprechweise das Bewusstsein von Anwesenheit erzeugt, also mehr als nur das Gespür dafür, tatsächlich Da zu Sein. Das Zeigefeld wird darin zum MERKFELD für die Stimmigkeit des eigenen Daseins und des Wissens um Identität mit sich selbst. Erwachsene wechseln regelmäßig in die Sprache DA DA, wenn sie mit Kindern zu tun haben. Sie werden zu Kindern, um ihren Kindern einen Ort in ihrem Leben zu geben. Wo bist DU? HIER bin Ich. WO? DA. Darin, in dieser wechselseitigen Infantilität, dokumentiert sich eine Anwesenheit, für die wir, wie verrückt auch immer, auch wenn wir das kindliche Benehmen von Erwachsenen für einen komplett idiotischen Rückfall ihrer Souveränität halten, eine große Sympathie empfinden. Kindisch zu spielen, ist eine Seuche – Wieder Kindlich zu werden, ist ein Weg ins Leben. DU WO DA NICHT DOCH HIER sind Grundworte unseres Lebens, Grundworte lebendigen Lebens, auf die wir lebenslang angewiesen bleiben. Das Spiel mit diesen Grundworten, das Spiel von Beziehungen zwischen DA WO NICHT DOCH HIER ist ein Zeugnis lebendigen Lebens. So entsteht aus Zeige und Merke im DA WO DA ein WIRKFELD unseres Lebens. WER der Mensch, besser: wer eine Person ist, ein ICH, ergibt sich darüber, was und wie er im WO seiner Anwesenheit ist. Wo er anzutreffen ist. Insofern kommt den WO-ORTEN des Lebens eine enorme Bedeutung für die Beantwortung der Frage zu, wer wir denn sind.

HIER NICHT HIER. – Sehr rasch erweitert sich das Spiel der Wiederholung mit den Gesten des DA WO DA zu einem Spiel des Kindes mit dem HIER NICHT HIER. Kinder haben einen enormen Spaß am Versteckspiel. Sie probieren ihre eigene Identität aus, in dem sie abtauchen. Indem sie sich verstecken, gewinnen sie an Identität. Plötzlich rufen sie: Ich bin nicht hier. Wo bin ich? Sie verstecken sich unter dem Tisch, sie üben sich in Maskeraden, sie verbergen sich unter Tüchern und Kissen. ICH BIN NICHT und darin BIN ICH. Alle sind in kindlicher Versuchung, sich in diesem Spiel zu veralbern. Das Spiel mit der Lust an Veränderung dokumentiert sich darin, dass alle Lachen, wenn es zur Entdeckung der Entschwundenen kommt. Kinder sind dann nur noch schwer zu stoppen. Immer wieder nehmen sie dieses Spiel auf. DA WO DA HIER NICHT HIER ist ein faszinierendes Spiel, weil Verstecken und Entdecken in diesem Spiel eine spannungsreiche Einheit zum Gewinn aller bilden. – Wer Lust an diesem Spiel empfindet, wird in der Regel Urbanität schätzen. Eine urbane Stadt ist ein FLOATING SIGNIFIER zwischen DAWODA und HIER NICHT HIER. Das Ludische, das Experimentelle, das Nomadische, das Heterotope, all dies gehört zu einer Stadt. Urbanität zeigt sich an dem Spiel der Veränderung: Urban ist das, wo DA WO DA und HIER NICHT HIER in einer Balance gehalten werden.

IRGENDWO ZWISCHEN NIRGENDWO. – Wenn wir die Stadt durchqueren, bleiben wir erreichbar. Jeder hat das berühmte Gespräch, wie banal auch immer, am mobilen TELE-PHON nicht nur einmal schon gehört, sondern selbst geführt: Ich bin GERADE HIER. Ich komme wahrscheinlich DANN AN. In solchen Gesprächen halten wir, obwohl wir gerade unterwegs sind, an der Bedeutung fest, die Anwesenheit für unsere eigene Identität hat. Das beste Indiz dafür ist, dass wir mit den kleinen Apparaten, die wir mit uns tragen, Dokumente einer jeweiligen Anwesenheit versenden können: Bilder von Szenen, in denen wir jeweils aufzufinden sind. Wissen wir aber noch, WO wir sind? – Wenn Erreichbarkeit gegen Anwesenheit ausgespielt wird, dann wird Erreichbarkeit zur Last. Wir irren herum in den unendlichen Zeigefeldern intelligibler Signifikate, irren herum in der Irrsal der Erreichbarkeit. Suchen nach einem neuen EST. HATEHTEPEH WEHWEHWE. – Nicht mehr erreichbar zu sein, um einen neuen Ort für sich selbst zu finden, sich anwesend und ENDLICH ENDLICH zu machen, davon spricht die prominente Religionsformel dieser Zeit: ICH BIN DANN MAL WEG. Wenn man dann einmal weg ist, was darf man dann sein? Endlich nicht mehr erreichbar: Endlich erreichbar sein für nur noch jeweils andere Anwesende, Wegreisende. THEOLOGIA VIATORUM? Ist das der Ausweg aus dem modernen Sklaventum der ständigen Erreichbarkeit?

ANDERS HIER JETZT. – Kirchen in der Stadt sind WO ORTE. Orte einer Anwesenheit, die darüber befindet, wer wir sind. Kirchen stehen im Hier und Jetzt einer Stadt. Was wollen diese Bauten? Martin Luther hat einmal notiert, Kirchenräume wären so etwas wie Hospitäler für Leute, die der Pflege bedürften, weil sie an der Irrsal ihres Lebens erkrankt seien. In dieser Notiz klingt die reformatorische Bestimmung von Sünde nach: Sünde als beziehungsloses Herumirren im Netz der Bedeutungen, Sünde als sich Verlieren in unendlichen Zeigefeldern von Informationen ohne Bedeutsamkeit. In diesem Sinne sind Kirchen tatsächlich Hospitäler, Räume der Gastfreundschaft für Sünder, also Herumirrende, die HIER und ENDLICH einen heilsamen Ort bekommen, wo sie SEIN können. Von hier aus wird verständlich, warum die reformatorische Theologie Wittenberger Prägung so überaus heftig auf dem EST beharrt. – Inmitten der pulsierenden Stadt bildet die Kirche ein eigenes Milieu. Kirchen müssen den Milieus und den Szenen nicht hinterherlaufen. Der Raum macht das Milieu. Meinetwegen im STOPP OVER einer Reise im Netz der Signifikate. Sind die Kirchenräume also allein und nur FLUCHTORTE, an denen man der Hektik der Erreichbarkeit entkommen kann? Es wäre mehr als dumm, dies ignorieren zu wollen. Zugleich lohnt es sich jedoch, auf das liturgische Spiel zu achten, welches im Raum der Kirchen abläuft, durch das sich die Atmosphäre eines eigentümlichen EST bereits architektonisch aufbaut. – Erweitert sich beim Kind das Spiel DA WO DA zum lustvollen Spiel an der Veränderung, zum HIER NICHT HIER im Verstecken und Entdecken, so konstituiert sich das DA des Menschen im Raum der Kirche als SPIEL GOTTES mit den Menschen durch das NICHT HIER DOCH DORT. Die Atmosphäre des DA entsteht in Kirchenräumen durch das ortsgebundene ZUGLEICH der Zeigefelder NICHT HIER DA DORT HIER, in denen sich Gott entdecken lassen will. Man kann die Osterbotschaft dafür als Modell betrachten: „Er IST NICHT HIER", doch „DORT werdet ihr ihn sehen", heißt es im Evangeliums nach Markus. – Während wir in Kirchenräumen darauf verwiesen werden, dass sich Gott in seinem DORT NICHT HIER DOCH DA entdecken lassen will, werden wir durch Kirchenräume zugleich in eine Geschichte verwickelt, in der uns Gott in unserem HIER UND DA entdeckt. Wer entdeckt da wen? Zeige und Sage, Merke und Wirke gehen in diesem Spiel eine merkwürdige Mischung ein. Kirchen machen anwesend, was abwesend ist. Vielleicht ist es das, was Kirchenräume wollen. Sie verhelfen ABWESENHEIT zur Präsenz. Darin sind Kirchen nicht nur WO ORTE, nicht nur Fluchtorte, sondern immer auch ANDERS ORTE. Orte, an denen wir widerspruchsreiche Lebenswirklichkeiten nicht weiter fliehen müssen, sondern aushalten, aufnehmen können – auf dass wir uns im Spiel von DA WO DA DOCH HIER NICHT HIER verändern können. Wie die Kinder. – Insofern stehen Kirchenräume einer Stadt gar nicht entgegen. Sie gehören dazu. Der Gegensatz von Kirche und Welt ist nicht die letzte Auskunft über das Wesen der Kirche. Was die Kirchen mit der Stadt verbindet? Kirchen bieten der Stadt ein Angebot wirklicher Urbanität: Dem Gewohnten entgegen, dem Heterotropen zugeneigt, dem diaphanen Spiel der Anwesenheit verpflichtet. Deswegen bleiben die Orte der Kirchen für die Lebendigkeit einer Stadt unverzichtbar. Denn sie buchstabieren die unendlichen Grundworte unseres Lebens nochmals neu aus. DU WO DA NICHT DOCH HIER.

[FORTZUSETZEN...]

Dieter Splinter

Konsumenten – Kinder

Stadtkirchenarbeit mit und für Kinder in Karlsruhe

1. Geschichte und Konzeption

Kinder spielen im Zentrum einer Stadt kaum eine Rolle. Es wird häufig von Banken und Büros, Kaufhäusern und Kommerz bestimmt. Die „City" pulsiert – aber in der Regel ohne Kinder. Wenn man sie wahrnimmt, dann als Konsumenten. Zudem wohnen in den Innenstädten immer weniger Kinder. Das ist auch in Karlsruhe der Fall. Von den ca. 3.200 evangelischen Gemeindemitgliedern in der Innenstadt sind etwa noch 5–6 Prozent Kinder und Jugendliche im Alter bis zu 18 Jahren. Wie soll und kann da eine kirchliche Arbeit mit Kindern möglich sein?

In Karlsruhe haben wir, um eine Antwort zu finden, das Konzept „Kirche in der Stadt" und „Kirche für die Stadt" auf die Arbeit mit und für Kinder übertragen. Dieses Konzept wurde an der Karlsruher Stadtkirche entwickelt, die sich wie die Kleine Kirche – sie heißt tatsächlich so – unweit des Rathauses im Zentrum der Stadt befindet. Wie in anderen Städten auch stand man in Karlsruhe vor etwa 20 Jahren vor der Frage, wie man angesichts des Rückgangs der Gemeindemitglieder die kirchliche Arbeit in der Innenstadt würde gestalten können. „Kirche in der Stadt" meint zum einen die Wahrnehmung der üblichen pastoralen Aufgaben in den beiden Parochien der Innenstadt, die es nach wie vor gibt, zum anderen das Offenhalten der beiden Innenstadtkirchen für alle, die als Pendler, Konsumenten und Touristen in die Stadt kommen. Hinter „Kirche für die Stadt" verbergen sich die Angebote, die sich an die Bewohner und Bewohnerinnen der ganzen Stadt wenden: Besondere Gottesdienste, Ausstellungen mit Begleitprogramm, Reihen und Foren zu Literatur und Kleinkunst, außerdem ein reichhaltiges kirchenmusikalisches Programm.

Bei der Übertragung dieses Konzeptes auf die Arbeit mit Kindern war von vornherein klar, dass angesichts der kleinen Kinderzahlen in den beiden Innenstadtgemeinden der Schwerpunkt stärker auf den Ansatz „Kirche für die Stadt" würde gelegt werden müssen. Doch war immer klar, dass die Angebote für Kinder sich selbstverständlich auch an die Kinder in den beiden Innenstadtgemeinden richten würden und ein Aspekt von „Kirche in der Stadt", der bisher noch nicht genannt wurde, auch hier zum Tragen kommen sollte: Die Fokussierung auf die beiden Innenstadtkirchen.

Für den Aufbau der Arbeit mit Kindern engagierte sich besonders ein Kirchenältester (Presbyter), der ein großes Charisma im Umgang mit Kindern hat. Zunächst stand der Aufbau von altersspezifischen Gottesdiensten für Kinder im Vordergrund. Verschiedene Teams von Ehrenamtlichen konnten dafür gewonnen werden. Ein Freizeitprogramm und die Übernahme der Betriebsträgerschaft für ein Selbstversorgerhaus in der Pfalz, das sich als Freizeitheim für Kinder besonders gut eignet, kamen hinzu. Diese Arbeit mit und für Kinder war bis zum Jahr 2000 so weit angewachsen, das sie auf ehrenamtlicher Basis kaum würde weiter wachsen können. Man entschied sich daher für die Gründung eines Vereins. Er wurde 2001 ins Leben gerufen und heißt: „Kinder-Stadtkirche". Verein für Kinder- und Jugenddiakonie an der Evangelischen Stadtkirche Karlsruhe e.V. Dabei war und ist die Konstruktion so, dass die beiden Ältestenkreise (Presbyterien) der Innenstadtgemeinden, die immer gemeinsam tagen, die Politik vorgeben – und der Verein diese dann umsetzt. Um die enge Verzahnung zwischen Verein und Gemeinden zu gewährleisten, soll – laut Satzung – mindestens ein Mitglied der Ältestenkreise im Vorstand des Vereins sein. Außerdem muss einer der beiden Pfarrer der 1. Vorsitzende sein. Der Kirchenälteste, der bisher hauptsächlich für die Arbeit mit Kindern verantwortlich – und inzwischen promovierter Meteorologe – war, konnte als Geschäftsführer für den Verein gewonnen werden.

2. Die „Kinder-Stadtkirche"

Seit Gründung des Vereins ist die Arbeit mit und für Kinder stetig gewachsen und verändert worden. Neben den schon erwähnten Arbeitsfeldern, die hier der Übersicht halber nochmals genannt werden, umfasst der Verein diese Arbeitsfelder: 1. Vier verschiedene altersspezifische Gottesdienste für Kinder 2. Besondere Veranstaltungen wie die „Liturgische Nacht", Lesenacht im Turm, Feste, Theaterspielen usw. 3. Ferien- und Freizeitmaßnahmen (an verschiedenen Standorten, u.a. im Gemeindehaus mit bis zu 90 Kindern) 4. Freizeitheim 5. Betreuung und Schulung eines Helferstabes von Jugendlichen und Erwachsenen 6. „Frei dabei – allen Kindern eine Chance" (spendenfinanziertes Freiplatzprogramm für Kinder aus sozial schwachen Verhältnissen, denen so die Teilnahme an den Freizeit- und Ferienmaßnahmen der „Kinder-Stadtkirche" ermöglicht wird) 7. Verwaltung und 8. Kinder- und Hausaufgabenbetreuung an 18 Schulen des Stadtgebietes, wo täglich bis zu 700 Schülerinnen und Schüler betreut werden. Sie erhalten ein Mittagessen, ihre Hausaufgaben werden beaufsichtigt und Freizeitaktivitäten gestaltet. Die Betreuungskonzepte werden mit den einzelnen Schulen abgestimmt. An zwei Schulen gibt es Horte. Das Engagement des Vereins an den Schulen hat neben der diakonischen Ausrichtung eine Brückenfunktion. Etwa 25–30 Prozent der Schülerinnen und Schüler, die in einer Betreuung der „Kinder-Stadtkirche" sind, nehmen an den Gottesdiensten und insbesondere an den Ferien- und Freizeitprogrammen der „Kinder-Stadtkirche" teil, die alle eine biblische und kreative Ausrichtung haben.

Insbesondere durch die Betreuungsangebote an den Schulen ist die Mitarbeiterschaft auf zurzeit 55 Voll- und Teilzeitkräfte angewachsen, wobei für die Betreuungen nur pädagogisches Fachpersonal angestellt wird. Hinzu kommen etwa 20 Honorarkräfte für die Freizeitmaßnahmen und 25

Ehrenamtliche, die sich in den Kindergottesdiensten und in den anderen Arbeitsfeldern mit Kindern engagieren. Die Finanzierung erfolgt durch Elternbeiträge, erheblichen Zuschüssen von Stadt und Land, einem geringen Zuschuss der beiden Innenstadtgemeinden, Spenden und Sponsorengeldern und Mitgliedsbeiträgen. Etwa 2000 Kinder sind im Verteiler der „Kinder-Stadtkirche". Seit Februar 2009 ist sie als Trägerin der freien Jugendhilfe anerkannt. Ihr Jahresumsatz belief sich im letzten Geschäftsjahr auf 2 Millionen Euro. Den Aufbau der Organisation der „Kinder-Stadtkirche" lassen wir in Seminaren und Workshops von der in Karlsruhe ansässigen Führungsakademie des Landes Baden-Württemberg begleiten.

3. Fazit und Ausblick

Die Gründung eines Vereins als Träger der Arbeit mit Kindern hat sich bewährt. Die Hierarchien sind flach, der administrative Aufwand wird auf das Notwendige beschränkt, die Arbeitsvollzüge lassen sich ohne aufwändige Gremienarbeit organisieren. Kirchliche Arbeit gerade in Städten mit Hilfe von Vereinen zu gestalten, knüpft an die Erfahrungen des 19. Jahrhunderts an. Schon damals konnte man allerdings die Erfahrung machen, dass sich der Erfolg nur mit harter Arbeit und vor allem Gottvertrauen einstellt. Der Aufbau und die Fortentwicklung eines solchen Vereins verlangt nämlich von den Verantwortlichen ein hohes Maß an Eigeninitiative und Risikobereitschaft. Letztere besteht weniger in Haftungsfragen (hier setzt das Vereinsrecht durchaus beruhigende Grenzen), sondern in der Bereitschaft, sich tatsächlich auf neue Wege einzulassen, die in Unbekanntes führen – und immer wieder an Grenzen. So befindet sich die „Kinder-Stadtkirche" derzeit in der Situation, das Eigenkapital erhöhen zu müssen, wenn sie weiter wachsen will. Wir hoffen darauf, dass uns Gelder aus Stiftungen weiterhelfen werden. Trotz dieser Schwierigkeiten lohnt sich dieser neue Weg. Er nimmt die Lebenswirklichkeit von Kindern und Familien in der Stadt auf und bringt das Evangelium auf neuen Wegen zu den Menschen. Ein Gesangbuchlied sagt es so: „Vertraut den neuen Wegen, auf die uns Gott gesandt! Er selbst kommt uns entgegen. Die Zukunft ist sein Land. Wer aufbricht, der kann hoffen in Zeit und Ewigkeit. Die Tore stehen offen. Das Land ist hell und weit."

Fulbert Steffensky

Klar – Betrunken

Stadtidentitäten

> Solang man nüchtern ist,
> gefällt das Schlechte;
> wie man getrunken hat,
> weiss man das Rechte.
> (Goethe, Westöstlicher Diwan)

Hamburg ist eine protestantische Stadt, es ist ein Ort der Nüchternheit. Die Schulen und die Krankenhäuser sind zweckmäßig gebaut. Die S-Bahn fährt pünktlich, jedenfalls ist Pünktlichkeit ein hohes Ideal. Die Predigten und Gottesdienste werden meistens nicht von Charismatikern und nur selten von Angetrunkenen gehalten. Die Behörden arbeiten effizient. Die Lernstoffe der Uni sind modulisiert, und es sind keine Überflüssigkeiten vorgesehen. Sofern der Taxifahrer und sein Gast Hamburger sind, werden sie außer einem kurzen Austausch über das Wetter nicht oder nur sparsam miteinander reden. Ja keine Überflüssigkeiten!

Ich bleibe einen Augenblick beim Taxi. Der Kölner dagegen, der katholische Taxifahrer wird mich sofort in ein schweifendes Gespräch verwickeln. Sage ich ihm, mein Fahrziel sei die Aachenerstraße 143, wird er mich sofort fragen, ob ich da eine Tante habe. Er wird mir erzählen, dass dort sein Onkel Tünn gewohnt hat, der eine Schwester hat, die bei Kardinal Meisner putzt. Man wird sofort in liebenswürdige Überflüssigkeiten hineingezogen. Nichts geht in Köln geradewegs und umweglos. Alles ist voller Arabesken, wichtiger Nebensächlichkeiten und zeitfressender Weitschweifigkeit. Benutze ich das Adjektiv „zeitfressend", zeige ich damit schon, dass ich ein Hamburger bin, der missmutig auf die vertane Zeit schaut. Die vertane Zeit ist für den Kölner die eigentliche Lebenszeit.

Der Apostel Paulus war Hamburger. Er hat Zeit mit „Kaufen" in Verbindung gebracht: Die Zeit nicht vertun, sie nicht vergeuden, die Zeit auskaufen; sie ausschlecken bis zum letzten Löffel. Paulus war Protestant. Bei Jesus bin ich mir nicht sicher. Einerseits lese ich bei ihm, dass man nicht – wie die Kölner es sind – ein völlig gegenwärtiger Mensch sein soll. Man soll wachen und beten und auf die Ankunft des Gastgebers des großen Mahles warten, der sich „verzieht" und unpünktlich wie ein Kölner Katholik oder wie Wolfgang Grünberg ist. Andererseits macht Jesus es wie die Kölner. Er trinkt schon mal ein Kölsch beim langen Wachen, und darum haben ihn die Leute Fresser und Säufer genannt. Paulus und die Hamburger sind verlässliche Menschen, sie „stehn im Wort" („sstehn im Woort" auszusprechen!). Jesus und die Kölner haben eine gewisse proletarische Unabsehbarkeit. Die Kölner sind rasch mit den unmöglichsten Menschen per Du und schließen Freundschaft. So auch bei Jesus, nur seine Freundschaft hält etwas länger als die kölsche. Jesus hat Freude daran gehabt, dass ihm die Füße gewaschen und die Haare gesalbt wurden. Jedes kölsche Mädchen hätte dieselbe Freude. Jesus hat im Sand gespielt, statt sich in klaren Worten zu äußern, als er nach dem Urteil über die Ehebrecherin gefragt wurde. Den Kölschen Klüngel kennt jeder. Wie kann man die Umgebung Jesu anders nennen als Klüngel: Den Beutelschneider Zachäus, die Huren und das übrige Lumpengesindel! Es waren keine Leute von Adresse, wie man sie in Hamburg kennt. Und dann: Kann man sich Jesus in der Halskrause eines Hamburger Hauptpastors vorstellen? Ich stocke: Ich kann ihn mir auch nicht in den roten Schuhchen des Papstes und in der Mitra von Kardinal Meisner vorstellen. Er war wohl doch nicht Katholik, jedenfalls nicht mit Haut und Haar, jedenfalls kein römischer. Ich frage mich, ob Kardinal Meisner Wein trinkt oder gelegentlich ein Kölsch. Eine falsche Frage: Meisner ist ja kein Kölner, und die Kölner haben ihn nur zähneknirschend in ihre Stadt gelassen. Sie ertragen ihn, wie sie die Römer und die Franzosen ertragen haben. Die Kölner sind keine Helden. Sie sind

Fatalisten und sagen: „Wat kütt, dat kütt, et jeht auch wieder."

Wieso heißt es bei Goethe: „Solang man nüchtern ist, gefällt das Schlechte." Was ist schlecht an der Hamburger Nüchternheit, Pünktlichkeit und Zweckmäßigkeit? Ich halte es mit Augustinus: Das Böse ist ein defectus boni, ein Mangel am Guten; es ist keine eigene Eigenschaft, sonder das Fehlen einer Eigenschaft. Was Fehlt den Hamburgern? Es fehlt ihnen das, was Paulus lobt (den ich für kurze Zeit zu einem Kölner mache), das „Hyperperisseuein", die Kunst des Überflüssigen, des Überfließens; der Verschwendung, des Unnötigen. Sie gehen geradeaus und sie verstehen es nicht, „mit holdem Irren hinzuschweifen" (Goethe, Faust).

Ich weiß nicht, ob ich ein Hamburger mit Verständnis für Köln bin, oder ein Kölner mit Hamburger Zügen. So suche ich einen Mittelweg (ist dies nicht schon wieder sehr Hamburgerisch – den Mittelweg zu suchen?). Ich finde ihn in einem alten Begriff meiner Väter, der sobria ebrietas (für evangelische Theologen: trunkene Nüchternheit). Die reine Nüchternheit erstarrt in der Zweckmäßigkeit. Die reine Trunkenheit versinkt im Schlamm der Gegenwart. So wird man wohl den Hamburger (er hat eher männliche Eigenschaften) mit der Kölnerin (die unverkennbar weiblich ist) verheiraten müssen.

Die letzte Frage steht noch aus: Wer ist Wolfgang Grünberg? Ich nähere mich der Antwort mit einer Szene. Einst war W.G. zu Ferien in der Türkei und besuchte eine Teppichknüpferei. Vor der Schönheit der Exemplare hingerissen, geriet er in eine solche unhamburgerische und aller Nüchternheit ferne Trunkenheit, dass er kaufte und kaufte. Kaum im Hotel, überfiel ihn Reue und Zerknirschung. Wolfgang Grünberg hat es in der Fähigkeit, zerknirscht zu sein, zu einer erstaunlichen Meisterschaft gebracht. Seine Zerknirschungsfertigkeit könnte man für protestantisch halten. Diese ist aber wiederum so rauschhaft, dass man geneigt ist, sie für außerordentlich unhamburgerisch zu halten. Es gibt andere Zeichen einer gewissen Euphoriefähigkeit. Er kann sich in eine Idee verbeißen wie ein junger Hund in ein Kopfkissen. Ich denke an seine Sozialismuseuphorik, als er junger Pfarrer war. Er kann auch ein mittelmäßiges Essen loben, bis es gut wird; eine mittelmäßig schöne Frau so schön finden, dass ihr gar nicht anderes übrig bleibt, als schön zu werden. Eine gewisse Rauschhaftigkeit ist ihm also nicht abzusprechen. Er ist ebrius und sobrius. Sein Problem ist, dass er es nicht gleichzeitig ist, wie die Väter es im Ideal der sobria ebrietas verlangen. Er ist es sukzessiv, d.h. die sobrietas folgt auf die ebrietas oder – um es am Beispiel des Teppichkaufs in der Türkei zu sagen: Auf die Euphorie folgt der Katzenjammer. So wäre abschließend zu sagen: Er ist ein Kölner mit einem Anflug von Hamburger Eigenschaften. Er liebt es, „mit holdem Irren hinzuschweifen". Aber das ist sicher: Hold ist all sein Irren.

Johann Anselm Steiger

Große Stadt – Kleine Stadt

Bußpredigt und Sozialkritik in der Metropole
Bemerkungen zu Johann Balthasar Schupp, Hauptpastor in Hamburg

Johann Balthasar Schupp (1610–1661),[1] Hauptpastor an St. Jacobi in Hamburg, veröffentlichte, wahrscheinlich im Jahre 1669, seinen ‚Ninivitischen Buß=Spiegel'.[2] Das Buch ist hervorgegangen aus einer breitangelegten Reihe von Bußpredigten, womit Schupp in einer Traditionslinie mit früheren lutherischen Predigern steht. Schupps Jona-Predigten zielen darauf, die Adressaten zur poenitentia, also zur Umkehr zu Gott in wahrem Glauben sowie zur ethischen Besserung anzuleiten. Schupp deutet das Jona-Buch, indem er einen in den lutherischen Jona-Kommentaren verbreiteten Topos aufgreift, dahingehend, dass er die antike Stadt Ninive als Typos dem Antitypos Hamburg gegenüberstellt und selbst – jedenfalls implizit – in der Figur des als Bußprediger fungierenden Propheten auftritt. Ninive als Groß- und Handelsstadt – so Schupp – „war ein Stadt wie Amsterdam/ Venedig oder Hamburg".[3] Und er fährt fort:

„Drum last euch nicht wunder nehmen/ daß sich der arme Jonas gefürchtet [...] da er in dieser grossen gewaltigen Stadt/ dar-in so viel seltzamer Köpf waren/ solte Pastor und Prediger werden [...]. Dann grosse Städte/ grosse Laster. Und grosse Leut/ die den Beutel und alle Kammern voll haben/ können es mächtig übel leyden/ wann man sie ihrer Missethat halben auß Gottes Wort strafft/ sie wollen jmmer einen Vorzug für armen Leuten haben."[4]

Das zeitgenössische Hamburg in seiner moralischen Defizienz spiegelt Schupp zufolge die Lasterhaftigkeit Ninives, aktualisiert also einen alttestamentlichen Typos, dem Gott durch Jona das nahe Strafgericht ankündigen ließ. Hieraus nun resultiert nicht nur die grundlegende literarisch-rhetorische inventio Schupps, sondern auch die Motivation dafür, Hamburg in derselben Weise zur Umkehr zu Gott aufzurufen, wie dies einst Jona Ninive gegenüber getan hat.

Den Handel und den Stand der Kaufleute verdammt Schupp keineswegs, vielmehr ist er den Maximen der Lutherschen Zwei-Regimenten-Lehre und der Berufsethik des Reformators zutiefst verpflichtet und vertritt die Ansicht, dass der ‚Kaufhandel' von Gott eingesetzt sei. Handel zu betreiben ist nach Schupp eine Gott wohlgefällige Berufsarbeit, freilich nur so lange dieselbe nicht in Kollision gerät mit den göttlichen Geboten. „Es gönnet GOtt der HErr den Kauffleuten ihr Wohlfart/ ihr Glück [...] gern/ allein sie sollen sich mit allem Fleiß halten an die Furcht deß HErrn."[5] Genau an diesem timor Dei jedoch, so Schupp, mangele es in der Freien Reichsstadt Hamburg, etwa bei denjenigen, die ihren Gewinn bis aufs letzte zu steigern suchen, oder bei solchen Händlern, die ihre Kunden betrügen.

„Was ist dein Gewerb du Würtzkrämer/ verkaufstu auch unterweilen quid pro quo Mäußtreck für Pfeffer? Was ist dein Gewerb du Apotheker/ verkauffstu auch unterweilens einem armen Patienten alte verlegene Artzeney/ daß er an statt der verhofften Ge-

---

[1] Vgl. Herbert Jaumann, Art. Schupp, Schuppius, Johann Balthasar, in: Walther Killy (Hg.), Literaturlexikon. Autoren und Werke deutscher Sprache. 15 Bde., Gütersloh/München 1988–1993, Bd. 10, 435f.
[2] Johann Balthasar Schupp, Ninivitischer Buß=Spiegel vorgestellet durch Antenorn einem Liebhaber Göttlichn [sic!] Worts, o.O. [Frankfurt/Main] o.J. [ca. 1669].
[3] Ebd., 17.
[4] Ebd.
[5] Ebd., 21.

sundheit den Tod in sich frist? Was ist dein Gewerb/ du Weinschenck? Christus macht auff der Hochzeit zu Cana in Galilaea Wasser zu Wein/ du aber wilt Wein zu Wasser machen?"[6]

Schupps literarische Kunstfertigkeit besteht u.a. darin, der Jona-Geschichte eine Aktualisierung dadurch angedeihen zu lassen, dass er sie in den Hamburgischen Kontext hinein erzählt. In diesem Zusammenhang ergreift Schupp auch die Gelegenheit, angesichts der Erzählung von Jonas Flucht per Schiff auf die Schiffahrt zu sprechen zu kommen, die er als „eine sonderbare Gabe GOttes"[7] bezeichnet. Der Transport von Waren auf Wasserstraßen, so merkt Schupp an, ist weitaus kostengünstiger als derjenige zu Lande;[8] er erlaubt es, Nahrungsmittel an solche Orte zu bringen, an denen Mangel herrscht, und bereichert das Leben durch den Import von Gütern, die nur in fernen Landen wachsen. „[...] wo wolten wir doch Würtz/ Spetzerey und andere köstliche Ding hernehmen/ Wann die Schiffleut es nicht mit Gefahr ihres Leibs und Lebens über Meer herzu führeten?"[9] Hiermit schließt sich Schupp an eine im Luthertum verbreitete Topik an, die sich etwa in Stephan Prätorius' Schrift ‚Seefahrer-Trost' (1579) greifen läßt[10] und die bestrebt ist, dem ehrlichen Handel (ganz im Sinne von Luthers Schrift ‚Von Kaufhandlung und Wucher'[11]) das ihm gebührende Lob zukommen zu lassen. Zugleich bringt sich hier die Ansicht Philipp Melanchthons zur Geltung, wonach der Handel eine Konkretion menschlicher Sozialität und Kommunikativität darstellt, welcher Meinung auch Prätorius folgt.[12] Wasserwege – so Schupp – bringen den Städten nicht nur Wohlstand und wirtschaftliches Gedeihen, sondern sorgen auch dafür, dass sich dort, wo Handel mit Waren aus vielen Ländern getrieben wird, die Welt gleichsam verdichtet: Handelsstädte sind Mikrokosmoi.

„wann die alte Einfältige Thüringische Bauren hiebevor sind nach Erford kommen/ haben sie gesagt/ Erford sey keine Stadt/ sondern ein gantz Land. Allein was soll doch das arme Erford seyn/ gegen einer solchen Stadt/ die an schiffreichen Wassern liegt? Von einer Seestadt/ von einer Stadt/ darin die Schiffart im Flor ist/ kan man wol sagen/ daß es nicht eine Stadt sondern eine kleine Welt sey. Was ist in Spanien? Jn Franckreich/ in Jtalien/ Ost= und West=Jndien; Das man in einer vornehmen Seestadt nicht auch haben kan? Weil man nun daselbst haben kan/ womit der Spanier/ der Franzos etc. prangt und es für den grösten Reichthumb hält/ damit ihn die Natur in seinem Vatterland gesegnet hat/ wer wolte dann läugnen/ daß eine solche Stadt könne eine kleine Welt genennet werden?"[13]

Von dem in Hamburg seit dem Ende des 16. Jahrhunderts eingebürgerten Schiffsversicherungswesen dagegen scheint Schupp wenig zu halten, wenn er sagt: „Es ist bey den Kauffleuten der Brauch/ daß sie ihnen die Schiff welche sie über See schicken/ lassen assecuriren. Fragt ihr welches Schiff am besten assecuriret sey? Das jenige das auf dem Trocknen stehet."[14]

Wer nicht auf dem Trockenen sitzen will, bedarf guter Texte. Es steht außer Frage, dass Schupps Œuvre mehr als nur viel zu bieten hat, was der Entdeckung harrt, zumal in einer Metropole, die heute wie damals ein mikrokosmisches Kompendium des Makrokosmos ist – ein Umstand, den in Erinnerung zu halten der in vorliegendem Buch zu würdigende Jubilar mehr als nur manche Anstrengung unternommen hat fürwahr.

---

6 Ebd., 62f.
7 Ebd., 32.
8 Vgl. ebd.
9 Ebd., 33.
10 Vgl. Stephan Prätorius, Seefarer Trost und Krancken Trost, hg. von Pieter Boon, Amsterdam 1976, 44.
11 Vgl. WA 15,293, 29–31.
12 Vgl. Prätorius (wie Anm. 10), 43–45.

13 Schupp (wie Anm. 2), 33f.
14 Ebd., 34.

Ulfert Sterz

Verlieben – Verlassen

Ein treu verbundenes Paar bis heute

Verlieben und Verlassen. Ist das ein Paar? Ist das ein glückliches Paar? Oder ein ungleiches? Passt das zusammen? Meine erste Regung ist natürlich ein überzeugtes Nein! Auf gar keinen Fall! Im Gegenteil! Was man liebt, verlässt man doch nicht! Wer – um Himmels Willen – sollte, wer wollte sein Glück wegwerfen oder mit Füßen treten? Wer verliebt ist, denkt nicht ans Verlassen. Höchstens – voll Angst und Bange – ans Verlassenwerden. Das ist der Blick von Verliebten. Ein junger, ein verzauberter, ein erster Blick.

Dies ist ein zweiter Blick. Ein weltgetrübter, ein lebensschwerer Blick. Durchdacht seufzt er einsichtig mit dem Apostel Paulus im klang- und zeitlaufvollen Lutherdeutsch *Denn das Gute, das ich will, das tue ich nicht; sondern das Böse, das ich nicht will, das tue ich.*[1]

Und durchlitten und durchleidend ruft, schreit, klagt er Leben und Tod verbindend aus des erschütterten Oscar Wildes Gefängnisbeichte im Zuchthaus zu Reading *Denn jeder tötet, was er liebt, damit ihr es nur hört!*[2]

Das ist der zweite Blick, ein tragisch-dramatischer, der auf verworren irrende Weise zum Leben gehört, der tiefer geht, ans Eingemachte, und schmerzhaft und illusionslos den Nerv trifft und alle Jugendträume mit. Der *Tod* und das *Böse*. Verlassen wir das, was wir nicht lieben.

Zu unserm Glück sind aller guten Dinge drei. Ja, sagt der dritte im Bunde. *Lieben* und *Lassen* sind ein Paar. Und wenn schon kein glückliches, so doch auch kein zwangsläufig notwendiges. Nein, nicht notwendig zieht ein Verlieben das Verlassen nach sich.

Und dennoch: Ein enges Band besteht! Vielleicht zuerst so herum. Verliebte fürchten das Verlassenwerden. Sie wollen es sich gar nicht ausmalen – und wir wollen es auch nicht. Und anders herum? Da scheint es mitunter, als bräuchte es erst das Verlassen, um das Verliebtsein zu entdecken. Und zweitens braucht es vielleicht immer einen Zustand der Verliebtheit, damit uns ein Verlassen bewusst, damit ein Verlassen kein herz- und gedankenlos flüchtiges Weggehen, sondern ein Abschied wird.

Denk ich an Wolfgang, denke ich an vieles. An ein offenes Haus, einen einladenden Tisch, und einladend offene Weine. An Usedom und die Harburger Berge, vor allem aber an Städte. An Hamburg, Berlin und Leipzig, die wir gemeinsam gut kennen. Und an New York und Kaliningrad, Danzig und Köln und tausend andere, die wir gemeinsam nicht so gut kennen.

Kann man eine Stadt lieben? Eine Stadt? Häuser und Straßen, Plätze und Häuser? Mauern und Steine und – Häuser? Große und schöne und hohe, kleine und unansehnlich geduckte. Neu gebaut, frisch saniert, bewohnt. Unbewohnt, leer und verlassen, baufällig, alt, die Fenster vernagelt oder mit Gasbeton vermauert. Und wie die Häuser, so die Straßen, die Plätze, die Höfe. Belebt und unbelebt, einladend, abstoßend. Friedvoll und heiter, offen die Türen und Fenster. Oder traurig geschlossen, abweisend feindlich. Kinderspielzeug sorglos verstreut oder Abfall und Schutt. Lärm und Laute von überall her und zu jeder Zeit. Oder Ruhe am Sonntag und leise auf verlassenen Straßen Kinderlachen zu Mittag und Geschirrgeklapper aus geöffneten Fenstern. Und abends Lampionlicht und träumerische Musik. Plätze, die wir lieben, Cafés und Buch- und Plattenläden. Und Plätze voller Dreck und Müll, Elend und Trauer und Tränen. Und Kindertränen auch.

Das ist *die Sprache der Stadt*[3], wie wir sie hören. Wir können Städte lieben.

---

[1] Röm 7, 19.
[2] Oscar Wilde, Die Ballade vom Zuchthaus zu Reading, in: ders. Werke in zwei Bänden, Hg. Arnold Zweig, Bd. 2, übers. v. Wilhelm Schölermann, Berlin o.J., 694.

[3] Wolfgang Grünberg, Die Sprache der Stadt. Skizzen zur Großstadtkirche, Leipzig 2004.

Ich bin von vollem ganzen Herzen ein Gegner, ja ein Feind, schwarzer Pädagogik! Zuerst muss die gute Gabe kommen, dass ich fähig werde zu einer guten Antwort.[4] Und die gute Gabe, die Liebe, war da, nur sah ich sie nicht. Erst als ich sie verlassen musste, gingen mir die Augen auf. Das macht das Militär. Es trennt uns von allem Möglichen. Mich trennte es von meiner Heimatstadt, von Halle. Halle ist oft die *schwarze Suppe der Spartaner* unter Deutschlands Städten. *Wanderer, kommst du nach Halle,* – viele *wandten sich mit Grausen.* Ich lernte es lieben, als ich es verließ, verlassen musste. Da wuchs die Erinnerung in mir und öffnete mir Herz und Augen. Die Stadt und ich. Ein glückliches Paar: Verlassen und Verlieben – ein treu verbundenes Paar bis heute. Im nächsten Jahr müssen wir, anstoßen: 25 Jahre Verlieben durch und trotz Verlassen. So rum, so weit, so gut. Eine Stadt, einen Platz, eine Straße, ein Haus, ein Lebensort, von fern gesehen und ab und an nur wochenend- und feriensorglos oder fest- und feierfroh besucht, ist fast ein Patentrezept für zeitlos verliebtes Wohlgefallen.

Und andersrum? Verlassen, was man liebt? Tun, was man nicht will? Auch das ist zwölf unbegreifliche Jahre her. Hat mich je eine Stadt empfangen, wie es Berlin tat? Im Frühling 1996 am Rosenthaler- und am Zionskirchplatz? In der Tor-, der Lottum-, der Choriner-, der Gormann-, und den Schönhauser Straßen?

Stadtluft macht frei, frei von Not und Zwang, Gefahr und Enge außerhalb der bergenden Mauern gewachsener Grenzen. Das hatte ich mit so vielen, die aus allen Städten und Landen befreit aufatmend hierher strömten, in Berlin erfahren und es in Hamburg mit Wolfgang in der *Sprache der Stadt* bedacht. Die Stadt in alter Zeit – und heute immer noch – lernt im Wachsen und Durchmischen Toleranz, Fuß- und Geist- und Herzensweite. Sie muss und kann nicht anders, wenn sie wächst. Korinth und Rom, Hamburg und Berlin. Berlin war eine Musterschülerin. Ob alt, ob jung, ob reich, ob arm, ob dunkel oder hell, ob weit, ob nah, alle waren da. Wir saßen in engen Hinterhöfen an wackligen Tischen, in staubigen Parks und auf sonnenheißen Altbaudächern und aßen und tranken. Grenzenlos, verliebt. Es hätte ewig so weitergehen können! Kann man eine Stadt lieben? Ich habe keine so geliebt! Und doch. Ich ging. Ich verließ, was ich liebte. Es gab tausend Gründe, alle zwingend, keiner der Liebe gleich. Ich ging. Die Liebe erst macht das Gehen zum Abschied. Sonst gehen oder fliehen wir, flüchtig. Nur wo wir lieben, wird das Verlassen ein Abschied. Herz und Augen gehen dann über beim Verlassen und beim Wiedersehen. Beim Erinnern und Erzählen. So dauert das Verlassen ein Leben lang und ist immer wieder neu. So dauert das Verliebtsein, das so oft ermüdet, so müde einschläft, ein Leben lang im Erinnern, im immer wieder Neu- und Wiedererinnern. Manchmal lieben wir vielleicht nur, was wir verlassen. Das sei – Gott bewahre – keine Empfehlung. Aber es gibt Städte und Stätten, wie Ernst Blochs oder Marcel Prousts Kindheit etwa, die lieben wir wie am ersten Tag. Weil sie seit Jahr und Tag unserem Alltag enthoben sind. Enthoben und aufgehoben in unserm guten, unserm besten Erinnern. Da altern sie nicht. Jung und schön tragen wir sie mit uns, und ab und an holen wir ihre Bilder hervor in trauter Runde. Wir sitzen in offenen Häusern, an einladenden Tischen um einladend offene Weine. Jedes Mal älter. Doch was wir lieben und was wir verließen, das altert nicht. Vielleicht ein glückliches Paar.

---

[4] Vgl. dieses gut-evangelische Schema: *Zuerst kommt die Gabe und dann die Aufgabe* bei Wolfgang Grünbergs langjähriger Freundin und Weggefährtin, Dorothee Sölle, z.B. in der Predigt *Noch leben wir in Babylon*, in: Dorothee Sölle/Fulbert Steffensky, Löse die Fesseln der Ungerechtigkeit. Predigten, Stuttgart 2004, 24.

Peter Stolt

Knausern – Klotzen

Französische Gotik –
Verschwendung ja, aber …

Lieber Wolfgang, Backsteingotik-Freak, Kunstfreund, Citykirchen-Motor –

Fahr noch mal nach Nordfrankreich, versetze Dich mit Duby oder Huizinga zurück in die Zeit, als günstige Bedingungen den Geist beflügelten und (leider vorerst nur) den Eliten ein befreiendes Lebensgefühl verliehen. Und stell dich vor die Kathedralen, diese *ersten* City-Kirchen. Da stehen sie dominierend im Stadtbild, ihrer monumentalen Größe geben die kleinen Wohnhäuser das Maß. Nicht mehr die eingemauerte Gottesburg. Die Kathedralen wenden sich den Bürgern zu.

Sieh' die Westfassaden, diese Schauwände. Was der Edelmann in seinem Stundenbuch hatte, hast du dort in Bogenfeldern und Gewändern, Figurenfülle in Farben gefasst. Genieß den Duft des Weihrauchs, höre polyphone Musik (in Paris uraufgeführt), und fühle dich in einer höheren Sphäre bei himmlisch zelebrierten Gottesdiensten. Wer Augen hat, entdecke lichten, göttlichen Sinn. Solche erfreuende Frömmigkeit war vorher nicht! Der totale Gegensatz zum Alltagschaos draußen. Vergiss, dass du heute statt farbiger Sinnlichkeit davon nur graue Skelette vor dir hast.

Innen Marmorfußboden, Tapisserien, Glasmalerei und Goldgeschmiedetes, außen Formenreichtum und Skulpturenschmuck. Eine Garde von Repräsentanten der Heils- und Kirchengeschichte steht an den Wänden der Portale Spalier. Den seligen Heiligen ist auf Augenhöhe zu begegnen; und war die Gotik nicht eifrig dabei, sie aus der Gefangenschaft des Steins zu befreien, und Individualität herauszumeißeln, mit der sich der Gläubige identifizieren konnte? Modische Details sind abzulesen, das Natürliche wird gewürdigt. Kalenderbilder wie die Sternzeichen zeigen die kosmische Ordnung, die der göttliche Schöpfer dem Leben verliehen hatte.

Erlaube dir, Verschwendung zu genießen. Eine Weile nicht an Zeitumstände zu denken, als Ständegrenzen Bauer, Bürger, Edelmann trennten, und nur Geld den Bürgern erlaubte, sie zu übersteigen.

Natürlich fällt die Technik auf. Kreuzgratgewölbe und Dienstbündel machen aus der schweren Decke schwebende Baldachine, tragende Wände werden entmaterialisiert. Ein Netz feiner Strebebögen umgibt stützend den Bau.

Die Innovationen der Bautechnik realisieren eine leichte Kirche. Wie immer man den Kathedralbau soziologisch oder politisch analysiert, auch mit dem Soupçon der Kirchenkritik: Wir wollen den geistigen Impetus nicht unterschätzen.

Den Mann, mit dem das alles begann, kennen wir: Suger (1081 bis 1151), Abt des Benediktinerklosters Saint-Denis – offensichtlich ein Originalgenie, theologisch gebildet, politisch leitend, architektonisch kreativ.[1] Suger war ein Analogist, erfüllt von Dionysius Areopagita. Durchgeistigung der Materie bestimmte seine Kirchbaukonzeption. Suger und seine Kollegen bauten Theologie, und es wurde ein großes Fest der Symbolik. Ähnlichkeiten darzustellen war ihnen kein Gedankenspiel, sondern Umgang mit Gottes Wirklichkeit.

Gottes Haus sollte dem ähneln, was die Bibel vom Tempelbau Salomos und vom neuen Jerusalem schrieb. Die drei Portale gelten als *porta coeli*, der Chor umgibt den Ort, an dem der Herr präsent wird, der Altar Gold ummantelt. Immer

---

[1] Dies trotz Christoph Markschies, 1995. Erwin Panofsky und Otto von Simson („Ohne Pseudo-Dionysius keine Gotik"), popularisiert durch Hans Sedlmayr, hatten Abt Suger als „Vater der Gotik" herausgestellt. Georges Duby und andere sind dem gefolgt. Markschies hat deren Thesen widersprochen und will nachweisen, dass Suger sich mit Detailfragen des Bauprozesses nicht beschäftigt habe und eine Lichtmetaphysik bzw. eine ausdrückliche Beschäftigung mit Dionysius Areopagita nicht festzustellen sei. Er sei nicht „der Theologe des gotischen Kirchenbaus". „Einstweilen lassen wir die Frage besser offen", schreibt er.

mehr Gottesglanz! Die Kathedralen stehen in ihrer Abundanz da wie Schreine Gottes. Oder wie seine Schlösser?

Mauern verwandeln sich zu transparenten Kleidern, lassen Licht einfallen, diese metaphysische Substanz. Farbiges Bilderglas verleiht den Fensterflächen spirituelle Qualität, die sich in Gold und Edelsteinen widerspiegelt. Die Steinrosen – hast du bemerkt, dass in Saint-Denis außen im Viereck die Evangelistensymbole den Kreis umgeben? Innen lassen sie den Raum erglühen, und die Geometrie des Maßwerks beweist, dass der Mensch es schafft, göttliche Harmonie auf die Erde zu bringen.

Gehören wir Theologen zum kleinen Rest, dem die neue Frömmigkeit wichtig ist? Schon an den Bogenfeldern der Hauptportale ist sie abzulesen: Noch immer das befürchtete Jüngste Gericht. Jedoch: ER, der Wiederkommende, hebt segnend die durchbohrten Hände, die Engel zeigen die Marterwerkzeuge vor – ein Herr voller Barmherzigkeit wird warten, Le Beau Dieu. Seine Geburtsgeschichte geht zu Herzen. Und er hatte eine Mutter – Notre Dame, Unsere liebe Frau. In Laon gehört ihr jetzt das Mittelportal, ihr, die als Garantin der Menschennähe empfunden wird. Sie wird doch ihren Sohn erweichen, dass Gnade walten möge. Ach, die gefährliche Marienfrömmigkeit ...

Vielfältig wird die Moderne in die Kirche gebracht, und diese bringt sie unter die Leute. Das Medium der Schauwand dient auch der wahren Lehre und der Widerlegung der grassierenden Häresien. Kunst als Instrument der Macht – fremd ist uns das nicht. Dabei fällt uns allerdings die Medienpädagogik ein.

Was an Geld verschwendet wurde, war in Bilder investiert worden, in ein Lehrbuch des Heils, Fibel und Summa zugleich. Den Menschen erfüllte ein Schaubedürfnis; sie sind neugierig geworden, wollen sehen, was sie glauben. Und die Kunst formt dieses Bedürfnis in Schauwänden, in den Reliquienschreinen, die aus den Krypten nach oben geholt wurden, in der Elevation des Sakraments.

Aber, aber: Der christliche Kunstfreund kann angesichts heiliger Verschwendung eins nicht verdrängen: Ist der Abstand zum zerbrochenen Salbgefäß in Betanien nicht allzu beträchtlich? Was anfangs Verkündigung war, wurde in Amiens zur Fülle und in Reims zur Dekoration. Notre-Dame hatte mehr als 2000 Figuren.

Die schöne Kathedrale kann diesen Bruch nicht verwischen, was machen wir damit? In die Falle der Puristen laufen? Wann hat je im irdischen Getümmel gute Absicht rein existiert? Natürlich mischt sich in der Baufrömmigkeit der Kathedralherren einiges: Berufsstolz und Lust auf das Beste und nicht zuletzt die Prachtsucht in dem, was Grundherren meinten, für die Jenseitsvorsorge meinten tun zu müssen. Dass die Riten des Herrn der Herrlichkeit feudal zelebriert wurden, fiel innerhalb der Standesgrenzen nicht ins Auge.

Doch nicht erst wir merken, dass das fromme Gemisch auseinander gefallen ist.

Die Frömmigkeitsbewegung konnte sich mit der reichen Kirche gar nicht anfreunden. Schon Zisterzienser Bernhard von Clairvaux hatte gegen derartige Verschwendung gepredigt. Hundert Jahre später zeigte sich ausgesprochene Hybris, wer konnte, wollte höher und größer die Technik bis zur Grenze ausreizen. Beauvais baute in Megalomanie den „gotischen Babelturm". Zeichenhaft brach er zusammen.

Die Abscheu gegenüber dem Verschwenderischen stachelte die Reformbewegungen an.

Unsere deutsche Reformation schrappte knapp am Bildersturm vorbei; die Bürgerkirchen waren auch sparsamer ausgestattet. Doch den Hugenotten war die schöne Kunst nur Indiz für Götzendienst einer fremden Kirche. Wieviele Köpfe der Heiligen rollten im 16. Jahrhundert?

In der Ära der Aufklärung galt es, die Unvernunft auszutreiben. Die Verschwendung von damals fiel mit Entfernung oder Übermalung der Purifizierung zum Opfer.

Der Revolution war die Anlehnung der Religion an das Königtum verhasst. In Paris 1793 legten die Revolutionäre Hand an die Königsgalerie von Notre-Dame: Leuchter, Glocken, Skulpturen, Reliquiare, Messgeschirr wurden geplündert. Und die Kathedrale war gerade renoviert, als 1871 im Aufstand der Kommune die Kirche natürlich der radikal bekämpfte Gegner war. Der Erzbischof wurde erschossen, ein Scheiterhaufen aus allen Stühlen in der Kirche wurde im letzten Moment verhindert.

Bedankt sei deswegen das 19. Jahrhundert; es änderte alles, was gegen diese Räume anderer Art eingewandt worden war. Romantik und Historismus entdeckten deren historische und nationale Werte. Im Gefolge der Künste wurden Kirchen zu Tempeln einer neuen Variante des Religiösen. Der Tourismus tut mit freundlichem Zwang ein Übriges, damit die Zeugnisse ehrwürdiger Vergangenheit pfleglich erhalten werden.

So wäre als momentan letzte Station der Blick auf die Citykirchen zu richten. Werden sie das Erbe der Verschwendung austarieren können gegen den Vorwurf aufzuwendender Kosten? Wir wissen, wie sie verstehen, die Symbolik ihrer Andersartigkeit sprechen zu lassen. Potential ist genug vorhanden, dass sie deren „Kraft in Zeiten religiöser und politischer Umbrüche" in der Stadt unter Beweis stellen – als aktuelle Frage oder verheißungsvolle Botschaft. Let it be!

Jakub Szczepański

Familiar – Strange

Domestication of Churches of Wrzeszcz/Langfuhr

One of the effects of the borders changing in Central and Eastern Europe after World War II was the change in function of thousand sacral buildings of different religions. Protestant churches, Catholic and Orthodox churches as well as synagogues and mosques became the subject of various interventions. Statistically, one of the most important processes was the elimination of many thousands of synagogues and adaptation of Protestant churches to Polish Catholics' needs in the areas which previously had belonged to Germany. In 1945, over a half of all religious buildings in the new Polish borders between Bug and Oder were the Protestant churches. After the displacement of almost all Germans from Poland, there were only a little over 100 000 Protestants left and they retained a few churches in their possession. Some churches were destroyed as a result of deliberate, planned actions of state authorities.[1] Finally, planned demolitions did not come into effect, mainly because of the resistance of monument conservators and local communities. Lots of Protestant churches collapsed just due to negligence. Most of sacral buildings in Pomerania, Silesia and the southern part of East Prussia, which fell to Poland, were taken over by the Catholic Church. Most of the adaptations were about the

---

[1] Barbara Bielnis-Kopeć, Das stürmische Schicksal von Sakraldenkmälern in den wiedererlangten Gebieten Nachkriegspolens als Beispiel des Politikeinflusses auf das „schwierige" Kulturerbe, in: Ruiny zabytkowych zabytków sakralnych – ochrona i adaptacja do nowych funkcji. Ruinen der Sakraldenkmäler – Schutz und Anpassung an neue Funktionen, Gubin 2008, 417–446.

removal or transformation of the historic facilities such as altars, pulpits and the baptisteries.[2] Images of Jesus Christ on the altars were very often replaced by St. Mary's pictures. Matroneums were removed in order to unify the interior of churches.

After 1945 in Gdańsk, as in many other cities on the southern Baltic coast, new residents appeared. The city centre was rebuilt with a partial restoration of the old forms. Built in the 50s and 60 of the twentieth century, the centre started to be considered by new inhabitants of Gdańsk as their own, domesticated, Polish[3]. The situation was different in outlying districts less affected by military operations. One of the biggest suburbs is Wrzeszcz (Langfuhr). With more than 40 000 residents, the district was established on the turn of the nineteenth and twentieth centuries and is still built up with the houses dating back to these times.

Till the 80's no specific identification of Wrzeszcz's residents with their place had taken place. It was caused by, among others, the reluctant attitude towards Gründerzeit architecture and lack of legal regulations of ownership of houses, mostly built by the former German inhabitants. The situation began to change in the 80's. The residents started to be interested in history of their quarter. Günter Grass' work, particularly „Blechtrommel" played a huge role in this process.[4] A reading of his books enlightened the inhabitants about the complex the German-Polish-Kashubian history. However, not before the first years of the twenty-first century, Wrzeszcz local identity has began to mature, mainly due to activity of local activists.[5] What, on this background, does the past of Wrzeszcz's churches look like? Before World War II, a few Lutheran and Catholic churches were built here. Protestant churches were taken over by the Catholic diocese and transformed.

The first church in Wrzeszcz's history was Lutherkirche, built in 1898–1899, according to the design of Gotthilf Ludwig Möckel. He was an architect of many Protestant and Catholic churches in Germany and even in the Turkish city Izmir. In Wrzeszcz, as in his other works, Möckel applied the neo-Gothic style, the most popular sacral architecture of that time.

After 1945, Lutherkirche became a Catholic garrison church. The neo-Gothic architecture of this building did not remind one of white baroque churches of the eastern Polish territories taken over by the Soviet Union, where many new residents came from. However, Gothic brick walls and rich furnishings suited the taste of new Polish users, so any significant changes have not been done.[6] The altar, naves, sacristy, a room for Religion lessons functioned as they used to before 1945. Only the lateral matroneum was not in use. The problem of the church's name turned out to be more serious than its architecture. Polish Catholic priests did not like the Lutherkirche name very much. One of them spotted the magnificent sculptures of the Apostles Peter and Paul, located on both sides of the main portal. It was a quick decision and the church of the Polish Army in Wrzeszcz became the church of St. Peter and Paul's.

The second of great Protestant churches of Wrzeszcz – Christuskirche – was designed by local architect, Herman Phleps and built in 1913–1916. The building was built in neo-Baroque style, which was unusual in Protestant sacral architecture of those times. Mostly, the churches were built either in the neo-Gothic style or there were some experiments with Art Nouveau or modernist forms. Lutherkirche and Christuskirche seem

---

2 Joanna M. Arszyńska, Przekształcenia przestrzeni we wnętrzach kościołów luterańskich w dawnych Prusach Wschodnich po zmianie ich kontekstu wyznaniowego, in: Romana Cielątkowska (Hg.), Przemiany funkcji budowli sakralnych w XX wieku, Gdańsk 2009, 12.
3 Jakub Szczepański, Odbudowa kościołów Gdańska po II wojnie światowej, Gdańsk 2009, 41-42.
4 Sabine Schmidt et al., Oskar-Tulla-Mahlke. Śladami gdańskich bohaterów Güntera Grassa. In Gdańsk unterwegs mit Günter Grass, Gdańsk 1993, 13.
5 Katarzyna Szczepańska, Jakub Szczepański (Hg.), Wędrówki po Wrzeszczu, Gdańsk 2010.

6 Lutheran sacral architecture of Gdańsk in late nineteenth and early twentieth century strayed far away from the stereotype of simplicity and austerity. One hundred years later, the ostentatious simplicity appears in a habit of visiting bishops with a complete suit but without socks.

to be very different; however, they have similar plans. Phleps almost exactly copied the system designed by the more experienced Möckel.

Already two weeks after the seizeing of Wrzeszcz by Soviet troops, on 11 April 1945, the church was occupied by the Polish Jesuits. White church walls and neo-Baroque towers were structurally very close to Polish tradition. The church interior itself caused more doubts of the monks, so they decorated the nave with numerous images of saints and changed the colors for more vivid ones. Although the name Christuskirche could have been maintained, the Jesuits decided to change its name and named it after one of the Polish patrons of this order – Andrzej Bobola.

Beside churches of various religions, in Wrzeszcz there was another building associated with the sacrum sphere. In 1913–1914 there was a crematorium. Almost one third of Gdańsks deceased were cremated, so it referred to both irreligious persons and Christians. The architect, Richard Dähne, perfectly used the picturesque location of the plot at the foot of the hills and raised an interesting building combining medieval and modern forms.

After the war, it was used by a small group of Gdańsk's Lutherans. In 1953 they moved to Sopot and the buildings of the former crematorium were given out to the Orthodox Church. As a result of subsequent rebuilding, the former crematorium has become more similar to an Orthodox church. Spatial arrangement of the interior was changed to correspond to the requirements of the Orthodox Church: It must consist of vestibule, room for the believers and the altar area separated by an iconostasis. The vestibule's design was done by Henryk Pracz. The same architect designed the cupolas on top of the corner towers which screened the crematory chimneys.

The former crematory was given quite an exotic appearance unlike the other Wrzeszcz's churches which have preserved their basic architecture. The reason for avoiding significant changes was neither the wish to preserve the memory of previous users nor a desire to protect monuments. The most important factors were functional reasons as well as the common European background of German constructors and following Polish users of these churches.

Translation: Katarzyna Szczepańska

Illustrations:

1. Wrzeszcz/Langfuhr, Lutherkirche, postcard ca. 1900, Abb. 3, S. 82.
2. Former Lutherkirche, now St. Peter and Paul's church. Photo by J. Szczepański, 2008, Abb. 4, S. 82.
3. Unused matroneum of St. Peter and Paul's church. Photo by J. Szczepański, 2008, Abb. 5, S. 82.
4. Portal with figures of St. Peter and Paul. Photo by J. Szczepański, 2008, Abb. 6, S. 82.
5. Christuskirche, ca. 1930, Abb. 7, S. 83.
6. Former Christuskirche, now Andrzej Bobola's church. Photo by J. Daniluk, 2008, Abb. 8, S. 83.
7. Crematory in Wrzeszcz/Langfuhr, 1929, Abb. 9, S. 83.
8. Iconostatis of St. Nicholas's Orthodox Church. Photo by J. Szczepański, 2008, Abb. 10, S. 83.
9. St. Nicholas's Orthodox Church in former crematory. Photo by J. Szczepański, 2008, Abb. 11, S. 83.

Christian Tiede

Gebraucht – Ungebraucht

Nachmittags mit dem Rad

Wenn ich unsere Tochter mit dem Fahrrad vom Kindergarten abhole, dauert das etwa 10 Minuten. Unterwegs kommen wir an fünf Kirchen vorbei, drei davon sind seit Jahren geschlossen. Wir fahren durch ein Wohngebiet, das in den letzten 45 Jahren zweimal komplett abgerissen und wieder aufgebaut worden ist. Rechts sehen wir eine der vier Moscheen in unserem Quartier. Wir halten kurz am polnischen Laden, kaufen ein Mohnhörnchen und holen frisches Obst beim pakistanischen Lebensmittelhändler. Willkommen in Manchester!

Der Kindergarten befindet sich im früheren Gemeindehaus der St Mary's Church. Wenn unsere Tochter den Kirchturm sieht, singt sie manchmal: „Bruder Jakob, schläfst du noch?" Denn ein Kirchturm hat Glocken und die wecken Bruder Jakob, der dort wohnt – so ihre Logik. Der Kirchturm von St Mary ist der höchste von Manchester, aber die Glocken läuten nicht mehr, seit die Kirche 1978 geschlossen wurde. Jakob wohnt aber vielleicht wirklich dort, denn vor ein paar Jahren wurden in der Kirche neun exklusive Appartements eingebaut: Raum, der die Seele berührt, so der Marketingprospekt.[1]

Auch in den beiden benachbarten anglikanischen Kirchen kann man stilvoll wohnen. Im Turm von St George befindet sich dort, wo früher einmal die Glocken waren, die Sauna eines neungeschossigen Luxusappartements. In St Edmund gibt es immerhin noch Taufstein und Kanzel, allerdings nur als historische Accessoires in der Eingangshalle. Die Gemeinde ist schon vor vielen Jahren in das Worship Centre nebenan gezogen, einen schmucklosen viereckigen Zweckbau, weil sie die Baulast nicht mehr tragen konnte. Immerhin gibt es hier noch eine Gemeinde, bei St Mary und St George war das Ende des Kirchgebäudes auch das Ende der Gemeinde. Oder umgekehrt. Drei von den durchschnittlich 25 Kirchen pro Jahr, die allein die Church of England seit den 1960er Jahren geschlossen hat.[2]

Aber wir wollen nach Hause, es geht westwärts durch Hulme.

„Manchester is a hybrid town, born all in a rush"[3], schreibt Dave Haslam. Über viele Jahrzehnte, seit dem Beginn der Industrialisierung am Anfang des 19. Jahrhunderts, wurden die vielen Arbeiter, die in die Stadt kamen, eher abgelagert, als dass sie wohnen konnten. Quartiere wie Hulme haben sich um die Innenstadt gelegt mit endlosen Strassen voller winziger Reihenhäuser. Mitte der 50er Jahre des 20. Jahrhunderts waren mehr als eine Viertelmillion Häuser in Manchesters innenstadtnahen Quartieren Slums.

Mit *slum-clearance*-Programmen wurde versucht, dem Problem beizukommen: Die Bewohner wurden umgesiedelt und das Quartier vollständig abgerissen. „The redevelopment in the 1960s of Hulme and Moss Side set new records as the biggest piece of radical urban renewal that had been attempted in Europe – thirty thousand people were extracted and rehoused."[4] Abgerissen wurden damals nicht nur die Häuser, sondern auch die gesamte Infrastruktur: Eckläden, Kinos, Pubs und die meisten Kirchen. Auch die Straßen und ihre Namen gab es hinterher nicht mehr. Auf die alten viktorianischen Reihenhäuser folgten im Stil der Zeit große Wohnscheiben. Auf enge Gassen folgte viel gähnende Leere. Hulme 2, so wollen wir es einmal nennen, war ein Desaster. Nicht nur, dass es eine vollkommene Abkehr von vertrauten Wohndimensionen war, die Häuser waren billig und schnell gebaut worden und zeig-

---

1 The Church St Mary's, Marketing prospect, vibe developments, 2005.

2 Adam Branson, Religious Conversion, in Regeneration & Renewal, London 2nd November 2009, 16.

3 Dave Haslam, Manchester England, The Story of the Pop Cult City, London 2000, XI.

4 Dave Haslam, XX.

ten schon kurz nach ihrer Fertigstellung massive Mängel. Aber viel problematischer war die Tatsache, dass gewachsene Sozialstrukturen radikal zerstört worden waren und es nicht gelang, neue Bindungen zu befördern. Nur wenige Jahre nach der Fertigstellung war klar, dass die Quartierserneuerung in Hulme massiv gescheitert war. Psychische Erkrankungen waren überdurchschnittlich hoch, nirgendwo wurden mehr Beruhigungsmittel und Antidepressiva verschrieben. Das Hulme People's Right Centre kam bereits 1977 zu dem Schluss: „demolition is the only answer to Hulme."[5]

Es dauerte noch über 10 Jahre, in denen das Quartier von der Stadtpolitik weitgehend ignoriert wurde, ehe Anfang der 1990er Jahre Hulme zum zweiten Mal komplett abgerissen wurde. In der Zwischenzeit eskalierten die Probleme, gleichzeitig aber begannen einige Bewohner die Freiräume, die sich durch die öffentliche Ignoranz ergaben, kreativ zu nutzen. Es entstanden alternative Musikclubs und Studios, aus denen später eine Vielzahl von bekannten Bands hervorgegangen sind. Hier liegt ein Auslöser der späteren *urban renaissance* Manchesters, aber das ist eine andere Geschichte.

Im Herbst 1985 veröffentlichte die Commission on Urban Priority Areas, eingesetzt vom Archbishop of Canterbury, *Faith in the City: A Call to Action by Church and Nation*.[6] Der Report zeichnete auf, dass Kirchgemeinden oftmals kaum in der Lage waren, auf die sozialen Nöte in ihren Quartieren zu reagieren, weil zum einen enorme kulturelle Gräben bestanden zwischen traditionellem kirchlichem Leben und dem ganz alltäglichen Leben der Menschen, zum anderen kirchliche Mitarbeiter überhaupt nicht ausgebildet waren für die Probleme, mit denen sie in ihrer Arbeit konfrontiert waren. „Faith in the city underlined the critical importance of the church's presences in urban priority areas at a time when government, business and others were abandoning them."[7]

Als ein Resultat wurde der Church Urban Fund eingerichtet, der über 20 Jahre Basissozialarbeit in innerstädtischen Problemquartieren finanziell ermöglicht hat. In der Praktischen Theologie begann eine Veränderung hin zur *contextual theology*, die sich stark in den praktischen Problemen der Menschen verwurzelt weiß und von diesen veranlasst ihre kulturellen und christlichen Traditionen reflektiert.

In den 1990er Jahren wurde Hulme noch einmal komplett umgestaltet. Heute ist es wieder kleinteiliger, Reihenhäuser mit Garten wechseln sich ab mit Appartementhäusern. Es gibt das Zion Arts Centre, das Hulme Community Garden Centre, ein paar kleine Cafes.

Wir fahren in die Ayres Road und sind inzwischen in Old Trafford. Zuerst kommen wir an der United Reformed Church vorbei. *Come and join us for worship* steht immer noch auf einer Schautafel, aber die Kirche ist schon seit Jahren zu und sieht auch nicht sehr einladend aus. Seit ein paar Wochen hängt ein *For Sale* Schild an der Kirche.

In Old Trafford stehen im Wesentlichen noch die Häuser aus der Entstehungszeit des Quartiers. Hier hat sich im Verlaufe der letzten 120 Jahre allerdings mehrmals die ethnische Zusammensetzung der Bevölkerung verändert. Nachdem sich irische, polnische und karibische Einwanderer nacheinander abgelöst haben, kamen seit den 1980ern Einwanderer aus Indien und Pakistan, die heute mehr als ein Drittel der Einwohner ausmachen.

Zwanzig Jahre nach *Faith in the City* ist 2006 ein Nachfolgereport erschienen: *Faithful Cities. A call for Celebration, Vision and Justice*[8], der sich mit der veränderten ethnischen und religiösen Landschaft in Großbritannien befasst. Ausgehend von der Frage ‚What makes a good city?' werden die Herausforderungen gezeigt, die sich für die *faith communities* ergeben: „At the heart lies a practical principle which is distinctive to people of

---

5 Dave Haslam, XXII.
6 Archbishop's Commission on Urban Priority Areas, Faith in the City: A call for Action by Church and Nation, London 1985.
7 Elaine Graham and Stephen Lowe, What makes a good city? Public Theology and the Urban Church, London 2009.
8 Archbishop's Commission on Urban Life and Faith (CULF), Faithful Cities: A call for Celebration, Vision and Justice, Peterborough 2006.

faith. This is the imperative to move beyond mere ‚tolerance' of diversity. Christians and adherents of many other faiths would understand that the proper response [...] is expressed in the biblical practice of hospitality."⁹ Diese Gastfreundschaft kann man in vielen Kirchen erleben, die längst ihre Räume geöffnet haben. Das St John Centre ist so ein Beispiel: Das einstmals nur der Gemeinde vorbehaltene Haus ist jeden Tag in der Woche offen. Gemeinsam mit verschiedenen Bildungsträgern bietet St John eine Vielzahl von Kursen gerade für die asiatischen Einwohner an.

Wir sind fast am Ziel. Der Turm von St John ist seit ein paar Jahren mit einem weithin sichtbaren Banner bespannt. In einem Kunstprojekt haben Bewohner von Old Trafford das Wort ‚Frieden' in ihrer jeweiligen Sprache gestaltet. Über zwanzig verschiedene Sprachen sind hier vereint.

Wir sind zu Hause. Und das Mohnhörnchen ist aufgegessen.

---

⁹ CULF, 23.

Werner Ustorf

Wildnis – Zivilisation

Carl und Ted Strehlows Vertrag mit Gott

Carl Strehlow (1871–1922) klagte häufig über „Wüsteneinsamkeit" und „Weltabgeschiedenheit". Die meisten Jahrzehnte seines Lebens hatte er in der Halbwüste Zentralaustraliens unter den Arrernte in „Hermannsburg" verbracht, einer heute zum aboriginalen Zweig der Lutherischen Kirche Australiens gehörenden Missionsstation westlich von Alice Springs. Was hatte ihn bewogen, 1892 in eine Gegend zu ziehen, die seine Frau Frieda rückblickend schlicht als „gottverlassen" beschrieb? Und warum konnte Australiens wohl umstrittenster Anthropologe, Ted Strehlow (1908–1978), jüngster Sohn beider und von Kind auf vertraut mit aboriginalem Denken, zum umgekehrten Schluss kommen, nämlich dass Gott in der Wildnis sehr wohl begegnete?¹

---

1   Ältere Schreibweisen für Arrernte (Arrarnta unter den lutherischen Aborigines) sind „Aranda" und „Arunta". Meine Darstellung beruht auf Archivforschung in Hermannsburg (Niedersachsen), Neuendettelsau, Adelaide (Lutheran Church of Australia) und Alice Springs (Strehlow Research Centre). Die wichtigste Publikation C. Strehlows ist Die Aranda- und Loritja-Stämme in Zentral-Australien. 7 Teile, Frankfurt / Main 1907–1920. Das Lebenswerk seines Sohnes Theodor („Ted") ist am besten repräsentiert durch seine Songs of Central Australia, Sydney 1971. Neuere Studien zum Thema sind: Anna Kenny, From Missionary to Frontier. An introduction to Carl Strehlow's Masterpiece, "Die Aranda- und Loritja-Stämme in Zentral-Australien" (1901–1909), PhD thesis, University of Sydney 2008; Paul Albrecht, From Mission to Church, 1877–2002, Finke River Mission, Adelaide 2002; Diane Austin-Broos, Arrernte Present – Arrernte Past. Invasion, Violence, and Imagination in Indigenous Central Australia, Chicago und London 2009; Barry Hill, Broken Song. T.G.H. Strehlow and Aboriginal Possession, Sydney 2002; Tove Simpfendörfer, Fremde treffen auf Fremde. Lutherische Missionare und australische Aborigines im 19. Jahrhundert, Neuendettelsau 2009.

Die lutherischen Missionare waren 1877 nicht nur mit der Bibel und einigen Kolonisten nach Ntaria (Hermannsburg) gekommen. Sie hatten auch einen Regierungsauftrag im Blick auf die Sesshaftmachung oder die Eingrenzung der lokalen Bevölkerung auf Reservate im Interesse der „Erschließung" des Landesinneren. Die Station selbst war wirtschaftlich als Viehfarm angelegt mit Tausenden von Rindern und Schafen. Die einheimischen Arrernte, ein kleines Volk von Jägern und Sammlern, waren gar nicht konsultiert worden. Die erste Missionarsgeneration reagierte auf die profunde Andersheit der Aborigines mit einer charakteristischen Doppelvision. Einerseits wandten sie den christlichen Traum einer in Christus vereinigten multirassischen und multikulturellen Welt auf die Aborigines an. Andererseits schwenkten sie zeitweilig ein auf die im australischen Immigrationsmilieu populäre „Theorie" der Unvermeidlichkeit des Untergangs der Uraustralier; oder sie griffen auf Denkmuster hegemonialer Differenz zurück und rationalisierten die erhebliche kulturelle Distanz als kognitive Insuffizienz der Einheimischen: Die Arrernte könnten nicht abstrakt oder konzeptionell denken, und wichtige Worte wie Gott seien nicht Teil ihres Wortschatzes. Begriffe für „glauben", „vertrauen" oder „für wahr halten" seien nicht vorhanden und würden von den Arrernte einfach als „denken" oder „eine Meinung haben" glatt abgeschmettert. Die ersten Missionare entschieden sich dann für den Import von lateinischen Lehnwörtern, ein Verfahren, das von der nächsten Missionarsgeneration, die tiefer in die Sprache und die religiösen Traditionen der Arrernte eingedrungen war, revidiert wurde – allen voran Carl Strehlow, der neben seinem Sohn Ted der wichtigste Übersetzer der Bibel in Arrernte war. Aber auch Carl teilte die Ansicht, dass zwischen Arrernte-Kultur und Evangelium eine tiefe Inkompatibilität bestand. Missionsstrategisch konzentrierte er sich deshalb auf die noch nicht initiierten Kinder (einschließlich ihrer Separation von der bekehrungsresistenten Umwelt).

Wie erklärt sich dann Carls ethnographisches Interesse an einer Kultur, die er als evangeliumsfeindlich, also inkulturationsunfähig, definiert hatte, und, was die Wochenroutine auf der Station anging, dass er vielleicht mehr Zeit in Wissenschaft und Publikation sowie die klassische Bildung seines Sohnes Ted investierte als in den Missionsbetrieb? Er hatte ja nie nach Australien und schon gar nicht in die Wüste gewollt. Carl kam aus beschränkten Verhältnissen, und nur das Missionsseminar (Neuendettelsau) öffnete ihm, dem Hochbegabten, den Einzug in Welt und Bildung. Sein Plan war es gewesen, als Pfarrer in die USA zu gehen. Als er 1892 zum „Heidenmissionar" für Zentralaustralien bestimmt wurde, wusste er, dass ihm „eine dunkle Zukunft" bevorstand. Spätestens auf australischem Boden lernte Carl jedoch den Typ des „Missionars als Forscher" kennen, und hier, wenn nicht schon vor seiner Abreise, fasste er den Entschluss, Gottes Fügung so zu interpretieren, dass sein Leben nicht als Heidenmissionar in der Wüste enden sollte. Carl glaubte an einen Gott, der Gebete erhörte und Türen öffnete. Er tat darum die Knochenarbeit, die das Große Gegenüber ihm aufgetragen hatte, und sammelte eine kleine Gemeinde, aber im Vertrauen darauf, dass er zugleich seine Karriere als Forscher und dann seine Rückkehr nach Deutschland vorbereiten durfte. Seit 1910 lebten dort bereits seine vier älteren Kinder. Carl hatte einen Vertrag mit Gott geschlossen. Der Erste Weltkrieg verzögerte seine Erfüllung, doch danach drängte Carl die Missionsbehörde, seine endgültige Ablösung einzuleiten. Verschiedene Faktoren verhinderten dies, und als Carl Strehlow schließlich schwer erkrankte, da erkannte er, dass der von ihm geglaubte vertragsstarke Gott bei seinem Tod in Horseshoe Bend abwesend war.

Für den heranwachsenden Sohn waren diese Ereignisse traumatisch und formativ, was seine Gotteserfahrung anging. Viel später, in *Journey to Horseshoe Bend* (1969), als Ted Strehlow seinen Ruf als dem „Letzten der Weisen der Arrernte" zu kultivieren begann, beschrieb er den Tod seines Vaters zugleich als Tod des vertragsbrüchigen Invasionsgottes. Die Aborigines hatten ihn ein ganz anderes Konzept des Göttlichen gelehrt – einen neuen Vertrag, der eine scharfe Trennung zwischen Gott, Mensch und Natur nicht zuließ, aber eine persönliche und stets einzigartige Teilhabe am ewigen Divinum ermöglichte und darum, selbst für eine zerspaltene Seele wie diejenige Teds, Gottferne ausschloss. Sie (und Ted) verstanden das Christentum nicht – wie die Missionare – als die jede andere Überzeugung überbietende und verdrängende Universalreligion, also als Gericht, sondern als einen zusätzlichen Lebensweg – gültig, aber nicht heilsnotwendig. Ted vervollständigte diese Anschauungen nun in enger Kooperation mit dem Bildhauer William Ricketts.[2] Beide verabscheuten die generelle Destruktivität der Eroberungs- und Verdrängungsmentalität der Invasionsgesellschaft. Ricketts hatte das Innere Australiens bereist, Plastiken aboriginaler Menschen angefertigt und in den Dandenong Bergen bei Melbourne einen Skulpturenwald geschaffen, durch den er die Botschaft einer neuen Zivilisation für das Australien der Post-Invasionszeit verkündete. Die Elemente dieser neuen Zivilisation waren zusammengesetzt aus aboriginaler Religiosität, christlichem Gewaltverzicht, anti-imperialistischem und ökologischem Denken und später verbunden mit der religiösen Philosophie Sri Aurobindos. In zahllosen Ausstellungen suchten Ricketts und Ted Strehlow die Botschaft der Fusion („all life is one") zu verbreiten. Ted schrieb gewöhnlich die wissenschaftlichen und anthropologischen Begleittexte zu den Ausstellungen oder hielt die Eröffnungsreden. Gott begegnete in der Wildnis, aber es war nicht der Gott, den der Vater propagiert hatte, und dieser Gott war nun auf dem Weg in die Stadt.

---

[2] Peter Brady, Whitefella Dreaming. The authorised biography of William Ricketts, Olinda, Victoria 1994.

Ulrike Wagner-Rau

Ankunft – Abfahrt

Halt im Bahnhof

Ein Blick über das Geländer vom oberen Stockwerk des Berliner Hauptbahnhofes lässt tief blicken. Fünf Ebenen spannen sich zwischen den Gleisen der Nord-Süd-Verbindung ganz unten, 15 m unter der Erde, bis zum Scheitelpunkt der gläsernen Halle in 27 m Höhe: Treppen und Fahrstühle, Wandelhallen und Shopping-Galerien, Gleise für Fern- und Regionalverkehr in alle Richtungen. Durch Europas größten Kreuzungsbahnhof fahren täglich 261 Züge im Fernverkehr, 326 im Regionalverkehr und 620 S-Bahnen. Ungefähr 300 000 Besucherinnen und Besucher werden hier am Tag erwartet. So viel kann die luftige Konstruktion aus Glas, Stahl und Beton verkraften.

Was für eine Fülle von Bewegungen in so einem Bahnhofsgebäude koordiniert werden muss. Einfahrten, Stopps, Ausfahrten, Durchfahrten – alles zur rechten Zeit auf dem richtigen Gleis. Von oben sind beständig Züge zu beobachten.

Ströme von Menschen eilen durch die Galerien, schieben sich über die Rolltreppen, stehen an den Fahrkartenautomaten oder im Reisezentrum, studieren die Schlagzeilen am Zeitungsständer vor dem Buchladen, trinken Kaffee, schlendern durch die Gegend: Abreisende und Ankommende. Wartende und Begleitende. Flaneure und Gehetzte. Einkaufende und Bettler. Kinder und Alte. Einzelne, Paare, Familien, Gruppen.

Rasch und sicher nehmen die Geschäftsleute ihren Weg zum nächsten Zug, zur Lounge, zum Ausgang. Unverkennbar in Kleidung und Gepäck. Dunkler Mantel oder Anzug, die Tasche mit dem Notebook, Zeitung unter dem Arm, kleiner Koffer – beschäftigt und tüchtig. Andere stehen herum, schlendern ziellos durch die Gegend, suchen

Schutz vor dem Wetter, schauen sehnsüchtig den ausfahrenden Zügen hinterher… In der großen Halle, auf den Wandelgängen vor den Gleisen stoßen sie manchmal zusammen, reiben sich aneinander: Die Eiligen und die, die mehr als genug Zeit haben.

Warten auf dem Bahnsteig. Lesen, vor sich hinschauen oder in sich hinein, mehr oder weniger schwierige Gespräche – was soll man jetzt noch sagen? –, von einem Fuß auf den anderen treten, Ausschau halten. Paul, bleib hinter der weißen Linie! Schon wieder Verspätung. Kann die Bahn denn nie …? Dann fährt der Zug ein: Beeil dich! Müssen Sie so drängeln? Innige Umarmung. Ein Händedruck. Komm gut an! Können Sie bitte mal mit anfassen? Das wäre geschafft. Tränen. Gut, dass ich wieder meine Ruhe habe! Meine Güte, hier ist was los! Wo muss ich denn nun hin? Mensch, viel zu spät dran! Opa! Opa!!! Endlich zusammen.

Umsteigen. Noch reichlich Zeit, bis es weitergeht. Ein Brötchen, bitte, und Kakao. Hinsetzen und Leute angucken. Hast du den gesehen? Armer Kerl. Mensch, das ist eine schöne Frau! So ein großer Koffer, sieht nach einer langen Reise aus. Möchte ich auch mal wieder – richtig weit weg fahren. Ach nee, ich bleibe lieber zu Haus. Da kenne ich mich aus. Ein Vater unterwegs mit zwei kleinen Kindern. Das hätte es früher nicht gegeben. Tut sich doch was. Ganz schön wilde Gestalten da drüben. Denen möchte ich nicht im Dunklen begegnen! Wenn hier mal 'ne Bombe hochgeht… darf man gar nicht dran denken. Tut man aber doch! Eigentlich wie Kino hier. Nebeneinander, übereinander, durcheinander: Menschen und Geschichten. Wenn man die alle genauer kennen würde – es wäre nicht zu ertragen. Der Bahnhof hält sie aus. Vielleicht ist deshalb die Halle so hoch und weit, obwohl es keine Dampflokomotiven mehr gibt. Sie braucht genug Platz, nicht nur für den Lärm der Triebwerke und der Räder auf den Schienen, sondern auch für alles, was da durchfährt, hin und her geht und sich ereignet.

Durch das lichte Dach der Halle hindurch ist noch unermesslich viel weiter der Himmel zu sehen. Unter den untersten Gleisen ahnt man die Eingeweide der Stadt. Und dazwischen fast alles: Innige Begegnung und aneinander Vorbeilaufen, wissen, wo es lang geht und auf der Suche sein, noch Zeit haben und zu spät kommen, allein sein und mit anderen zusammen, Liebe und Gewalttat, Leid und Jubel, Sehnsucht und Erfüllung, hilflose, ohnmächtige Wut und Sinn, Leben und Sterben …

Eine unglaubliche Spannbreite. Halten und aushalten kann das alles nur ein Raum, der weiter reicht als noch die kühnste Konstruktion der Menschen. Gott sei Dank! Und ich mit meinem Leben mitten drin. – Einfahren, kurzer Aufenthalt, Ausfahren. Und nichts geht verloren.

Kyrie. Gloria. Amen.

Bärbel Wartenberg-Potter

Größenphantasien – Lebendige Hoffnungen

Ethos des menschlichen
Zusammenlebens –
Stadterfahrungen in der Bibel

Am Beginn der Bibel wird die Geschichte des ersten missglückten Städtebaus der Menschheitsgeschichte berichtet, die Geschichte des Turmbaus zu Babel. Dort heißt es: „Die Menschen sprachen: Wohlauf, lasst uns eine Stadt und einen Turm bauen, dessen Spitze bis an den Himmel reiche, damit wir uns einen Namen machen" (1. Mose 11,4). Interessant ist das Motiv dieser Stadtplanung. Es sollten nicht bessere Lebensbedingungen für die Menschen geschaffen oder der menschliche Zusammenhalt und Schutz erhöht werden, sondern der Wunsch nach Ruhm und Selbsterhöhung stand im Vordergrund. Diese Fehlplanung fand, so die Geschichte, ihr Ende dadurch, dass „Gott herniederfuhr und die Sprachen der Menschen verwirrte". (1. Mose 11,7).

Um solche misslingenden Menschheitsprojekte zu verhindern, berichtet die Bibel, dass Gott dem nomadisierenden Volk auf seinem Weg zur Sesshaftwerdung Wegweisungen für das menschliche Miteinander gegeben hat. Ihr Ziel ist, das Leben der Menschen richtig, d.h. im biblischen Verständnis gerecht zu gestalten, so dass Gott, Mensch und Schöpfung einander gerecht werden und so leben, dass das Leben aller im Schalom, im friedlichen Ausgleich von Geben und Nehmen, ermöglicht wird. Zu diesen Wegweisungen gehören auch die Zehn Gebote.

Wenn die Stadtforscher Recht haben, dann entstanden die ersten Städte dort, wo sich Wege kreuzten und dadurch Begegnung, Tausch und Handel möglich wurden. Sie entstanden auch dort, wo man die Toten begraben hat, die man, nomadisierend, zurückließ. Dort wurden Kultstätten errichtet, an denen die Lebenden Orientierung, Sinn, und das, was über das irdische Leben hinausging, die Transzendenz, suchten.[1]

Die meisten Städte in biblischer Zeit waren mit Schutzmauern umgeben. Man betrat sie durch „das Tor", das auf einen größeren Versammlungsplatz führte. Dort wurde im Alten Israel öffentlich Recht gesprochen, so dass die Gemeinschaft immer wieder an das gemeinsame Ethos und die die Gemeinschaft verbindenden Rechtsnormen erinnert wurde. Die spätere städtebauliche Triade von Markt, Kirche und Rathaus wird hier schon sichtbar.

Der Beginn der Rechtsprechung ist im jüdisch-christlichen Erbe religiös verankert. An ihrem Anfang steht die Gottes-Verehrung. Sie ist die Grundlage jeglicher Rechtsnorm. Das Recht gerade der Schwachen, die sich nicht selbst helfen können, wird durch die Autorität Gottes geschützt, die der Richter oder der Recht sprechende König verkörpern und vollziehen soll.

Für die Frage nach der sozialen Stadt sind folgende Rechtsnormen besonders interessant:

- Geschützt werden insbesondere die Armen: Man darf ihnen z.B. nicht den Mantel, mit dem sie sich zudecken, wegnehmen („Worin soll er sonst schlafen?" 2. Mose 22,55).
- Besonderen Schutz erfahren die Fremden, ja, sie erhalten gleiche Rechte wie die Einheimischen, nicht nur Gnadenerweise oder Sonderrechte (2. Mose 12:49 Ein und dasselbe Gesetz gelte für den Einheimischen und den Fremdling, der unter euch wohnt, s. auch 4. Mose 15,15)
- Die Witwen und Waisen sind besonders schutzbedürftig, weil sie sich selbst nicht Recht verschaffen können und weil sie ökonomisch nicht versorgt sind.
- Interessant sind auch die Ansätze zu der Humanisierung des Umgangs mit dem Feind:

---

[1] Lewis Mumford, The City in History, London 1966.

(Wenn du dem Rind oder Esel deines Feindes begegnest, die sich verirrt haben, so sollst du sie wieder zu ihm führen 2. Mose 23:4).
– Vor allem aber wird der ehrliche und wahrhaftige Umgang miteinander in den Mittelpunkt gestellt: Du sollst kein falsches Gerücht verbreiten; du sollst nicht einem Schuldigen Beistand leisten und kein falscher Zeuge sein (2. Mose 23:1).

Auf diesem Ethos des Miteinander und des Schutzes der Schwachen wird das Zusammenleben begründet.

Vom Misslingen menschlichen Zusammenlebens in den Städten wird auch berichtet. Sodom und Gomorrah scheitern an der Brutalität und Gewalttätigkeit ihrer Bürger. Ninive entgeht dem verdienten Untergang durch die Fürbitte des Propheten Jona.

In einer säkularisierten Gesellschaft lassen sich das Recht und die Normen menschlichen Zusammenlebens nicht mehr auf religiöse Weise begründen. Wie aber begründen wir sie? Das biblische Ethos weiß, dass langfristig nur die Lösungen haltbar sind, die am Wohlergehen der gesamten Gemeinschaft der globalisierten Welt orientiert sind. Dieses Ethos hat sich auch entscheidend in den Menschenrechten, im deutschen Grundgesetz und der Sozialgesetzgebung niedergeschlagen. Es bleibt nichts anderes, als für die Plausibilität und Zukunftsfähigkeit dieses an einer Welt-Gemeinschaft orientierten Ethos zu werben.

Visionen der zukünftigen Stadt

Erstaunlicherweise steht am Ende der Bibel, in der Offenbarung des Johannes als endlich ans Ziel der Geschichte gekommenen Menschheit das Bild einer visionären Stadt: Des himmlischen Jerusalem. Wie schmerzlich ist es, diese Vision angesichts der Lage im heutigen Jerusalem zu lesen.

Das neue Jerusalem ist das Gegenbild zu der von Gewalt, sozialer Missachtung, Größenwahn und Repräsentationssucht geprägten Stadt Babylon, die in der Johannesapokalypse gleichbedeutend ist mit dem damaligen Rom, dem Imperium Romanum. Aus dieser Vision habe ich einige Verse ausgewählt.

Das Licht der Stadt war gleich dem alleredelsten Stein klar wie Kristall. Sie hatte eine große und hohe Mauer und hatte zwölf Tore, nach Osten drei, nach Norden drei, nach Süden drei, von Westen drei. Aus zwölf Perlen waren die Tore… Die Stadt bedarf keiner Sonne noch des Mondes, denn die Herrlichkeit Gottes erleuchtet sie. Die Völker werden wandeln in ihrem Licht; und die Könige auf Erden werden ihre Herrlichkeit in sie bringen. Und ihre Tore werden nicht verschlossen sein am Tage, denn da wird keine Nacht sein. Man wird die Pracht und den Reichtum der Völker in sie bringen. Und nichts Unreines wird in sie kommen und keiner Greuel tun und Lüge… und er zeigte mir einen Strom lebendigen Wassers, klar wie Kristall mitten auf dem Platz und auf beiden Seiten des Stromes Bäume des Lebens, die tragen zwölf mal Früchte, und die Blätter der Bäume dienten zur Heilung der Völker.
(Offenb. 21, 10-22, in Auswahl).

Das zentrierende Prinzip dieser Stadt ist freilich die Anwesenheit Gottes, der der Inbegriff der Gerechtigkeit ist, der richtigen, einander gerecht werdenden Beziehungen, die den Schutz des Lebens und der Schwachen gewährleistet. Was sind die Orientierungspunkte, die diese Vision entlässt für den Diskurs über die soziale Stadt?

1. In dieser visionären Stadt ist alles klar, durchscheinend, d.h. transparent. Nichts muss das Licht des Tages scheuen. Alles kann sich sehen lassen, es gibt keine dunklen Machenschaften zum Ausschluss oder Vorteil einiger weniger. Transparenz, Offenheit ist eines der leuchtenden Charakteristika.
2. Die Tore der Stadt sind offen und Menschen aus allen Himmelsrichtungen können ein- und ausgehen.

3. Die Völker und ihre Herrscher bringen das Beste, was sie haben, in diese Stadt, um es mit allen zu teilen.
4. Ökologisch gesund ist die Stadt, denn es gibt in ihr lebendiges, sauberes Wasser und in ihr wachsen Bäume, die jeden Monat Frucht tragen.
5. Die Blätter dieser Bäume heilen die Wunden, die sich die Nationen gegenseitig aus Habgier, Eroberungssucht und kriegerischem Streit geschlagen haben.
6. Das Unreine, die Greuel und Lügen werden nicht in die Stadt kommen, sie scheuen die Transparenz, die in der Stadt herrscht und schließen sich selbst aus.

Das sind Aussagen über die Stadt der Zukunft und Hoffnung, die endzeitliche Vision urbanen Zusammenlebens.

Wolfram Weiße

Kirche – Theater

Religion im öffentlichen Raum der Großstadt: Grundtexte der Religionen im Theater?

Das Thema Religion zeigt sich in unseren Großstädten längst über den Bereich von Kirche hinaus. Statt eines Erschlaffens von Religion, das im akademischen wie öffentlichen Bereich im Zuge einer aus heutiger Sicht etwas schlichten Säkularisierungsthese für moderne Gesellschaften vorausgesagt wurde, sehen wir seit Jahren einen stark ansteigenden Interessenpegel an Religion und religiösen Fragen. Wolfgang Grünberg hat in seinem Religionsatlas schon früh die Vielzahl von Religionen in einer Großstadt wie Hamburg erfasst. Damals waren viele – auch die „insider" – darüber erstaunt, dass es über 100 Religionen in unserer Großstadt gibt. Heute wissen wir das und noch mehr: Die Religionen zeigen sich zunehmend in der Stadt. Nicht durch auffällige Moscheebauten, wie in Köln, sondern durch Präsenz in der Öffentlichkeit: Zum hochoffiziellen Matthiae-Mahl werden nun über unsere Bischöfin und den Erzbischof hinaus auch die Vertreterinnen und Vertreter der Weltreligionen geladen, auch z.B. aus dem Bereich des Islam. Nicht nur die katholische und die evangelische Kirche haben einen Staatsvertrag, auch die jüdische Gemeinde, die islamische Schura und die Aleviten sind in Gesprächen mit der Hamburger Regierung. Die Gespräche über den von verschiedenen Religionsgemeinschaften getragenen Hamburger Weg des Religionsunterrichts für alle verdichten sich auf unterschiedlichen Ebenen. Und im Bereich der Universität wird durch die Einrichtung der Akademie der Weltreligionen dafür Sorge getragen, dass über die christliche Theologie hinaus auch die theologischen Entwürfe in den Bereichen Islam, Judentum, Buddhismus, Alevitentum etc. auf akademisch angemessenem Niveau beforscht, gelehrt und studiert werden können. Die Zeiten, in denen die Unterschiede der Religionen bei vielen Angst erregten, scheinen von einem Grundverständnis abgelöst zu werden, das „Religiöse Differenz als Chance" (vgl. Weiße & Gutmann 2010) sieht, zumindest eher als Chance, denn als Bedrohung.

Die Situation hat sich also von Grund auf verändert: Religion tritt im Plural auf, zeigt sich mit ganz unterschiedlichen Gesichtern und auf ganz verschiedenen Ebenen. Religion ist wieder – aber doch ganz anders als früher – ein dynamischer Faktor geworden, im privaten, im akademischen und im öffentlichen Sektor. Ein Beispiel, das im wissenschaftlichen Bereich oft unterschätzt wird (allerdings nicht von den Kollegen aus der praktischen Theologie in Hamburg, Wolfgang Grünberg eingeschlossen, aber auch Peter Cornehl und Hans-Martin Gutmann), ist der ästhetische Bereich. Religiöse Themen boomen ohnehin in Kinofilmen. Darüber hinaus hat das Theater mit stark zunehmender Tendenz den Themenbereich Religion entdeckt. Dutzende von Premieren auf deutschen Bühnen haben religiöse Themen zentral und z.T. provokativ aufgenommen (vgl. Sting et al 2010).

In Hamburg ist man noch einen Schritt weiter gegangen: Ende Januar 2010 wurde am Thalia-Theater in einer „Langen Nacht der Weltreligionen" das Experiment gewagt, Grundtexte der abrahamischen Religionen auf der Hauptbühne des Theaters vorzutragen. Fünf Stunden lang wurde ohne Unterbrechung auf karg ausgestatteter Bühne den Texten aus dem Koran, dem Neuen Testament und der hebräischen Bibel Raum gegeben: Nach kurzen Einleitungen wurden die Urtexte im Original von Vertreterinnen und Vertretern der jeweiligen Religion vorgelesen oder vorgesungen sowie von Schauspielerinnen und Schauspielern des Thalia-Ensembles auf Deutsch vorgetragen. Die Idee bestand darin, dass durch die Originaltexte ein Gespür für die Herkunft und Unantastbarkeit dieser Texte vermittelt würde. Das Lesen der Texte auf Deutsch sollte den Reichtum an Geschichten zum Ursprung, an symbolischer Rede, an Geboten der Gerechtigkeit, an Gleichnissen, an Hymnen, an Liebesgeschichten, an Weisheitsgeschichten in den drei Religionen Judentum, Christentum und Islam zeigen.

Es scheint, dass diese Zielsetzung angenommen worden ist: Das Theater war voll besetzt, sehr zum Erstaunen der Veranstalter, d.h. des Thalia-Theaters und des interdisziplinären Zentrums Weltreligionen im Dialog. Wir hatten mit der Führungscrew des Thalia, allen voran dem neuen Intendanten Joachim Lux, darüber gesprochen, ob für ein solches Vorhaben die kleine oder die große Bühne des Thalia gewählt werden solle. Von Seiten unseres interdisziplinären Zentrums hatten wir für die große Bühne plädiert nach der Devise: Wenn schon ein Experiment, denn schon auf großer Bühne. Wir hatten in der Planung gehofft, dass zumindest die Hälfte der Plätze im Theater besetzt würde. Der Kartenverkauf hatte signalisiert, dass diese ungewöhnliche Inszenierung von heiligen Texten auf größeres Interesse der Hamburger Bevölkerung stieß. Warum?

Diese Frage ist nicht leicht zu beantworten und es gab neben großem Lob auch kritische Stimmen. Zur Kritik: Neben Fragen der Organisation (einige hätten gerne eine „geregelte" Pause gehabt) wurde von einigen wenigen auch gefragt, ob sich Religionen mit ihren heiligen Texten in dieser Form exponieren sollten.

Ansonsten gab es eine ganze Reihe von Lob, angefangen von den Akteuren bis hin zu den Zuschauerinnen und Zuschauern. Den Schauspielerinnen und Schauspielern war vom Intendanten freigestellt worden, ob sie bei dieser Veranstaltung mitmachen wollten oder nicht. Und viele, viele aus dem Ensemble wollten mitmachen und sorgten für eine Vielzahl von Stimmen. Die Akteure aus dem Bereich der Weltreligionen sahen im Rezitieren eine Möglichkeit, die Texte aus ihrer Tradition in einem öffentlichen Rahmen Menschen nahezubringen, sie über die heiligen Räume hinaus in publico vorzustellen.

Von Seiten der Zuhörenden gab es ganz unterschiedliche Einschätzungen. Die wichtigste war: Auch wenn man einige Texte kannte, so hörte man diese von der Bühne aus vorgetragen mit einem geöffneten Sinn. Die Länge der Rezitationen und der unübliche Tonfall, in dem die Schauspielerinnen und Schauspieler die heiligen Texte vortrugen, ließen eine andere Rezeption zu, machten es möglich, die Vielgestaltigkeit der Texte wahrzunehmen, ohne sie allein an einen rituellen Zusammenhang zu binden. Die ausnehmend großen Ressourcen dieser Texte kamen, so etliche Beteiligte, gerade auf der Bühne zum Tragen: Hier ging es nicht um Glaubensvollzüge oder darum, Menschen für eine dieser Traditionen zu gewinnen, sondern um die Möglichkeit, Verstand und Seele zu öffnen für das, was über das eigene Herz hinausgeht. Kurz: Es ging um ein Erleben von Traditionen der Transzendenz, die über das eigene Ich hinausgehen. Wie ist dies einzuschätzen?

So weit ich das aufgrund von vielen Reaktionen beurteilen kann, trug die Veranstaltung dazu bei, die Wahrnehmung für die Reichweite, die Vielgestaltigkeit und die Würde religiöser Traditionen zu fördern. Mit einer solchen Veranstaltung kann der Ritus und die Verankerung der heiligen Texte in den jeweiligen Religionen nicht ersetzt werden; wie sollte das auch gehen und wer wollte dies wünschen? In einer Großstadtsituation bildete diese Veranstaltung aber ein Element, den Geschmack von Religionen zu erahnen und sich von Texten ansprechen zu lassen. Dies könnte einen doppelten Anstoß vermitteln, nämlich zum einen religiöse Tradition nicht als Besitz einer Gruppe von Menschen, sondern als menschheitliche Ressource anzusehen, und zum anderen Respekt zu entwickeln vor religiösen Grunderfahrungen in Texten, die nicht die eigenen sind.

Lieber Wolfgang, was für ein Wechsel der Situation! Vor Jahren haben wir darüber diskutiert und Du hast daran gearbeitet, wie Kirchen in der Stadt ihre lebendige Botschaft den Menschen wieder nahe bringen können. Diese Diskussion ist nicht erledigt, sondern sie ist fortzusetzen. Aber der Rahmen ist jetzt ein anderer, ein ermutigender: Religion ist vielfältig und lebendig in der Stadt präsent. Was für eine Chance für einen neuen Zugang im Verstehen und im Leben von Religion, damit auch von evangelischer Religion in der Metropole. Ich wünsche Dir beim weiteren Erkunden in diesem Feld viele neue Entdeckungen, die Dich lebendig und jung halten und von denen wir weiterhin profitieren wollen.

Literatur

Sting, W., Köhler, N., Hoffmann, K., Weiße, W. & Grießbach, D. (Hg), Irritation und Vermittlung. Theater in einer interkulturellen und multireligiösen Gesellschaft, Münster 2010.

Weiße, W. & Gutmann, H.-M. (Hg.), Religiöse Differenz als Chance? Positionen, Kontroversen, Perspektiven, Münster 2010.

Vivian Wendt

Frau – Mann

Frau und Mann, oder haarige Zeiten

Haarige Zeiten waren das zu Beginn des Jahres 1989. In der Welt: Ayatollah Khomeini ruft alle Moslems zur Ermordung des Schriftstellers Salman Rushdie auf; monatelang ist der Platz des himmlischen Friedens in Peking besetzt; die Montagsdemonstrationen in Leipzig und anderen Städten bewegen immer mehr DDR-BürgerInnen, auf die Strassen zu gehen; mehrere Tausend Studenten demonstrieren in verschiedenen Städten der Bundesrepublik gegen die schlechten Studienbedingungen und die Wohnungsnot. Der damalige Bundesbildungsminister Jürgen Möllemann kündigt eine Aufstockung der Finanzmittel an.

Und in der Hamburger Fakultät für Evangelische Theologie gibt es eine kleine, feine Feministische Sozietät, mit Silke Petersen, Ute Eisen und mir, Vivian Wendt.

Wir Studentinnen trugen damals unsere Haare lang und meist offen.

Im März 89 schreibe ich meine erste Predigt bei meinem damaligen Lehrer für Praktische Theologie, Wolfgang Grünberg, über 1. Korinther 11, 2-12. „Der Schleier fällt." Die Predigt wird der Brief einer Frau an den Mann Paulus.

„Unbedecktes Frauenhaar im Gottesdienst muss für Paulus ein ernstes Problem gewesen sein, sonst hätte er diesem Thema nicht so viel Raum gegeben", steht in meinen Vorüberlegungen. In diesem Textabschnitt des ersten Briefes an die Gemeinde in Korinth argumentiert sich Paulus in widersprüchlicher Weise um Haupt und Haare (wie er sein Haupthaar trägt, erwähnt er nicht).

„Ich will aber, dass ihr wisst, dass das Haupt jedes Mannes der Christus ist, Haupt (der) Frau aber der Mann, Haupt des Christus aber Gott. (Vers 3) Jede Frau aber, die betet oder prophetisch redet (und) lässt das Haupt unverhüllt, schändet ihr Haupt; denn sie ist indem ein und dasselbe wie eine Geschorene. (Vers 5) Wenn eine Frau sich nicht verhüllt, soll ihr auch (das Haar) abgeschnitten werden; wenn es aber für die Frau verunstaltend ist, sich (das Haar) abschneiden zu lassen, soll sie sich verhüllen. (Vers 6)...Auch wurde (der) Mann nicht erschaffen, um der Frau willen, sondern (die) Frau um des Mannes willen. (Vers 9) Deshalb muss die Frau eine Macht auf dem Kopf tragen/haben, um der Engel willen. (Vers 10)..."

Der Mann Paulus hat in meinem Brief an ihn damals ordentlich was aufs Haupt bekommen:

„Es kann doch nicht dein Ernst sein, dass wir jetzt einen Teil unserer durch Christus gewonnenen Freiheit wieder einbüßen sollen? ...Jesus Christus hat uns gelehrt, dass keine fremde Macht über uns herrschen soll – nur Gott alleine. Darum lassen wir auch nicht die Macht des Mannes über uns herrschen!"

Am Schluss erinnert die Predigt an Paulus Leitsatz über das ‚Einsein in Christus' in Galater 3,28.

Wolfgang Grünberg findet meinen Einfall, Paulus einen Gegenbrief zu schreiben „glänzend". Frauen als Abglanz der Männer zu betrachten ist seine Sache nicht! Verschleierung zum Beispiel von Missständen an der Universität und in der Politik, Benachteiligung von Frauen in einer traditionellen MännerdoMä(h)ne findet er haarsträubend. Viele Studentinnen hat er ermutigt, sich direkt und unverhüllt zu zeigen und ihre Kritik zu äußern, so auch mich. Dafür bin ich dankbar.

Wolfgang Grünberg ist sich treu geblieben, und das kann Mann und Frau ihm ansehen, denn äußerlich hat er sich kaum verändert. Er gehört zu den alterslos wirkenden Menschen, die auch in 21 Jahren ihren Haarschnitt nicht verändern, wo sich nicht mal die Haarfarbe verändert hat! So ist er überall wieder erkennbar, äußerlich wie inhaltlich.

Ich kann mir nicht vorstellen, dass ihm sein äußeres Erscheinungsbild, oder das äußere Erscheinungsbild von Frauen im Gottesdienst jemals wesentlich gewesen wäre. Hierarchisches Denken – wie bei Paulus – habe ich bisher von ihm nicht gehört. Wichtig war und ist ihm das *„Einssein in Christus" bei bleibender Verschiedenheit.* Das ist mir wichtig: Die Differenz wird bleiben, damit nichts Hauptsächliches verschleiert wird, denn:

> manche meinen *lechts und rinks* kann man nicht velwechsern werch ein illtum.
> (Ernst Jandl)

Auf dem Merkzettel: „Der Weg zur Predigt" ist der letzte Punkt ein netter Hinweis darauf, was Wolfgang Grünberg außerdem wichtig ist. „Das kleine Fest oder: Jede fertig gestellte Arbeit ist Anlass zum Feiern (in der Tradition: Die gute Flasche Wein!)"

Das gilt dann erst recht für 70 Jahre Lebenswerk!

Na denn Prost, Wolfgang! Auf Dein Wohl!

Jens Wening

Daheim – Unterwegs

Schöpfen aus der Fülle des Lebens

Lieber Wolfgang Grünberg,

zu meinem fünfzigsten Geburtstag schriebst Du mir einen lieben Brief.[1] Nun ist es an mir, der Dame Bugenhagen-Konvikt, Dir zu gratulieren und Antwort zu geben.

Wie lange währt nun schon unsere Bekanntschaft? Sie begann im Jahre 1994, als Du den Vorsitz im Vereinsvorstand übernahmst und für acht Jahre die Geschicke des Hauses führtest. Gerne erinnere ich mich an das Herannahen Deines altehrwürdigen Volvos. Und weil Dir das Wohlergehen des Bugenhagen-Konvikts auch weiter am Herzen liegt, stehst Du seit dem Jahre 2006 dem Kuratorium vor.

Dich hat nachdenklich gemacht, wie es mir möglich ist, „mit zunehmenden Jahren immer jünger" zu erscheinen. Nun, dahinter steht kein Mysterium, auch kein verborgener Jungbrunnen, wie Du vermutet hast. Es ist allein die Fülle alltäglichen Lebens, jeder einzelne Tag, seit nunmehr einem halben Jahrhundert: Wie viele Menschen mögen seit Grundsteinlegung 1958 hier beherbergt worden sein? Welche Träume wurden hier ersonnen? Und was ist aus ihnen – den Menschen und ihren Träumen – geworden?

Lebensgeschichten ziehen hier hindurch wie die Elbwasser, unaufhaltsam und unwiederbringlich. Nur eine kleine Zeit ihres Lebens verbringen Bewohnerinnen und Bewohner an diesem Ort, Augenblicke des Ausgreifens nach der Welt, der

---

[1] Glückwunsch des Kuratoriumsvorsitzenden Wolfgang Grünberg, in: „We love to Bugi!" Jubiläumsband zum 50-jährigen Bestehen des evangelischen Studentenwohnheims Bugenhagen-Konvikt, Alexander Höner, Ulrike Timm (Hg.), Hamburg 2008, 20–22.

Entdeckungen im Studium und der Selbstfindung, der Leidenschaft und der Niederschläge, trennender und verbindender Geschichten, der Begegnungen, die zu eigener Position und Respekt herausfordern. Lebensentwürfe finden hier zusammen, die sich im Alltag unserer Gesellschaft ansonsten kaum berühren: Ein Theologiestudent und der Austauschstudent aus Ghana sehen zusammen Fußball, die Musikstudentin aus Korea kocht gemeinsam mit der Kriminologin, auf dem Weg zur S-Bahn plaudern Thaiistik und Wirtschaftsingenieurwesen miteinander.

Herbergen sind Orte ohne Eitelkeit. Sie treten zurück hinter ihre Bestimmung und drängen sich nicht in den Vordergrund. Wir wissen nicht, wo genau Josephs Brüder auf ihrem Weg von Ägypten nach Kanaan mit zitternden Knien die verhängnisvollen Geldmünzen entdeckten, wo Gott den Mose auf seinem Weg überfiel, wo Paulus seinen vielen Besuch empfing. Irgendwo zwischen Jerusalem und Jericho erhielt ein geschundenes Raubopfer ein heilsames Obdach. Herbergen sind Orte schicksalhafter Wendungen, bereichernder Begegnungen und mitmenschlicher Fürsorge. Herbergen sind Orte, die Lebensgeschichten vorantreiben und dazu anhalten, über das eigene Herkommen nachzudenken.

Das schafft nicht der bauliche Prunk der Alster, die Eitelkeit fünfer Sterne oder ein Concierge-Service. Es braucht Gastlichkeit, Herzlichkeit und den Mut, sich auf Begegnungen einzulassen. So viel unstete Bewegung in einer Herberge wie dem Bugenhagen-Konvikt auch sein mag, so sehr lässt sich hier auch finden, was von Bestand ist: Es sind die Augenblicke des Alltags, die Einsichten stiften und weiterführen, die Begegnungen von Menschen mit – wie Du schreibst – Augen, Ohren und Mündern, Herzen, Händen, mit Körper, Seele und Geist. Eine überraschende Frage, eine hilfreiche Geste, ein freundliches Lächeln. Aus Aufmerksamkeit folgt Achtsamkeit, daraus Respekt. Eine Herberge bietet dazu den freien Raum, der nicht mit festen Antworten mauert, sondern zu Inspiration und kühnen Visionen einlädt.

In diesem Sinne steht das Bugenhagen-Konvikt hinter keinem Jungbrunnen zurück. Wenn sich genügend Menschen finden, diesen Lebensstrom am Fließen zu halten, bleibt es leicht, aus der Fülle des Lebens reichlich und mit Freunden zu schöpfen. Für Deinen Dienst als Brunnenbauer Dir herzlichen Dank, lieber Wolfgang Grünberg!

Deine Dame Bugenhagen-Konvikt

Dietrich Werner

Global – Lokal

Globale Perspektiven des Stadtchristentums und Prioritäten der ökumenisch-theologischen Ausbildung im 21. Jahrhundert

Ich erinnere mich gerne an Gespräche und Arbeitsplanungen, die im kleinen Besprechungszimmer der Arbeitsstelle Kirche und Stadt an der Theologischen Fakultät in der Sedanstraße in den 90er Jahren stattgefunden haben (immer gestärkt durch Möhren, gute Brötchen oder andere Leckereien) und bei denen ich Perspektiven der internationalen Vernetzung durch die Arbeit in der Missionsakademie einbringen konnte. Die theologische Kreativität und die ökumenische Weite, die interdisziplinäre Dialogoffenheit und pastorale sowie kirchliche Verpflichtetheit des von Wolfgang Grünberg inspirierten Teams haben mich nachhaltig ermutigt und mit herausgefordert. Eine der beiden Publikationen, die in diesen Jahren gemeinsam entstanden sind[1], geht auf eine gemeinsame internationale Konsultation im Ökumenischen Institut Bossey zurück (1998?), in der verschiedene Vertreter von *urban church networks* und *research centers for urbanization* ihre Perspektiven zu Zukunftsentwicklungen eines urbanen Christentums vorstellten. Wolfgang Grünberg hat im Nachhinein mehrfach gesagt, wie bewegt und beeindruckt er von dieser gemeinsamen Reise zum internationalen Studien- und Begegnungszentrum des Ökumenischen Rates der Kirchen und seinen interkulturellen Diskursmöglichkeiten war. Umso schöner ist es, ihm von diesem besonderen Ort aus einen herzlichen Gruß zu diesem herausgehobenen Anlass senden zu können. An diesem Ort für eine Zeitlang leben und gleichzeitig am Ökumenischen Rat der Kirchen arbeiten zu können[2], ist eine in jeder Hinsicht eindrückliche und theologisch wie geistlich herausfordernde Erfahrung. Die vielfältigen Begegnungen mit Dozenten und Studierenden aus den Kirchen Asiens, Afrikas, Lateinamerikas, des Pazifik wie auch Nord- und Osteuropas lassen nicht nur die neuen Konturen des Weltchristentums mit seinem deutlich in den Süden verschobenen Gravitätszentrum täglich schmecken, sondern auch die unterschiedlichen Phasen der Kirchengeschichte und der verschiedenen historisch-kontextuellen Kirchentypen sozusagen simultan präsent werden. Die dringende Notwendigkeit der internationalen ökumenischen Arbeit wird ebenso unmittelbar spürbar wie die Schwächung internationaler und regionaler ökumenischer Arbeitsstrukturen im Zeichen von Finanzkrise und demographischen Veränderungen der historischen Kirchen, die Verheißung und Kraft ökumenischer Arbeit und Seelsorge ebenso erlebbar wie die Zerbrechlichkeit und Instabilität der institutionellen Bezüge. Aus der Vielfalt von Themensträngen, die aus Genfer Perspektive gegenwärtig relevant sind, wähle ich für diesen Anlass vier Stichworte aus, die mir im Umfeld eines Bandes zur „Theologie der Stadt" und im Blick auf das Gespräch mit Wolfgang und dem Team der Arbeitsstelle Kirche und Stadt wichtig erscheinen – gewissermaßen eine mögliche Themenliste für einen ausführlicheren Gesprächsgang bei einem Besuch oder Seminar hier, der/das natürlich durch diesen schriftlichen Gruß nicht ersetzt oder vorweggenommen werden kann:

---

[1] Sebastian Borck, Gisela Groß, Wolfgang Grünberg, Dietrich Werner (Hg.), Hamburg als Chance der Kirche. Arbeitsbuch zur Zukunft der Kirche in der Großstadt, Rissen 1997; Sebastian Borck, Gisela Groß, Uta Pohl-Patalong, Dietrich Werner (Hg.), Ökumenisches Lernen von Stadt zu Stadt. Creating an Urban Church Network. Rissen 2000.

[2] Der Autor ist Leiter des Programme for Ecumenical Theological Education (ETE) of WCC seit 2007.

1. Edinburgh 1910–2010 – weltweites Anwachsen des urbanen Christentums

Wenn es ein Buch gäbe, das ich der Arbeitsstelle Kirche und Stadt gerne empfehlen oder zu eigen machen wollte, dann ist es der gerade – im Zusammenhang der Vorbereitungen für die im Juni 2010 in Schottland stattfindende Edinburgh 2010 Konferenz[3] – veröffentlichte neue „Atlas of Global Christianity."[4] Er gibt einen detaillierten Überblick über die Entwicklungen des Christentums in allen Kontinenten und Regionen, über die unterschiedlichen Denominationen innerhalb des Christentums, über das Verhältnis zwischen Christentum und anderen Weltreligionen sowie über wichtige missionsstatistische Entwicklungen (z.B. die Zahl der jeweils in den Regionen entsandten bzw. empfangenen Missionare bzw. Ökumenischen Mitarbeiter). Ein ganzes Kapitel ist den Entwicklungen des Christentums in den Städten weltweit gewidmet.[5] Gab es 1910 ungefähr 195 Millionen Christen in größeren Städten, so ist ihr Prozentsatz im Jahre 2010 auf 1,472 Milliarden gestiegen, d.h., der weltweite Anteil des urbanen Christentums hat sich fast exakt verdoppelt (von 32,0 % auf 64,2 %). Angesichts der historischen Prägung des Christentums als ländliche Religion haben Bemühungen um eine kontextuelle Theologie der Mission im städtischen Raum in vielen Regionen der Erde erst vergleichsweise spät eingesetzt. Was die Arbeitsstelle Kirche und Stadt in Hamburg mit anderen in Pionierarbeit geleistet hat, braucht daher viel stärkere internationale Vernetzung und gegenseitigen Austausch. Urban Theology and Urban Mission sind heute eine dringende Priorität in den urbanen Metropolen des Südens und ein Desiderat in den dortigen Ausbildungsgängen von Pastoren und kirchlichen Mitarbeitern.[6] Auch wenn Hamburg in der Liste der 100 größten Metropolen der Welt und ihrem jeweiligen christlichen Bevölkerungsanteil 2010 als mit 1,7 Millionen Einwohnern zu klein nicht mehr auftaucht, haben seine Erfahrungen im Blick auf die Gestaltwerdung von Kirche im städtischen Raum einen hohen Stellen- und Anschlusswert. Welche Chancen liegen darin, dass es mittlerweile ungefähr die gleiche Bevölkerungsgröße und den gleichen christlichen Bevölkerungsanteil (67 %) hat wie Yaoundè in Kamerun, Harare in Zimbabwe oder Maputo in Mozambique?

2. Mission from everywhere to everywhere – Weltchristentum im Zeichen von Migration

Nach Angaben der International Organization for Migration (IOM), ist Migration das entscheidende Merkmal des frühen 21. Jahrhunderts, da mehr Menschen als Migranten unterwegs sind als in jedem anderen Zeit-Abschnitt der Menschheitsgeschichte zuvor. Ca. 192 Millionen Menschen leben an einem anderen Ort als im Land ihrer Geburt, d.h. ca. 3 % der Weltbevölkerung. Dies bedeutet, daß ungefähr jede 35. Person gegenwärtig als Migrant lebt. Zwischen 1956 und 1990 hat die Zahl der Migranten um 45 Millionen zugenommen, das entspricht einer jährlichen Wachstumsrate von 2,1 Prozent. Die gegenwärtige Wachstumsrate beträgt 2,9 %, mit zunehmender Tendenz.[7] Im Jahre 2005 haben Frauen ca. 49,6 % aller Migranten ausgemacht. Es ist klar, dass, wenn der gegenwärtige Trend von 10 Millionen zusätzlichen Migranten jährlich sich fortsetzt, dies enorme Konsequenzen hat sowohl für die gastgebenden Länder wie für die Heimatlän-

---

[3] Vgl. website: www.edinburgh2010.org; ebenso: Mission zwischen Macht und Ohnmacht. 100 Jahre nach der Weltmissionskonferenz Edinburgh. Jahresbericht EMW 2008/2009; die besten Publikationen zum Gesamtthema sind: Kenneth Ross, Edinburgh 2010 – Springboard for Mission, Westminster University Press 2009; Dana L. Robert, Christian Mission. How Christianity became a World Religion, Wiley-Blackwell 2009; Kirsteen Kim, Joining with the Spirit. Connecting World Church and Local Mission, Epworth Press 2009.
[4] Todd M. Johnson, Kenneth R. Ross, Atlas of Global Christianity, Edinburgh University Press, Center for the Study of Global Christianity, 2009.
[5] Atlas of Global Christianity, a.a.O., 238–257.
[6] Atlas of Global Christianity, a.a.O., 242f.
[7] http://www.iom.int/jahia/page3.html.

der von Migranten.[8] Hamburg ist ein besonderes Beispiel für diese Prozesse, und auch die mit diesem Phänomen zusammenhängende gravierendste Veränderung seit 1910 in Europa lässt sich zunehmend deutlich am Hamburger Beispiel studieren: In Europa hat die Zahl der ausgesandten Missionare und fraternal workers im Vergleich zum 20. Jahrhundert deutlich abgenommen, während die Zahl der empfangenen Missionare aus anderen Ländern, besonders Afrika und Asien deutlich und stetig zunimmt.[9]

3. Krise und Kapazitätsengpässe der theologischen Ausbildungssysteme in den Kirchen des Südens und des Nordens – eine strategische Schlüsselfrage für die Zukunft des Christentums

Im Zusammenhang der veränderten Grundkontur des Christentums beschäftigen mich beruflich am stärksten die Veränderungen und Herausforderungen der Systeme theologischer Ausbildung weltweit. Die strategische Bedeutung der theologischen Ausbildungsförderung, des internationalen theologischen Ausbildungsaustauschs und der Qualitätssicherung theologischer Ausbildung ist vielen Kirchen, Universitäten und Entwicklungswerken noch nicht hinreichend bewusst oder jedenfalls gezielt in Förderungsstrategien umgesetzt. Die internationale Missionsbewegung hatte 1958 in Accra, Ghana, den zukunftsweisenden Beschluss gefasst, mit der Gründung des Theological Education Fund (TEF) in London ein internationales Aufbauprogramm interdenominationeller theologischer Ausbildungsstätten in den Kirchen des Südens einzurichten, das dann 1977 in das Programm Theologische Ausbildung (PTE, später ab 1992 als ETE-Programm) im ÖRK fortgeführt wurde. Trotz aller bisherigen Erfolge dieser Arbeit ist vieles erneut bedroht, und an vielen Orten kristallisiert sich eine grundlegende Krise theologischer Ausbildung in den Kirchen des Südens heraus: Die Kapazitäten theologischer Ausbildungssysteme und -ressourcen können mit der Ausbildungsnachfrage in den rasch wachsenden Kirchen Asiens und Afrikas nicht Schritt halten. Abwanderung von Lehrkräften, schlechte Bezahlung von Dozenten und Professoren der Theologie, unzureichende Infrastruktur von theologischen Bibliotheken und Instituten, wegbrechende finanzielle Unterstützung durch Trägerkirchen oder Entzug der Akkreditierung auf Grund von neuen staatlichen Akkreditierungsbestimmungen führen theologische Colleges, Fakultäten und Seminare in eine Krise, deren Auswirkungen man bisweilen erst in 1–2 Jahrzehnten voll wahrnehmen wird. Das ETE-Programm des ÖRK hat die Bedeutung der ökumenischen Ausbildungsförderung unterstrichen[10], hat einen Weltstudienbericht zur Lage theologischer Ausbildung veröffentlicht[11] und ein erstes umfassendes Welthandbuch Theologische Ausbildung herausgegeben[12], um auf diese Probleme und Herausforderungen aufmerksam zu machen. Doch weithin engagieren sich nur wenige Mitgliedskirchen im ÖRK direkt und multilateral in Sachen theologische Ausbildungsförderung (die deutschen Kirchen mit dem langjährigen Engagement des EMW stellen eine

---

[8] One of the key studies on recent „Migration in Europe" has come from the WCC project Migration after Porto Alegre Assembly 2006 in cooperation with the Churches' Commission for Migrants in Europe (CCME) which published a major study „Mapping Migration in Europe – Mapping Churches' Responses" in 2008. It brings together data and analysis on immigration and emigration figures from 47 European countries and outlines some key answers churches are developing on migration in Europe: „Mapping Migration in Europe – Mapping Churches' Responses", CCME, Brussels, 2008 (132 pages).

[9] Atlas of Global Christianity, a.a.O. 272f. and 274f.

[10] Vgl. Magna Charta of Ecumenical Theological Education, in: Ministerial Formation 111, 2008.

[11] World Study Report on Theological Education 2009, ETE-WCC; vgl. auch: http://www.oikoumene.org/en/documentacion/documents/programas-del-cmi/education-and-ecumenical-formation/ecumenical-theological-education-ete/edinburgh-2010-international-study-group-on-theological-education.html.

[12] Dietrich Werner, David Esterline, Namsoon Kang, Joshva Raja, Handbook of Theological Education in World Christianity, Regnum Books International, Oxford 2010.

weltweit fast einzigartige positive Ausnahme dar). Die Ressourcen für theologische Ausbildung sind nach wie vor einseitig in den Ländern des Nordatlantik lokalisiert, Hunderte von *scholarship requests* für begabte Nachwuchstheologen/innen aus den Kirchen des Südens verhallen ungehört. Theologische Fakultäten und Seminare stehen in Ländern des Nordens wie des Südens unter zum Teil erheblichem universitätspolitischem und gesellschaftlichen (Kürzungs- und Legitimitäts-) Druck, die Gründung vieler privater (auch staatlich christlicher) Universitäten in Ländern Afrikas oder die Transformation theologischer Fakultäten in Departments of Religious Studies hat die Bedingungen für *ministerial formation* im engeren Sinne schwieriger gemacht. In vielen Kirchen des Südens fehlt ein gezieltes und breites *ecumenical leadership formation*-Programm und es wachsen nicht ausreichend Kompetenzen z.B. für den sozialethischen Dialog mit den rasanten gesellschaftlichen Entwicklungen, für den interreligiösen Dialog oder für den theologisch-medizinischen Dialog nach, der dringend benötigt wird. Auch wenn den meisten klar ist, dass eine wirksame Gegenstrategie gegenüber religiösem Fundamentalismus, wie er bisweilen auch in christlichen Milieus begegnet, nur in der Förderung theologischer Bildungsprozesse bestehen kann, gelingt noch keine ausreichende internationale Bündnisbildung für einen breiteren „global fund for the promotion of ecumenical theological education", wie er den Anfang der Missionsbewegung bestimmt hatte.

4. Die Sprachenfrage der Weltchristenheit – Kulturelle Mehrsprachigkeit contra idiomatische Isolierung oder anglophone Homogenisierung

Ich schließe mit einem Hinweis auf ein weiteres Schlüsselproblem im ökumenischen Horizont, auf das es keine einfache Antwort gibt: Kurse in Bossey werden mittlerweile nur noch in Englisch angeboten – die Dolmetsch- und Übersetzerkosten sind unerschwinglich, so heißt es. Ökumene hat immer von der Anerkennung kultureller Identitäten als Sprachidentitäten gelebt, de facto aber setzt sich, sowohl im ökumenischen Diskurs wie in der theologischen Ausbildungslandschaft ganz stark eine anglophone Dominanz durch. Es ist erstaunlich, wie wenig die deutschsprachige theologische Debatte rezipiert und außerhalb Deutschlands überhaupt bekannt wird. Aus missionstheologischen und kulturpolitischen Gründen müssen wir auf der kulturellen Mehrsprachigkeit des theologischen Diskurses beharren, d.h. zum Beispiel für jede im Interesse der interkulturellen Kommunikationsfähigkeit fließend erlernte außereuropäische Sprache müsste ein deutscher Theologiestudent einen zusätzlichen Bonuspunkt erhalten (die meisten außereuropäischen Theologiestudierenden des Südens sprechen mindestens drei Sprachen). Gleichzeitig sollte ernsthaft darüber nachgedacht werden, ob man am Fachbereich Theologie in Hamburg nicht einen englischsprachigen Master of Intercultural Theology and Ecumenics (MThEcum) anbieten kann und sollte. Das wäre im Interesse der internationalen Anschluss- und Vernetzungsmöglichkeiten, die Hamburg auch im Bereich der theologischen Wissenschaft bieten sollte, ein Gebot der Stunde.

Katharina Wiefel-Jenner

Licht – Dunkelheit

Das Verschwinden des Sternenhimmels unter der Straßenlaterne

„Abraham tritt aus deinem Zelt heraus. Schau in den Himmel! Siehst du die Sterne? Sterne über Sterne. Helle Sterne, Sterne zum Greifen nahe, kleine Sterne, fast verloren am Horizont, flackernd blinkende Sterne, ein milchiges Band, auf dem sich Edelsteine ausruhen. Abraham, siehst du sie. Zähle sie!" Über Abraham wölbt sich ein tiefdunkler Himmel. Sein Schwarz ist dunkler als alles Dunkel der Welt. Nur Träume kennen diese Schwärze und den Sog der mitten im Meer von Dunkelheit aufleuchtenden Sterne. Seit Tausenden von Jahren ist ihr Leuchten zu ihm unterwegs, nur um ihm in seiner Zukunftssorge eines Besseren zu belehren. „Zähle die Sterne, kannst du sie zählen?" Abraham schaut und hört. Er zählt nicht. Er glaubt.

Am Nordrand der Heide verblasst das Dunkel der Nacht. Der Orion leuchtet mit schwächer werdenden Kräften. Die anderen Sterne verschwinden. Einige Kilometer weiter nördlich verwandelt sich Blaugrau zu Blaugelbgrau. Schließlich verliert sich die Dunkelheit und beginnt seltsam orange zu glimmen. Der Himmel flimmert mit einem Schein, der zu hell für die Nacht ist, aber zu dunkel für den Tag. Dennoch schimmert er nicht wie in den Stunden der Morgendämmerung oder des blauen Abendlichts mit dem glänzenden ersten Stern. Der Himmel leuchtet dumpf nach Stadt. Schon weit vor ihren Toren ist die Stadt sichtbar. Noch ist kein Kirchturm zu sehen, kein Hochhaus zu ahnen, auch die hohen Kräne am Hafen sind einstweilen weit, weit entfernt, aber die Stadt ist bereits sichtbar. Sie zieht mit ihrem Licht die Reisenden zu sich heran, strahlt und lockt die Heimkehrenden schon von Ferne zu sich zurück.

Jenseits aller Begriffe offenbart der Nachthimmel, was die Stadt erst zur Stadt macht. Statistische Hinweise erklären, wie viele Menschen zusammen leben müssen, damit aus einer Siedlung eine Stadt wird. Funktionale Beschreibungen schließen von den verschiedenen Aufgaben, die die Stadt für ihre Bewohner erfüllt, auf das Wesen der Stadt. Und die Schilderungen, wie sich in der Stadt die Verkehrswege kreuzen, erzählen davon, wie in jeder Stadt Fremdes und Vertrautes zusammenkommen und sich zu einem eigenen, neuen Ganzen verbinden. Mittendrin in der Stadt helfen aber keine Begriffsklärungen, denn alle diese Definitionen bleiben ausdruckslos. Erst der nächtliche Himmel über der Stadt erweist es, wie die Stadt zur Stadt wird: Die Stadt verändert den Himmel nach einer einfachen Gleichung: Je mehr Stadt, desto mehr Licht. Genauer: Je mehr Menschen es gibt, desto mehr leben in städtischen Ballungsräumen, desto mehr Licht strahlt in den Nachthimmel hinein.[1] So leuchten Straßenlaternen, Fenster, Bürohäuser, Werkshallen, Funktürme, Sendemasten, Landebahnen, Lampen an Hauseingängen, Toreinfahrten und Gartenpforten, Reklamewände, Schaufenster, fahrende Autos und Bahnen, Verkehrsschilder, U-Bahnausgänge, Uhren, Bahnhöfe, Bildschirme, Kirchtürme, der Rathausmarkt, die Universität. Die Stadt leuchtet, weil ihre Bewohner auf Licht angewiesen sind. Es leuchtet in der Stadt, weil sich die Menschen ohne Licht fürchten und kaum etwas dringender wünschen als den Schein des Lichts. Mit Licht können sie sich orientieren, ihre Wege finden und fühlen sich sicherer. Unter Scheinwerfern gehen sie ihrem Tagewerk nach, obwohl sich ihre Körper

---

[1] Seit 2007 leben weltweit mehr Menschen in Städten, als auf dem Land. Wo die Städte zu finden sind, in denen sie leben, ist besonders gut sichtbar auf den Fotomontagen, die die gesamte Erde zur Nacht zeigen. Z.B. http://www.sky-watch.de/Darksky/darksky.html.

nach Schlaf sehnen. Im Schein von flimmernden Unterhaltungslichtern träumen sie von der Rettung der Welt und von der vollkommenen Liebe. Die Reichen lassen ihre Lichter aufleuchten und demonstrieren das ihre. Auch die Machthaber fordern Licht. So bleibt weniger im Verborgenen.

Die Stadt schäumt mitten in der Nacht vor Licht über. Die Menschen haben sich über ihre Köpfe eine Glocke aus ihrem eigenen Licht gestülpt. Sie werfen ihr Licht in den Himmel hinein, so dass die Sterne verblassen. Das Licht der Menschen kämpft gegen das leuchtende Dunkel des Sternenhimmels und wird stärker und stärker. Der Sternenhimmel ist verschwunden. Nur 50 bis 80 Sterne pro Nacht halten dem Lichtrausch der Stadt noch stand. Das Licht von Tausenden Sternen, Tausende von Jahren unterwegs, bevor das menschliche Auge es entdecken kann, prallt am Licht der Menschen ab.

„Johannes schreibe, was du gesehen hast, was ist und was geschehen soll." Johannes der Seher sieht und schreibt es auf. Er schaut den neuen Himmel und die neue Erde. Die heilige Stadt, das himmlische Jerusalem. Er schaut, wie die Stadt aus dem Himmel herabkommt. Er schaut die Stadt, die eine Stadt ist, ganz so, wie Menschen sie kennen und doch vollkommener, voller Leben, dem echten Leben. Die Stadt, in der die Kinder Gottes in Frieden leben. Die Stadt, in der Gerechtigkeit herrscht. Die Stadt, in dem Leid, Geschrei und Schmerz vorbei sind. Die Stadt, in der es keine Angst gibt, weder vor Feinden im Innern, noch vor Angriffen von außen. Johannes schaut die Stadt, in der die Schönheit vollendet ist. In dieser Stadt der Schönheit, wird es nicht Nacht. Johannes schaut, dass Laternen überflüssig sind und die Sonne nicht mehr benötigt wird. Sonne, Mond, Sterne, Laternen – wer braucht sie noch, wenn Gott alles erleuchtet. Das Licht der Stadt ist Gott. Gott selbst."

Einstweilen sehen die Städte, in denen die Abrahamskinder wohnen, noch anders aus. Die Abrahamsstädte sind voller Straßenlaternen, voller leuchtender Fenster, Bahnhöfe, Bildschirme und Türme. Die Geschäfte der Menschen erfüllen die Luft. Ihr Leuchten ist selbst gemacht und genügt, um sich sicher genug zu fühlen und alle nötigen Wege zu finden. Nur wenn die Angst steigt, geht des Nachts der Blick zum Himmel. Voller Sorgen über die Zukunft heben die Kinder Abrahams dann die Augen auf und fragen nach Hilfe. Doch da ist kein Sternenhimmel mehr, durch den die Verheißung greifbar wird. Abrahams Same lebt in der Stadt, in der der Orion nur noch blass zu erkennen ist. Der Blick in den Himmel verbannt hier weder Zweifel noch Angst, denn das Leuchten so weniger Sterne kann keinen Trost spenden.

„Du Seher Johannes. Wo ist dann Trost, wenn der Sternenhimmel unter der Straßenlaterne verschwunden ist? Wo finden wir Kinder Abrahams dann Hoffnung? Wo ist unsere Zukunft, wenn keine Sterne mehr zu zählen übrig geblieben sind?"

Die Stadt ist die Rettung für Abrahams Hoffnung – nein, nicht die Stadt, die den Sternenhimmel unter der Straßenlaterne verschwinden lässt und mit ihrem Leuchten gegen den Himmel ankämpft. Es ist die Stadt, die ganz auf den Sternenhimmel verzichten kann und trotzdem nicht unter einer Glocke aus selbstgemachter Lichtmacht steht. Wenn die Zweifel am Leben übermächtig werden, ist das himmlische Jerusalem ganz ohne den Sternenhimmel der Inbegriff aller Hoffnung. Sie ist die Stadt Gottes und die Stadt der Menschen zugleich. Sie ist sicher, ohne eine Festung zu sein. Sie ist schön gebaut und es gibt in ihr keine besseren oder schlechteren Viertel. Sie ist der Ort, an dem Menschen wirklich zusammen leben können. Sie braucht die Gestirne und den Sternenhimmel nicht mehr, genauso wenig wie all das künstliche Licht. Hier kann sich niemand verirren, denn Gott ist das Licht auf allen Wegen. Hier muss sich niemand mehr fürchten, denn Gott ist Schutz und Heil. Hier ist kein Gleißen und Glänzen nötig, denn die 12 Perlen erfüllen jedes Maß an vollkommener Schönheit. Hier wird niemand mehr in dunkler Nacht zittern, denn Gott ist Sonne und Schild.

„Johannes, zeig uns den neuen Himmel und die neue Erde! Wo ist der Orion?"
„Der Orion ist verblasst. Das Dunkel der Nacht ist vorbei. Der Morgenstern ist aufgedrungen!"

Michaela Will

Jüdisch – Christlich

Auf den Spuren von Rabbi Akiba[1]

„Habt acht auf euren Sozialstaat!" könnte es heute heißen als Spruchband gegen die Auflösung des Sozialstaats. Und dabei ginge es um die diskriminierenden Zustände in Sozial- und Arbeitsämtern, in Flüchtlings- und Obdachlosenheimen. Vielleicht auch um die immer größere Zahl von Menschen, die hindurchfallen durch die Löcher der Sozialgesetzgebung und mitten in der Wohlstandsgesellschaft in Armut leben. Angesichts der rasanten gesellschaftlichen Veränderungen greifen die bestehenden Strukturen der Armutsbekämpfung nicht mehr. Wir stehen vor einer neuen Aufgabe. Ich denke, es lohnt sich, dafür auf unsere alten Überlieferungen zu hören:

„Jesus lehrte seine Jünger und sprach: Habt acht auf eure Frömmigkeit, dass ihr die nicht übt vor den Leuten, um von ihnen gesehen zu werden; ihr habt sonst keinen Lohn bei eurem Vater im Himmel. Wenn du nun Almosen gibst, sollst du es nicht vor dir ausposaunen lassen, wie es die Heuchler tun in den Synagogen und auf den Gassen, damit sie von den Leuten gepriesen werden. Wahrlich, ich sage euch: Sie haben ihren Lohn schon gehabt. Wenn du aber Almosen gibst, so lass deine linke Hand nicht wissen, was die rechte tut, damit dein Almosen verborgen bleibe; und dein Vater, der in das Verborgene sieht, wird dir's vergelten." (Matthäus 6,1–4)

Diese Worte, die vermutlich auf Jesus zurückgehen, sind verwurzelt in der Tradition jüdischer Wohltätigkeit, hebräisch Zedaka – Gerechtigkeit – genannt. Bei Zedaka geht es nicht um einzelne mildtätige Gaben, sondern um ausgleichen-

---

[1] Die Predigt wurde am 9. September 2001 in der Hauptkirche St. Katharinen gehalten.

de Gerechtigkeit. Soziale Fürsorge für Arme und Schwache ist religiöse Pflicht. Es gibt im Talmud verschiedene Gesetze dazu. Unter anderem ist jeder verpflichtet, ein Zehntel seines Einkommens den Armen zu geben.

Da es zur Zeit Jesu auf Gemeindeebene keine organisierte Armenversorgung gab, war es Aufgabe jedes Einzelnen, den Zehnten zu verteilen. Die Worte Jesu sind ein engagiertes Plädoyer, dies im Verborgenen zu tun. Harsch wird öffentliches Geben verurteilt. Die, die in Synagogen und auf Gassen geben, werden als Heuchler abqualifiziert, als Schauspieler, die nur auf die Anerkennung der Leute aus sind.

Es gibt viele Parallelen in der rabbinischen Literatur zu Jesu Plädoyer für die Verborgenheit des Gebens. So wird zum Beispiel von Rabbi Akiba folgendes erzählt: Er pflegte Almosen auszuteilen, indem er sich als Armer verkleidete, das Geld in ein Tuch einwickelte und mitten unter den Armen unbemerkt fallen ließ.

Warum diese Hochachtung der Verborgenheit des Tuns?

1. Die Verborgenheit ist Schutz für Empfänger und Empfängerin: Sie schützt diese vor dem demütigenden Gefühl des Almosennehmens. Sie macht deutlich, dass sie ein Recht auf ausreichende Hilfe haben.
2. Die Verborgenheit ist Schutz für Geber und Geberin: Sie schützt sie vor einer Festschreibung auf die Rolle des Geldgebers. Sie schützt sie vor sich selbst, vor der Gefahr, Macht auszuüben, Bedingungen zu stellen, den Anderen zu beherrschen. So ermöglicht sie eine gleichberechtigte Beziehung zwischen Menschen.
3. Die Verborgenheit zwingt Menschen, sich mit der Armut auseinanderzusetzen und nach strukturellen Lösungen zu suchen. Sie bewegt sie, auch verborgene Arme wahrzunehmen und nicht einfach auf den nächstbesten Bittsteller zuzugehen. Sie macht erfinderisch und phantasievoll, wie Rabbi Akiba, der sich in die Welt der Armut begibt und die Rollen tauscht. So wird Geben zum Teilen und führt – trotz Verborgenheit – zur Begegnung.

In diesem Sinne verstehe ich auch den Hinweis auf den Lohn im Himmel: Wer zu Gerechtigkeit und Teilen fähig ist, hat Anteil am Reich Gottes. Wer zur Begegnung über ökonomische Grenzen hinweg in der Lage ist, erfährt ein Stück vom Geheimnis des Reiches Gottes, von der Gemeinschaft mit dem Anderen und mit Gott.

Ich stelle mir vor, wie Rabbi Akiba sich heute verkleidet und sich auf die Parkbank setzt. Zum Schnack mit einigen Obdachlosen. Und ganz unbemerkt die Alditüte liegen läßt. Mit Brot und Käse und Obst. Ich stelle mir vor, wie er sie einzeln aufsucht. Die alten Damen, deren Rente hinten und vorne nicht reicht. Und sein Päckchen fallen läßt. In ihre Einkaufstasche auf Rädern.

Alles Träumereien? Naiv? Ideale, die gegen die maroden Strukturen keine Chance haben? Ja und Nein. Natürlich müssen die Strukturen verbessert werden. Wir müssen mehr darauf acht haben. Es funktioniert nicht mehr von allein, von oben. Die Kriterien sind klar: Ausgleichende Gerechtigkeit, nicht Paternalismus. Schutz für Empfänger und Geberin. Der Gang zum Sozialamt – oder welchem Amt auch immer – darf nicht zur Diskriminierung werden. Wir müssen dafür sorgen, dass die Löcher der Sozialgesetzgebung geflickt werden.

Dafür müssen wir den Anderen wahrnehmen. Wo er oder sie in Not ist. Dafür müssen wir uns aufmachen in die Welt der Anderen. Wie Rabbi Akiba.

Amen.

Ina Willi-Plein

Opa – Enkel

Ungezügelte Stilübungen einer Alttestamentlerin zu Stadt und Land, Opa und Enkel.

I.

Der Großvater Gärtner, der Vater ein Mörder, unruhig, getrieben – und Gründer einer Stadt. Die nannte er nach seinem Sohn – also nach dem Enkel des Großvaters, den ich mir aber nicht als Opa vorstellen kann, den auch sein Enkel, ein kluger Mann übrigens, nicht „Opa" nannte.

Ein paar Generationen weiter war die Familie verzweigter, Viehzüchter und Nomaden, Musiker, Schmiede, Künstler – allesamt outlaws, gewalttätig und genial. Die meisten aber weder Gärtner wie der Großvater – der hatte ja auch schon lange vor der Geburt des Enkels seine Stelle verloren – noch Stadtmenschen wie sein Enkel.

Man kann nicht sagen, dass die Stadt an der zunehmenden Brutalität schuld gewesen wäre, aber doch passte der Enkel besser in die Stadt als in den Obstgarten, in dem der Großvater vor langer Zeit die Großmutter kennengelernt hatte. Die Kinder waren allerdings erst gekommen, als Oma und Opa hatten umziehen müssen – eine spannende Geschichte mit bösen Folgen, aber doch irgendwie lohnend.

Ein Onkel, von dem der Stadtmensch gar nichts wusste, war sehr friedlich gewesen, unauffällig, niemand erinnerte sich später an ihn, er war einfach weg, wie ein flüchtiger Gedanke. Aber Mord bleibt Mord, und der Täter fand keine Ruhe – schon gar nicht in der Stadt, die er gründete.

Ihr Gesetz war die Blutrache – den Tarif kannte jeder, der Clan hielt zusammen, das Zeichen schützte sie. Sie blieben für sich, fahrendes Volk, trafen nur selten die Verwandten, die von den später geborenen Kindern der Großeltern abstammten – Kleinviehzüchter, zwar auch, wenn es sein musste, zu großen Wanderungen bereit, aber nicht so unstet wie die Sippe des Städtegründers. Nicht einmal die Religion hielt sie an einem Ort, obwohl sie auch die bemerkenswert konsequent praktizierten. Aber das ist alles lange her. Es war noch vor der großen Umweltkatastrophe, mit der die Geschichte erst richtig begann.

So spricht der Ursprungsmythos nicht. Er erzählt, wie geworden sein könnte, was es gibt. Der erste Großvater war nie Enkel, aber er wurde Vater. Der erste Sohn hatte keinen Großvater, aber er bekam Enkel. Die erste Stadt wurde gegründet, aber den ersten Garten legte Gott an. Ambivalenzen muss man suchen, wenn man sie finden will. Gott schuf alles, der Teufel kommt in der Erzählung nicht vor, nur ein schlaues Tier, das den Dialog sucht. Mit dessen Frucht beginnt die Welt, wie sie ist.

II.

Die Stadt schützt, das Land steht allen offen.

– Junge Mädchen sind sicherer in der Stadt als auf dem freien Feld.
– Die Stadt ist der Ort der weisen Frauen. „Du willst also eine Stadt und Mutter in Israel zerstören?" – Die Frage der weisen Frau, von der Mauer herunter gerufen, bringt den Belagerer zur Räson. Er will nur noch einen einzigen Kopf. Dafür muß die Frau die ganze Stadt gewinnen – mit der Gewalt ihrer Rede.
– Es hat Städte gegeben, die untergingen, auf immer zerstört, versunken im Meer, das danach selbst tot war. Hätten sie auf den verrückten Fremden gehört, der in ihren Mauern lebte, Gäste aufnahm und schützte und seine Mitbürger vor der Katastrophe warnte, so wäre es anders gekommen. Zehn Gerechte hätten gereicht.

III.

Der Prophet steht dumm da, wenn die sündige Großstadt Buße tut und das Unheil nicht eintrifft, das er angesagt hat. Gott erbarmt sich über die vielen Menschen, die nicht rechts und links unterscheiden können, und auch über das viele Vieh.

Wenn in den Residenzstädtchen die Vornehmen schlemmen, auf Polstern und Elfenbeinbetten liegen, auf ihren Zupfinstrumenten improvisieren und das Elend der kleinen Leute nicht sehen, dann ist der Untergang nahe.

Ja, wenn die Stadt auf Blut und Unrecht erbaut wird, auf Korruption, Rechtsbruch und Gefälligkeitsgutachten, dann müssen die Eliten hören, dass sogar Jerusalem umgepflügt werden muss – nichts wird bleiben als ein Haufen Steine im Unkraut.

Ach, wie liegt die Stadt so verlassen, die voll Volkes war,
ist wie eine Witwe geworden, die Große unter den Völkern,
die unter den Rechtsstaaten Führende ist zwangsarbeitspflichtig!

Aber dennoch:

Juble, Unfruchtbare, die nicht geboren hat,
brich aus in Jubel und jauchze, die nicht in Wehen lag!
Denn die Kinder der Vereinsamten sind zahlreicher
als die Söhne jener, die noch einen Mann hat.

IV.

So singen wir vielstimmig „Tochter Zion, freue dich..." und freuen uns, dass der König auf einem Esel in seine Stadt einreitet.

Und wie sieht die Stadt der verheißenen Zukunft aus?

Es werden noch einmal Greise und Greisinnen auf den Straßen Jerusalems sitzen,
jeder mit seiner Stütze in der Hand wegen des hohen Alters,
und die Straßen der Stadt werden sich füllen
mit Kindern, Jungen und Mädchen, die spielen auf ihren Straßen.

Die Straßen der Stadt, in der Gott wohnt, gehören den Kindern und den Alten. Der Lärm der Kinder freut die schwerhörigen Alten, die mit dem Krückstock zwischen den Knien auf den Bänken sitzen und Geschichten erzählen. Wenn sie gefragt werden, erteilen sie auch den geschäftigen Müttern und Vätern der Kinder bedächtige Ratschläge. Groß und Klein, und natürlich auch Opa und Enkel, sind fröhlich beieinander.

Mit Gen 4; Dtn 22,23–27; 2Sam 20,15–22; Gen 18,32; 19; Am 6,1–8; Mi 3,9–12; Thren 1,1; Jes 54,1 und vor allem mit Sacharja 8,3–5 wünsche ich Wolfgang Grünberg beschauliches Schaffen an seiner Theologie der Stadt.

Hartmut Winde

Heilig – Profan

Gemeinde und Kunst

Wenn L. in die Kirche kam, ging er zuerst leise pfeifend den Mittelgang nach vorn und legte seinen Hut auf den Altar. Dann prüfte er die beiden großen Kerzen, kürzte die Dochte und, falls sie zu tief eingebrannt waren, nahm er sein Taschenmesser und stutzte die Wachsränder. Dann griff er nach seinem Hut und ging in die Sakristei, den Raum unmittelbar hinter Altar und Kanzel. Ich war neu an der Gnadenkirche und verschob meine Kritik lieber auf später, um mich nicht als der neue Meckerfritze einzuführen. Einmal war L. ohne seinen Hut in die Sakristei gegangen. Ich blieb stehen und wartete. Tatsächlich kam er plötzlich und sehr hastig zurück und nahm den Hut. Er sah mich verunsichert an: „Is was? Hat Sie mein Hut dort gestört?" – „Ich frage mich," antwortete ich langsam, „wie lange dieser Altar Ihren Hut aushält. Sie kennen vielleicht diese Geschichte aus dem Alten Testament: Als König David mit großer Anteilnahme seines Volkes die Bundeslade, die wohl so aussah wie dieser Altar, wenn auch nur aus Holz, als er die also nach Jerusalem holen wollte, auf einem von Rindern gezogenen Wagen, scheuten plötzlich die Tiere auf dem Weg, und Usa, der Sohn Abinadabs, griff spontan nach der heiligen Kiste, damit sie nicht vom Wagen fiel. Doch wie von einem Blitzschlag getroffen stürzte Usa zu Boden und starb auf der Stelle. Ein Schock ging durch die ganze Pilgergemeinde." „Aber er tat doch genau das Richtige!", rief L. – „Das meine ich auch," gestand ich und ergänzte: „Aber ich fürchte, das Heilige ist Starkstrom." L. lächelte etwas schief und kniff ein Auge zu. Mir schien, wir hatten uns verstanden.

Auch ich bekam ja meine Lektionen, naturgemäß im Kirchenvorstand. Zunächst aber ließ sich alles recht gut an. Da war z.B. das 75-Jahre-Jubiläum der Kirche mit dem „Buch der Lebenden (in der Gemeinde)" von Rolf Laute, dem späteren Nestor der Malergruppe „Die Schlumper". Das fand begeisterte Aufnahme. Alle damals noch 5.103 Namen der Gemeindemitglieder hatte er in konzentrischen Kreisen auf ein in flammenden Rot- und Gelbfarben präpariertes Nesseltuch von 12 x 10 m (!) geschrieben und in der Apsiswölbung vor den Altar und die Kanzel gehängt (Abb. 12, S. 84). Es war Abend. Scheinwerferlicht lag auf dem Namensbild, auf den Bänken brannten Kerzen, man stand oder wanderte umher. Mit Ferngläsern suchten Familien ihre Namen. Aus der „Missa contemplans" von Klaus Arp, der damals, wie auch Rolf Laute, in der Gemeinde wohnte, erklang das Kyrie und das Sanctus. Wer reden musste, tat es leise. Die Festlichkeit der „Kunst-Liturgie" bannte alles Geräuschvolle und übertrug sich als ein Erlebnis von Stille.

Von nun an entwickelten sich gute Kontakte zu Künstlern, Künstlerinnen und Galerien, nicht zuletzt auch zu Dr. Helmut R. Leppien, Hamburger Kunsthalle. So trafen Eva (meine Frau) und ich auch Harald Frackmann. Für fünf Wochen installierte er hinter unserem Altar ein Retabel von 8x9 m: Schwarz/weiß/graue Ölmalerei und große Schwarz/Weiß-Fotos, teilweise übermalt, das Ganze aufgetürmt bis unter das Steinkreuz auf der Orgel- und Sänger-Empore über der Kanzel (vgl. Wiesbadener Programm für den Bau protestantischer Kirchen). Entsprechend der Titel: „Altarbild: Steinkreuz, Friede der Passion" (Abb. 13, S. 84). Am Eröffnungsabend brannte Feuer im Taufstein. Dieses Altarbild erwies sich aufgrund der erkennbaren Fotodokumentationen von KZ, Krieg und Flucht als Wanderung im finsteren Tal. Psalm 23 nahm ich am ersten Sonntag vor dem Bild für die Gemeinde und mich mit in die Betrachtung. Im Nacken lag mir auch noch der Abend, an dem der Kirchenvorstand den Aufstand probte: Das Bild sollte umgehend abgebaut werden, aus der Kirche verschwinden. Zum Glück waren mein Kollege und ich uns einig: Das Bild bleibt. Es muss aber Verstehenshilfe geboten werden. Der Propst erlegte uns beiden auf, an jedem

Sonntag die Missbilligung der Ausstellung seitens der Mehrheit des Kirchenvorstandes zu Beginn des Gottesdienstes zu verlesen.

Eine Wortwahl aus jenem Streitgespräch blieb länger bei mir haften. Herr K. sagte: „Ich kann über dem Altar, vor dem ich mich verneige, dieses Bild nicht ertragen." Niemanden unter uns Protestanten habe ich je vor dem Altar sich verneigen sehen, auch Herrn K. nicht. Er muss diese Geste als ein für ihn wesentliches inneres Bild verstanden haben. Und das respektierte ich mit Sympathie. Ich nahm mir vor, meine Predigten während der Ausstellung für ihn zu halten, obwohl er nicht erschien, was zu erwarten war. Frackmanns Bild-Ensemble bewegte und polarisierte die Besucher, darunter Künstlerinnen und Künstler, aber auch Pastoren. In jenen Tagen gab mir Eva zwei Zitate zur Orientierung: 1. Simone Weil: „Man darf keinen Trost haben, keinerlei vorstellbaren Trost. Dann steigt die unaussprechliche Tröstung hernieder." (in: „Schwerkraft und Gnade") 2. Edward Albee: „Wenn Kunst anfängt weh zu tun, wird's Zeit, sich zu besinnen." (in „Kiste", ein monologisches Theaterstück).

Ach, ich sehe schon mahnende Zeigefinger in die Höhe gehen, und in gediegen akademischer Wortgewalt werden zum soundsovielten Mal Bedenken angemeldet, dass Theologie und Ästhetik, Kirche und säkulare Kunst weder in kirchlichen Räumen noch gar in Gottesdiensten miteinander verquickt werden dürften. Denn Liturgie und Predigt hätten ihren eigenen Geist, den Heiligen Geist, moderne Kunst aber habe einen anderen Geist, nämlich das Profane. Ja, man müsse um der Würde ihrer Selbstbestimmung willen Kunst und Künstler sogar vor jeder Art kirchlicher Vereinnahmung schützen! – Mir kommen die Tränen. In seinem informativen Buch „Die Kunst und das Christentum" zitiert Horst Schwebel in dem Kapitel „Kunstausstellungen im Kirchenraum" lustige Beispiele solcher erschlagenden Argumentationen, z.B. „Im Grunde ist eine Ausstellung, wo immer sie stattfindet, ein törichtes Unternehmen".[1]

---

[1] Horst Schwebel, Die Kunst und das Christentum, München 2002. 179ff.

Ich möchte nun doch noch darauf hinweisen, dass unser Kirchenvorstand inklusive Pastoren in den 80er Jahren bewusst eine Öffnung des schönen Innenraums der Gnadenkirche zur Mehrzwecknutzung vorgenommen hatte, da für die verschiedenen Aktivitäten nur ein Büro auf der anderen Straßenseite zur Verfügung stand. So wurden in den Seitenflügeln und auf der Empore über dem Eingang die Kirchenbänke entfernt. Dort konnten nun Tische und Stühle stehen zum Kaffeetrinken oder für Gruppentreffen, Gespräche nach dem Gottesdienst, und natürlich für den beliebten Basar am Kirchweihtag. Man lernte sozusagen, angesichts der Präsenz des Heiligen in Gestalt des Altars weltlich zu feiern, auch gelegentlich mit muslimischen Nachbarn.

„Oha! Das wäre ja schon mal eine Herausforderung!" rief Dörte Eißfeldt und ging durch den Mittelgang nach vorn. „Was meinst Du denn?" fragten die schon anwesenden Künstler und Künstlerinnen. Sie antwortete: „Na, wenn man bedenkt, dass hier in dem Stein fast hundert Jahre Gebete stecken, und dafür sollst du eine Idee entwickeln, das ist doch was!" Und es wurde was. Es ging um das Thema „Antependium – das Kleid des Altars". Sieben aus der viel längeren Namensliste derer, die bis dahin für die Gnadenkirche eine Ausstellung erarbeitet hatten, waren der Einladung gefolgt. Und es wurde wieder eine Ausstellung daraus, und zwar diesmal in Verbindung zu einer überregionalen Tagung mit demselben Thema. Abweichend von den Materialien der Paramenten-Werkstätten und der Farbenlehre für das Kirchenjahr schnitt Eißfeldt drei Schwarz/Weiß-Fotos von glitzerndem Wasser in die Form von drei henkellosen Krügen und stellte sie zwischen zwei Glasscheiben in den Maßen der Längsfront des Altars, an den die mit einander verklammerten Scheiben gelehnt werden konnten. In die Mitte der Frontscheibe war das Wort „rot" eingraviert (Abb. 14, S. 84). Der chiffrierte Bezug zu Joh. 2,1ff läßt sich erarbeiten, Assoziationen zu Trinität, Abendmahl, Transsubstantiation liegen nahe. In mehreren Gemeindeveranstaltungen wurde darüber abgestimmt, welches der sieben Antepedien für die Kirche erworben werden sollte. Ergebnis: Das gläserne. Symbolisch wurde es mir zum Geburtstag geschenkt. Zwei Männer waren nötig, das Glasbild am Altar aufzustellen und wieder wegzubringen. Ein Wagen wurde gebaut, um den Transport zu erleichtern.

Nach erfolgter Fusion mit den Nachbargemeinden wurde die Gnadenkirche 2004 der Russisch-Orthodoxen Gemeinde des Moskauer Patriarchats übergeben. Doch diese duldet nur ihre eigenen Bilder. Ungehört verhallten meine Rufe aus dem Ruhestand, für die Schätze aller stillgelegten bzw. vergebenen Kirchen eine Art geheimes Diözesan-Museum zu schaffen, einmal um die Schätze zu schützen, zum zweiten um sie an Interessierte verkaufen zu können. Die vier Evangelisten-Tondos von Verena Vernunft aus den Zwickeln der Gewölbepfeiler wanderten in die Dorfkirche von Kaarßen bei Hitzacker. Das von Rolf Laute wortwörtlich in ein Buch verwandelte „Buch der Lebenden" kam in die St.Pauli-Kirche, wohin auch der Altar überführt wurde. Doch das für ihn so passend bestimmte gläserne Antependium ließen Laientransporteure in Scherben fallen. Die drei Fotos daraus verschwanden. Starkstrom!

Lieber Herr Grünberg,

Sie haben Aufstieg und Fall unseres Projekts „Kunst in der Gnadenkirche" mit freundlichem Blick begleitet und mir die Möglichkeit gegeben, mit Ihren Studierenden den Augensinn als Partner der Sprache für die theologische Arbeit ganz praktisch zu entdecken. Danke! – Und herzlichen Glückwunsch!!

Hartmut Winde mit Eva

Abbildungen:

1. „Buch der Lebenden (in der Gemeinde)" von Rolf Laute. Abb. 12, S. 84.
2. „Altarbild: Steinkreuz, Friede der Passion" von Harald Frackmann. Abb. 13, S. 84.
3. Dörte Eißfeldt zum Thema „Antependium – das Kleid des Altars". Abb. 14, S. 84.

Reingard Wollmann-Braun

Erinnern – Vergessen

Kirchen als Hoffnungsräume für Erinnerung in China

> Als ich fünfzehn war, war mein ganzer Wille aufs Lernen ausgerichtet.
> Mit dreißig Jahren stand ich fest.
> Mit vierzig hatte ich keine Zweifel mehr.
> Mit fünfzig kannte ich den Willen des Himmels.
> Als ich sechzig war, hatte ich ein feines Gehör, um das Gute und das Böse, das Wahre und das Falsche herauszuhören.
> Mit siebzig konnte ich den Wünschen meines Herzens folgen, ohne das Maß zu überschreiten.
> Konfuzius, Lunyu II,4

Wir befinden uns im Land des Lächelns, im Reich der Mitte. Konfuzius wird als großer Lehrer erinnert. Auf Kultur und Tradition wird wieder großen Wert gelegt. Politische Stimmen betonen den Beitrag der Religion zur Gesellschaft. Gemeinden der patriotischen Dreiselbstkirche laden heute Millionen von Christen und auch Ausländer zum Ostergottesdienst ein. Gottesdienstbesucher und Gottesdienstbesucherinnen werden mit einem herzlichen „Jesus liebt dich!" an der Kirchentür begrüßt. Vor siebzig Jahren befand sich China in einer anderen Situation. 1940 herrschte der sino-japanische Krieg. Anschließend flammte der Bürgerkrieg zwischen den Kommunisten und Nationalisten wieder auf. Die Christen waren eine verschwindend kleine Minderheit, die als ‚nicht-chinesisch' angesehen wurden. 1900 waren sie im sogenannten Boxeraufstand verfolgt und Kirchen zerstört worden. Diese abwehrende Stimmung herrschte Mitte des 20. Jahrhunderts weiterhin fort.

Auch Europa erlebte 1940 eine seiner größten Krisen. Es wütete der Zweite Weltkrieg. Noch wurden beispielsweise in St. Jakobi zu Szczecin, derzeit Stettin, protestantische Gottesdienste gefeiert. Erst nachdem 1972 die Zugehörigkeit der zerstörten Kathedrale zur polnischen, katholischen Kirche eindeutig war, wurde sie rekonstruiert. Damit wurde die politische Katastrophe jedoch nicht dem Vergessen preisgegeben. Das Besondere an der Erinnerungskultur im Kirchenraum von St. Jakobi ist einerseits das grenzüberschreitende Gedenken. In dieser Kirche, die in ihrer Geschichte Menschen verschiedener Nationalitäten und Konfessionen als Gotteshaus diente, wird heute nicht nur der eigenen Toten gedacht, sondern auch der fremden Toten. Andererseits war in ihr ein Gedenken der politischen Opfer möglich. Menschen erlebten St. Jakobi in der politischen Krise kommunistischer Herrschaft als Ort der Freiheit.

Erinnern in St. Jakobi zeugt von der Symbolkraft des Kirchenraums in der Stadt, nicht nur als Raum der Hoffnung, in dem Menschen in einer Atmosphäre gegenseitiger Anerkennung einander begegnen und vergeben können, sondern auch als „Kainsmal" (1. Mose 4, 15).[1] In ihr stehen Menschen unter dem Schutz Gottes. Sie kann zum Ort der Anerkennung eigener Schuld und der Annahme von Gott und dem oder der Nächsten werden. Die vom christlichen Glauben getragene Memoria passionis, die Erinnerung nicht nur an die eigenen verstorbenen Opfer, sondern mit Mt 25, 40 auch an die Toten und Opfer der Anderen, zeigt eine besondere Kraft christlichen Erinnerns. Die Gedenkkultur St. Jakobis stellt exemplarisch das integrative Potential von Kirchenräumen in politischen Krisen dar. Christliches Erinnern eröffnet aus rechtfertigungstheologischer Perspektive die Möglichkeit, in der Erinnerung des Leids das der Anderen nicht zu vergessen und damit gemeinsam in eine offene Zukunft zu gehen. Das Potential christlicher Erinnerungskultur liegt in dem Hoffnungsraum, den die Kirche in ihren Erinnerungsräumen und Ritualen der Taufe und des Abendmahls schaffen kann.[2]

Lässt sich eine ähnliche Symbolkraft der Kirchen in China finden? Seit der sogenannten Öffnung und Reform 1978 unter Deng Xiaoping werden hier Kirchen unter nach wie vor strikter kommunistischer Herrschaft renoviert oder gar gebaut. Wenn auch in einem anderen Kontext, so lässt sich wie in Polen auch in China vor kommunistischem Hintergrund die Frage nach der Erinnerung im Kirchenraum stellen.

Mit dem Ende des Bürgerkriegs 1949 begann die kommunistische Herrschaft unter Mao Zedong und führte zur Kulturrevolution (1966–1976), in der sich die Situation Gläubiger drastisch verschlechterte. Kirchengebäude wie auch Tempel und Klöster anderer Religionen wurden geschlossen, umfunktioniert oder gar zerstört. Mit der sogenannten politischen Öffnung erfuhr auch das Christentum 1978 einen Aufschwung. Die alten Kirchengebäude wurden rekonstruiert. Heute werden wieder Kirchen, sehr große sogar, gebaut. Geht von diesen Kirchen im gegenwärtigen kommunistischen und doch marktwirtschaftlich-global orientierten China eine Symbolkraft aus? Sind sie eindeutig Erinnerungsorte oder indirekte Zeugen der krisenreichen Geschichte? Erinnerung ist im heutigen China ein ambivalentes Thema. Das zeigen bereits exemplarische Beobachtungen und Erfahrungen nach einem dreijährigen Aufenthalt in Xi'an. Erinnerung ist zwar wieder ‚in'. Die neugestalteten Plätze zum Flanieren um die alte Wildganspagode schmücken Skulpturen, die an die alten chinesischen Dichter und Philosophen, Musiker und die heilende Kunst chinesischer Medizin erinnern. Am Wochenende ist der Eintritt in städtische Museen, die von der chinesischen Hochkultur zeugen, frei. Das öffentliche Gedenken des Vorsitzenden Mao auf dem Platz des Himmlischen Friedens in Peking setzt sich bis in die Xi'aner Taxis fort. Dort lassen sich kleine Andenken an den 1976 verstorbenen ‚großen Steuermann' finden.

---

[1] Vgl. Wolfgang Grünberg, Kainsmale der Stadt. Kirchen als Orte des Heiligen und des Schutzes, in: Ders. in Zusammenarbeit mit Alexander Höner, Wie roter Bernstein, München 2008, 447–468, 463–465.

[2] Vgl. näher dazu Reingard Wollmann-Braun, Gemeinsam Gedenken wagen. St. Jakobi zu Szczecin/Stettin als Beispiel christlicher Erinnerungskultur, Kirche in der Stadt, Bd. 16, Berlin 2010.

Der ‚Grabkehrtag' im Frühling, an dem für die Verstorbenen Papiergeld und alles, was dem Leben der Ahnen im Jenseits dienen könnte, verbrannt wird, wurde zum öffentlichen Feiertag erklärt. Das Gedenken soll die Verstorbenen versorgen und die Hinterbliebenen als gute Kinder erweisen und diese unterstützen. In den Kirchen wird dieser meritorische Brauch als heidnische Magie zurückgewiesen. Das Totengedenken, vor allem das verstorbener Opfer, spielt sich offenbar primär in der privaten Dimension gesellschaftlichen Lebens ab. Anders als im einst kommunistischen Polen können die Kirchen in China keinen Ort der Freiheit für alternative Meinungen zur politischen Leitlinie darstellen. Sie kämpfen im Wesentlichen um ihr eigenes Bestehen und wollen ihren Beitrag zur Harmonie demonstrieren.

Erinnerung ist selektiv. Vor allem öffentlich inszeniert dient sie einem bestimmten Zweck und hat oftmals eine ideologische Zielsetzung. Das wird in China, wenn auch vor dem Hintergrund kultureller Gegebenheiten wie beipielsweise der Angst des ‚Gesichtsverlustes', besonders deutlich. Nur bestimmte Ereignisse und Menschen sollen und dürfen nach dem Willen der führenden Ideologen aus Staats- und Parteiführung erinnert werden: Diejenigen, deren Gedenken dem Aufbau einer harmonischen, d.h. konfliktfreien, Gesellschaft dient und die einstige, wiederzuerlangende Größe Chinas vor Augen führt. Die Infragestellungen dieser Harmonie werden offensichtlich bewusst ignoriert und schließlich dem Vergessen übergeben. Den Kirchen wird als Erinnerungsräumen noch keine Chance gegeben. Von Traditionalisten und Nationalisten wurden sie in Zeiten kultureller und politischer Abschottung, und werden sie partiell auch noch heute, als Symbole politischer Überfremdung durch den Westen wahrgenommen. Gleichzeitig zieht ihre Botschaft des Familienbande überschreitenden christlichen Glaubens nicht nur ältere, sondern auch junge Menschen immer von neuem an. Die Kirchen wachsen in den Millionenstädten und gestalten in Nachbarschaften ohne Kirchtürme und Glockengeläut die Stadt. Die Kirchenräume erinnern so im Verborgenen inmitten einer kommunistischen und zunehmend nur noch vom Wert der Ware geleiteten, Atheismus propagierenden Welt an die Möglichkeit des Lebens in Freiheit, in dem sie den gekreuzigten und auferstandenen Christus verkündigen.

Das Evangelium wird um des eigenen Bestehens willen im Kleid des Patriotismus verbreitet. Aber in der Begeisterung von der christlichen Botschaft und Glaubensstärke der einzelnen Christen und Christinnen lässt sich die Hoffnung auf ein anderes China spüren, das nicht allein den oder die Einzelne im Blick hat, sondern auch die Anderen. Die Kirchen sind darum Hoffnungsräume. Es bleibt aber offen, wann und ob sie überhaupt in China zu „Kainsmalen der Stadt" werden können. Vielleicht in nochmals siebzig Jahren, wenn mehr Menschen nach rechtem Maß den Wünschen ihres Herzens folgen? Jedenfalls braucht es für eine gemeinsame, hoffnungsvolle Zukunft von Europa bis Asien weiterhin die oft zu Umbruchszeiten geborenen, mutigen Pioniere, die – wie der Jubilar – im christlichen Glauben Erinnerung wagen.

Tobias Woydack

Protz – Kotz

Persönliche Wahrnehmungen zur Hamburger Stadtplanung

„Vom lieben Gott, der über die Erde wandelte

Es begab sich einmal, als der liebe Gott wieder über die Erde wandelte, dass es dunkel wurde und er am Hause des reichen Mannes anklopfte und um ein Nachtlager bat. Doch der reiche Mann erkannte nicht, wer da vor ihm stand, und so antwortete er: „Tritt herein, unbekannter Fremder, das ist wohlgetan, dass du bei mir anklopfst. Gleich werde ich dir das schönste Bett im ganzen Haus herrichten lassen, darf ich dich in der Zwischenzeit mit feinem Backwerk und köstlichen Weinen bewirten?" Da gab sich der liebe Gott zu erkennen und sprach erfreut: „Dein Angebot ist sehr freundlich, reicher Mann. Die letzten Male, da ich über die Erde wandelte, musste ich nämlich immer beim armen Mann absteigen. Und da hat es mir, ehrlich gestanden, gar nicht gefallen, bei dem war alles – unter uns gesagt – doch erschreckend ärmlich."

Nach diesen Worten aber schmausten und tranken die beiden nach Herzenslust, und es wurde noch ein richtig netter Abend."[1]

Wie satirisch ist diese Geschichte von Robert Gernhard eigentlich wirklich? Ich lebe und arbeite in einem Stadtteil, der „erschreckend ärmlich" ist. Es ist nicht diese Armut, in deren Schatten die Sehnsucht nach Veränderung blüht und sich zum Beispiel in künstlerischer Auseinandersetzung ausdrückt, wo das Leben bunt ist, weil unterschiedliche soziale Milieus sich gegenseitig bereichern. Es ist diese Art von Armut im Ghetto, die stumpf werden lässt, die sich in den Gesichtern der Kinder ausdrückt, weil sie intuitiv wissen, dass ihre Chancen schlechter sind als die anderer. Es ist diese Art von Armut, die zwar überlebt, weil sie zu essen und zu trinken hat – aber eben nicht mehr. Hier geht es nicht mehr darum, ob Sorge um das täglich Brot verbrämt oder man zu leichtfertig mit allem umgeht – hier geht es um Resignation und Abstumpfung. Es stimmt schon, von „den Reichen und Schönen" zu reden – die Armen sehen sich auch innerlich nicht „schön" an – und das wiederum sieht man ihnen an. Die Mitglieder einer Familie, die sich in der zweiten oder dritten Generation darauf eingerichtet hat, von staatlichen Sozialleistungen leben zu müssen, kommen da nicht mehr raus; zumindest ist der Weg sehr schwer. In unserer Kita haben 1/3 der Kinder einen Ganztagesgutschein, weil das Jugendamt denkt, dass die Kinder bei uns besser aufgehoben sind als zu Hause. Und das Jugendamt hat recht.

Um nicht missverstanden zu werden: Ich bin sehr gerne hier. Es ist ein wunderbares Arbeitsfeld. Die Menschen sind freundlich und sehr dankbar, und man merkt schnell, warum und wofür man als Pastor in so einem Stadtteil arbeitet. Ich liebe diese Menschen, weil sie einem nichts mehr vormachen. Sie versuchen, das Beste aus ihrer Situation zu machen und mit den täglichen Herausforderungen umzugehen. Sie kämpfen um ihre Hartz-IV-Bescheide und das, was ihnen in der sozialen Marktwirtschaft zusteht. Und natürlich sind nicht alle so – es gibt rudimentäre Reste einer Mittelschicht, die sich mit dem Beginn des Quartiers hier angesiedelt hat und geblieben ist. Die sich einsetzen und engagieren, die die Quartiersentwicklung einfordern und versuchen, ihren Beitrag zur Lösung der Probleme beizutragen.

Ein großer Erfolg dieser Gruppe ist es, dass es seit 1 ½ Jahren einen neuen Metrobus in unserem Quartier gibt. Als das Viertel Anfang der 70er

---

[1] Aus: Robert Gernhardt, Die Blumen des Böhmen, Frankfurt / Main 1977

errichtet wurde, war eine U-Bahn-Linie geplant – dafür reichte dann das Geld aber nicht mehr und die Planungen wurden eingestellt. Die 14 000 Menschen, die hier auf 1,76 km² wohnen, kommen nur mit dem Bus oder dem eigenen Auto hinaus und wieder herein in ihr Ghetto. Man kann mir erzählen, was man will, Bus fahren hat eine deutlich andere Lebensqualität als U- oder S-Bahn-fahren. Vor dem Metrobus gelangte man in die Innenstadt nur über Umwege, mit Umsteigen und Wartezeiten. Nun haben wir also diesen Metrobus, der eine direkte Verbindung herstellt – und wo fährt er hin?

In die Hafencity! Ausgerechnet. Jener Stadtteil Hamburgs, der wie unserer vor 40 Jahren nicht über einen langen Zeitraum gewachsen sein wird, sondern am Reißbrett geplant wird. Aber mit gänzlich anderen Voraussetzungen: Die Hafencity liegt fußläufig zur Innenstadt und bekommt trotzdem eine eigene U-Bahnlinie. Dort werden die Versprechen auch tatsächlich eingelöst. Sie wird mit der Elbphilharmonie, mit der Hafencity-Universität und einigem mehr von Beginn an zu einem kulturellen Zentrum ausgebaut, Geld scheint für diesen neuen Stadtteil keine Rolle zu spielen. Einerseits wirkt es so, als wollte man die Fehler der Vergangenheit nicht wiederholen – andererseits fragt man sich schon, wofür in dieser Gesellschaft finanzielle Spielräume da sind, und wofür nicht.

Ich selbst gehe und staune gerne durch die Hafencity. Und trotzdem: Es bleibt immer ein mehr als schaler Nachgeschmack. Was ist das Interesse der Stadtplanung? Offensichtlich nicht so etwas soziale Gerechtigkeit, offensichtlich nicht in erster Linie, möglichst allen Menschen (gleich-)gute Lebensmöglichkeiten zu schaffen. Die engagierten Menschen in unserem Stadtteil kämpfen seit zig Jahren für ein Bürgerhaus. Für einen lebendigen Ort, um Feste feiern zu können, für Veranstaltungen, mit Stadtteilbüro und sozialen Beratungsstellen an einem zentralen Anlaufpunkt. Nun scheint es tatsächlich zu kommen, das ist großartig und dringend nötig – aber was war das für ein Kampf und für ein Weg. Wie schwierig war die Finanzierung – und es darf die Stadt eigentlich auch in Zukunft bloß nichts mehr kosten. In der Hafencity sind in der Hälfte der Zeit gefühlt 500 Bürgerhäuser fertig gebaut worden. Von den sonstigen Kämpfen für Mittel und Stellen gegen Sparzwänge gerade im sozialen Bereich gar nicht zu reden. Aber woher kommt es, dass eine Gesellschaft so mit ihren Ressourcen umgeht? Dass sie nicht die gleichen Möglichkeiten, wie sie sie für die Hafencity bereitstellt, auch für die anderen schon vorhandenen Quartiere, wo es Not tut, selbstverständlich zur Verfügung stellt? Vielleicht deshalb, weil es beim armen Mann so erschreckend ärmlich ist …

Jetzt wird es wohl doch ein wenig moralinsauer. Und vielleicht muss es das auch. Denn manchmal, wenn man die Schere zwischen Arm und Reich so deutlich sieht und fühlt, und auch klar ist, dass sie immer weiter aufgehen wird – dann kann einem schon im Sinne der Überschrift ganz anders werden.

Das biblische Gegenstück zu der Geschichte von Robert Gernhardt ist die Geschichte vom reichen Mann und armen Lazarus aus Lukas 16, 19–31. Es ist ein Märchen – und es lebt davon, dass es die Umkehrung der irdischen Verhältnisse und Ungerechtigkeiten ausmalt: Wer auf Erden leiden muss und wem die Gerechtigkeit hier versagt bleibt, der wird sie im Himmel erlangen. Und wer hier auf Erden reich (und damit wohl auch automatisch ungerecht) war, der wird im Himmel und in der Ewigkeit darben und leiden. Ich bin nicht sicher, ob es so sein wird. Ich bin auch nicht sicher, ob es so klug ist, diese Geschichten zu erzählen – denn vielleicht sind sie eher geneigt, der Lethargie Vorschub zu leisten. Auf der anderen Seite sind sie unsagbar tröstlich, für viele in unserem Quartier. Und man kann sich ausmalen, wie es hier auf Erden aussehen würde, wenn wir bereits anfingen, etwas davon in die Tat umzusetzen. Wie es sein wird, wenn der „Herr die Gefangenen Zions befreit, und wir sein werden wie die Träumenden". Eben nicht den Klassenkampf von unten zu befeuern – sondern gemeinsam von der Hoffnung träumen und sie so auch immer schon ein Stückchen zu realisieren. Das wäre wohl der Weg … Und vielleicht kommt dann eines Tages Gott zum reichen Mann, und findet dort auch den armen Mann – und es wurde zu dritt ein richtig netter Abend.

Matthias Wünsche

Normal – Besonders

Citykirchen als Normalfall der Volkskirche

Vor nicht allzu langer Zeit bat das Geburtstagskind den Verfasser mit der ihm eigenen Überzeugungskraft – zwar „ohn' Macht", aber doch „mit viel List" –, mit ihm zusammen einen Anderen zu ehren. Keine leichte Aufgabe, aber des Freundes herrliche Hartnäckigkeit entließ nicht aus der Pflicht, etwas zu Papier zu bringen. Entstanden sind die wenigen Worte nach einem Telefonat, in dem mündlich „ins Unreine" gesprochen wurde, was im Folgenden zu Papier gebracht wird. Ohne damals schon zu wissen, unter welches Motto seine Geburtstagsgabe stehen sollte, sind *Gegensatzpaare* entstanden, die sich im Verlauf von nunmehr 10 Jahren Arbeit an der Offenen Kirche St. Nikolai immer wieder haben beobachten lassen. Sie erheben keinerlei Anspruch auf Vollständigkeit, geschweige denn sind sie akademisch reflektiert. Er hat sie in einem seiner Aufsätze aufgenommen und kommentiert – klug und kompetent, wie immer.[1] Dem Freund und spiritus rector Wolfgang Grünberg sei auf diesem Wege im Namen des Sprecherrates der Citykirchenkonferenz und aller Teilnehmenden dieser Konferenzen für mehr als 20 Jahre Entwicklung, Reflexion und Begleitung der Citykirchenarbeit in Deutschland und Europa von Herzen gedankt.

Citykirchen existieren in einem immer wieder zu beobachtenden Zwischenstadium der Gemeindeformen. Diese Erfahrung und die damit verbundenen Probleme haben nicht wenige Citykirchenkonferenzen der letzten Jahre bestimmt. Das Impulspapier der EKD „Kirche der Freiheit" aus dem Jahre 2006 attestierte ihnen zum ersten Mal eine beachtliche Zukunft in der Gemeindelandschaft der EKD, ja, erklärte sie nachgerade zu einem der wenigen überlebensfähigen Modelle.[2] Andererseits werden sie von den Kritikern dieses Impulspapiers wenig freundlich bedacht. Exemplarisch ist das bei G. Thomas nachzulesen. Er schreibt: „Die zweifelhafte Auszeichnung einer ‚Milieuverengung' kommt im EKD-Impulspapier nur den Ortsgemeinden zu – wobei wohl übersehen wird, dass sich Profilgemeinden (soziologisch betrachtet) doch gerade die Milieuverengung auf die Banner geschrieben haben! ... Wer einmal in einer Kulturkirche war, wer die Besucher einer Citykirche beobachten konnte ..., der weiß, was die im Zukunftspapier nur den Ortsgemeinden angehängte ‚vereinsmäßige Ausrichtung mit deutlicher Milieuverengung' ist."[3]

Dem gegenüber sei aus der „Kirchentheorie" des Kieler praktischen Theologen Reiner Preul zitiert, was dieser zur Volkskirche ausführt: „Das Konzept der Volkskirche steht und fällt nicht damit, dass alle ihr zugehören, sondern *dass sie sich auf alle, die ihr zugehören, einstellt*."[4] Interessant ist eine der Konsequenzen, die diese Ausrichtung nach sich zieht. Das Programm der (volks)kirchlichen Arbeit „darf sich in [seinem] Angebot *nicht* an einer bestimmten Bildungsschicht orientieren", es muss in vielerlei Hinsicht ein „differenziertes Angebot" sein.[5] Genau das leisten die Citykirchen – darum die *These*:

Die Citykirche ist kein *Sonderfall*, sondern der *Normalfall* der Volkskirche.

---

[1] Wolfgang Grünberg, Die Citykirche als Ernstfall der Volkskirche, in: B.-M. Haese/U. Pohl-Patalong (Hg.), Volkskirche weiterdenken. Zukunftsperspektiven der Kirche in einer religiös pluralen Gesellschaft, Stuttgart 2010, 93–107

[2] Kirche der Freiheit. Perspektiven für die Evangelische Kirche im 21. Jahrhundert. Ein Impulspapier des Rates der EKD, Hannover 2006, 19 und u.a. 53–57 (2. Leuchtfeuer), 59–61 (3. Leuchtfeuer)

[3] G. Thomas, 10 Klippen auf dem Reformkurs der Evangelischen Kirche in Deutschland. Oder: warum die Lösungen die Probleme vergrößern, EvTheol 67, 2007, 361–387; 364.

[4] R. Preul, Kirchentheorie. Wesen, Gestalt und Funktion der Evangelischen Kirche, Berlin/New York 1997, 184 (Hervorhebung im Original)

[5] a.a.O., 185

Begründung:
An kaum einem anderen Ort kommen mehr *Gegensätze* – anders gesprochen: Differenziertes – zusammen als hier.

1. Einerseits bieten Stadt- bzw. Citykirchen – im tatsächlichen bzw. mentalen Zentrum der Stadt gelegen – einen *öffentlichen* Raum für unterschiedlichste Bedürfnisse – andererseits verhalten sich die Besucher/Nutzer sehr *privat*. Eine Kerze anzuzünden oder sich in den „Raum der Stille" zurückzuziehen geschieht schon einmal durch „Kirchennutzer" mitten während einer öffentlichen Veranstaltung, ja, während eines Gottesdienstes. Die „Vielgestaltigkeit" des Raumes, seine bewusst hergestellte Heterotopie, wird völlig unbefangen ausgenutzt – für das Öffentliche ebenso wie für das Intim-Private. In diesem Sinne ist eine Citykirche ein *missionarischer* Ort sondergleichen.
2. Einerseits ist das „Publikum" unter der Woche, ist die sonntägliche Stadt-Gemeinde, sind die Besucherinnen und Besucher der Veranstaltungen eher dem *hochkulturellen* Bereich zuzuordnen – andererseits treffen sich u.a. in den ersten Öffnungsstunden auch die, die zum sog. *„Prekariat"* gerechnet werden. Berührungsängste werden Mal über Mal abgebaut – und das zeigt sich besonders *in* den Gottesdiensten, in denen sich beide Bereiche mischen. „Wärmeraum für die erkälteten Seelen" ist eine Citykirche allemal – und das für alle! In diesem Sinne ist eine Citykirche ein *diakonischer* Ort sui generis!
3. Einerseits gestaltet sich der Gottesdienst im besten Sinne *traditionell* mit hoher liturgischer Präsenz – andererseits bieten die unterschiedlichen Stadtfeste, Gedenktage und Sondergottesdienste immer und immer wieder die Möglichkeit zur *experimentellen* Ausformung. Frauenwerk, Jugendwerk, Kirchlicher Dienst in der Arbeitswelt, diese Einrichtungen, die sich an der Citykirche versammeln, stehen dafür. In diesem Sinne ist eine Citykirche ein *kultureller* Ort eigener Güte!
4. Einerseits gibt es die *offensichtlichen* Zeichen und Symbole der Stadt-Begleitung in Gestalt vielfältiger Gottesdienste zum städtischen Fest- und Trauerkalender. Aber ebenso wirksam sind auch die hintergründigen, eher *verborgenen* Gesten. Als nach über 100 Jahren das Karstadthaus am Alten Markt, unmittelbarer Nachbar der Nikolai-Kirche, geschlossen wurde, gab es zum Abschied für 15 Minuten das Totengeläut. Ohne dass diese Geste in irgendeiner Weise angekündigt wurde, haben sie der Karstadt-Chef und die Presse verstanden. In der Online-Ausgabe der Lokalzeitung hat eine Kommentatorin es auf den Punkt gebracht: „Das Geläut hatte was Politisches!" Und beste Bestätigung war eine wenige Tage später eintreffende Postkarte, mit der sich ein langjähriger Mitarbeiter des Warenhauses für diese Geste bedankte. Diese Geste war ausreichend – der Kirchliche Dienst in der Arbeitswelt hatte Wochen zuvor versucht, mit dem Betriebsrat die Möglichkeit bzw. Notwendigkeit eines Gottesdienstes für die Mitarbeitenden auszuloten. Der Plan wurde von beiden Seiten zu diesem Zeitpunkt als nicht notwendig verworfen. Das Geläut hat gezeigt: eine Citykirche ist ein symbolischer Ort der selbstverständlichen Art!

Schlussfolgerung:
Citykirchen sind Orte, in denen das *gesamte* volkskirchliche Spektrum zusammenkommt – manchmal zu unterschiedlichen Zeiten, je länger je mehr aber auch zeitgleich. Das parochiale Prinzip im engeren Sinne ist durch den „Nutzen" aufgehoben. Es gelten hier nicht mehr traditionelle oder zugewiesene Gemeindegrenzen, sondern die Erfahrung: die *Stadt ist die Gemeinde*. Es wäre viel gewonnen, wenn sich eine solche Einsicht auch in den kirchenleitenden Gremien durchsetzen würde. Es wäre viel gewonnen, müssten die Verantwortlichen an Citykirchen nicht Jahr um Jahr ihre Existenzberechtigung gegenüber den Quartiersgemeinden nachweisen. In manchen Regionen der Republik ist es – leider – immer noch so. Noch einmal: *Hier*, an und in den Citykirchen, lässt sich Volkskirche in all ihren Facetten studieren. Das lohnt sich – und bleibt spannend.

Eine Auswahl aus unserem Verlagsprogramm:

Reihe: *Kirche in der Stadt*

H. Dannowski, W. Grünberg, M. Göpfert, G. Krusche (Hg.)
Bd. 1: Erinnern und Gedenken
Mit Beiträgen aus Coventry, Dresden, Hamburg,
Hannover, Kassel und Rotterdam
97 Seiten, ISBN 3-927043-15-X / vergriffen

H. Dannowski, W. Grünberg, M. Göpfert, G. Krusche (Hg.)
Bd. 2: Religion als Wahrheit und Ware
Mit Beiträgen von W.-D. Hauschild, H.-J. Höhn,
G. Kehrer, T. Koch, D. Reeves
73 Seiten, ISBN 3-927043-16-8 / vergriffen

H. Dannowski, W. Grünberg, M. Göpfert, G. Krusche (Hg.)
Bd. 3: Die Armen und die Reichen
Soziale Gerechtigkeit in der Stadt
94 Seiten, ISBN 3-923002-76-9

Dannowski, Grünberg, Göpfert, Krusche, Meister (Hg.)
Bd. 4: Götter auf der Durchreise
Knotenpunkte des religiösen Verkehrs
116 Seiten, ISBN 3-923002-75-0

Dannowski, Grünberg, Göpfert, Krusche, Meister (Hg.)
Bd. 5: Citykirchen
Bilanz und Perspektiven
219 Seiten / ISBN 3-923002-92-0 / vergriffen

Dannowski, Grünberg, Göpfert, Krusche, Meister (Hg.)
Bd. 6: Kirchen - Kulturorte der Urbanität
218 Seiten / ISBN 3-930826-06-2 / vergriffen

Dannowski, Grünberg, Göpfert, Krusche, Meister (Hg.)
Bd. 7: Fremde Nachbarn
Religionen in der Stadt
261 Seiten, ISBN 3-930826-21-6

S. Borck, G. Groß, W. Grünberg, D. Werner, T. Becker (Hg.)
Bd. 8: Hamburg als Chance der Kirche
Arbeitsbuch zur Zukunft der Großstadtkirche
Vorwort Bischöfin M. Jepsen. 2. erw. Neuauflage
363 Seiten, ISBN 3-930826-36-4

Dannowski, Groß, Grünberg, Göpfert, Krusche, Meister (Hg.)
Bd. 9: Gott in der Stadt
Analysen - Konkretionen - Träume
264 Seiten, ISBN 3-930826-42-9

F. Green, G. Groß, R. Meister, T. Schweda (Hg.)
Bd. 10: um der Hoffnung willen
Praktische Theologie mit Leidenschaft.
Festschrift für Wolfgang Grünberg
390 Seiten, ISBN 3-930826-68-2

F. Brandi-Hinnrichs, A. Reitz-Dinse, W. Grünberg (Hg.)
Bd. 11: Räume riskieren
Reflexion, Gestaltung und Theorie in evangelischer Perspektive
282 Seiten, ISBN 3-930826-98-4 / *2. Auflage*

F. Brandi-Hinnrichs, A. Reitz-Dinse, W. Grünberg (Hg.)
Bd. 12: stadt - plan
Sichtweisen auf Hamburg
205 Seiten, ISBN 3-936912-24-6

Tobias Woydack
Bd. 13: Der räumliche Gott
Was sind Kirchengebäude theologisch?
Der Gottesbezug der Menschen ist nicht nur zeitlich – als
Kairos der Gottesbegegnung – zu denken, sonder mit gleichem Recht auch räumlich. *2. Auflage*
247 S., kart., ISBN 978-3-936912-20-3

Friedrich Brandi-Hinnrichs, Wolfgang Grünberg, Annegret Reitz-Dinse (Hg)
Bd. 14: Verstecke Gottes
zwischen Kultur und Religion
284 S., kart., ISBN 978-3-936912-98-2

Erika Grünewald
Bd. 15: Kunstgeschichte und Kirchenpädagogik.
Ungelöste Spannungen
Zunächst durch ihre Wurzeln in der DDR geprägt, erfuhr
die Kirchenpädagogik einen inhaltlichen Wandel durch
die Symboldidaktik. Wie findet sie zu einem angemessenen
Umgang mit Kunstwerk und Kirchenraum?
361 S., kart., ISBN 978-3-86893-021-4

Reingard Wollmann-Braun
Bd. 16: Gemeinsam Gedenken wagen
*St. Jakobi zu Stettin/Szczecin als Beispiel
christlicher Erinnerungskultur*
Eine Kapelle als Ort des Gedenkens an das vergangene Leid
wird zur räumlichen Aufforderung nach der Gelegenheit zu
suchen, die Last gemeinsam zu tragen und nicht erneut gegeneinander auszutragen.
ca. 280 S., kart., ISBN 978-3-86893-022-1

Reihe: *Urbane Theologie*

Olaf Meyer
Bd. 1: Vom Leiden und Hoffen der Städte
Öffentliches Gedenken an die Kriegszerstörungen in Dresden, Coventry, Warschau und St. Petersburg
308 S., kart., ISBN 978-3-930826-14-8

Sebastian Borck, Gisela Groß, Uta Pohl-Patalong, Dietrich Werner (Hg.)
Bd. 2: Ökumenisches Lernen von Stadt zu Stadt
286 S., kart., ISBN 978-3-930826-57-5

Reihe: *Lernort Gemeinde*

Uta Pohl-Patalong (Hg.)
Religiöse Bildung im Plural
Konzeptionen und Perspektiven
Grundlegende Entwürfe. Religiöse Dimension als integraler Bestandteil von Bildung.
254 Seiten, ISBN 3-930826-89-5

Uta Pohl-Patalong (Hg.)
Kirchliche Strukturen im Plural
Analysen, Visionen und Modelle aus der Praxis
Aktuelle Konzeptionen, wie die Kirche aussehen könnte und Modelle, die bereits erprobt sind. Positionen und Ideen. Wertvolle Hilfestellung für alle, die sich für die Zukunft der Kirche engagieren.
263 Seiten, ISBN 3-936912-03-3

Reihe: *Gemeinde gestalten*

R. Hübner, E. Langbein
Biblische Geschichten in der Konfirmandenarbeit
leibhaft glauben lernen. Modelle mit Ansatz des Bibliodramas und des Bibeltheaters.
238 Seiten, ISBN 3-923002-90-4

J. Bode, R. Dabelstein
Biblische Geschichten in der Erwachsenenarbeit
Gruppen erschließen sich die Bibel mit unterschiedlich methodischen Zugängen.
180 Seiten, ISBN 3-930826-18-6

B. Gruebner, I. Kleen (Hg.)
Wurzeln und Flügel
Religion und Glaube für Kinder - Praxismodelle und Ansätze in der gemeindlichen Arbeit mit Kindern. Methoden. Orte der Begegnung: Kindertagesstätten, Kindergottesdienst, Kindergruppen, Projekte generationsübergreifend
206 Seiten, ISBN 3-930826-60-7

Axel Klein
Musicalisch Befreiung erleben
Biblische Geschichten in der Arbeit mit Jugendlichen
Konzepte und Modelle der Musicalentwicklung mit Jugendlichen an den Beispielen: Der verlorene Sohn, Die Heilung des Gelähmten, ...
150 Seiten, ISBN 3-930826-76-3

Reihe: *Christlicher Glaube in der Einen Welt*

Bärbel Fünfsinn, Carola Kienel (Hg.)
Psalmen leben
Frauen aus allen Kontinenten lesen biblische Psalmen neu
270 Seiten, ISBN 3-930826-79-8

Nelson Kirst, Ari Knebelkamp, Hans Trein
Christlicher Gottesdienst
Geschichte, Theologie und Gestaltung –
Impulse aus Lateinamerika.
170 Seiten, ISBN 3-930826-85-2

Dietrich Werner
Wiederentdeckung einer missionarischen Kirche
Breklumer Beiträge zur ökumenischen Erneuerung
540 S., kart., ISBN 978-3-936912-25-8

Franz Brendle (Hg.)
Runder Tisch der Religionen in Deutschland
Gemeinsam beten?
Interreligiöse Feiern mit anderen Religionen
Grundsätzliche Überlegungen von Repräsentanten der großen Religionsgemeinschaften. Auch Darstellung unterschiedlicher Positionen innerhalb der einzelnen Religionen und Konfessionen.
227 S., Geb., ISBN 978-3-936912-71-5

Klaus Lefringhausen, Jörgen Nieland (Hg.)
Schritte zur Kultur des Miteinanders
Ein Dialog über den Dialog
Wie schaffen wir es, die ethnische, kulturelle und religiöse Vielfalt der Gesellschaft im Zeitalter nationalen und globalen Wandels zukunftsfest zu gestalten?
191 S., kart., ISBN 978-3-936912-79-1

Siegfried von Kortzfleisch, Wolfgang Grünberg, Tim Schramm (Hg.)
Wende-Zeit im Verhältnis von Juden und Christen
Eine Ringvorlesung zur „Woche der Brüderlichkeit" 2009 an der Universität Hamburg mit dem Titel „Juden und Christen im Dialog".
372 S., kart., ISBN 978-3-86893-008-5

Reihe: *Netzwerk Kirche*

Wolfgang Nethöfel, Klaus-Dieter Grunwald (Hg.)
Bd. 1: Kirchenreform jetzt!
Projekte - Analysen - Perspektiven
Theoretiker und Praktiker stellen Kirchenreformprojekte vor: von der Gemeindearbeit mit neuen Zielgruppen über das kirchliche Gebäudemanagement bis hin zur Verwaltungsreform einer Landeskirche. Eine Vernetzung kirchlicher Reformaktivitäten. *2. Auflage*
388 S., kart., ISBN 978-3-936912-31-9

Wolfgang Nethöfel, Gerhard Regenthal (Hg.)
Bd. 2: Christliche Identität profilieren
Corporate Identity im kirchlichen Bereich
Leitbildentwicklungen, Struktur- und Organisationsveränderungsprozesse, Qualitätsentwicklung, Personalentwicklung und Öffentlichkeitsarbeit werden miteinander vernetzt. Nur durch dieses Umdenken können kirchliche Organisationen den wachsenden Erwartungen gerecht werden und ein neues Profil glaubwürdig und nachhaltig entwickeln.
316 S., kart., ISBN 978-3-936912-73-9

Stefan Bölts, Wolfgang Nethöfel (Hg.)
Bd. 3: Aufbruch in die Region
Kirchenreform zwischen Zwangsfusion und profilierter Nachbarschaft
Dieser Sammelband zeigt, wie aus einer sich regionalisierenden Kirche die Neugestaltung einer Kirche aus der Region hervorgehen kann. 40 Autorinnen und Autoren stellen die Frage „Was würde ich anderen mit auf den Weg geben?" und stellen ihre Erfahrungen und Bewertungen aus Regionalisierungsprojekten vor. So wird aus den Praxisbeispielen ein Pool von Ideen und Anregungen für den eigenen Neuanfang.
475 S., kart., ISBN 978-3-936912-88-3

Stefan Bölts, Wolfgang Nethöfel (Hg.)
Bd. 4: Miteinander aufbrechen
Der Umgang mit Mitarbeitenden in
Fusions- und Kooperationsprozessen
ca. 350 S., kart., ISBN 978-3-86893-024-5

Stefan Bölts, Wolfgang Nethöfel (Hg.)
Bd. 5: Pfarrberuf heute
Befragungen und Studien zum Pfarrberuf
ca. 370 S., kart., ISBN 978-3-86893-029-0

Stefan Bölts
Das kleine ABC der Kirchenreform
Eine Einführung in die Themen der Reformdebatten
103 S., kart., ISBN 978-3-86893-028-3

Klaus Eulenberger
Totentanz auf dem Spielbudenplatz
Versuche über Gott und die Welt
280 Seiten, Geb., ISBN 3-936912-04-1

Klaus Eulenberger
Der eine Gott in tausend Sprachen
Neue Versuche über Gott und die Welt
Der Titel spielt an auf die biblische Erzählung vom Turmbau in Babel, die in diesem Buch gegen den Strich gelesen wird: Die Vielstimmigkeit der Sprachen ist kein Fluch, sondern ein Segen. In ihr drückt sich die unerschöpfliche Vielfalt des Lebendigen aus. Nichts wäre schlimmer, als wenn alle unter die Herrschaft einer Sprache, eines Denkens gezwungen würden. Die Themen der Theologie, so zeigt sich dabei, sind Themen des Menschlichen.
295 S., Geb., ISBN 978-3-936912-80-7

Klaus Eulenberger
„Nur die Stimme der Wahrheit kann trösten"
Religiöse Erkundungen der Wirklichkeit
ca. 300 S., Geb., ISBN 978-3-86893-038-2

Hans-Jürgen Benedict
Was Gott den Dichtern verdankt
Literarische Streifzüge und Begegnungen
Ein Theologe liest die großen Dichter, entdeckt Gott im Gedicht, das Kreuz in der Literatur, begegnet Goethes Schöpfungsgedichten, Heines Judentum, Thomas Manns Humanisierung des Mythos, Wilhelm Buschs Spott über die Frommen, Rühmkorffs Weltlob. Streifzüge, die Bekanntes in neuem Licht erscheinen lassen.
ca. 200 S., kart., ISBN 978-3-86893-023-8

EB-Verlag Dr. Brandt
Jägerstraße 47
13595 Berlin

Tel.: 030 | 68977233
Fax: 030 | 91607774
Mail: post@ebverlag.de
Internet: www.ebverlag.de